Rowohlt Verlag GmbH, Kirchenallee 19, 20099 Hamburg

Kontaktadresse nach EU-Produktsicherheitsverordnung:
produktsicherheit@rowohlt.de

Hubert Mania, geboren 1954, studierte Germanistik und Anglistik. 1987 erste Romanveröffentlichung: «Scintilla Seelenfunke». 2004 erschien die Rowohlt-Monographie «Stephen Hawking». Mania lebt als Autor und Übersetzer in Braunschweig.

HUBERT MANIA Gauß

Eine Biographie
Rowohlt Taschenbuch Verlag

Bildnachweis

Umschlaginnenseite: *Skizzenblatt* aus «Mitteilungen der Gauss-Gesellschaft» Seite 337: Niedersächsische Staats- und Universitätsbibliothek Göttingen

5. Auflage Mai 2023

Veröffentlicht im Rowohlt Taschenbuch Verlag,
Reinbek bei Hamburg, Juli 2009
Copyright © 2008 by Rowohlt Verlag GmbH,
Reinbek bei Hamburg
Umschlaggestaltung ZERO Werbeagentur, München,
nach einem Entwurf von any.way, Hamburg
(Illustration: ullstein bild / Granger Collection; akg-images)
Satz aus der Stone Serif PostScript bei
hanseatenSatz-bremen, Bremen
Druck und Bindung BoD - Books on Demand GmbH,
Bad Hersfeld
ISBN 978 3 499 62531 2

Inhalt

1. Eine, zweie, dreie 7
2. Der «Braunschweig»-Schlüssel 29
3. Rechnen in einer eigenen Liga 51
4. Student in Göttingen 77
5. Arithmetische Untersuchungen 103
6. Cherchez la femme ... Ceres, Pallas, Johanna 123
7. Häusliches Glück 157
8. Professor in Göttingen 177
9. Wie auf Erden, so am Himmel 205
10. Die Vermessung des Königreichs Hannover 239
11. Wissen vor Meinen, Sein vor Scheinen 269
12. Abschied von der Welt 305
13. Magnetische Resonanzen 325

Anmerkungen 338
Literaturverzeichnis 350
Weiterführende Literatur im Internet 357
Personenregister 359
Dank 366

1. Eine, zweie, dreie

Etwas schrammt über den Küchentisch, und der Vater sagt eine, zweie, dreie. Auch auf Zehenspitzen stehend, gelingt dem Dreijährigen kein Blick über die Tischkante. Dabei wüsste er zu gern, was der Vater da treibt. An seinem Hemdsärmel zupfen möchte er jetzt lieber nicht, denn sonst setzt es wieder laute, böse Worte. Aber wenn er behutsam auf den zweiten Stuhl kletterte, sich auf den Sitz kniete und dabei keinen Mucks von sich gäbe? Viere, fünfe, sechse: Der Vater ist so vertieft in sein undurchsichtiges Spiel, dass er die Kletterpartie seines neugierigen Sprösslings gar nicht bemerkt. Der sieht jetzt kleine flache Scheiben über die Tischplatte rutschen. Manche glänzen wunderbar rötlich wie der neue Kessel, in dem die Mutter das Zwetschgenmus rührt. Andere sind abgegriffen und von ähnlich stumpfer Farbe wie das uralte Stroh im Schuppen hinterm Haus. Siebene, achte, neune: Gebhard Dietrich Gauß häuft die Scheiben zu Türmchen auf, niedrige strohfarbene und höhere kesselfarbene, nur um sie gleich wieder zum Einsturz zu bringen und mit der hohlen Hand über die Tischkante in Papiertüten zu schieben, auf die er ein paar schwungvolle Striche mit Haken, Bäuchen und Schleifen malt. Was für ein seltsames Spiel.*

Gedämpfte Stimmen vor der Tür. Ein Geselle und zwei Handlanger betreten die Küche. Ihre Schürzen und Hosen sind von rotbraunen Lehmspritzern übersät. Sie riechen muffig nach der ewigen Feuchtigkeit des Lehms und ihrem sauren

Schweiß. Der Vater ruft die Namen auf und überreicht jedem eine Tüte. Am späten Samstagnachmittag sind die Handwerker stets guter Dinge. Sie scherzen verhalten untereinander und bedanken sich artig bei Vater Gauß, während einer von ihnen die klingenden Scheiben durch seine Finger gleiten lässt: zehne, ölwe, zwölwe. Auch die Mutter sagt «zwölwe» und zeigt dabei auf den Suppentopf auf dem Herd. Oder sie lauscht dem Glockenschlag der nahen Katharinenkirche und sagt dann eines dieser seltsamen Worte, die auch der Vater vor sich hin murmelt, wenn er samstags die blanken Scheiben über den Küchentisch sausen lässt. Der kluge Junge erkennt den Zusammenhang und ahnt die Bedeutung. Er spricht die Silben täglich aufs Neue vor sich hin, prägt sich ihre Reihenfolge ein und wird sie nie wieder loslassen.

Für seine täglichen Abzählübungen erobert sich Carl Hinterhof, Stallungen und Garten. Noch bevor ihm die Namen geläufig sind, hat er sie längst alle auf Reihe gebracht. Kartoffelbüsche: $12 + 12 + 12 + 12 + 12 + 12 + 7$. Runkelrüben: $12 + 12 + 12 + 3$. Astern: $12 + 8$. Rotkohlköpfe: $12 + 4$. Auch wenn er in der Küche bei der Mutter sitzt, hat er jedes Beet deutlich vor Augen: So, wie es wirklich angelegt ist, und obendrein in seine selbsterfundenen, erd- und unkrautfreien Zwölferreihen übertragen. Da gibt es nur Punkte, perfekte Kreise und gerade Linien. Weder Kartoffelkäfer noch umherschwirrende Kohlweißlinge können ihn hier ablenken. Und deshalb gerät das Zählen in dieser von Schmutz, Lärm und Gestank befreiten Welt auch so wunderbar geschwind. Obwohl die Glocke der Katharinenkirche nach jeder Zwölf wieder mit der Eins beginnt, ahnt er bereits, dass diese Zahl nicht das Ende sein kann. Einmal hört Carl den Vater «achtzehn» sagen. Stiefbruder Georg soll ein Fuder Haselnussgerten mit dem Beil auf 18 Zoll kürzen, damit sie bequem in Fachwerkwände geflochten und mit Lehm bestrichen werden können. Acht und zehn sind zwölf und sechs. *Zwölwe-eine, zwölwe-zweie, zwölwe-dreie, zwölwe-viere, zwölwe-fünfe, achtzehn. Eine, zweie, dreie ...*

Die Zahl der Richtscheite und Schalbretter im Werkzeugschuppen neben dem Schweinestall hat sich den ganzen Winter über nicht geändert. Hier, in diesem lichtlosen Bretterverschlag, riecht es dumpf nach feuchter Erde, so wie Vater, Geselle und Tagelöhner im Sommer auch immer riechen. Die Rückstände des ranzigen Käsewassers in den Eimern aus Fichtenholz verdrängen für ein paar Augenblicke den penetrant modrigen Gestank, der aus dem Schweinestall wabert und wie ein nicht abzuschüttelndes Gespenst ständig über Hof und Garten schwebt. Am nächsten Morgen erkennt der Knirps mit einem flüchtigen Blick, dass der Vater vom ersten Stapel 18 + 2 Gerten weggenommen haben muss. Stumm steht er vor den vielen roten Kugeln im Geäst der niedrigen Schattenmorelle und vor den Johannisbeersträuchern. Hin und wieder nickt er leicht mit dem Kopf: 18 + 18 + 18 + 18 ...

In dem einzigartigen Netzwerk, das sich gerade in rasanter Geschwindigkeit täglich und stündlich unter seiner Schädeldecke neu knüpft, werden die Zahlen nicht einfach nur als nützliche Symbole der Ordnung geduldet, sondern als wahre Freunde fürs Leben willkommen geheißen. Hier eröffnen sich ihnen großzügig bemessene Spielräume, in denen sie unter kluger Aufsicht ihre Beziehungen zueinander frei entfalten und ungeahnte neue Dimensionen ihrer Existenz erkunden werden.

Wann Carl Friedrichs Urgroßvater Hinrich Gooß geboren wurde und wann er starb, ist nirgendwo verzeichnet. Auch seine Herkunft liegt im Dunkeln. 1683 heiratet er in Völkenrode, einem Dorf im Braunschweiger Land, die Witwe Anna Groven [Hän: 5].

Sie ist dort Besitzerin eines Kothofes – ein Bauernhaus ohne Gehöft und bewirtschaftbare Äcker, aber mit einem Garten und einer Koppel. Um zu überleben, ist das Paar vermutlich zu sogenannten Fuß- und Handdiensten gezwungen: Die Eheleute müssen sich also bei einem Bauern oder Gutsherrn als Tagelöhner verdingen. Natürlich werden auch die vier Kinder früh eingespannt. Sie jäten im Sommer das Unkraut auf den Äckern des Gutsherrn, schneiden auf Wiesen und an Feldrainen Grünfutter, hüten die Gänse, gehen im Haushalt und im Garten zur Hand. Um die allgemeine Schulpflicht auf dem Land wird noch gerungen. Die Eltern sind wenig begeistert von den Forderungen der Schulmeister und halten die Kinder, vor allem zur Erntezeit, energisch zum Schwänzen der Schule und zur Feldarbeit an. Und irgendetwas wird immer geerntet zwischen Mai und Oktober. Die in der Schule versäumte Arbeit muss nachmittags nachgeholt werden. Abends wird Flachs gesponnen und gestrickt. Zwölf Jahre nach der Hochzeit ist Anna tot, und Hinrich Gooß heiratet Ilse Geermanns, mit der er in neunjähriger Ehe einen Sohn und drei Töchter zeugt. Katharina Lüetken heißt seine dritte Frau. Sie gebiert in zwölf Jahren drei Söhne und eine Tochter. Die Todesursache von Anna und Ilse ist unbekannt. Doch Entkräftung, Kindbettfieber oder «Auszehrung» – eine bei frühgestorbenen Landfrauen auffallend häufig gebrauchte Formulierung – war damals an der Tagesordnung.

Unter den insgesamt zwölf Geschwistern haben die Söhne aus dritter Ehe nach Hinrichs Tod keinerlei Chance, Erbansprüche auf den Hof in Völkenrode zu stellen. Sie müssen, wie es so roh und herzlos heißt, in die Fremde ziehen. Den jüngsten Sohn Jürgen treibt es mit seiner Frau Katharina Magdalene dann aber doch nicht allzu weit in die Welt hinaus. Nach einer guten Stunde Fußweg melden sie sich am

21. Januar 1739 als Neubürger im Braunschweiger Rathaus an. Ob für ihn überhaupt ein geringer Erbteil herausgesprungen ist oder ob er völlig mittellos in der Hauptstadt des Herzogtums ankommt, bleibt ungewiss. Dem Protokollanten im Rathaus teilt er mit, sich als Tagelöhner Arbeit in der Stadt suchen zu wollen. Ihm wird zur Auflage gemacht, zum nächsten Gerichtstag wieder zu erscheinen und «einen Thaler sowie einen Thaler zum Feuereimer nebst zwanzig Mariengulden Bürgergelder vor sich und seiner Frau sofort baar» [Hän: 7] zu zahlen. Laut Protokoll leistet er bereits zwei Tage später seine Abgaben und ist seitdem fest in Braunschweig ansässig.

Jürgen Gooß schlägt sich als Saisonarbeiter durch, nennt sich Lehmentierer und Gassenschlächter. Lehmentierer arbeiten von Mai bis November als Tagelöhner auf Baustellen. Wenn im Herbst Nässe und Kälte das schnelle Abtrocknen der feuchten Lehmwände verhindern und ein sinnvolles Arbeiten unmöglich wird, beginnt die Saison der Hausschlachter. Nur in der kalten Jahreszeit können die geschlachteten Schweine einen Tag zum Auskühlen an der Hauswand zum Hinterhof hängen. Der Appetit auf Hausmacherwürste ist beispiellos in dieser Stadt, die berühmt ist für ihre Wurstspezialitäten. So scheint auch Carl Friedrichs Großvater sein Auskommen zu finden, wenn er im Winter mit seinen scharfen Messern und flinken Händen zum großzügig entlohnten Hauptdarsteller auf privaten Schlachtfesten wird.

Er scheint auch den gewissen Unternehmergeist zu haben, den es braucht, um im Rahmen seiner bescheidenen Verdienstmöglichkeiten erfolgreich zu sein, denn noch im Oktober desselben Jahres 1739 hält ihn Peter Hoyer, ein entfernter Verwandter, für kreditwürdig genug, ihm sein Haus am Ritterbrunnen zu verkaufen. Es ist ein Häuschen von nur zwei Fensterbreiten, das im Volksmund «Honigkuchenstreife» genannt wird. Den Kaufvertrag unterschreibt er erstmals mit Gauß. Was ihn zu dieser eigenmächtigen Lautverschiebung seines Namens veranlasste und ob er dafür bürokratische Hindernisse aus dem Weg räumen musste, lässt sich nicht mehr ermitteln. Womöglich wollte er mit dem neuen Namen die Spuren seiner bäuerlichen Herkunft verwischen – Gooß bedeutet im niedersächsischen Platt Gans – oder sich von der klanglichen Nähe zu Gosse und Gosche distanzieren. Jedenfalls blickt Emporkömmling Jürgen Gauß jetzt vom Ritterbrunnen aus direkt auf die Parkanlagen des sogenannten Grauen Hofes, wo das Schloss für die Verlegung der herzoglichen Residenz von Wolfenbüttel nach Braunschweig hergerichtet wird. Es wird vereinbart, dass Gauß jährlich 5 Taler und 10 Groschen an Hoyer zahlen soll und nach dessen Tod alleiniger Eigentümer des Hauses sein wird [Hän: 8]. Für den Neu-Braunschweiger erweist sich dieser Vertrag als einträgliches Geschäft, denn nur vierzehn Jahre später verkauft er es für 217 Taler und erwirbt – just in dem Jahr, als Herzog Carl I. Einzug ins frisch renovierte Schloss hält – ein neues Haus am Wendengraben, fünf Minuten Fußweg vom Ritterbrunnen entfernt. Fast die Hälfte des Kaufpreises kann er anzahlen, der Hauptteil wird als Hypothek eingetragen und dem Braunschweiger Bürgermeister Wilmerding höchstpersönlich verpfändet.

Katharina und Jürgen Gauß haben drei Söhne. Eine Tochter stirbt als kleines Kind. In den 21 arbeitsreichen Jahren, die dem unermüdlich Schaffenden noch bleiben, bevor die Auszehrung seinem mühseligen Streben nach Lösung von der Ackerscholle, nach Selbständigkeit, Grundbesitz und bescheidenem Wohlstand am 5. Juli 1774 ein Ende setzt, gelingt es ihm, die Hypothek um fast die Hälfte abzutragen. Ein Vierteljahr vor ihm wird Katharina vom Gallenfieber dahingerafft.

Jürgens ältester Sohn Gebhard Dietrich ist beim Tod des Vaters 30 Jahre alt. Er wurde am 13. Februar 1744 noch im Häuschen am Ritterbrunnen geboren. Das Erlernen eines weniger kräftezehrenden Handwerks kommt für ihn nicht in Frage. Als «Haussohn» bleibt er ein unselbständiger, billiger Gehilfe des Vaters. Offenbar hat er sich dabei jedoch als würdiger Nachfolger der väterlichen Geschäfte empfohlen, hat mit ihm zusammen barfuß in Bottichen Lehm gestampft, mit dem Schlachtmesser umgehen gelernt und sich die geheime Würzmischung für die Gauß'sche Hausmacher-Rotwurst eingeprägt. Im April 1768 heiratet er Dorothea Emerenzia Warnecken. Neun Monate später kommt ihr Sohn Johann Georg Heinrich zur Welt. Doch ein Jahr nach ihrem Schwiegervater stirbt auch Gebhards Frau Dorothea 1775 im Alter von dreißig Jahren an den Folgen der Auszehrung.

Gebhard aber findet schnell eine zweite Dorothea, die als Magd in Braunschweig arbeitet. Schon im April 1776 wird die ein Jahr ältere Dorothea Benze aus dem Dorf Velpke, rund 30 Kilometer nordöstlich von Braunschweig gelegen, seine neue Ehefrau. Sie stammt aus einer Steinhauerfamilie, deren männliche Mitglieder seit vielen Generationen im Steinbruch am Ortsrand ihrer anstrengenden Arbeit nachgehen. Der Velpker Sandstein ist berühmt. Er gehört zu den härtesten in ganz Deutschland und ist bei wohlhabenden Bauherren ein äußerst begehrtes Material für ihre Stadtvillen und Prunkbauten. Der Steinstaub, den Dorotheas Vater bei der Arbeit einatmet, zerstört seine Lungen. Bald spuckt er Blut und Schleim und zeigt alle Anzeichen einer Auszehrung, die von der Lungenschwindsucht ausgelöst und beschleunigt wird. 1748 hat sich Christoph Benze mit knapp 31 Jahren an den Velpker Steinwänden zu Tode geschunden. Da ist Töchterchen Dorothea gerade erst fünf Jahre alt. Sie kann nicht regelmäßig –

wenn überhaupt – zur Schule gegangen sein, da sie zweifellos der Mutter zur Hand gehen musste. Als sie 1776 Gebhard Gauß heiratet, kann sie ein wenig lesen, aber schreiben hat sie nie gelernt.

Der Wendengraben ist eine großzügig angelegte, breite Straße, die auf das Wendentor im nördlichen Teil der Stadtbefestigung zuläuft. Hinter dem Stadttor beginnt die Hamburger Heerstraße, sodass ein beachtlicher Teil des Fernverkehrs nach und aus Celle, Lüneburg, Hamburg und Lübeck am Gauß'schen Haus vorbeiführt. In der Straßenmitte verläuft ein breiter Wassergraben, der mit der Oker verbunden ist, ein im Harz entspringender Fluss, der vielarmig mitten durch die Stadt fließt und – an den Stadtmauern entlang – zum Bestandteil des Bollwerks wird. Über zwei feste Brücken und ein halbes Dutzend klapprige Stege aus Holzplanken lässt sich der Graben überqueren. Nur so kommt man auf die andere Straßenseite.

Zu den Parzellen am Wendengraben gehören teilweise ansehnliche Stallungen, Höfe und Gärten. Über der noch ungepflasterten Straße biegen sich die Äste von Apfel-, Kirsch- und Zwetschenbäumen. Zwischen zwei Nachbarhäusern vis-à-vis des Gauß'schen Grundstücks führt eine schmale Gasse zu einer riesigen Weide, auf der Kühe und Schafe grasen und Schweine sich suhlen [Mod: 137]. In diese urbane Dorfidylle wird am 30. April 1777 das einzige Kind von Dorothea und Gebhard Dietrich hineingeboren: Johann Carl Friderich Gauß, wie es in der Geburtsurkunde steht.

Das Geschäft des Vaters scheint zu florieren. Er macht sich nicht mehr allein krumm, lässt Angestellte für sich arbeiten. Während die Lehmentierer noch als unorganisierte Saisonarbeiter gelten, genießen die Hausschlachter im wurstverliebten Braunschweig seit langem Gildenstatus. Gebhard findet Zeit, sich umzuhören, und knüpft allmählich auch Kontakte, die über die Geselligkeit der organisierten Hausschlachter hinausreichen. Schließlich fasst er Fuß in der Gilde der «Pipenbrüder», die traditionell für die Wasserleitungen, auch Pipen genannt, in der Stadt zuständig sind. Und Carl Friedrichs Vater wird das Amt eines «Wasserkunstmeisters» in Aussicht gestellt, was vornehmer klingt, als es in Wirklichkeit ist. Gebhard Gauß soll nicht etwa für die Springbrunnen und Wasserspiele im herzoglichen Lustgarten verantwortlich sein, wie der Titel suggerieren könnte, sondern mit der Wartung eines Abschnitts der normalen städtischen Wasserleitungen betraut werden.

Ende März 1780, vier Wochen vor Carls drittem Geburtstag, liegt, nur zwei Häuserblocks von der Gauß'schen Hof- und Gartenidylle entfernt, Carl I., Herzog von Braunschweig und Lüneburg, im Sterben. Vor vier Jahren hat ihn ein Schlaganfall niedergestreckt. Rechter Arm und Zunge sind gelähmt. Inzwischen führt sein Sohn, Erbprinz Carl Wilhelm Ferdinand, kommissarisch die Regierungsgeschäfte. Angeblich hat der jämmerliche Zustand des alten Herzogs – so zumindest erzählen es sich die Leute in der Stadt – mit den Heerscharen abgerissener Gestalten zu tun, die im Frühjahr 1776 nach Braunschweig hereinmarschiert kamen: ein bunt zusammengewürfelter Haufen junger Männer [Dro: 153]. Das geschah vier Wochen vor Gebhards und Dorotheas Hochzeit. Auch durch das Wendentor muss ein beträchtlicher Teil dieser Vagabundentruppen von vielen tausend Mann die Stadt betreten haben und an Gebhards Haus vorbei, den Wendengraben entlang, zielstrebig auf das herzogliche Schloss zugeeilt sein. Denn der junge Erbprinz hatte eine verwegene Entscheidung getroffen. Seit vielen Jahren bereits hatte er sich bemüht, das hochverschuldete Herzogshaus zu sanieren. Rigoros streicht er dem vergnügungssüchtigen Vater die mit altfranzösischem Pomp geführte Hofhaltung zusammen. Er will die Finanzverwaltung modernisieren und den drohenden Staatsbankrott verhindern. Doch die jahrhundertelange Verschwendungssucht der Welfenherrscher, Misswirtschaft und die drückende Zinslast der Schulden lassen Carl Wilhelm Ferdinands viele kleine Sparmaßnahmen zur Farce werden. Die Finanzreform droht zu scheitern. Obendrein verlangt das Nachbarland Hannover die sofortige Rückzahlung eines zwanzig Jahre alten Darlehens oder die Abtretung des dafür verpfändeten Fürstentums Blankenburg. Dieses Harzer Filetstück hat Carl I. allerdings schon in einem undurchsichtigen Kreditgeschäft der Berliner Verwandtschaft als Sicherheit überschreiben müssen. Der preußische König, Friedrich der Große, und der Braunschweiger Herzog Carl I. sind miteinander verschwägert. Carls Schwester Elisabeth Christine ist die Ehefrau Friedrichs des Großen, während dessen Schwester, Philippine Charlotte, mit Carl verheiratet ist.

Auf dem Höhepunkt dieser finanziellen Zwangslage, in der das Ansehen des Hauses Braunschweig auf dem Spiel steht, kommt dem Erbprinzen im Herbst 1775 unerwartet eine Verlegenheit des Königs von England zu Hilfe. Georg III. braucht dringend mehr Soldaten, um seine Kolonien in Nordamerika wieder in den Griff zu bekommen. Sie haben sich offen gegen ihn aufgelehnt und kämpfen jetzt um ihre Unabhängigkeit. Am Braunschweiger Hof rennen die englischen Agenten mit ihrem Anliegen offene Türen ein. Der Prinz wittert ein einträgliches Geschäft und lässt sich auf den «Verkauf von Landeskindern nach Amerika» ein, wie empörte zeitgenössische Kritiker den Handel bezeichnen. Neu ist diese Praxis der Soldatenanwerbung in deutschen Kleinfürstentümern nicht – die Untertanen genießen traditionell einen hervorragenden Ruf als universell einsetzbares Kanonenfutter –, dieses Mal aber erregt das Abkommen zwischen London und Braunschweig internationales Aufsehen, weil der Kriegsschauplatz am anderen Ende der Welt liegt. Vater und Sohn geraten über diesen Plan in einen schweren Konflikt. Carl Wilhelm Ferdinand führt zwar die Verhandlungen mit den Abgesandten Georgs III., doch der alte Herzog zögert seine Zustimmung immer wieder hinaus.

Schließlich wird vereinbart, dass Carl Wilhelm Ferdinand für jeden Fußsoldaten 51 Taler und 15 Groschen «Werbegeld» bekommt. Außerdem steht im Vertrag: «Drei Verwundete gelten als ein Toter, und ein Toter wird nach der Rate des Werbegeldes ... bezahlt.» Der Finanzminister meldet in einem Brief an seine Ehrwürdige Durchlaucht, wenngleich «verharrend in tiefster Devotion», ernste Bedenken an, die von Weitblick und Scharfsinn zeugen. Er stellt sich gegen den Soldatenverkauf, «da durch selbigen das Land von Unterthanen besonders von jungen Mannschaften und Arbeitern entblösset und dadurch die Biersteuer und BrantweinAcciseCasse einen noch stärkeren Abfall, als bisher, leiden wird» [Zim_2: 165]. Und recht hat er ja, der vorausschauende Finanzminister. Denn was sind schon schnelle 50 Taler «Sterbegeld» in der herzöglichen Subsidienkasse für einen Soldaten mit einer amerikanischen Kugel im Kopf, verglichen mit den lebenslang fließenden Steuereinnahmen, die ein im friedlichen Braunschweig werkelnder und wegen Ereignisarmut fleißig dem Alkohol zusprechender Untertan in die BrantweinAcciseCasse fließen ließe?

Von März bis Mai 1776 ziehen also einige tausend Braunschweiger Landeskinder durch die Residenzstadt zum Schloss, um sich *equipieren* zu lassen, bevor sie den elftägigen Fußmarsch nach Stade antreten, wo sie eingeschifft werden. «Der englische Marineoffizier erklärte, er erinnere sich nicht, in seinem Leben einen solchen Haufen schlecht aussehender Kerle zusammen gesehen zu haben» [Dro: 153]. Und bei diesem Auszug der Truppen trifft den alten Herzog der Schlag. Wegen der damit verbundenen seelischen Erregung, wie Gattin Philippine Charlotte zu ergänzen weiß. Kurz nach Ankunft der Braunschweiger Soldaten auf dem fernen Kriegsschauplatz erklärt die quecksilbrige Truppe aus Freistilpuritanern, Freimaurern und Freischärlern um Thomas Jefferson und George Washington in Philadelphia ihre Unabhängigkeit von Georg III. Und als wäre dieser Akt nicht impertinent genug, statten sie sich selbst, übermütig und anmaßend, wie man sie kennt, mit dem Recht auf Freiheit, Gleichheit und dem Streben nach Glück aus. Nur was, fragt sich der amüsierte europäische Adel angesichts dieser haarsträubenden Neuigkeit aus Pennsylvanien, sollten gewöhnliche Untertanen schon mit privatem Glück anfangen können, wo sie doch zum Arbeiten geboren sind?

Der spektakuläre Soldatenhandel mit England spült dem fast bankrotten Regenten zwischen 1776 und 1786 genügend Geld in die Staatskasse, um das Welfenhaus Braunschweig zu sanieren. Der seit dem Tod von Carl I. im März 1780 auch offiziell regierende Herzog Carl Wilhelm Ferdinand kann sich jetzt gelassener seinem großen persönlichen Anliegen widmen, die Wissenschaft in seinem Kleinstaat nach Kräften zu fördern. Das trifft sich gut und kommt kein Jahr zu spät, denn am Wendengraben, in Sichtweite zum herzoglichen Schloss, bringt sich ein Kind mit ungeheurem Appetit auf das Wissen der Welt gerade im Selbstlehrgang Schreiben und Lesen bei. Es drängt den neun Jahre älteren Stiefbruder Georg, der gerade sein letztes Schuljahr absolviert, ihm beim Erlernen des Buchstabierens zu helfen, und zieht, ganz selbstverständlich und unerbittlich, die ungläubig staunenden Nachbarn, Freunde der Eltern und Verwandte hinzu, vor allem den geliebten Onkel Fritz aus Velpke. Die Erwachsenen lachen nervös über den heiligen Ernst, mit dem der kleine Gauß Fragen zu seinen Schreib- und Entzifferungsübungen stellt. Leider kann ihm ausgerechnet der Mensch, der ihn am meisten liebt, bei seinen vorgezogenen Elementarbildungsübungen nicht helfen. Mutter Dorothea liest Gedrucktes nur mit Mühe, Handschriften gar nicht [Hän: 94]. Und schreiben will sie jetzt auch nicht mehr lernen.

Zu Ostern 1784 wird der siebenjährige Überflieger eingeschult. Der tägliche Weg zur Katharinen-Volksschule ist kurz. Gut hundertfünfzig Meter den Wendengraben entlang Richtung Schloss bis zur Kreuzung Fallersleber Straße, auf der der Verkehr vom und zum großen Osttor der Stadt fließt. Hier gibt es sogar schon die neumodischen Bürgersteige und die ersten Straßenlaternen. Rechts abgebogen, sind es zwischen 75 und 80 Kinderschritte bis zur Katharinenkirche am Hagenmarkt. Direkt der Kirche gegenüber steht das mächtige Opernhaus mit der vornehmen Südfassade aus Sandstein und dem kleinteiligen Fachwerk an der Westseite. Seine besten Tage hat es zur Regierungszeit des Opernaficionados Carls I. gesehen. Der neue Herzog hält den Theaterbetrieb kurz. Über italienische Melodieseligkeiten äußert er sich geringschätzig. Der ernst und reserviert wirkende Landesherr interessiert sich eher für die technische Forschungs- und Entwicklungsarbeit am Collegium Carolinum. Carl Friedrich muss jetzt nur noch den geräumigen Kirchhof überqueren, und schon steht er vor der Schule, in der Direktor Büttner ein strenges Regiment führt: «Es war eine dumpfe, niedrige Schulstube mit einem unebenen ausgelaufenen Fußboden, von der man nach der einen

Seite gegen die beiden schlanken gothischen Türme der Catharinen-Kirche, nach der andern gegen Ställe und armselige Hintergebäude hinaus blickte. Hier ging Büttner zwischen etwa hundert Schülern auf und ab, mit der Karwatsche in der Hand ...» [Wal: 12]. Sie ist sein Zepter und wichtigstes Erziehungsinstrument zugleich: eine Peitsche aus geflochtenen Lederriemen, deren kurzer Stiel ebenfalls mit Leder überzogen ist, «dergleichen man zum Reiten und Fahren und zur Züchtigung bey Menschen und Thieren gebraucht.» Bei falschen und frechen Antworten setzt es gnadenlos Prügel. Aber auch die Klügeren müssen auf der Hut sein. Denn allzu originelle Gegenreden und Anzeichen von Kreativität könnte Büttner als potenzielle Bedrohung seiner Überlegenheit empfinden.

Die allgemeine Schulpflicht ist im Herzogtum Braunschweig seit 1752 gesetzlich festgeschrieben. Lesen und Religion sind die einzigen Pflichtfächer für Schulanfänger. Jedem Lehrer stehen zwei pädagogische Standardwerke zur Verfügung: *Unterricht für die Schulmeister, wie das Buchstabieren und Lesen auch der zartesten Jugend leicht und gründlich beigebracht werden könne* und die *Einleitung in die Geschichte und Bücher des alten und neuen Testaments* [Smi: 37]. Die Eltern der Schüler müssen wöchentlich ein paar Groschen und Pfennige Schulgeld an Büttner persönlich zahlen. Und der wird beim Gang durch die Bankreihen ganz genau im Bilde darüber sein, wessen Eltern wieder einmal oder immer noch bei ihm in der Kreide stehen – ein zusätzlicher Stressfaktor für den armen Mann, dessen Peitschenhand bei solchen existenziellen Reflexionen verständlicherweise ins Zucken geraten kann.

Büttner ist nach landesherrlicher Verfügung zunächst nur verpflichtet, den Kleinen das Buchstabieren beizubringen, um mit ihnen den Katechismus pauken zu können. Also wird Carls extrem aufnahmefähiges Gehirn in den ersten beiden

Schuljahren täglich kaum etwas anderes zu tun gehabt haben, als die karg erzählten Geschichten eines archaischen Wüstenvolkes zu verarbeiten, das vor unvorstellbar langer Zeit immer nur auf Wanderschaft gewesen ist und dessen wundertätiger Anführer erstaunlicherweise kein Vorfahr Seiner Durchlaucht, Herzog Carl Wilhelm Ferdinands, gewesen ist. Da gibt es etwa die Geschichte über den Vater, der ohne nachzufragen bereit ist, aus Gehorsam zu einem ewig schlechtgelaunten Gott seinem Sohn mit einem ähnlichen Messer die Kehle durchzuschneiden, wie Carls eigener Vater es im Winter mehrmals die Woche benutzt, um die Schweine zu schlachten. Carl wird Kirchenlieder einstudiert und im fortgeschrittenen Stadium der Lesefähigkeit den obligatorischen Katechismuskurs absolviert haben.

Als wären die Neuerungen im Schulwesen unter Herzog Carl I. nicht schon schwierig genug umzusetzen gewesen – Eltern, die kein Schulgeld zahlen wollen, Großgrundbesitzer mit wenig Bedarf an gebildeten Knechten und eine Geistlichkeit, die bei zu hoher Vernunftentwicklung ihrer Schäfchen den allmählichen Verlust ihres Monopols zur Erfindung und Vergebung von Sünden befürchtet –, soll nun auch noch der hochfliegende Geist von Humanismus und Philanthropie Einzug in die niedrigen Braunschweiger Schulstuben halten. Nach dem Willen Herzog Ferdinands* soll alle «harte und rauhe Zucht» [Smi: 54] der Vergangenheit angehören, statt Latein die deutsche Sprache gepflegt werden und weltliche Bildung nach dem Nützlichkeitsprinzip den Vorzug vor der Christenlehre erhalten. Vor allem aber soll «statt unbedingten Gehorsams sittliche Selbstverantwortung» geübt werden. Sogar über die «Trennung von Kirche und Staat» wird bereits laut nachgedacht. Die Schule als «Werkstatt des heiligen Geistes» soll ein für alle Mal passé sein und endlich den nüchternen Erfordernissen des modernen Merkantilismus genügen.

Ferdinands Liberalisierungsbemühungen der Erziehung kommen während Carls Volksschulzeit kaum über das Stadium der Ankündigung hinaus. Zu groß ist der Widerstand der weltlichen und klerikalen Machteliten. Die Buchstabierlektionen bleiben daher auf Kurs. Sie dienen der Dressur zu Frömmigkeit und Abhängigkeit von Sünde und Vergebung. Am Wendengraben 1550 muss sich indes ein wissbegieriger Junge fragen, ob es eine Sünde ist, den Vater insgeheim für die Ohrfeige oder die Tracht Prügel zu verfluchen, die der ihm für einen vermeintlich sinnlos verbummelten Nachmittag über den Mathematikbüchern verabreicht. Schließlich gibt es in Haus und Hof, Stall und Garten immer etwas zu tun. *Du sollst Vater und Mutter ehren*. Während die geliebte Mutter alles tut, um ihrem Carl kleine Zeitfenster für die selbständige Fortbildung zu öffnen, besteht der Vater auf der täglichen Mithilfe seines Jüngsten. Stiefbruder Georg geht inzwischen immerhin bei einem Schneidermeister in die Lehre.

Im Frühjahr 1786 beginnt mit der Versetzung in die dritte Klasse endlich auch der Mathematikunterricht – seit Einführung der allgemeinen Schulpflicht die Stunde der bitteren Wahrheit für die Auffassungsgabe eines Durchschnittsschülers. So kündigt denn Büttner auch mit wahrhaftem Stolz ein Programm an, das für die im Schweigen erstarrte Mehrheit wie eine Drohung klingt: sage und schreibe das komplette kleine Einmaleins als großes Fernziel, wobei der Schulmeister offenlässt, was genau er unter Ferne versteht. Der dienstälteste Gauß-Denkmalschützer, Baron Wolfgang Sartorius von Waltershausen, hat in seiner Erinnerungsschrift die Legende überliefert, der Neunjährige habe hier, in der miefigen Schulstube im Zentrum von Braunschweig, das Grundgesetz für

Zahlenreihen gefunden und sich als mathematisches Wunderkind erwiesen. Gauß selbst habe diese Geschichte noch in hohem Alter immer wieder gern zum Besten gegeben [Wal: 12]:

Ein Tag im Frühling oder zu Beginn des Sommers 1786. Etwa hundert Jungen im Alter zwischen sieben und vierzehn Jahren drängen sich barfuß und in kurzen Hosen in die niedrige Schulstube. Keines der hier versammelten Kinder ahnt, dass es in wenigen Minuten zum Zeugen eines Ereignisses wird, das in die Mathematikgeschichte eingehen wird. Und ihren Mitschüler Carl Friedrich Gauß – ja, den Sohn des Maurers und Hausschlachters um die Ecke am Wendengraben! – unsterblich macht.

Wahrscheinlich ist Büttner an diesem Morgen schlecht gelaunt und will von seiner nichtsnutzigen Meute einfach mal nichts sehen und hören. Die Aufgabe, die er der Korona stellt, lässt jedenfalls Rückschlüsse auf ein gewisses Ruhebedürfnis zu. Die Kinder sollen nämlich alle Zahlen zwischen 1 und 100 zusammenzählen:

$1 + 2 = 3; 1 + 2 + 3 = 3 + 3 = 6; 1 + 2 + 3 + 4 = 6 + 4 = 10 \ldots$

Was zunächst simpel klingt, wird die schlechtausgerüsteten Schüler jedoch in größte Schwierigkeiten stürzen. Und das wird die Bande, so weiß der Lehrer, eine ganze Weile beschäftigt halten. Bei so vielen Additionen am Stück lauert der Fehlerteufel hinter jeder Zwischensumme. Eine kleine Unkonzentriertheit – und schon ist das Malheur passiert. Alle weiteren Schritte zögern das falsche Ergebnis nur noch hinaus.

Nur einer macht das grausame Spiel nicht mit. Während alle anderen schwitzend kritzeln und beim Banknachbarn vergleichen oder abzuluchsen versuchen, schaut ein Drittklässler ein paar Minuten lang aus dem Fenster hoch zur Turmspitze der Katharinenkirche und schreibt dann ungerührt und kalt entschlossen eine einzige vierstellige Zahl auf seine Tafel, fügt seinen Namen hinzu, steht auf und bringt sie nach vorn zu einem großen Tisch. Dort legt er sie – einem alten Brauch gehorchend – selbstbewusst mit der beschrifteten Seite nach unten und ruft, vermutlich nicht ohne Stolz: «Ligget se!» So viel Frechheit verschlägt Büttner dann doch die Sprache. Es ist der Sohn von Lehmmaurer und Hausschlachter Gebhard Gauß. Der stille Junge ist ihm noch nie zuvor aufgefallen, weder in positiver noch in negativer Hinsicht. Aber nicht einmal Büttner selbst, der natürlich das Ergebnis kennt, könnte diese Aufgabe in nur zwei oder drei Minuten bewältigen.

Im Lauf der Unterrichtsstunde wächst der Stapel mit den Tafeln allmählich. Und als Büttner zum Schluss die unterste nach oben kehrt, stehen auf Carls makellos sauberer Tafel nur die vier Ziffern 5050 ohne Schwammspuren und ohne Zwischenrechnungen. Das Ergebnis stimmt, und der Schulmeister ist wie vom Donner gerührt. Er fragt seinen Schüler in einer seltsamen Stimmung aus Faszination, Neugier und Skepsis, wie er das richtige Resultat in so unglaublich kurzer Zeit und vor allem ohne Hilfsmittel gefunden habe. Er könne es doch unmöglich im Kopf ... Doch, natürlich im Kopf. Es sei ganz einfach, erklärt das kleine Genie. Er habe nur ein wenig über die Aufgabe nachgedacht, sich dann die Zahlenreihe von 1 bis 100 genau angesehen und bald ein paar bemerkenswerte Übereinstimmungen entdeckt. So sei die Summe der ersten und letzten Zahl 101. Die zweite und vorletzte, nämlich 2 und 99, ergäbe ebenfalls 101. Auch 3 + 98 sowie 4 + 97 summierten sich zu 101. Auf diese Weise gelange man – von außen nach innen vordringend – bis zum letzten Zahlenpaar 50 + 51 in der Mitte der Reihe. So erhielte man fünfzig Paare mit der jeweils gleichen Summe 101. Nun habe er nur noch 50 mit 101 multiplizieren müssen. Was 5050 ergäbe. Eine denkbar einfache Rechnung, die jeder im Kopf lösen könne.*

Bleibt allerdings die Frage, wie Carl seinen Blickwinkel auf die Zahlenreihe so kreativ verändern konnte, dass ihm das Ergebnis anscheinend mühelos in den Schoß fiel. Leonhard Euler, der überragende Mathematiker des 18. Jahrhunderts, hat 1770, also sieben Jahre vor Carls Geburt, genaue Anweisungen dafür veröffentlicht. In einem Lehrbuch zeigt er auf acht Seiten anhand einiger Beispiele den Lösungsweg, wenn auch sein Fachbegriff für Zahlenreihe, nämlich «Arithmetische Progression», etwas einschüchternd klingen mag. An entscheidender Stelle schreibt Euler: «Um nun die Summa der ... Progression zu finden ... so schreibe man darunter eben diese Progression rückwärts ...» [Eul: 264]. Nach dieser Anweisung haben wir also in der ersten Zeile eine abgekürzte Reihe von 1 bis 100 stehen, während in der zweiten Zeile darunter – sozusagen als Hilfslinie – dieselbe Anordnung rückwärts geschrieben ist:

$$\begin{array}{c}1 + 2 + 3 + 4 \ldots 97 + 98 + 99 + 100\\ \underline{100 + 99 + 98 + 97 \ldots 4 + 3 + 2 + 1}\\ 101 + 101 + 101 + 101 \ldots 101 + 101 + 101 + 101\end{array}$$

Statt, wie üblich, von links nach rechts zu zählen, sieht Carl sich nun nach diesem Schema die senkrechten Spalten an und stößt auf 100 Zahlenpaare mit der jeweiligen Summe von 101. Was 10 100 ergibt. Die zweite Reihe aber ist ja nur eine Hilfslinie. Sie hat nichts mit dem wirklichen Ergebnis zu tun und kann deshalb ignoriert werden. Bleibt also die Hälfte übrig. Und das sind 5050.

Die aus allen Zwischenschritten folgende allgemeine Formel erläutert Euler nun folgendermaßen: «Man multiplicire die Summe des ersten und letzten Gliedes mit der Anzahl der

Glieder, so wird die Hälfte dieses Produkts die Summa der ganzen Progression anzeigen» [Eul: 266]. Obwohl Euler die Rechenvorschrift nachweislich vor Gauß publizierte, wird sie noch heute nach dem Neunjährigen benannt, der sie 1786 in Büttners Katharinenschulstube durch selbständiges Denken gefunden haben soll: die «Gauß'sche Summenformel».*

Der amerikanische Wissenschaftspublizist Brian Hayes bringt zur besseren Veranschaulichung den Begriff der «Faltung» ins Spiel. Hier stellt man sich die obere Reihe von 1 bis 100 auf einen Streifen Papier geschrieben vor. In seinem Aufsatz «Gauss's Day of Reckoning» – Gauss rechnet ab – beschreibt er die tiefere Einsicht des Drittklässlers so: «‹Faltet› man die Zahlenreihe in der Mitte und addiert sie paarweise … ergibt sich jeweils die Summe von 101. Da es 50 dieser Paare gibt, beläuft sich die Gesamtsumme auf 50 x 101» [Hay]. Noch praxisnäher lässt sich die Faltung mit einem Schneidermaßband aus gewachstem Leinen demonstrieren, das zweifarbig bedruckt und beschriftet ist. Falten Sie es beim 50-Zentimeter-Strich, geben Sie dem sich wölbenden Band hinter dem Knick nach beiden Seiten ein paar Zentimeter Spielraum, bis Sie die eine weiße Hälfte des Bandes flach und exakt parallel neben die andere weiße Hälfte auf den Tisch legen können. Platzieren Sie den Anfang des Maßbandes millimetergenau neben die 100-Zentimeter-Markierung. Und schon haben Sie die 50 Paare mit der jeweils gleichen Summe 101 direkt vor Ihren Augen liegen.

Man könnte also meinen, Euler habe 1770 als Erster diese Zahlenreihe ins Spiel gebracht. Aber die nachweisbare Ahnenreihe geht noch rund tausend Jahre tiefer in die Vergangenheit zurück, denn schon zur Zeit Kaiser Karls des Großen war das Problem als Rätsel formuliert worden. In der ältesten bekannten und um das Jahr 800 aufgeschriebenen Sammlung lateinischer Rechenaufgaben mit dem Titel *Propositiones Ad Acuendos Iuvenes* (Aufgaben zur Schärfung des Geistes der Jünglinge) strapaziert der englische Gelehrte Alkuin, Erzbischof von York und Berater am Hof des Großen Karl, das Vorstellungsvermögen seiner Zeitgenossen mit diesem Bild: «Eine Leiter hat 100 Sprossen. Auf der ersten sitzt eine Taube, auf der zweiten 2 Tauben, auf der dritten 3, auf der vierten 4, auf der fünften 5 usw. bis zur hundertsten Sprosse mit 100 Tauben. Wie viele Tauben sind es?» [Fol_1]. Im Lösungsabschnitt führt Alkuin in glasklarem, schnörkellosem Latein genau die Schritte vor, die zur leichten Addition einer arithmetischen Reihe führen. Der Mathematikhistoriker Peter Ullrich hat die Geschichte der Summenformel noch weiter bis ins 2. Jahrhundert vor unserer Zeitrechnung zurückverfolgt [Ull: 19], als ein «alter Grieche» namens Hypsikles schon dieselbe Entdeckung wie Alkuin, Euler und ein Braunschweiger Drittklässler gemacht haben soll.

Der kleine Carl Friedrich Gauß hat also im streng historischen Sinn keine neue Entdeckung gemacht. Außergewöhnlich ist jedoch dieser sehr frühe Durchbruch zu echter mathematischer Kreativität. Angenommen, es habe 1786 in Braunschweig tatsächlich diese oder eine ähnliche Schulstunde gegeben, dann gibt es zwei Möglichkeiten: Entweder war Carl seit kurzem bereits im Besitz der Summenformel. Oder aber er war der Lösung zur vereinfachten Berechnung einer Zahlenreihe zumindest auf der Spur und empfand Büttners Aufgabe an diesem Morgen als sportliche Herausforderung, sodass ihm nach einigen Minuten des Nachdenkens der Durchbruch gelang. In der Urversion der Anekdote lässt Wolfgang Sartorius von Waltershausen Carl schon nach wenigen Augenblicken mit seiner Tafel zum Lehrertisch marschieren. Das wäre in der Tat ein Indiz dafür, dass er die Formel schon *vor* dieser historischen Mathematikstunde abgeleitet haben musste und nun erstmals mit seiner Begabung in aller Öffentlichkeit glänzen konnte.

Und das ist dann wohl auch der wahre Kern der Anekdote: Ein neunjähriges Kind findet durch selbständiges Denken die allgemeingültige Formel für die Summe aller Zahlenreihen. Von diesem Tag an ist Carl das mathematische Wunderkind, dem Lehrer und Professoren eine große Karriere prophezeien. Der amerikanische Mathematiker Eric Temple Bell urteilt: «In der ganzen Geschichte der Mathematik gibt es kein Beispiel von Frühreife, das Gauß auch nur nahekäme» [Bel: 221].

2. Der «Braunschweig»-Schlüssel

> Auf dem Markte stehn und gaffen
> Giebt den Dieben was zu schaffen.
> Wer nicht Acht hat auf sein Thun
> Den bekleckt das Galgen-Huhn.

Einen derben Vers wie diesen erwartet man wohl am allerwenigsten in einem Lehrbuch für Mathematik. Doch im *Gazophylacium Mercatorio Arithmeticum Das ist Schatzkammer der kaufmännischen Rechnung* [WA] ..., einem bombastischen Werk, dessen vollständiger Titel sich in schönster Barocktradition zu satten 99 Worten aufschwingt, demonstriert sein Verfasser Valentinus Heins auf fast 700 Seiten außer der Beflissenheit, dem Leser die Tricks kaufmännischen Rechnens beizubringen, auch noch sein Talent als Reimeschmied und Sinnspruchdrechsler. Die Endreime klingen selten elegant, zeugen aber von solidem Handwerk. Auch das Versmaß hält Rechenmeister Heins auf dem holprigen Parcours zwischen Bedeutungsschwangerschaft und Binsenweisheit souverän und mathematisch exakt ein. Als säße er vor einer Barockorgel, zieht er sämtliche Register, um seine Rechenkunst-Eleven mit flotten Anekdoten aus dem prallen Leben bei Laune zu halten. So verweist etwa sein Vers vom Galgenhuhn auf eine Rechenaufgabe im Abschnitt «Allerhand in der Haushaltung vorfallende Rechnungen», in deren Verlauf einer unachtsamen Hausfrau auf dem Markt die Geldbörse gestohlen wird.

Ein Exemplar der sechsten Auflage dieses erstmals 1698 erschienenen Zeugnisses barocker Infotainmentkultur signiert der elfjährige Carl Gauß am 2. Januar 1789 als sein Eigentum. Und das – welch stolze Inbesitznahme! – gleich dreimal: schlicht «Gauß» auf dem Titelblatt und, in lateinischer und deutscher Schrift mit allen Vornamen inklusive «Braunschweig, Wendengraben», auf dem Vorsatzblatt. Seit September 1788 lässt er morgens Büttners Schulstube buchstäblich links liegen und schlüpft zwischen Katharinenkirche und Opernhaus hindurch, ein paar Dutzend Schritte weiter als bisher, zur Pforte des Katharineum-Gymnasiums am Hagenmarkt. Dass er jetzt Gymnasiast sein darf, ist trotz seiner offenkundigen Begabung nicht selbstverständlich. Schwere Gefechte mit dem Vater sind vorausgegangen. Denn der hat partout nicht einsehen wollen, woher ausgerechnet sein neunmalkluger Herr Sohn die Frechheit nähme zu glauben, er sei zum Luftikus geboren, zum Taugenichts, der die Geschäfte des eigenen Vaters kaum zufriedenstellend unterstütze, ein weltfremder Büchernarr, der selbst am hochheiligen Sonntag noch bis tief in die Nacht hinein mit einer Emsigkeit und Zielstrebigkeit, die er doch bitte einmal nur in Stall, Hof und Garten zeigen möge, Löcher in Bücher hineinstiert ... der kleine Herr Professor Carl vom Wendengraben mit seiner selbstgeschnitzten Funzel, einer halbierten und ausgeschabten Runkelrübe, in die er Rindertalg als Brennstoff schmiert, damit der feine Pinkel ja nur weiter im Schein des «Ölkrüsels» [Hän: 19] lesen könne – die Augen werde er sich dabei noch verderben ... nun aber sei eines Tages der Nachbarsbengel Martin bei ihm aufgekreuzt, der Sohn des Zinngießers Fritze Bartels, und habe selbstbewusst und ähnlich geziert in reinstem Hochdeutsch auf ihn eingeredet wie sein Herr Sohn, wenn der sich seine wohlverdienten Backpfeifen abholen komme wegen unablässigen Glotzens in dicke fette Bücher, die kein vernünftiger Mensch verstehe. Der Bartelsmartin also: noch so ein junger Herr Professor Milchbart vom Wendengraben, der glaubt, was Besseres zu sein als sein alter Herr und Zinngießer. Dieser Grünschnabel also habe die Unverschämtheit besessen, ihn, den gestandenen Hausschlachter und Lehmmaurer, der drei Männern Brot und Arbeit gebe, in höflichem Ton zwar, aber in der Sache unnachgiebig, aufzufordern, seinen Sprössling nach der Schule weniger in Hof und Garten einzuspannen und ihm mehr Zeit zum Privatstudium zu gönnen, ihn vielleicht sogar vom allabendlichen Flachsspinnen freizustellen. Denn sein kleiner Carl sei kein gewöhnlicher Schüler, sondern habe gerade sein famoses mathematisches Talent in Schreibmeister Büttners Schule bewiesen, sei zu Höherem berufen und müsse unbedingt aufs Gymnasium gehen und später studieren. Martin würde sich geehrt fühlen, bis dahin regelmäßig mit seinem begabten Sohn privat studieren und ihn in die höhere Mathematik einführen zu dürfen. In der Katharinenschule könne Carl ohnehin nichts mehr lernen.

Gebhard wird bei dieser ersten Begegnung mit Martin Bartels sicherlich auch einen Funken Stolz auf seinen missratenen Sprössling gefühlt, doch den enthusiastischen Bittsteller erst einmal eiskalt abserviert haben. Aber der ist genauso hartnäckig wie sein Kontrahent Gaußvater und wird wiederkommen. 1786, im Todesjahr Friedrichs des Großen und im Jahr der ersten öffentlichen Talentprobe des kleinen Carl Friedrich, ist Martin Bartels 17 Jahre alt und hat einen Traum: Er möchte Mathematik studieren.

Auch der Subsidienvertrag, den Herzog Ferdinand zehn Jahre zuvor mit dem König von England geschlossen hat, läuft in diesem Jahr ab. Die an Georg III. verkauften Soldaten haben nicht ins Rad der Geschichte greifen können. Die Überlebenden kehren als Verlierer von den Schlachtfeldern des amerikanischen Unabhängigkeitskriegs zurück. Die eigensinnigen höchsten Repräsentanten der siegreichen Freiheits- und Glückssucher in der Bretterhütten-Wildnis von Massachusetts und in den vornehmen Villen Philadelphias werden eine radikal neue Regierungsform erproben, die Furore machen und vor allem in Paris bald glühende Anhänger finden wird. In Braunschweig zählt indessen Ferdinands Finanzminister die aus London eintreffenden Werbetaler und Sterbegroschen zusammen, während manche Frauen, Mütter und Kinder bangen und hoffen, dass ihre Männer, Söhne und Väter unter den Überlebenden sein mögen, die vom Überseehafen Stade aus zu Fuß nach Braunschweig marschiert kommen.

Im Kampf gegen den Bildungsnotstand in seinem Fürstentum holt Herzog Ferdinand, ebenfalls 1786, den Pädagogen Joachim Heinrich Campe von der Spree an die Oker. Er kennt Campe, den Erzieher der Brüder Alexander und Wilhelm von Humboldt, persönlich. Schließlich ist der Herzog von Braunschweig Alexanders Patenonkel. Er verleiht dem bedeutendsten pädagogischen Schriftsteller des 18. Jahrhunderts als erstem deutschen Pädagogen den Titel «Schulrat». Ihm allein traut er die revolutionäre Umgestaltung des Schulwesens in seinem Herzogtum zu. Noch im selben Jahr 1786 schreibt Campe: «Unsere Volksschulen sind – im Ganzen genommen und einige Ausnahmen abgerechnet – Schulen der Faulheit, der Stupidität und der Unbrauchbarkeit fürs Leben» [Cam_1: 16].

Martin Bartels ist selbst das beste Beispiel für die Vergeudung von Talenten im Braunschweiger Schulsystem. Seine Wendengraben-Herkunft erlaubt dem begabten Jungen keinen reibungslosen Aufstieg in die höheren Schulen, um eine wissenschaftliche Ausbildung genießen zu können. Er ist noch keine 14 Jahre alt, da muss er nach dem Abschluss der Realschule schon seinen eigenen Lebensunterhalt verdienen und «als Knabe die Stelle des Lehrers* und Aufsehers einer ziemlich rohen Jugend, zum Teil mit mir von gleichem Alter spielen». Die Rabauken kennt er besser, als ihm lieb sein kann. Sie stammen aus seiner eigenen Nachbarschaft, dem Wendentorviertel, denn Martin Bartels ist Jürgen Büttners Gehilfe in der Katharinenvolksschule. Ein ungleiches Tandem: der müde 65-jährige Schulmeister und ein dreizehnjähriger Jüngling, fast selbst noch ein Kind, das sich mühsam Respekt bei den Halbstarken aus der Nordstadt verschaffen muss. Sieben Stunden täglich schuftet er in der Schule als Büttners Mädchen für alles. Er kümmert sich um den ordnungsgemäßen Zustand der Schulstube, um Schreibfedern und Schiefertafeln. Vermutlich hackt er auch Holz für den Ofen und hilft den Schwerfälligen beim Schreiben, Lesen und Rechnen auf die Sprünge. Nach Schulschluss stürzt er sich auf Kopierarbeiten, stellt Vormundschaftsurkunden aus und fertigt Kirchenrechnungen für die Stadtverwaltung an, um sich als künftiger Rechnungsführer zu empfehlen, immer auf der Suche nach ein paar Extragroschen, die er für neue Bücher und das Traumziel Universität zurücklegen kann. So bleibt ihm täglich wenig Zeit für das Selbststudium der Mathematik übrig. Die eine oder andere zusätzliche Stunde zwackt er vom Schlaf ab, was zur Routine wird. Der alte Büttner hat Martins wache, mathematische Intelligenz sicher schnell erkannt und macht sie sich zunutze. Vermutlich überträgt er dem Jungen Lehraufgaben, für die er gar nicht eingestellt worden ist. Deshalb ist es auch nicht ganz unwahrscheinlich, dass Bartels 1786 selbständig die Rechenklasse betreut, in der der unscheinbare Nachbarjunge Carl Gauß seine heimlichen Zahlenexperimente betreibt, Lichtjahre entfernt vom offiziellen Lehrplan.*

Bartels' Besuch beim Nachbarn Gauß ist zweifellos mit Büttner abgesprochen. Denn auch der Schulmeister selbst hat erkannt, dass Carl ein Überflieger ist, dem er nichts mehr beibringen kann. Dass der jugendlich begeisterte Bartels in der Stube des Lehmmaurers und Hausschlachters vermutlich nicht den richtigen Ton treffen würde, ist eigentlich absehbar gewesen. Doch nun schaltet Büttner sich persönlich ein und bestellt Gebhard Gauß zu einem Gespräch in die Schule. Pfarrer, Doktor, Lehrer: Das sind traditionell die Respektspersonen, vor denen selbst Raubeine wie Carls Vater einknicken. Büttner wird dem verblüfften Handwerker erzählt haben, er habe in seiner nun fast fünfzigjährigen Laufbahn noch nie ein Kind mit solch enormen zahlenrechnerischen Fähigkeiten wie seinen Sprössling erlebt. Sodass er nun, auf eigene Kosten wohlgemerkt, das aus seiner Sicht beste augenblicklich verfügbare Mathematiklehrbuch deutscher Sprache für Carl habe kaufen wollen und – nachdem alles Suchen in Braunschweig nicht von Erfolg gekrönt gewesen sei – er weder weitere Kosten noch Mühen gescheut und es in Hamburg bestellt habe. Diese vermutlich singuläre Tat eines Lehrers in der dreihundertjährigen Geschichte der Braunschweiger Katharinenvolksschule wird ihre Wirkung auf Gebhard Gauß nicht verfehlt haben, und Büttner selbst wird mit Unsterblichkeit zweiten Grades belohnt. Eine Weile werden Büttner und Bartels noch mit dem Handwerker gefeilscht haben, um Carl von der täglichen Mithilfe beim Lehmstampfen, Strohschneiden, Stallausmisten, Säubern der Schweinedärme, Blutrühren, Flachsspinnen und bei den ungezählten Arbeiten im Garten zumindest teilweise freizustellen. Zum Schluss wird ihm der alte Schulmeister versichert haben, er werde Himmel und Hölle in Bewegung setzen, um Carl einen Freiplatz am Gymnasium zu verschaffen, sodass er, Gebhard Gauß, dessen Rotwurst übrigens ganz vorzüglich und zweifellos die beste im ganzen Viertel, ach was, in der ganzen Stadt sei, sich keine Sorgen um das Schulgeld machen müsse. Endlich willigt der Vater ein.

Dass Bartels' zielstrebiger mathematischer Ehrgeiz hier, in diesem doch sehr eingeschränkten täglichen Bewegungsspielraum zwischen den Koordinatenpunkten Katharinenschularbeitsplatz und Wendengrabenvaterhaus, zufällig auf die spielerische Intelligenz eines kindlichen Zahlenjongleurs trifft, den es nach anspruchsvollerem mathematischen Wissen verlangt, können beide nur als glückliches Zusammentreffen günstiger Umstände erlebt haben. Die tägliche Begegnung in der Schulstube lässt Bartels längst ahnen, welches Potenzial in den weiten Räumen hinter Carls Stirn verborgen liegt. Er kann sich – im wahrsten Sinne des Wortes – ausrechnen, dass dieses imponierende geistige Kraftfeld aus Scharfsinn, Spielfreude und Beharrlichkeit, sobald es mit Neuem konfrontiert sein wird, auch ihm, dem acht Jahre Älteren und Erfahreneren, noch nützliche Einsichten bescheren kann. Und die Augen des kleinen Wunderkindes werden geleuchtet haben, als Bartels ihm erstmals seinen buchstäblich vom Munde abgesparten und dem Schlaf geschuldeten Mathematikbücherschatz zeigt.

Carl selbst besitzt bereits 1785, im zarten Alter von 8 Jahren*, das umfangreiche Werk *Arithmetica theoretico-practica* des Mathematikers Christian Stephan Remer. Dieses 1737 erschienene Buch vermittelt insbesondere das «Rechnen mit Vorteil» – Lösungswege, die sich im Alltag des Bäckers, Marktbeschickers und Fleischhauers bewährt haben und schneller zum Ziel führen als der umständliche und unflexible Umgang mit den in der Volksschule gelehrten Grundrechnungsarten.

Ein Jahr vor Beginn des Büttner'schen Rechenunterrichts

macht sich also der Zweitklässler bereits auf eigene Faust mit den elementaren Kenntnissen kaufmännischen Rechnens vertraut. Man muss wohl annehmen, dass Carl das Buch geschenkt bekommen hat. Zu diesem Zeitpunkt seiner sozialen Entwicklung sind sein Patenonkel Georg Carl Ritter und der Bruder seiner Mutter, Friedrich Benze aus Velpke, die plausibelsten Kandidaten für die Beschaffung der Lunte, die zur Initialzündung lebenslangen kritischen Denkens und autodidaktischen Lernens führt.

Was kann dieses über 700 Seiten starke Werk dem Zweitklässler bieten? «Liebes Büchlein» steht in Kinderschrift auf dem Vorsatzpapier. Die Spuren der Abnutzung sind unübersehbar. Überall am Rand und zwischen den Zeilen hat der Wissensdurstige in sparsamer, penibler Handschrift gewissenhaft seine Übungsaufgaben eingetragen und sich Notizen gemacht [Sle: 30]. Wenn er also ein halbes Jahr später während der legendären Mathematikstunde in der Katharinenschule vorführen wird, dass er selbständig die Summenformel für Zahlenreihen entdeckt hat, geht er nicht völlig unvorbereitet an die Büttner'sche Additionsaufgabe heran.

Christian Stephan Remers *Demonstrativische Anweisung zur Rechenkunst* ist vermutlich Carl Gauß' erstes Buch, das er mit kindlicher Leidenschaft und Hingabe verschlingt. Ziemlich früh lernt er, mit Hilfslinien auf Papier und Tafel 25-stellige Zahlen – Quadrillionen – zu bewältigen. Und so ist es denn auch nicht ganz unwahrscheinlich, dass er schon im ersten Kapitel auf einen Abschnitt trifft, der ihn auf den Weg zum Gesetz für die Summierung einer Zahlenreihe gelenkt haben könnte. Nach der Remer'schen Definition: «Numeriren heisset zu teutsch: zählen, das ist dem Wort=Verstande nach: anzudeuten, wie viel Sachen von gleicher Art beysammen sind», taucht unvermittelt eine spielerische Note auf, die der junge Carl bestimmt nicht übersehen haben wird. Es handelt sich um eine simple Verschlüsselungsmethode, mit der Zahlen, die der Geheimhaltung bedürfen, durch Buchstaben ersetzt werden. Dafür möge man sich, schlägt Remer vor, ein Wort mit zehn Buchstaben suchen und jedem der Buchstaben in auf- oder absteigender Folge eine Ziffer zuordnen. Als vorbildlicher Lokalpatriot, der an zwei Rechenschulen in Braunschweig unterrichtet hat, nennt er folgendes Schlüsselwort [Rem: 48]:

B	R	A	U	N	SCH	W	E	I	G
1	2	3	4	5	6	7	8	9	0
0	9	8	7	6	5	4	3	2	1

Wolle man etwa 902 Taler «anschreiben», könne man dies nun entweder mit I-G-R oder R-B-I tun. Nach 48 Seiten Belehrungen und Übungsaufgaben ist dies das erste auflockernde Element und wird seine Wirkung auf den Achtjährigen nicht verfehlt haben. Man muss kein Mathematikgenie sein, um zu erkennen, dass sich beim vertikalen Lesen der beiden Zahlenreihen stets die Summe 11 ergibt – sieht man einmal von der ersten und letzten Kolumne ab, in denen die Null als Spielverderberin lauert. Für die Verschlüsselungstechnik selbst spielt diese Summensymmetrie überhaupt keine Rolle. Sie ist nur ein sofort ins Auge springendes Nebenprodukt der graphischen Darstellung. Aber wenn wir uns an Leonhard Eulers Anweisungen zur Ermittlung der Summe einer Zahlenreihe [Eul: 264] erinnern, dann gibt er den Rat, die Reihe hinzuschreiben und eine Zeile darunter die gleiche Reihe rückwärts zu notieren. Auch hier ergeben sich dann beim vertikalen Lesen lauter gleich große Zwischensummen, die nach zwei einfachen Schritten zur gesuchten Gesamtsumme zusammengefasst werden können.

Wenn Carl das Buch also am 16. Dezember 1785 geschenkt

bekommt, ist er etwa ein halbes Jahr später, nämlich zum Zeitpunkt seines ersten öffentlichen Auftritts als Wunderkind in der Katharinenschulstube, zweifellos über die Seite 48 hinausgelangt und hat mit dem «Braunschweig»-Schlüssel bestimmt schon seine eigenen Spielchen veranstaltet. Dem zahlenversessenen Jungen wird sich bei vertikalem Lesen der Effekt der stets gleichen Summen unauslöschlich eingeprägt haben. Und so klingt es nicht unwahrscheinlich, dass Carl die reine Rezeptanweisung der vorwärts- und rückwärtsgeschriebenen Zahlenreihe aus dem «Braunschweig»-Verschlüsselungsverfahren herausgefiltert und angewendet haben könnte, um die Büttner'sche Aufgabe zu lösen, alle Zahlen zwischen 1 und 100 zusammenzuzählen. Es wäre der geradezu klassische Fall eines kreativen Aktes.

Das Angebot von Martin Bartels kommt für den talentierten Jungen zum richtigen Zeitpunkt. Beide werden im Herbst 1788, also in gut zwei Jahren, ihren Traum von der höheren Bildung verwirklichen: Der Siebzehnjährige wird sich am Collegium Carolinum, an der Braunschweiger Hochschule, einschreiben, während Carl sich noch genauso lange gedulden muss, bis er aufs Gymnasium gehen darf. Remers kaufmännische Tricks und praktische Anleitungen zur sauberen Gestaltung langer Multiplikations- und Divisionsrechnungen hat er inzwischen längst verinnerlicht. Nun ist er reif für die höheren Weihen. Und der wie ein großer Bruder rührend um ihn bemühte Bartels kennt die nächsten Stufen für mathematische Autodidakten aus eigener Anschauung und Erfahrung nur zu gut. Der bildungshungrige Zinngießersohn hat versuchsweise bereits Vorlesungen am Carolinum besucht und weiß genau, welche Lektüre für die Mathematikkurse an der Hochschule erforderlich ist. Mit eiserner Disziplin und außerordentlichem Fleiß schließt er seine Wissenslücken und lässt den begeisterten Neunjährigen daran teilhaben. Vor allem aber öffnet er ihm dabei die Schatztruhe seiner mathematischen Lehrbücher – ein außerordentlicher Glücksfall für Carl Friedrich, der gar nicht hoch genug eingeschätzt werden kann. Dass Martin zusätzlich Latein, Griechisch und Italienisch büffelt, bleibt ebenfalls nicht ohne Wirkung auf Carl.

Zunächst aber lernt er ein neues Spiel kennen. Hatte er sich bisher ausschließlich im Zahlenrechnen geübt, so pflegt er plötzlich auch den mathematischen Umgang mit Buchstaben, die in vielfältigen Beziehungen zu Zahlen stehen. Mit der Symbolsprache der Algebra lassen sich die abstrakten Strukturen der Grundrechenarten unabhängig vom Wert der Zahlen in allgemeiner Form darstellen, denn «a» und «b» sind zunächst einmal einfach nur wertfreie, unterschiedliche Einheiten. Als Nächstes lernt Carl die Differenzial- und Integralrechnung kennen. Mit seinem einzigartigen Kombinationsvermögen und seiner Vorstellungskraft hat der englische Naturwissenschaftler Isaac Newton in den 1660er Jahren erstmals in der Geschichte der Mathematik das Repertoire des bloßen Zählens und Messens unbewegter Objekte um exakte Vorschriften zur Berechnung allmählich zunehmender oder dahinschwindender Größen und dynamischer Prozesse erweitert. Seit dieser historischen Großtat ist die Mathematik der Bewegung und damit dem Leben selbst auf der Spur. Die Differenzialrechnung kalkuliert die kontinuierlich sich verändernden Intervalle von Zeit und Raum bei Bewegungen, die miteinander in Beziehung stehen. Sie ist ein Instrumentarium zur Berechnung des Wachstums von Pflanzen, zur Temperaturentwicklung in Dampfmaschinen oder zur Bahnbestimmung von Planeten und Fallobst gleichermaßen.

Bevor der elfeinhalbjährige Carl im September 1788 erstmals das Braunschweiger Gymnasium «Katharineum» betritt, ist er bereits bestens mit dem mathematischen Stoff vertraut, den er dort eigentlich erst lernen soll. Natürlich ist ihm sein Ruf als außergewöhnlich begabter Schüler bereits vorausgeeilt, sodass er die erste Gymnasialklasse überspringen darf. Nachdem sich Mathematiklehrer Johann Hellwig ein Bild von Carls Fähigkeiten und Kenntnissen gemacht hat, hält er es für die einzig vernünftige Entscheidung, ihn vom Mathematikunterricht zu befreien. Anders als in Büttners Einheitshorde, in der alle Jahrgänge in einer «Stube» versammelt sind, kommt Carl hier in einer überschaubaren Klasse mit Gleichaltrigen in den Genuss eines Unterrichts mit wissenschaftlichem Anspruch.

Als 1790 schließlich mit dem Wolfenbütteler Pädagogen Konrad Heusinger ein engagierter, der Spätaufklärung verpflichteter Philanthrop Rektor an Carls Gymnasium wird, werden die öffentlichen Sprachprüfungen nicht mehr in Latein, sondern in Deutsch abgehalten. Seit Januar 1788 geben Joachim Campe und Heusinger gemeinsam das *Braunschweigische Journal* «philosophischen, philologischen und pädagogischen Inhalts» heraus – eine Zeitschrift, die in den knapp vier Jahren ihres Bestehens zur führenden Stimme fortschrittlicher Lehrer und Pädagogen in Deutschland avanciert. Hier werden die philanthropischen Erziehungsideale diskutiert, zeitgemäße Kinder- und Schulbücher rezensiert und hochfliegende Aufsätze im Sinn des seligen Voltaire oder der hemdsärmeligen, amerikanischen Glücksverfolger und Demokratiemacher veröffentlicht. Aus Untertanen sollen mündige Bürger und aus geprügelten Kindern menschenfreundliche Erwachsene werden, während der Einfluss von geistlicher und weltlicher Macht auf ein Minimum beschränkt sein müsse. Fast könnte man den Eindruck haben, der Aufbruch in eine neue Ära sei bereits geschafft. Vehement kämpft Joachim Campe, Autor des Jugendbuchbestsellers *Robinson der Jüngere*, mit Wort und Tat gegen den Umstand an, «daß unsere Stadtschulen und Gymnasien ... noch immer die erbärmlich kleine und zugleich lächerliche Hauptbestimmung haben, lateinische und griechische Wortkrämer für ein Land zuzuziehen, worin man weder lateinisch noch griechisch, sondern deutsch redet und deutsche Männer zu deutschen Geschäften braucht» [Cam_1: 26].

Der elfjährige Carl zeigt allerdings von sich aus den brennenden Ehrgeiz, Euklid und Pythagoras im Original lesen zu können. Er versteht es, seinen Vorsprung auf dem Weg zum Latinum und Graecum weiter auszubauen, und entwickelt sich zum Universalwunderkind, dessen Leistungen Aufsehen im Lehrerkollegium erregen.

Als Carl Gauß am 2. Januar 1789 das Rechenbuch von Valentinus Heins gleich dreimal signiert, beginnt das Schicksalsjahr der französischen Aristokratie. In der zweiten Juliwoche ist es so weit. In Paris tritt der Ernstfall ein. Das Volk befreit sich von seinen Despoten. Sobald die Nachrichten von der Französischen Revolution in Braunschweig eintreffen, begibt sich Campe in Begleitung seines ehemaligen Berliner Privatschülers, Wilhelm von Humboldt, der gerade 22 Jahre alt geworden ist, sofort auf die Reise nach Paris, wo er am 3. August eintrifft. In seinen Briefen aus der Hauptstadt der Revolution schwimmt er im Gedränge Hunderttausender gleicher, brüderlicher und freier Menschen mit auf der Woge der umstürzlerischen Begeisterung. So steht also der ranghöchste Pädagoge des Herzogtums Braunschweig mit leuchtenden Augen vor den Barrikaden in einer Seitenstraße und sieht, wie «die schwachen Hände des zarteren Geschlechts» das Straßenpflaster aufreißen und die Steine in Körben auf die Dächer tragen, um ein versprengtes Häuflein königstreuer Soldaten gebührend zu empfangen. Für ihn sind diese Frauen «die neuen Spartanerinnen». Er steigt selbst «die dreiundvierzig Stufen» der in Ruinen liegenden Bastille hinab, in das düstere Verlies der «gesetzlosen Willkürlichkeit», und wird durch seinen Freund und Türöffner Mirabeau zum Zeugen der historischen Nationalversammlung, als in der Nacht zum 5. August «das ganze alte Gebäude des Lehnsystems mit allen seinen glänzenden Vorrechten für die Herrschaften, mit all seinen drückenden Lasten für die Untertanen in einigen Minuten von Grund auf umgestürzt und vernichtet [wird].»* Auch auf die schnellen Todesurteile des Volksgerichts kommt er zu sprechen, auch auf die Exzesse der Leichenschändung nach vollzogener Hinrichtung. Die Urteile findet er gerecht, die Grausamkeiten des Räderns und die Schändungen erbärmlich. Später gesteht ihm Wilhelm von Humboldt, er könne inzwischen in Berlin keinen unschuldigen Laternenpfahl mehr ansehen, ohne an die Lampen im revolutionären Paris und deren Funktion als Galgenbaum zurückdenken zu müssen. Die «Briefe aus Paris» werden zuerst im *Braunschweigischen Journal* veröffentlicht, bevor sie als Buch erscheinen, das vier Auflagen erlebt. Während also Campe und Heusinger die in Paris vermeintlich erkämpfte Gleichheit aller Menschen enthusiastisch in Leitartikeln feiern, dringt der zwölfjährige Carl Gauß seinerseits zu den Grundlagen der algebraischen Gleichheit vor.

Diese Kunst, aus bekannten Größen unbekannte Werte zu berechnen, ist viertausend Jahre alt und hat sich in der Praxis bewährt. Die Ursprünge liegen in Mesopotamien. Inder, Araber und Griechen entwickelten jeweils eigene Vorstellungen über das Rechnen mit einer oder mehreren Unbekannten und beeinflussten auch die Gelehrten in den Klosterschulen Karls des Großen. Meistens geht es um existenzielle Verhältnisse zwischen Gewinn und Verlust, Besitzstand und Lebenskosten. Mal muss die Nachlassaufteilung eines gestorbenen ägyptischen Kaufmanns nach kompliziertem islamischen Erbrecht geregelt werden. Oder es soll die zweckfreie Lust am Rätseln mit der Frage befriedigt werden, wie lange eine Schnecke braucht, um vom Grund eines Brunnens ganz nach oben zu kriechen, wenn sie tagsüber eine bestimmte Strecke vorankommt und nachts einen Teil des Weges wieder hinunterrutscht. Stets lassen sich solche und unzählige weitere Alltagsprobleme auf Gleichungen mit einer oder mehreren Unbekannten zurückführen.

Am Collegium Carolinum hat Martin Bartels indes seinen jungen Freund nicht vergessen. Im Frühjahr 1791 lenkt er die Aufmerksamkeit seines Mathematik- und Physikprofessors Eberhard August Wilhelm Zimmermann auf das außergewöhnliche Talent des Vierzehnjährigen. Zimmermann ist ein einflussreicher, überregional bekannter Wissenschaftler, der bereits seit 25 Jahren am Carolinum lehrt und 1784 im Auftrag des Herzogs den spektakulären ersten Aufstieg eines unbemannten Heißluftballons in Deutschland organisiert hat – nicht weit vom Wendengraben entfernt. Gewiss ist ihm auch die Geschichte über seinen Kollegen am Katharineum, Professor Hellwig, zugetragen worden, der Carls erste schriftliche Mathematikarbeit mit dem Kommentar zurückgegeben haben soll, «es sei überflüssig und kaum zu verlangen, dass ein solcher Mathematikus in seinen Stunden noch erscheine» [Hän: 23]. Während Carls Schulkameraden noch mit kindlicher Leidenschaft ihren Spielen nachgehen, durchdringt er mit seinem außergewöhnlichen Scharfsinn die Algebrabücher und deckt Unzulänglichkeiten und Widersprüche in mancher Beweisführung gestandener Lehrbuchautoren auf.

Zimmermann bestellt Carl zu einem Gespräch ins Collegium und ist beeindruckt. Er legt ihm eine Aufgabe aus der Infinitesimalrechnung vor und sieht zu, wie er sich «die Formel selbst schuf» [Zim_1: 66]. Allein mit dem Umfang seines passiven Grundlagenwissens lässt Carl jeden Studenten blass aussehen. Ausschlaggebend aber ist das enorme kreative Potenzial, das ihn zu Genieleistungen befähigt und ihn von einem lediglich hochbegabten Schüler, der eine schnelle Auffassungsgabe besitzt, unterscheidet. Zimmermann erkennt sofort, dass dieser scheue Junge neu Erworbenes kritisch hinterfragt und mit Altbekanntem verknüpft. Hier experimentiert ein gewandter und flexibler Geist in seinen einsamen Studien spielerisch und streng zugleich in ganz neue Richtungen. Seine schöpferische Kraft ist einzigartig. Carls Fürsprecher Bartels hat nicht zu viel versprochen. Wahrscheinlich ist Carl viel zu schüchtern, um dem berühmten Professor von seiner gerade entflammten Leidenschaft für ein neues Gebiet zu erzählen. Aber vielleicht löst ihm ja die wohlwollende Haltung Zimmermanns die Zunge. Hier kann er mit einem erfahrenen Fachmann reden und muss sich nicht für seine vermeintlich brotlose Kunst vor verständnislos dreinschauenden Nordstadtnachbarn rechtfertigen. So könnte Carl ihm erzählt haben, wie er seit neuestem darauf gekommen ist, arithmetische und geometrische Größen miteinander zu verbinden und durch ein «zierliches» Verfahren einander anzunähern. Wie er sich außerdem vorstelle, eine Formel für die Verteilung der Primzahlen zu finden und die euklidische Geometrie – nun, da er den Meister im griechischen Original gelesen habe – doch noch einmal auf Erweiterungsmöglichkeiten zu untersuchen. Und er habe noch so manche Ahnung, die er jedoch noch nicht mathematisch formulieren könne.

Zimmermann stellt fest: Der Junge ist selbstsicher, aber nicht anmaßend. Da erobert sich gerade ein außerordentliches Talent sein ureigenes Territorium und entschuldigt sich dafür, noch nicht alles verstanden zu haben, da er treuherzig annimmt, Zimmermann müsse doch, stellvertretend für die ganze Mathematikerzunft, längst mit derartigen Ideen vertraut sein. Stünden die denn nicht in den Lehrbüchern, die ihm nur noch nicht zugänglich seien – Stoff, den er auf dem Carolinum doch gewiss bald kennenlernen werde? Der Professor hütet sich weise, Carls originelle Kreise zu stören. Aber er hilft ihm, die Steine aus dem Weg zu einer großartigen Karriere zu räumen, und lässt seine guten Beziehungen spielen. Er schreibt an den Herzog, beschwört ihn, den Jungen zu fördern, und verspricht ihm dafür – «(dieß sind ipsissima verba) einen Leibniz oder Newton» [Zim_1: 66]. Im Stadtzentrum, am Bohlweg, liegen sich das Collegium Carolinum und das Residenzschloss «Grauer Hof» direkt gegenüber, eine gute Nachbarschaft, die im engmaschig geknüpften politischen Beziehungsnetzwerk ihre Fortsetzung findet. So wendet sich Zimmermann an den Staatsminister Feronçe von Rotenkreutz, der ihm eine Audienz beim Herzog vermittelt. Und deshalb steht dieser Junge, der kein Kind mehr, aber auch noch kein Erwachsener ist, an einem Junitag des Jahres 1791 in Begleitung des Professors vor seinem Landesvater Carl Wilhelm Ferdinand.

Der Herzog zu Braunschweig und Lüneburg hat sich als erfolgreicher Feldherr in Diensten Friedrichs des Großen erwiesen, gilt als ebenso höflich wie unnahbar, scharfsinnig und nachdenklich, beliebt beim Volk wegen seiner Milde und seiner moderaten Steuerpolitik. Honoré Gabriel Victor Mirabeau urteilte: «Sein Land ist so frei wie es möglich ist, es ist glücklich und zufrieden, obwohl die Krämer die Verschwendung des verstorbenen Herzogs mit Bedauern vermissen» [Ste: 119]. Dem «Grauen Hof», so benannt nach den grauen Kutten der

Mönche, die hier einstmals residierten, fehlt in diesen Tagen tatsächlich die Farbenpracht der rauschenden Feste, die unter der Hofhaltung von Ferdinands Vater gang und gäbe waren. Doch diesen Posten hat Ferdinand, dem es mit dem Sparen bitterernst ist, aus dem Etat gestrichen. Johann Wolfgang von Goethe, der 1784 einige Zeit am Braunschweiger Hof zu Gast gewesen ist, schrieb an Frau von Stein, der Herzog sei «ein merkwürdiger Charakter», der es ausgezeichnet verstehe, die kleinen Eitelkeiten der Menschen zu befriedigen, er könne jedem nach seiner Art schmeicheln, er gebrauche die Männer, amüsiere die Frauen. Schließlich nennt er ihn einen «Vogelsteller, der seine Vögel kennt und der mit wenig Mühe und Kosten sicher ist, jeden Tag einige zu fangen» [Ste: 119].

Zu Hause, in Weimar, hat der Dichter beste Kontakte zu Anna Amalia, Mutter des regierenden Herzogs Carl August von Sachsen-Weimar-Eisenach. Die frühere Regentin hat dazu beigetragen, dass die Hauptstadt des kulturell zuvor eher brachliegenden Fürstentums zu einem glanzvollen neuen Kristallisationspunkt deutscher Literatur geworden ist. Keinen Geringeren als den Dichter Christoph Martin Wieland hat sie als Erzieher ihrer Kinder engagiert. Anna Amalia ist Ferdinands Schwester und ist gemeinsam mit ihm zu der Geisteshaltung erzogen worden, der deutschen Sprache und Literatur neben der alles überstrahlenden französischen Kultur die ihr zukommende Geltung zu verschaffen. Noch als Erbprinz hatte Ferdinand 1769 den verzweifelten, in finanzielle Not geratenen Lessing davon abgehalten, nach Italien auszuwandern, und ihm die Leitung der Herzog-August-Bibliothek in der Nachbarstadt Wolfenbüttel angeboten. Selbstverständlich dominiert am Grauen Hof bei Tisch und am Kamin auch weiterhin das Französische, die Briefe an die hohe Verwandtschaft in Berlin sind, *comme il faut*, ausschließlich in der Sprache Voltaires verfasst.

Allerdings wird auch an diesem Junitag des Jahres 1791, da Professor Zimmermann mit seinem Schützling Carl Friedrich Gauß auf ihre Audienz wartet, in der Umgebung des Herzogs mehr Französisch gesprochen als je zuvor. Schließlich ist ein großer Teil des französischen Adels seit genau zwei Jahren auf der Flucht vor der Guillotine oder lebt bereits dauerhaft im Exil. Die meisten deutschen Fürsten gewähren ihren Standesgenossen aus dem Nachbarland großzügig Asyl, was die neue französische Regierung jedoch als feindseligen Akt betrachtet. Carl Wilhelm Ferdinand wagt von Anfang an einen Spagat zwischen seiner Sympathie für die Revolution und der Selbstverständlichkeit einer ersten Überbrückungshilfe für die um ihr Leben fürchtenden Adligen. Einigen handverlesenen Flüchtlingen hat er sein Schloss in Wolfenbüttel zur Verfügung gestellt. Streng achtet er jedoch darauf, seine Gastfreundschaft nicht auf jene Emigranten auszudehnen, die von Deutschland aus aktiv an der Wiederherstellung der alten Verhältnisse in Frankreich arbeiten. Sie belegt er sogar mit einem Einreiseverbot.

Ferdinand will sich mit den neuen Machthabern in Paris nicht anlegen. Dort genießt der Reformer hohes Ansehen. Er gilt als treuer Freund Frankreichs und als Bewunderer der französischen Literatur und Philosophie. Von einflussreichen Kreisen in Paris wird er vor allem wegen seiner militärischen Qualitäten geschätzt, sodass der Plan reift, den Herzog von Braunschweig als Oberbefehlshaber und Neuorganisator des französischen Heeres zu gewinnen. Er soll mit keiner geringeren Aufgabe als der Wiederherstellung der Ordnung im Land betraut werden. Durch seinen Einsatz werde er – so das Kalkül der Franzosen – das Ansehen der Regierung im Ausland stärken und die Schlagkraft des Militärs erhöhen. Noch hat man Ferdinand nicht offiziell kontaktiert, aber er hat über diplomatische Kanäle bereits von den Plänen Wind bekommen und steckt in einer einzigartigen Zwickmühle. Als Repräsentant des aufgeklärten Adels fühlt er sich geschmeichelt, zu einem so wichtigen Stützpfeiler der Französischen Revolution auserkoren worden zu sein. Andererseits läuft das Angebot aus Paris darauf hinaus, dass er als preußischer General das französische Heer für einen Krieg gegen Österreich und womöglich auch gegen Preußen vorbereiten soll.

Doch in der heutigen Audienz geht es nicht um Weltpolitik. Der hochgeschätzte Professor Zimmermann hat einen Schützling mitgebracht, angeblich ein förderungswürdiges wissenschaftliches Talent. Nachdem Ferdinand schon im Jahr zuvor endgültig Abschied von seinem ehrgeizigen Schulreformprojekt hat nehmen müssen, das am Widerstand von Klerus und Adel gescheitert ist, besteht er darauf, seine besonders begabten Landeskinder persönlich kennenzulernen. Bei seinen leiblichen Kindern hat ihn die Natur in dieser Hinsicht nicht gerade verwöhnt. Ein tiefer Riss geht mitten durch die Familie. Aus der Vernunftehe mit Augusta, der ältesten Tochter des englischen Thronfolgers, Friedrich Ludwig von Hannover, sind sechs Kinder hervorgegangen. Zwei Mädchen und ein Junge sind körperlich und geistig normal entwickelt. Dagegen ist der Erstgeborene und eigentliche Thronfolger fast blind und geistig zurückgeblieben, während zwei weitere Jungen ebenfalls blind sind und sogar als «schwachsinnig» bezeichnet werden. Vielleicht ist für den Familienvater nach diesem dreifachen Unglück die Förderung ausgesuchter Talente in seiner Rolle als Landesvater auch eine Art kompensatorische Erweiterung seiner eigenen Familie.

Was in dieser für Carl so bedeutsamen Stunde im Einzelnen passiert ist, hat uns Sartorius von Waltershausen leider nicht überliefert. Schenkt man seinem Bericht Glauben, dann muss der «etwas schüchterne Junge» das anwesende Hofpersonal mit Rechenkunststücken «ergötzen», während der Herzog vermutlich ganz und gar dem Zimmermann'schen Fachurteil vertraut und wohl selbst weiß, dass Carls applauswürdige Kopfrechenfähigkeiten nicht mehr und nicht weniger sind als ein nützliches Hilfsmittel für die eigentliche Dimension der mathematischen Kreativität, um die es hier in Wirklichkeit geht. Carl Wilhelm Ferdinand mag ahnen, welche subtilen Schönheiten in der imaginären Landschaft der Zahlenlogik verborgen liegen, und die architektonischen Finessen der Theoriegebäude zu schätzen wissen. Einen direkten Zugang zu dieser Tiefenstruktur der Mathematik hat der Herzog allerdings auch nicht. Dennoch gelingt es dem «edlen Fürsten mit feinem Takt, ohne Zweifel im Bewusstsein, einen ganz ungewöhnlichen Geist vor sich zu haben, seine Liebe zu gewinnen und [...] die Mittel zu gewähren, die für die weitere Ausbildung eines so merkwürdigen Talentes erforderlich» sind [Wal: 15]. Was heißt, dass Carl die Zusage des Herzogs hat, einen Freiplatz am Collegium Carolinum zu bekommen. Stadtarchivar Ludwig Hänselmann hat die Listen der Extraordinarienkasse durchforstet und für den 28. Juni 1791 diesen Eintrag gefunden: «Dem Hofrath Zimmermann für ein von dem Mechanicus Harborth für einen jungen Menschen namens Goes angekauftes mathematisches Besteck 5 Thaler» [Hän: 26]. Es ist die erste Spur des jungen Gauß in den Akten des herzoglichen Hofes. Am 20. Juli werden für Carl – zunächst auf zwei Jahre beschränkt – jährlich 10 Taler bereitgestellt, die Zimmermann treuhänderisch verwalten soll. Und am 12. Juli 1792 verfügt der Mäzen, dass die Zahlungen so lange fortgesetzt werden sollen, wie er das Collegium «frequentieren» werde.

Zum Abschied erhält Carl vom Herzog persönlich eine achtbändige Cicero-Ausgabe und vom 69-jährigen Staatsminister

Jean-Baptiste Feronçe von Rotenkreutz noch eine zweibändige Sammlung Logarithmentafeln geschenkt. Das Standardwerk von Johann Carl Schulze ist 1778 erschienen und wird im Vorwort des Herausgebers nach unverblümten Seitenhieben auf zu teure und vermeintlich schlampige Konkurrenzprodukte als die vollständigste und präziseste Tafelsammlung in Deutschland gepriesen. Vermutlich ist es auf Zimmermanns Empfehlung angeschafft worden. Der Professor wird am besten beurteilen können, welche Werkzeuge dem Jungen in seinem augenblicklichen Entwicklungsstadium am nützlichsten sind. Zimmermanns Treffsicherheit ist atemberaubend. Aber auch dieser angesehene Mathematiker wird nicht im Entferntesten damit gerechnet haben, dass die für nicht Eingeweihte öde anmutenden Zahlenkolumnen das jugendliche Genie zu einer Entdeckung führen werden, die sehr viel später erst als ein einsamer Höhepunkt in der Primzahlforschung erkannt werden wird. Was aber haben Logarithmen mit Primzahlen zu tun?

3. Rechnen in einer eigenen Liga

Die Audienz beim Herzog wird Carls Selbstbewusstsein noch einmal einen Schub gegeben und ihn der Krämerwelt am Wendengraben, in der sich alles um Bregenwurst und Schweinemett, Lehmschlamm und Häckselstroh dreht, noch weiter entfremdet haben. Auch Carls Vater wird von den wertvollen Geschenken des Herzogs beeindruckt gewesen sein, sodass letzte Zweifel an den so ganz und gar nicht ausbeutbaren Fähigkeiten seines Sohnes wohl beseitigt sein werden.

Bei Carls Ausflügen ins Reich der Zahlentheorie fallen umfangreiche Berechnungen an. Hier leisten ihm die Logarithmentafeln von Schulze wertvolle Dienste, da sie die zeitraubenden Multiplikationen großer Zahlen in einfache Additionen verwandeln. Aber die Logarithmentafeln sind dem Zahlenjongleur, der sich bei aller inzwischen erreichten Professionalität die kindliche Neugier und den spielerischen Umgang mit Zahlen bewahrt hat, nicht allein ein willkommenes Werkzeug zur Beschleunigung seiner ausgedehnten Zahlenexperimente. Er begnügt sich nicht damit, sie einfach anzuwenden, sondern überprüft sie kritisch und spielt – immer auf der Suche nach neuen Gesetzmäßigkeiten – mit dem Material. Sein phänomenales Gedächtnis hilft ihm bei der Bewältigung enormer Zahlenmengen. So geht die Sage, er habe die ersten Dezimalstellen aller Logarithmen der Schulze-Tabellen systematisch auswendig gelernt. Das sind rund 3500 Zahlen.*

Am 18. Februar 1792 schreibt sich der Fünfzehnjährige unter der Matrikelnummer 462 schließlich am Collegium Carolinum ein, das gegenüber dem herzoglichen Schloss und keine zehn Minuten Fußweg entfernt vom Haus Nr. 1550 am Wendengraben liegt. Ungefähr zur selben Zeit erwirbt er einen weiteren Band Logarithmentafeln von Johann Heinrich Lambert: «Zusätze zu logarithmischen und trigonometrischen Tabellen». Im Anhang dieser Tafelsammlung stößt er auf eine Tabelle, in der alle Primzahlen bis 102 000 aufgelistet sind. Der Herausgeber selbst hat im Vorwort einen kryptischen Satz formuliert: «Man weiß zwar noch nicht eigentlich, was mit einer solchen Liste von Primzahlen anzufangen ist.» Offenbar hält Lambert die Beschäftigung mit Primzahlen für eine brotlose Kunst, während seine Logarithmentafeln ganz handfeste Vorteile beim Rechnen bringen.

Seit vielen tausend Jahren sind die Menschen von Primzahlen fasziniert. Sie sind die Monolithen unter den Zahlen, die sich nicht aus anderen numerischen Bausteinen zusammensetzen lassen und nur durch sich selbst und durch 1 teilbar sind. Jede andere Zahl hingegen kann man als Produkt von Primzahlen darstellen. Nehmen wir beispielsweise 5050, die Zahl, mit der Carl Friedrich Gauß sein Talent erstmals in der Öffentlichkeit bewies. Sie lässt sich in die Faktoren 2 x 5 x 5 x 101 zerlegen, allesamt Primzahlen. Die Suche nach einem Muster in der Verteilung aller bisher gefundenen Primzahlen gestaltet sich jedoch als vergeblich. Die Zahlensolitäre tauchen in unregelmäßigen Abständen auf. Kein Wunder also, dass die Verteilung der Primzahlen für jeden Mathematiker eine große Herausforderung gewesen ist. Doch seit den Zeiten Euklids, der bewies, dass es unendlich viele Primzahlen gibt, fielen die Ergebnisse spärlich aus: wenige unbewiesene Sätze, unbestätigte Vermutungen und bestenfalls Fragmentarisches.

Nun sitzt auch Carl, wie so viele berühmte und nie genannte Mathematiker aus vergangenen Zeiten, vor dieser chaotischen Struktur und mag sich nicht damit abfinden, dass es kein Muster in der Verteilung gibt. Er traut der Tabelle nicht, findet Fehler, korrigiert sie und zählt nun selbst die Primzahlen in großem Stil ab – eine Leidenschaft, die in den nächsten sechs Jahrzehnten nicht verglühen wird. Doch das Problem bleibt ungelöst: Es bietet sich einfach keine Methode an, die nächste Primzahl vorauszusagen. Manchmal hilft es in solchen festgefahrenen Situationen ja, einen Schritt zurückzutreten, statt die eigene Aufmerksamkeit immer wieder ins Leere laufen zu lassen. Was beispielsweise auf einem pointillistischen Gemälde bei zu naher Betrachtung nur unzusammenhängende bunte Tupfer sind, stellt sich bei richtigem Abstand als reizvolle Form und erkennbare Struktur heraus: eine weibliche Silhouette etwa oder ein Blumenbeet. Etwas ganz Ähnliches unternimmt jetzt der «Caroliner» im ersten Semester. Er stellt nicht mehr die offenbar sinnlose Frage nach einem regelmäßigen Muster *aller* Primzahlen, sondern tritt einen Schritt vor dem Primzahlbild zurück und sieht sich an, wie häufig die wahllos in die Menge der natürlichen Zahlen hineingetupften Elementarzahlen in bestimmten Intervallen auftreten und ob er darin irgendeine Symmetrie, Proportion oder Beziehung wahrnehmen kann.

Damit nimmt er die entscheidend neue Perspektive ein, an die vor ihm noch niemand gedacht hat. Carl stellt fest: Zwischen 1 und 100 gibt es 25 Primzahlen, zwischen 100 und 200 zählt er 21 und nur noch 16 Primzahlen zwischen 200 und 300. Dieser Abwärtstrend setzt sich fort. Nach umfangreichen Berechnungen stellt er eine Liste bis zur ersten Million der natürlichen Zahlen auf. Im Intervall von 1 bis 10 000 beispielsweise tummeln sich 1229 Solitäre. Setzt er nun 10 000 und 1229 ins Verhältnis zueinander, so erhält er den Wert 8,1. Das ist dann der durchschnittliche Abstand zwischen zwei Primzahlen in diesem Intervall. Umschließt das Intervall die Zahlen 1 bis 100 000, lautet der Wert 10,4, und bei einer weiteren Verzehnfachung auf eine Million betrachteter Zahlen beläuft er sich auf 12,7. Die Differenz zwischen 8,1, 10,4 und 12,7 ist jeweils 2,3. Aus Carls Listen geht also eindeutig hervor, dass der Abstand zwischen zwei Primzahlen langsam, aber konstant zunimmt. Was im Umkehrschluss bedeutet, dass die Primzahlen bei größer werdenden Intervallen immer seltener werden. «Jedes Mal, wenn Gauß die obere Grenze des untersuchten Bereichs mit 10 multiplizierte, musste er zu dem Verhältnis aller Zahlen zu den Primzahlen ungefähr 2,3 addieren. Einen ganz ähnlichen Zusammenhang zwischen Multiplikation und Addition vermittelt auch der Logarithmus ... Gauß hatte entdeckt, dass man die Primzahlen mit dem [sogenannten natürlichen] Logarithmus zählen kann» [Sau: 67].

So stößt der Fünfzehnjährige durch den täglichen spielerischen Umgang mit Logarithmen und Primzahltabellen in demselben Lambert'schen Tafelwerk als erster Forscher überhaupt auf eine echte Regelmäßigkeit im vermeintlichen Strukturchaos der Primzahlen. Nach zweieinhalbtausend Jahren ernstzunehmender Primzahlgeschichte ein echter Höhepunkt. Nach heutigen Maßstäben wäre der Caroliner mit Ehrungen, Preisen und Stipendien überhäuft worden. Doch was passiert? Carl behält seine schöpferische Glanztat für sich. Nicht einmal Professor Zimmermann erfährt davon. Er hat eine gute Annäherung, aber keine präzise Formel gefunden. Es ist eine Vermutung, kein Beweis. Weshalb er glaubt, seine Entdeckung sei überhaupt nicht der Rede wert. Erst knapp 60 Jahre später äußert er sich in einem Brief über seine verschwiegene Beschäftigung. Im Nachlass findet man dann auch seine Primzahlfrequenztabellen von 1792. Und bewiesen wird die Gauß'sche Vermutung erst vierzig Jahre nach seinem Tod.

Das Collegium Carolinum ist eine in Deutschland einmalige Erziehungs- und Bildungsanstalt von großem Renommee, in der die jungen Männer nach dem Besuch des Gymnasiums auf die Ansprüche und wissenschaftlichen Erfordernisse der Universität vorbereitet werden. Sie sind weder Schüler noch Studenten und werden im zeitgenössischen Jargon zumeist Zöglinge oder Eleven genannt. Auf einer zweiten, gleichberechtigten Ausbildungsschiene werden Sachkenntnisse für kaufmännische Berufe vermittelt, für die kein Studium erforderlich ist. Geistiger Urheber und Gründungsvater des Collegiums ist Johann Friedrich Wilhelm Jerusalem, ein der Aufklärung verpflichteter Theologe und Erzieher des Erbprinzen Carl Wilhelm Ferdinand und dessen Schwester Anna Amalia. In dieser einflussreichen Position legt er den Kindern des regierenden Herzogs Carl I. die Liebe zur deutschen Literatur ans Herz. Jerusalems leiblicher Sohn Carl Wilhelm wird in Wetzlar wegen einer unglücklichen Liebe sein junges Leben mit einem Pistolenschuss beenden. Goethe hatte das Leiden des jungen Jerusalem seiner Romanfigur «Werther» auferlegt – ein literarischer Welterfolg, der seinen Ruhm als Dichter begründete. Der Vater des unglücklichen Werther-Vorbilds arbeitet die Lehrpläne für das Collegium Carolinum aus, beruft die Professoren. Nach seiner Vorstellung soll der Unterricht ausschließlich in deutscher Sprache abgehalten werden – eine geradezu irritierend moderne Einstellung. Obendrein sollen sich die Pädagogen einer «von allem knechtischem Schulzwang befreiten liberalen Erziehungs- und Unterrichtsart» befleißigen. Zu den gnädig abgesegneten Vergnügungen und «Ergötzlichkeiten» gehören beaufsichtigte Überlandkutschfahrten und Stadtspaziergänge in tadellos zugeknöpftem Outfit. Da dürfen die jungen Edelleute schon mal mit ihren knallbunten Hofkleidern und Uniformen protzen, während von Bürgersöhnen erwartet wird, dass sich der Glanz eher aus inneren Werten wie Bescheidenheit, Strebsamkeit und Demut entfalten möge, sie sich aber zumindest «in Kleidung und Wäsche ebenso reinlich als die übrigen halten» sollten. Die von Jerusalem geforderte «Lieberalität» der Lehrkräfte stößt allerdings schnell an ihre Grenzen, wenn einer dieser Halbstarken den streng reglementierten Zugang zum einzigen Billardtisch – «mittags von 1 bis 2 und nachmittags von 5 bis 7» – nicht als Gipfel der Genusssucht und Verwegenheit empfindet und sich in Ausschweifungen stürzt, bei denen womöglich gar «hitzige Getränke» oder – schlimmer noch – Schauspielerinnen und sonstiges «Weibsgesindel» involviert sind. Dann wird nicht lange gefackelt und der Eleve «wie ein räudiges Schaf sogleich fortgeschafft» [Esh].

Zur Überwachung des sittlichens Verhaltens der Jünglinge diesseits und jenseits der Anstaltsmauern sind die sogenannten Hofmeister abgestellt, die jeweils einen kleinen Kreis von Zöglingen betreuen. Sie verkörpern eine Dreifaltigkeit aus Gouvernante, Studentenkaplan und Feldwebel, verwalten das Taschengeld ihrer Schützlinge, beaufsichtigen das Studium und achten streng auf Moral- und Ehrenkodex: etwa wenn die Gebetsformeln für Morgen- und Abendandachten, die Theologiedozent Johann Christoph Köcher eigens für das Carolinum ersonnen hat, ihre wohltätige Wirkung nicht entfalten können, weil brisante, seit vielen Millionen Jahren bewährte Hormone in Blut und Hirn der Caroliner die Meditation über das Wort Gottes rigoros blockieren und alles Sinnen und Trachten in andere Richtung lenken. Da trifft es sich gut, dass Deutschlands menschenfreundlichste und «lieberalste» Pädagogen sich im *Braunschweigischen Journal*, das nur ein paar

Nebenstraßen vom Carolinum entfernt, in Joachim Campes Verlagshaus gedruckt wird, über das Problem der Sexualaufklärung auch bereits Gedanken gemacht haben. In einem Artikel mit der Überschrift «Ueber die Art und Weise Kinder ueber den Unterschied der Geschlechter zu belehren» wendet sich ein Herr Moritz Adolph von Winterfeld gegen die innovative Idee eines Herrn Oest, man solle den Geschlechtsunterschied nicht an lebendigen, sondern an toten Menschen zeigen, «damit in der Einbildungskraft des Kindes das Bild von dem Unterschiede der Geschlechter mit dem vom Tode und Leichen zusammenschmelzen und letzteres den Lüsten, welche ersteres erregen können, zum Gegengifte dienen möge, nach dem Vers:

> Wenn schnöde Wollust dich erfüllt
> So werde durch dies Schreckensbild
> Verdorrter Todtenknochen
> Dein Kitzel unterbrochen» [Win].

Wir erfahren, dass selbst Joachim Campe Gefallen an diesem unorthodoxen Vorschlag gefunden haben soll. Gesetzt den Fall, es gäbe nicht nur in Städten mit «anatomischen Theatern», sondern auch auf dem flachen Land einen ständigen Zugang zu einigermaßen frischen Leichen, deren Angehörige nichts gegen die höchstherzoglich genehmigte Schaulust pubertierender Jugendlicher einzuwenden hätten, so befürchtet Herr von Winterfeld dennoch, dass bei fehlgeleiteter Einbildungskraft diese pikante Form der sexualpädagogischen Leichenschau eine neue Abart der Unzucht hervorbringen könne: «Wie, wenn ein Zögling künftig für eine schöne Leiche brennte, wie der Schäfer Korydon für den schönen Alexis und manch and're Schäfer für eine schöne Ziege?» Denn was sind schon längst bis zum Überdruss besungene altgriechische Homosexualität und Sodomie im Vergleich zu einem leichtfertig provozierten nekrophilen Coming-out?

Während der Jahre am Carolinum wird Carl, wie gewohnt, in seinem Elternhaus am Wendengraben gelebt und gegessen haben. Seine Mutter wird selig gewesen sein, den geliebten Sohn um sich zu haben. Was der Vater gedacht hat, ist nicht schwer zu ergründen: Jetzt, da sein ältester Sohn Georg das Schneiderhandwerk wegen eines Augenleidens aufgeben musste und, fern der Heimat, seinen Militärdienst absolviert, ihm also zwei helfende Hände fehlen, hat der Herzog ihm jetzt noch einen Klotz ans Bein gebunden, denn eigentlich müsste sein Carl schon seit drei, vier Jahren selbst Geld verdienen. Einen geschickten Buchhalter und Rechnungsführer bei einer Sterbekasse gäbe er doch allemal ab. Doch der Bengel ist ein Protegé des Herzogs höchstpersönlich. Ihn kann er jetzt nicht mehr so ohne weiteres zu Hilfsdiensten in Haus, Hof, Garten und Geschäft herbeizitieren und herumkommandieren. Gegen den herzoglichen Willen wird selbst der Grobian Gebhard Gauß nicht aufbegehren, auch wenn er weiterhin seinen Sohn für einen Müßiggänger hält. Aber die Anerkennung der Nachbarn im Stadtviertel über so viel herzogliche Aufmerksamkeit wird zweifellos auch einen Funken Vaterstolz auf den genialen Sohn in ihm entzündet haben.

Bei Carls privaten Zahlenexperimenten, für die kein Professor Richtlinien vorgibt und die in keinem Lehrbuch stehen, gehen auf der Suche nach mathematischen Gesetzmäßigkeiten spielerische Leichtigkeit und heiliger Ernst Hand in Hand. Intuitiv ist er ein paar Schritte vor dem Bild der chaotischen Primzahlenlandschaft zurückgetreten und hat eine vielversprechende Beziehung zwischen diesen Solitären der Arithmetik und dem natürlichen Logarithmus entdeckt. Das ist der Tiefenblick der Kunstfertigkeit. Um diese Spur weiterzuverfolgen, will er die Primzahlen systematisch in Tausenderintervallen abzählen und dafür umfangreiche Tabellen anlegen. Hier kommt das Handwerk ins Spiel. Schluss mit lustig? Sollte man denken. Doch *ihm* bereitet auch noch die pure Fron des Abzählens und Notierens Freude, weil er es für möglich hält, dass sich ihm beim Blick auf eine frisch ergänzte Tabelle eine neue Perspektive erschließt und er vermeintlich nicht Zusammengehörendes doch noch vereinen kann.

Vielleicht gleicht er hier einem Maler, der außer dem Talent für seine Kunst auch die Leidenschaft zeigt, dem Handwerk auf den Grund zu gehen, und sich deshalb sein Sienabraun und Ockergelb nicht im Laden kauft, sondern selbst aus verwitterten Steinen, Erzen und Erdklumpen herausbricht, aus giftigen Beeren das satteste Purpurrot presst, für sein Schwarz und Weiß Kohlestückchen und Kreide pulverisiert. Eine eigenwillige Erweiterung von Carls persönlicher mathematischer Palette ist sein Tafelwerk der Dezimalbrüche. So wie der ehrgeizige Maler sich sein Arbeitsmaterial in den Mörser bröckelt, legt Carl sich eine private Brüchesammlung zu. Er bildet die Kehrwerte aller Primzahlen zwischen 1 und 1000 – 1/3 ... 1/103 ... 1/491 ... 1/997 – und kommt dabei einer bis dahin unbekannten Gesetzmäßigkeit auf die Spur, die er auch jetzt wieder für sich behält. Beim Zertrümmern der Zahlen gibt er sich allerdings nicht mit sieben oder zweiundvierzig Dezimalstellen hinter dem Komma zufrieden. Er hört erst auf zu rechnen, wenn er die Periode erkannt hat, also wenn eine Folge von Zahlen sich zu wiederholen beginnt. Diese hartnäckige Suche nach einer Regelmäßigkeit und einem Prinzip in einer scheinbar willkürlichen Anordnung führt bei den ersten Brüchen relativ schnell zum Erfolg. So tritt beispielsweise beim

Bruch 1/7 nach sechs Ziffern hinter dem Komma die Periode auf: 0,142857 142857 142857 ... und so weiter bis zum Abwinken.

Aber je größer die Zahlen im Nenner werden, desto mehr Stellen hinter dem Komma muss er ausrechnen. Beim Nenner 499 setzt die Wiederholung erst mit der 498. Stelle hinter dem Komma ein, bei 647 hat die Periode 646 Ziffern und bei der 983 sind es 982 Ziffern. Das hier sich andeutende Muster lautet also: Die Periode eines Dezimalbruchs hat eine Ziffer weniger als die Zahl im Nenner selbst. Nun gibt es aber auch viele Primzahlbrüche im Bereich zwischen 1 und 1000, auf die diese Regel nicht zutrifft und die Periode eine wesentlich geringere Ziffernfolge aufweist. Niemals aber holt die Anzahl der periodischen Ziffern die Zahl im Nenner ein oder schießt gar über sie hinaus. Die Höchstgrenze für die Ziffernfolge der Periode lautet stets: Nenner minus 1. Um in den letzten Jahren des 18. Jahrhunderts ohne technische Hilfsmittel fast tausend Dezimalstellen auszurechnen, bedarf es nicht nur bedingungsloser Hingabe und handwerklicher Präzision, sondern auch Vertrautheit mit allen bekannten Abkürzungsverfahren. Mit Sicherheit hat Carl beim Ausarbeiten selbst ein paar neue Tricks hinzuerfunden.

Und wie der Maler die Leinwand braucht, so verschlingt Carls ausuferndes Tabellenwerk Papier – ein offenbar sehr wertvoller Rohstoff in der Welt des Heranwachsenden, mit dem er nicht allzu verschwenderisch umgehen darf. Seine Sparsamkeit geht so weit, dass er sich nicht scheut, umfangreiche Rechnungen in winziger, gestochen sauberer Schrift auf die Vorsatz- oder Titelrückseiten seiner selbsterworbenen Bücher zu kritzeln. Jeden irgendwie entbehrlichen «guten Groschen» wird er für neue Bücher auf die Seite gelegt haben. So baut er sich systematisch eine Privatbibliothek auf.* Womöglich sitzt er, wenn ihm eine Idee kommt, die er sofort notieren und ausführen muss, gerade über einem Buch und hat keinen Zettel zur Hand. Längst hat er gelernt, seine Aufmerksamkeit so zu konzentrieren, dass er langwierige Rechenprozesse über Tage und Wochen am Köcheln hält und parallel dazu sein Studium nicht vernachlässigen muss.

Im Herbst 1794 hat der Eleve Carl eine seiner folgenreichsten Ideen. Angeregt dazu wird er vermutlich von Johann Heinrich Lamberts Aufsatz *Theorie der Zuverlässigkeit der Beobachtungen und Versuche*, der 1765 erschienen ist. [GauXI,2: 4]. Schon zwei Jahre zuvor ist es ebenfalls Lambert gewesen, dessen Primzahltabellen im Anhang seiner Logarithmentafeln Carl zu der bahnbrechenden Erkenntnis der abnehmenden Primzahlfrequenz verholfen haben. Jetzt liest er dessen Auswertungen umfangreicher Messprotokolle und Beobachtungsreihen der Frühlings- und Herbstnachtgleichen und Sommersonnenwenden, die sich über einen Zeitraum von fünfzig Jahren erstrecken. Lambert schreibt: «Man will durch Versuche das wahre Maaß finden, welches die Natur wirklich gebraucht, z. B. die geographische Länge und Breite eines Ortes, das Gewicht oder die Schwere eines Körpers, den Grad der Wärme, die Länge einer Linie, die Größe eines Winkels, die Zeit einer Beobachtung» [Lam: 425]. Natürlich weiß er auch, dass der «wahre Wert» von vielen Faktoren abhängt. Wie genau ist das Instrument, wie sorgfältig ist der Beobachter, wie wirkt sich ungünstiges Wetter auf die Messgenauigkeit im freien Feld aus? Es sind diese «zufälligen Fehler», die Lambert für unvermeidlich hält. Ihnen muss man bei einer Theorie der Zuverlässigkeit gerecht werden. Sie will er in den Griff bekommen, um dem Ideal des «wahren Maaßes der Natur» auf die Spur zu kommen.

Carl Friedrich Gauß hat keine Aufzeichnungen darüber hinterlassen, ob nach der Lambert'schen Lektüre seine Überlegungen zu Messabweichungen rein theoretischer Natur sind oder ob er selbst Versuche dazu angestellt hat, um auf eine eigene Datensammlung zurückgreifen zu können. Angesichts seines ausgesprochen experimentierfreudigen Wesens ließen sich leicht ein paar einfache Messreihen vorstellen, zumal er dazu neigt, die Schritte häufig benutzter Wege zu zählen.

Vielleicht hat er tatsächlich eine Zeit lang jeden Morgen den Weg zwischen dem Elternhaus am Wendengraben und dem Carolinum am Bohlweg auf diese Weise gemessen. Wenn es regnet und schneit oder wenn er noch müde ist, weil er wieder einmal bis tief in die Nacht hinein gelesen hat, erhält er andere Ergebnisse als im ausgeruhten oder vom Sommerwetter beschwingten Zustand. Meistens sind es 1043 Schritte, häufig aber auch drei mehr oder vier weniger, während Ausreißer in die unteren 1030er- oder in die oberen 1050er-Regionen relativ selten sind. Womöglich kreidet Carl sich anfangs die Zählunterschiede als persönliches Unvermögen an und bemüht sich deshalb umso intensiver um Kompensationen für Fehlerquellen wie vereistes Kopfsteinpflaster oder schneidenden Ostwind – körperfremde Einflüsse, die ebenfalls zwangsläufig zu Abweichungen von der durchschnittlichen Schrittzahl führen. Doch trotz aller Gewissenhaftigkeit bleibt stets eine bestimmte Fehlerquote bestehen. Als er schließlich auf die Idee kommt, ein Diagramm der Messreihe zu zeichnen, schaut ihn nicht etwa ein Wirrwarr, Zickzack oder ein sonst wie ungestaltetes Chaos an, sondern eine wunderbar geschwungene Kurve, die auffällig einer Kirchenglocke ähnelt.

Nun ist Carl nicht etwa der Erste, dem dieses abstrakte Abbild der Messwirklichkeit begegnet, denn die Mathematiker des ausgehenden 18. Jahrhunderts wissen, dass bei der Gruppierung der unausweichlichen Mess- und Beobachtungsfehler rund um Lamberts «wahres Maaß» herum stets diese typische Glockenkurve zustande kommt. Sie bildet tatsächlich die normale Verteilung der Messabweichungen und damit die Realität des Alltags ab. Der siebzehnjährige Jüngling mit der untrüglichen mathematischen Intuition aber erkennt ihre universelle Bedeutung und «fühlt den Mangel eines festen Prinzips» [GauXI,2: 8] in Lamberts Zuverlässigkeitstheorie. Er schließt die Lücke mit einer brillanten Idee, die künftige Messfehler auf ein Minimum reduzieren soll.

Die amerikanische Mathematikerin Margaret Tent lässt in ihrer Biographie Gauß im Gespräch mit seinem Freund Johann Ide seine neue Methode erklären: «Angenommen, ich entscheide mich für einen Wert, der mir recht nahe am wahren Wert zu liegen scheint. Dann untersuche ich die Differenzen zwischen diesem ‹wahren Wert› und jedem einzelnen Messwert ... Wenn ich jetzt all diese Unterschiede quadriere ... und anschließend die Quadrate zusammenzähle, bekomme ich einen guten Blick auf das ganze Bild. Als nächsten Schritt suche ich mir einen anderen Wert als ‹wahren Wert› heraus und untersuche, wie groß die Summe der quadrierten Differenzen ist im Vergleich zur Summe der Quadrate bei der Wahl eines anderen ‹wahren Wertes›. Zum Schluss kann ich dann denjenigen als ‹wirklich wahren Wert› bestimmen, bei dem die Summe der Quadrate am kleinsten ist» [Ten: 72 f.].

Mit diesem Verfahren ist er nichts Geringerem auf der Spur als einer präzisen mathematischen Formulierung des «Normalen», die sich später als bahnbrechende Idee mit universeller Verbreitung erweisen und «Methode der kleinsten Quadrate» genannt werden wird. Denn im 21. Jahrhundert geht es bei der Normalverteilung längst nicht mehr allein um Messfehlerbereinigungen. Die besorgniserregenden Abweichungen eines Kometen von seiner erdnahen Bahn, pathologische Stoffwechselaktivitäten im Blut oder die Reaktionszeit von Hundertmetersprintern auf den Startschuss: Überall ist die Normalverteilung im Spiel. Und selbst psychologische Merkmale wie die Ängstlichkeit in einer Schulklasse vor der Mathearbeit, die Leistungsmotivation von Bankangestellten oder die Intelligenzverteilung in der deutschen Bevölkerung bringen Glockenkurven hervor, in denen sich die Abweichungen um den Normalwert herum anordnen. Die Gauß'sche Normalverteilung durchdringt fast jeden Aspekt des Alltags.

1794 jedoch behält Carl seine Einsichten wieder einmal für sich. Erstens hält er sein Verfahren für noch nicht genügend ausgereift, und zweitens scheint «vom ersten Anfang an der Gedanke mir so natürlich, so äußerst naheliegend, dass ich nicht im Geringsten zweifelte, viele Personen, die mit Zahlenrechnung zu verkehren gehabt, müssten von selbst auf einen solchen Kunstgriff gekommen sein, und ihn gebraucht haben, ohne deswegen es der Mühe werth zu halten, viel Aufhebens von einer so natürlichen Sache zu machen» [GauVIII: 141]. Also schweigt Carl. Dabei ist der Siebzehnjährige der Erste, der diese Methode entdeckt und verwendet.

Dennoch wäre es ein Fehler zu glauben, dass hier ein Ausnahmetalent seine ganze Energie allein der Mathematik widmet. Sein Verlangen nach Weltwissen ist gewaltig, und erstaunlicherweise nimmt die Vertiefung der älteren und neueren Sprachen einen beachtlichen Teil seiner Arbeitskraft am Carolinum in Anspruch. Carl bewegt sich im Anziehungskraftfeld zweier außergewöhnlicher Lehrer. Mathematik- und Physikprofessor Zimmermann ist und bleibt ein unermüdlicher Förderer seiner wissenschaftlichen Ambitionen. Er wird zum väterlichen Freund des begabtesten Zöglings, den er je unterrichtet hat. Johann Joachim Eschenburg heißt der Professor der schönen Literatur und Philosophie. Er hält Vor-

lesungen über Theorie und Geschichte der Dichtkunst und
«Beredsamkeit». Darüber hinaus führt er die von Christoph
Martin Wieland begonnene Übersetzung der Werke William
Shakespeares zu Ende und gibt die erste vollständige deutsche
Shakespeare-Edition heraus. Eschenburg ist ein enger Freund
Lessings gewesen und versteht es, Carls Sprachbegabung zu
fördern und ihn für die Literatur zu begeistern. Trotz aller Fortschritte und Entdeckungen in der Mathematik wirkt sich der
Einfluss Eschenburgs so stark aus, dass Carl im Herbst 1795
noch schwankt, ob er statt Mathematik nicht doch lieber Philologie studieren sollte. Die Beziehung zu Eschenburg wird
über die Begegnung im Vorlesungssaal und im Seminarraum
hinausgegangen sein, denn Carl ist seit der Gymnasialzeit mit
dessen Sohn Wilhelm Arnold befreundet, so dass er seinen
Philologieprofessor zweifellos auch in dessen häuslicher Umgebung erlebt hat.

Mehr als ein halbes Jahrhundert später schreibt Gauß an
seinen Jugendfreund: «Es erneuern sich mir die Bilder unserer Knabenspiele, wenn wir jubelnd zum Wendenturm oder
Grünen Jäger zogen ...» [Mac: 62 f.]. Wendenturm und Grüner Jäger sind zwei beliebte ländliche Ausflugslokale jenseits
der Stadtmauern. Es gibt sie also auch: die ausgelassenen
Stimmungen, die unbeschwerten, vergnüglichen Stunden,
wenn er sich mit dem Freund ein Glas Bier in der Waldgaststätte gönnt. Und warum auch nicht? Seine mathematischen
Forschungen wird er selten so empfinden, wie mancher
Nichtmathematiker sich diese Beschäftigung vorstellen mag,
nämlich als überwiegend grüblerische Tätigkeit, die automatisch zu Verschlossenheit und Weltfremdheit führt. Nachbarn, Bekannte und Mitschüler mögen sich Carl in einer Mischung aus Respekt und Scheu nähern, gehemmt durch die
Befürchtung, seinen vermeintlich hohen Ansprüchen nicht

genügen zu können. In der Gesellschaft von Freunden wie Wilhelm Eschenburg oder Johann Ide aber kann er ein ganz normaler junger Mann voller Übermut und Lebensfreude sein. Wegen der frühen Anerkennung und Förderung seines Talents wird er sich seines Wertes bewusst sein. Schließlich gehört er ja nicht zu den Strebern, die mit viel Fleiß eben nur das vorgegebene Lernpensum bewältigen und ihren Hauch von Begabung bestenfalls in leidlich gute Zensuren umsetzen.

Nein, hier rüttelt einer an den Grundfesten der Algebra, hütet als Einziger das Wissen um das erste jemals erkannte Muster in der Primzahlverteilung, ist einer epochalen Lösung für das Problem von Messfehlern auf der Spur und stellt nebenbei die 2000 Jahre alten geometrischen Lehren des Euklid in Frage – insgeheim natürlich nur, weil seine Zweifel *selbst ihm* allzu kühn und frech erscheinen, um sich Professor Zimmermann anzuvertrauen.

Weiter schreibt der zweiundsiebzigjährige Gauß an Wilhelm Eschenburg: «... es erneuert sich aus späteren Jahren das Bild deines verewigten Vaters, der mir stets als Musterbild des *kalos kagathos* erschien und sein Familienkreis wie unter besonderer Obhut eines gütigen Schutzengels stehender Tempel des reinsten irdischen Glücks.» [Mac: 62 f.]. Gauß sieht in seinem Lehrer Eschenburg also die vereinten Kräfte des Guten und Schönen – Kalokagathia – in ihrer Vollkommenheit ausgebildet, das altgriechische Bildungsideal, gelehrt und gefordert von solch unantastbaren Autoritäten wie Sokrates und Platon. Der körperlich schöne Mann ist auch der moralisch und geistig vollkommene Mensch, der die höchsten Ansprüche von Ästhetik und Ethik in seinem Körper-Geist-Kontinuum zusammenführt. Das Gute und Schöne ist das Wahre. Der aus dem Gerber- und Knochenhauerviertel stammende Carl fühlt sich an einen heiligen Ort versetzt, wenn er vor der Türschwelle des Eschenburg'schen Heims steht – ein unfassbar glücklicher Gegenentwurf zu seinem derben Milieu, über dem der ewige Verwesungsgeruch von Tierhäuten und verdorbenen Schlachtabfällen schwebt. In einem Haus, in dem die geliebte Mutter «unglücklich» [Mac: 72] – wie der Sohn betrübt versichert – an einen engstirnigen Kleinunternehmer und notorischen Poltergeist gefesselt ist, in dem die Knochenarbeit niemals endet, der Vater mit sorgenvollem Blick die Groschen abzählt.

Diese späte, aber deshalb nicht weniger bemerkenswerte Verbeugung des inzwischen weltberühmten Gelehrten vor seinem verehrten Lehrer verdeutlicht, dass Carl sich spätestens als Caroliner mit Eschenburg, Zimmermann und dem Herzog alternative Vaterfiguren gewählt hat, die seinen eigenen Träumen und Idealen entsprechen. Vom leiblichen Vater sei er «früh unabhängig geworden», schreibt er in einem anderen Brief. Zu keinem Zeitpunkt habe der herrisch in seinem eigenen Haus auftretende Mann «mein kindliches Vertrauen besessen.» [Mac: 71].*

Dass Carl inzwischen in einer eigenen Liga rechnet, wird ihm wohl bewusst sein. Der Grundstock der Bibliothek des Collegium Carolinum stammt noch vom Herzog Anton Ulrich, einem der großen Barockdichter, der keinen Geringeren als seinen Freund Leibniz zum Leiter der berühmten Bibliothek seines Vaters Herzog August in Wolfenbüttel ernannte. Mehrere wertvolle Euklid-Ausgaben sind darunter, Nikolaus Kopernikus' Hauptwerk *De Revolutionibus Orbium Coelestium – Von den Umdrehungen der Himmelskörper*, die *Geometria*, die lateinische Ausgabe der *Géométrie* von René Descartes, die schon Newton gründlich studiert hat, und ein berühmtes Algebra-Standardwerk von John Wallis [Küs$_1$: 37]. Aber kein Mathematikbuch ist dabei, das Carls Hunger nach neuen Anregungen stillen könnte. Jacob Bernoullis Werk über Wahrscheinlichkeitsrechnung hat er sich längst selbst angeschafft. Passend zum Thema Berechnung des Zufalls und zu seinem ausgesprochen spielerischen Umgang mit neuem Lernstoff kauft er sich auch ein Buch über die Gewinnchancen bei gängigen Kartenspielen. In einem Band über juristische und politische Rechenkunst von Carl Chassot de Florencourt hat er auf Seite 249 «Welcher Unsinn» an den Rand geschrieben [Mic: 36]. In der ranghöchsten Bildungsanstalt des Herzogtums Braunschweig hat Carl inzwischen den mathematischen Erkenntnishorizont überschritten, den ihm die dortigen Bücher aufspannen können.

1714, im Todesjahr des Braunschweiger Herzogs und Dichters Anton Ulrich, erschien in Amsterdam ein Raubdruck der *Principia Mathematica* von Isaac Newton – die Matrix unseres heutigen Weltbilds und das wohl bedeutendste wissenschaftliche Werk, das je ein Autor geschrieben hat. Die Erstausgabe wurde 1688 in London veröffentlicht. Der siebzehnjährige Carl kauft ein Exemplar der Amsterdamer Ausgabe und signiert es mit C. F. Gauß 1794. In den *Principia* diskutiert Sir Isaac Newton seine epochalen Vorstellungen eines absoluten Raumes und einer absoluten Zeit, erklärt seine drei Bewegungsgesetze und leitet aus eigenen himmelsmechanischen Beobachtungen sein Gravitationsgesetz ab, das die Planeten um die Sonne kreisen lässt. Die wohl spektakulärste Erkenntnis Newtons, die seine wissenschaftlich interessierten Zeitgenossen am meisten verblüfft hat, war die Schlussfolgerung, dass dieselbe Gravitation, die für das alljährlich wiederkehrende Fallobst-Phänomen in den Gärten der Welt verantwortlich ist, auch den Mond in seine Bahn um die Erde zwingt. Ein unbedeutender Plumps für einen Boskop – ein gewaltiger Bewusstseinsaufschwung für die Menschheit. Die berühmte Gebetsformel «Wie im Himmel, so auf Erden ...» wird hier auf wahrhaft himmelsstürmende Art und Weise säkularisiert.

Frühere Autoren machten es sich leicht und feierten als bewegende Kraft im Universum den allmächtigen göttlichen Willen. Selbst René Descartes, dem zu seiner Zeit eminentesten Vertreter des reinen *esprit* weit und breit, fiel nichts Klügeres ein, als ominöse, unsichtbare Ätherwirbel – seine berüchtigten «tourbillons» – im Weltall zu verteilen, auf denen die Planeten irgendwie durchs Sonnensystem rutschten. Logisch begründen ließ sich diese Vorstellung natürlich nicht, und Berechnungen von Planetenbahnen waren ganz und gar unmöglich. Im Gegensatz zu Descartes gelingen Newton jetzt mit Hilfe seiner neuentwickelten These äußerst präzise Bahnbestimmungen, aus denen er die künftigen Positionen der Planeten ableiten und vorhersagen kann. Newtons Werk ist ein Triumph der mathematischen Vernunft über religiös dominierte Dogmen und phantasievolle Vorstellungen vom Universum.

Aber es dauerte ein paar Jahrzehnte, bis sich die Botschaft außerhalb des elitären Zirkels der Londoner Royal Society auch auf dem europäischen Kontinent verbreitet hatte. Denn kaum jemand verstand Newton wirklich. Selbst Leonhard Euler, der prominenteste Mathematiker Europas, musste anfangs zugeben, dass er arge Probleme mit den *Principia* hatte. Und Johann Bernoulli der Ältere, Stammvater einer ganzen Dynastie bedeutender Mathematiker, empfand Newtons Hauptwerk gar als eine Zumutung: «Ich habe versucht, es zu begreifen. Ich las immer wieder, was Newton über das Thema zu sagen hatte, aber ... ich habe nicht eine Silbe davon verstanden» [Fei: 67]. Das lag weniger an der Undurchdringlichkeit der umständlichen Prosa Newtons oder an der lateinischen Sprache, in der das Werk abgefasst ist – im 17. und 18. Jahrhundert beherrschte jeder Gelehrte Latein –, als vielmehr an der mathematischen Darstellungsweise seiner Erkenntnisse. Obwohl Newton mit der Differenzialrechnung ein neues leistungsfähiges mathematisches Verfahren zur Berechnung von Bewegungen und Prozessen entwickelt hatte, kleidete er seine bahnbrechenden Entdeckungen – als wolle er seine Spuren verwischen – in eine vergessene, schwer nachvollziehbare geometrische Sprache, vor der die meisten Kollegen kapitulieren mussten.

Seine Einsichten gewann er bereits 1665/66 in seinem 23. Lebensjahr, als die Pest in London ausbrach und sich über das ganze Land verbreitete: «Im Jahr der Pest vollzog sich seine Wandlung. Ganz auf sich allein gestellt und von der Außenwelt nahezu abgeschnitten, wurde er der bedeutendste Mathematiker der Welt» [Gle: 41]. In dieser dunklen, bedrohlichen Zeit war er der mathematischen Unendlichkeit auf der Spur, aus der die Differenzialrechnung hervorging: Die folgenreiche Verbindung von Geometrie und physikalischer Bewegung wurde zur mathematischen Grundlage seiner revolutionären Himmelsmechanik und gehörte später zum unverzichtbaren theoretischen Instrumentarium eines jeden künftigen Maschinenbauingenieurs, der seit James Watts grandioser Idee mit dem Wasserdampf ein Meister seines Fachs werden wollte. So wurde im Jahr der Pest eine dynamische Mathematik geboren, mit der Bewegungen und Prozesse berechnet werden können. Heraklits berühmte Einsicht «Alles im Fluss» schien Pate gestanden zu haben, als Newton seine neue Mathematik des Werdens «Fluxionsmethode» nannte.*

Auch mit der ominösen «Schwere» wähnte er sich auf dem richtigen Weg mit seiner Überlegung, die Gravitation dürfe nicht am höchsten Ast des Apfelbaums, auf dem Kirchturm oder am Rand der weißen Klippen von Dover aufhören, sondern müsse auch für die Planeten des Sonnensystems gelten. Das war der entscheidende Schritt hin zum Konzept einer universellen Gravitation. Nicht nur Äpfel und Kirchturmschindeln fallen nach unten, sondern auch die Himmelskörper auf ihrer Bahn. Aber ein Restzweifel nagte an Newton, denn nicht alle seine Zahlen und Proportionen waren schlüssig. Es sei denn, er stellte eine Autorität ersten Ranges in Frage: Galileo Galilei. So rang Newton noch mit dessen Behauptung, alle Körper fielen, unabhängig von ihrer Entfernung zur Erde, mit konstanter Beschleunigung. Mit seinen eigenen Berechnungen und Schätzungen kam er zu anderen Ergebnissen. Die Anziehungskraft der Erdenschwere schien mit dem Abstand eines Objekts nicht einfach nur abzunehmen, sondern wurde offenbar proportional zum Quadrat des Abstands schwächer. Doch Newtons Kollegen blieben vorerst auf Descartes' ätherischen *tourbillons* sitzen und rechneten weiter mit den Galilei'schen Fallgeschwindigkeiten, denn er behielt seine umwälzenden Erkenntnisse zwanzig Jahre lang für sich.

Dieses Verhaltensmuster kennen wir bereits aus dem winzigen Studierzimmer des Hauses Nr. 1550 am Wendengraben und im Collegium Carolinum. Rund 130 Jahre nach Newtons kreativem Schub und seinem anschließenden Schweigen verhält sich der jugendliche Carl bei seinem Primzahlenfund und der neuen Methode zur Reduzierung von Messabweichungen ähnlich wie sein großes Vorbild. Er wird ihn in dieser Hinsicht kaum bewusst imitiert haben. Vielmehr wird die Übereinstimmung mit Newtons strikter Zurückhaltung in einer Geistesverwandtschaft begründet liegen. Beide sind zwar überzeugt, ein Grundprinzip erkannt und eine gute Annäherung gefunden zu haben, ein paar letzte Zweifel aber bleiben. Selbst wenn die tausendste Überprüfung mit der neuen Hypothese übereinstimmt, könnte die nächste untersuchte Zahl oder Koordinate die Symmetrie stören oder zu einer unliebsamen Einschränkung der attraktiven These führen. Also rechnen sie weiter, perfektionieren ihre Verfahren und schweigen. Bei Carl kommt noch die Naivität hinzu, mit der er vermutet, jeder halbwegs wache Mathematiker müsse doch längst die offensichtliche Lösung selbst erkannt haben und in seiner täglichen Praxis anwenden.

Im Sommer 1795 bestellt Herzog Carl Wilhelm Ferdinand seinen Günstling ins Schloss, weil ihm zu Ohren gekommen ist, der vielversprechendste intellektuelle Hoffnungsträger des Herzogtums Braunschweig wünsche, an der Universität Göttingen zu studieren. Göttingen aber liegt im südlichsten Zipfel des Kurfürstentums Hannover und gehört deshalb zum «Ausland». Normalerweise wird eine solche Eigensinnigkeit eines herzoglichen Stipendiaten am Hof schon fast als ein Affront empfunden, weil bekannt ist, dass der Fürst seine finanziell geförderten Landeskinder auch an der einzigen herzoglich-braunschweigischen Universität in Helmstedt studieren sehen möchte.

Carl Wilhelm Ferdinand hat inzwischen eine bittere militärische Niederlage erlitten, die Weltgeschichte geschrieben hat, doch sein existenzielles persönliches Waterloo steht ihm erst noch bevor. Hatte er sich bei der ersten Begegnung mit seinem Lieblingswunderkind im Juni 1791 noch auf dem Höhepunkt seiner Strahlkraft befunden, so ist er bereits ein gutes Jahr später auf dem Tiefpunkt seiner Karriere angelangt. Die Revolutionäre in Paris hatten ihn zum Oberbefehlshaber der französischen Truppen erkoren, und der Herzog schwankte gefährlich auf dem schmalen Grat zwischen seiner Sympathie für die Revolution und seiner Verpflichtung als General gegenüber dem preußischen Heer. Die Entscheidung ist denkbar eng. Am 12. Februar 1792 trifft der französische Gesandte Custine zu einer zweiten Verhandlungsrunde in Braunschweig ein in der Hoffnung, den Welfenherzog doch noch für die französische Sache zu gewinnen. Am Tag darauf erhält Carl Wilhelm Ferdinand bereits «den Befehl, sich sofort nach Potsdam zu begeben, um den Plan eines Feldzugs gegen Frankreich zu entwerfen» [Ste: 191]. Denn nach unüberhörbarem Säbelrasseln zwischen Österreich und Frankreich hat sich inzwischen Ferdinands Potsdamer Cousin Friedrich Wilhelm II. mit Wien verbündet. Und als im Frühjahr 1792 Preußen und Österreich gemeinsam gegen Frankreich in den Krieg ziehen, um dort die Monarchie wiederherzustellen, steht Ferdinand an der Spitze der Koalitionstruppen – eine Kehrtwendung, die auch der abgebrühteste Machtmensch nicht ohne seelische Blessuren übersteht.

Im Juli 1792 begeht der Herzog von Braunschweig einen fatalen politischen Fehler. Als Oberbefehlshaber der Invasionstruppen unterschreibt er eine Erklärung, «in der die Verbündeten der Stadt Paris in schroffer und verletzender Sprache den Untergang androhten, wenn sie nicht dem Gebote der alliierten Herrscher gehorche ...» Deren wichtigste Forderung die Rückkehr Ludwigs XVI. auf den Thron ist. Dieses Dokument, das Ludwig selbst mitverfasst haben soll, erreicht genau das Gegenteil der gewünschten Wirkung: Es mobilisiert den Widerstand der jungen Republik auf ungeahnte Weise. Durch seine Unterschrift bleibt Herzog Carl Wilhelm Ferdinands persönliches Schicksal bis zu seinem Tod mit der Politik der französischen Nation verknüpft. «Der früher angebetete, zum Reorganisator der Armee bestimmte deutsche Fürst, dessen Ruhm man in lauten Worten gefeiert hatte, wurde jetzt der Gegenstand des grimmigsten Hasses und der höhnischen Verfolgung» [Ste: 198].

Nach anfänglichen Erfolgen versinkt das Invasionsheer bei wochenlangem Dauerregen im Morast der Champagne-Landschaft. Die Ruhr schwächt und dezimiert das Heer. Herzog Ferdinands Entscheidungen sind den Falken viel zu zögerlich, seine angeblich ohne Not befohlenen Rückzüge aus militärischer Sicht unverständlich, ja ein Skandalon. Sein früherer Wagemut ist einer quälenden Unentschlossenheit gewichen. Eroberte Städte wie Verdun werden aufgegeben, die Koalitionstruppen lassen sich über die französische Grenze zurückdrängen. Zweimal bittet der einst gefeierte Feldherr den preußischen König um seine Entlassung. Nach zwei Jahren an der Spitze eines absurden Feldzugs, den er von Anfang an nicht aus politischer Überzeugung, sondern aus Gehorsam gegenüber Friedrich Wilhelm II. angeführt hat, gewährt ihm der König im Januar 1794 endlich den Rücktritt. Ein gutes Jahr später ist die preußisch-österreichische Koalition auch unter neuer Führung mit ihrem Ziel der Wiedereinführung der Monarchie in Frankreich endgültig gescheitert. Die Französische Revolution hat sich gegen den Widerstand zweier mächtiger Nachbarn behauptet.

Gauß hat sich später immer wieder dankbar über die herzogliche Unterstützung geäußert, ohne die er wohl tatsächlich nichts weiter als ein geschätzter Buchhalter in einem heute zu Recht vergessenen Kaufmannskontor geworden wäre. Dennoch muss ihm der Herzog als Mensch weithin fremd geblieben sein. Er ist der unerreichbare Landesvater, der selbst zu all seinen förderungswürdigen «Lieblingskindern», zu denen Gauß zweifellos gehört, nicht viel mehr als eine schwer fassbare, abstrakte Beziehung entwickeln kann. Es gibt freundliche Audienzen und Plaudereien über schulische Leistungen, studentische Fortschritte und berufliche Wunschvorstellungen – Gespräche, die keinerlei Prüfungscharakter haben, sondern nur als Anlass dienen, ein paar Tage später eine knappe Anweisung an die herzogliche Kasse ergehen zu lassen, dem Untertanen Gauß die finanzielle Zuwendung um soundso viel Taler zu erhöhen.

Wird Carl irgendeinen Menschen wirklich vermissen, wenn er jetzt nach Göttingen geht? Die Mutter und ihre bedingungslose Liebe wird ihm fehlen. Die ungnädige Ausstrahlung des Vaters und dessen derben Umgangston wird er zweifellos entbehren können. Drei Freunde vom Collegium Carolinum wollen ihm bald ins Leinetal folgen. Eine Jugendliebe, für die die nahe Universität Helmstedt und ein Verzicht auf Göttingen eine Überlegung wert gewesen wäre, scheint er in der Heimatstadt noch nicht gefunden zu haben. Es wird ihm bewusst sein, dass sein außerordentliches Talent ständig Nahrung und Anreiz verlangt. Das ist mit schroffen Rückzugsphasen und einem Arbeitsaufwand verbunden, den die Menschen in seinem Umfeld vielleicht nicht immer nachvollziehen und verstehen mögen. Von einem inhaltlichen Verständnis ganz zu schweigen. Wie einsam muss sich einer fühlen, der seine spannendsten Entdeckungen noch nicht einmal seinem Mathematikprofessor anvertraut? Trotzdem deutet nichts darauf hin, dass Carl Friedrich Gauß als menschenscheuer, weltfremder Grübler das Collegium Carolinum verlassen wird. Er ist sich seines besonderen Ranges sehr wohl bewusst und wird seine ganze Energie darauf verwenden, sein Wissen zu vermehren, selbst wenn er dabei riskiert, ungesellig und herablassend zu erscheinen. Er hat das umfassende Bildungsangebot am Carolinum aufs glücklichste genutzt. Seine Vorliebe für Sprachen – alte wie neue gleichermaßen – hat Professor Johann Joachim Eschenburg zu vertiefen verstanden. Aber die schwärmerische Verehrung, die der jugendliche Carl diesem Lehrer entgegenbringt, lässt keine realistische zwischenmenschliche Beziehung gedeihen. Eschenburg wird für immer eine verklärte Person bleiben.

Der Herzog von Braunschweig wird bis zum Sommer 1795 regelmäßig von Carls Professoren über die Entwicklung des Eleven informiert worden sein. Er ist grundsätzlich bereit, Carls Studium zu finanzieren, will aber von ihm persönlich die Gründe erfahren, warum er ihn nicht nach Helmstedt abkommandieren, sondern ins entlegene Göttingen ziehen lassen soll. Carls Antwort ist naheliegend. Nicht etwa schnöde Abenteuerlust treibe ihn dazu, fern der Heimat die Herausforderungen und Vergnügungen des freien Studiums zu genießen. Vielmehr sei es die international berühmte, einzigartige Universitätsbibliothek Göttingens mit ihren 160 000 Bänden, die eine unwiderstehliche Anziehungskraft auf ihn ausübe. Dort hoffe er auch endlich, die modernen Meister der Mathematik studieren zu können, deren neueste Werke er, kaum dass die Druckerschwärze getrocknet sei, bereits in der Bibliothek ausleihen könne – ein Vorteil, der ihm in Braunschweig bisher versagt geblieben sei. Außerdem liege es ihm am Herzen, regelmäßig Zugang zu den Zeitschriften mit den neuesten Nachrichten der großen europäischen Akademien zu bekommen, um seine eigenen, wenngleich noch ganz und gar bescheidenen Forschungen einem internationalen Vergleich unterziehen zu können.

Der Herzog braucht keine Bedenkzeit. Die Anweisung an seinen Kämmerer fällt ungewöhnlich großzügig aus. 158 Taler jährlich für die Dauer von drei Jahren und einen Freitisch im Wert von 48 Talern. Und möge er im Kurfürstentum Hannover sein Vaterland Braunschweig nicht vergessen.

4. Student in Göttingen

Am 11. Oktober 1795 wandert Carl Friedrich Gauß durch das westliche Petritor aus seiner Heimatstadt hinaus und tritt den 100 Kilometer langen Weg nach Göttingen an. Hinter Goslar nimmt er die ersten Anhöhen, bis er beim Erreichen der Harzer Bergbaustadt Clausthal ungefähr die Hälfte seiner Wanderung bewältigt hat. Während Carl sich also auf seiner Wanderung nach Göttingen befindet, tauschen Wilhelm von Humboldt und Friedrich Schiller Briefe über eine sensationell klingende These aus. Der führende deutsche Anatomieprofessor Samuel Thomas Soemmerring behauptet nämlich, endlich das «Organ der Seele» lokalisiert zu haben. Die Flüssigkeit, in der das Gehirn schwimme, sei angeblich das einzige Medium, das mit allen Hirnnerven in Kontakt stehe. Deshalb komme allein das «Gehirnwasser» als Seelenorgan in Frage. Eigentlich gilt Wasser in flüssigem Aggregatzustand nicht mehr als chemisches Element, seit im Revolutionsjahr 1789 der französische Chemiker Antoine Laurent de Lavoisier den experimentellen Beweis dafür erbracht hat, dass Wasser sich in die Gase Wasserstoff und Sauerstoff spalten lässt, die in diesen Tagen als «Luftstoffe» bezeichnet werden.

Soemmerring hält seine Überzeugung für bedeutsam genug, um noch vor der Veröffentlichung Auszüge und Abschriften seiner Arbeit an Kant und Goethe zu schicken. Und Humboldt, wie immer gut informiert, lässt Schiller an der frohen Botschaft teihaben, die Seele sei vermutlich eine Art «organisiertes» Fluidum hinter seiner Denkerstirn. Immanuel Kant erklärt sich bereit, ein Nachwort zu Soemmerrings Essay* zu schreiben, in dem er auch kurz auf den metaphysischen Schock eingeht, den Lavoisier jüngst mit der Verletzung des aristotelischen Wasserreinheitsgebots ausgelöst hat: dass Wasser, dieser Urbegriff des Nassen, sich in die brennbare Luft, Lavoisiers *air inflammable* oder Wasserstoff, und in die zu atmende Luft, *air respirable* oder Sauerstoff, spalten lasse.

Nach der bemerkenswerten Verwandlung des Urflüssigen «in zwey verschiedene Luftarten» will nun auch Kant der offenbar doch komplexeren physikalischen Wirklichkeit nicht länger hinterherhinken und schließt weitere Überraschungen nicht mehr aus. So könne sich, spekuliert er über zusätzliche Bestandteile des Wassers, in den beiden Luftarten etwa noch der «Wärmestoff» verbergen, in dem er wiederum den Einschluss des «Lichtstoffs» für möglich hält, der sich seinerseits in die Spektralfarben scheiden lasse. Und so schlägt Kant schließlich, ausnahmsweise sprachlich durchsichtig, den Bogen zum Gehirnwasser: «Nimmt man noch dazu, was das Gewächsreich aus jenem gemeinen Wasser für eine unermessliche Mannichfaltigkeit von zum Theil flüchtigen Stoffen, vermuthlich durch Zersetzung und andere Art der Verbindung hervorzubringen weiß: so kann man sich vorstellen, welche Mannichfaltigkeit von Werkzeugen die Nerven an ihren Enden in dem Gehirnwasser... vor sich finden, um dadurch für die Sinnenwelt empfänglich und wechselseitig wiederum auch auf sie wirksam zu sein» [Soe_1: 247].

Während Soemmerring in Mainz noch auf kollegiale Anerkennung seiner fulminanten These hofft, kippen Anatomen, Physiologen und Pathologen anderenorts das kostbare, informationsgeladene Gehirnwasser, wie gewohnt, achtlos weg, wenn sie etwa eine Wucherung aus dem Gehirn eines toten

Patienten herausschneiden und präparieren wollen. In Göttingen empfiehlt Friedrich Benjamin Osiander, Professor für Medizin und Entbindungskunst, dieser Tage sogar gründliche Spülungen künftiger Hirnpräparate mit lauwarmem Regen- oder Schneewasser. Nach Osianders sorgfältiger Behandlung des Gehirns mit diesen profanen Flüssigkeiten bleibt kein Tropfen des Soemmerring'schen Seelenwassers mehr zurück. Anschließend jedoch wird das ausgelaugte Organ – gewissermaßen als Entschädigung für die Entseelungsdrainage – wieder in ein hochprozentig «organisiertes» Fluidum eingelegt, das man durchaus «spirituell» nennen könnte: *Spiritus vini*, Weingeist von Korn-, Zwetschgen- oder Kirsch-Destillat.

Seine erste Unterkunft findet Gauß bei einem Schneider namens Blüm in der Gothmarstraße 11 mitten im Herzen von Göttingen, nur ein paar Dutzend Schritte von der Universitätsbibliothek entfernt. Wenn Carl aus dem Haus seines Wirtes tritt, sieht er schräg gegenüber der Haustür ein mächtiges, zweistöckiges Fachwerkhaus an der Ecke Gothmarstraße/Prinzenstraße. Hier wohnt Georg Christoph Lichtenberg, Professor für Physik und Astronomie und Verfasser viel gerühmter Aphorismen. In dem Saal im zweiten Stock hält er seine Physikvorlesungen. Unvergessen bleibt der hinreißende akademische Scherz des Professors, seinen Hörern das Prinzip des «Aerostaten», eines Luftfahrzeugs, zu demonstrieren. Da trat er auf den Balkon hinaus, füllte geschickt Schweinsblasen mit Lavoisiers *air inflammable* und ließ sie unter den Jubelrufen der Studenten in die Luft steigen. Das geschah kurz vor dem ersten Ballonaufstieg der Brüder Montgolfier in Paris 1783. Der glückliche Carolinum-Zögling aus Braunschweig, der sich am 15. Oktober an der Georg-August-Universität immatrikuliert hat und sich nun Student der Mathematik, Philologie und Philosophie nennen darf, hat sich ausdrücklich auf Lichtenberg gefreut, den er später als «die Zierde der Universität» bezeichnen wird. Doch leider hält sich der Physiker zurzeit gerade nicht in Göttingen auf.

Den ältesten aller erhalten gebliebenen Gauß-Briefe hat der frischgebackene Student schon vier Tage nach seiner Immatrikulation an Professor Eberhard August Wilhelm Zimmermann nach Braunschweig geschickt. Bevor er aber über seine ersten Erlebnisse in Göttingen berichtet, gibt er pflichtbewusst Rechenschaft über eine Auftragsarbeit. Zimmermann hat nämlich mit *Frankreich und die Freystaaten von Nordamerika* ein länderkundliches Buch geschrieben und Gauß gebeten, sich die statistischen Daten in den Druckfahnen anzusehen und, wenn nötig, zu korrigieren. Mit dem untrüglichen Blick für logische Widersprüche schreibt er gleich zu Beginn des Briefes: «Die Volksmenge von Delaware von 59 094 stimmt nicht mit der Specialtabelle ... überein, wo sie 67 981 ist. Vermutlich hat man sich darin geirrt, daß man die Anzahl der Nichtsclaven (67 981 – 8887 = 59 094) mit der gesamten Volksmenge verwechselt hat» [Zim_1: 19].

Wie im Rausch muss er sich in dieser ersten Woche durch die Mitteilungsbände der St. Petersburger Akademie der Wissenschaften gearbeitet und dabei die niederschmetternde Erkenntnis gewonnen haben, dass schon andere kluge Köpfe vor ihm zu den gleichen Einsichten gekommen sind wie er: «Ich kann nicht läugnen», schreibt er an Zimmermann, «daß es mir sehr unangenehm ist zu finden, daß ich den größten Theil meiner schönen Entdeckungen in der unbestimmten Analytik nun zum zweiten Male gemacht habe.» Immerhin bleibt er selbstbewusst genug, um trotz der Ernüchterung seine Sonderstellung zu erkennen und die Herausforderung anzunehmen: «Was mich tröstet ist dieses. Alle Entdeckungen Früherer, die ich bis jetzt gefunden habe, habe ich auch gemacht, und noch einige mehr. Ich habe einen allgemeinern und wie ich glaube natürlichern Gesichtspunkt getroffen: ich sehe noch ein unermeßliches Feld vor mir ...» [Zim$_1$: 20].

Gauß' Mathematikprofessor Abraham Gotthelf Kästner ist bereits seit 40 Jahren Professor für Mathematik und Physik an der Universität Göttingen und hat zahlreiche Lehrbücher veröffentlicht. Schon als Gymnasiast hat Gauß sich Kästners Bände über Arithmetik und Geometrie selbst angeschafft und durchgearbeitet. Als er den Siebenundsiebzigjährigen nun persönlich im Hörsaal erlebt, glaubt er zunächst, es mit einem «stumpfen Greis» zu tun zu haben. Bald jedoch revidiert er dieses erste Urteil und nennt ihn einen «vortrefflichen Mann». Kästner hat sich in der zweiten Hälfte des 18. Jahrhunderts im Geist der Aufklärung um die Popularisierung der Mathematik verdient gemacht. Inzwischen aber hat er seinen Zenit überschritten. In einem halben Jahr wird Gauß in einer äußerst wichtigen Angelegenheit feststellen, dass sein erster Eindruck von Kästner wohl doch eine treffsichere Wahrnehmung gewesen ist. Vom Altphilologen Christian Gottlob Heyne, dem Begründer der modernen Altertumswissenschaft, fühlt er sich gut aufgenommen. Denn könnte es eine bessere Empfehlung geben, als ein bevorzugter Eschenburg-Schüler vom Braunschweiger Collegium Carolinum zu sein? Und warum er schließlich den Historiker Arnold Hermann Ludwig Heeren, dessen Kolleg er besucht, im Brief an Zimmermann einen «ungemein liebenswürdigen und gefälligen Mann» nennt, bringt Martha Küssner in ihren Nachforschungen ans Tageslicht. Sie hat die alten Ausleihregister der Universitätsbibliothek durchgesehen und ist dabei auf den Umstand gestoßen, dass Professor Heeren als Mitglied der Bibliothekskommission die begehrten «Cavets» für Gauß' erste Buchentleihungen ausgestellt hat. Das sind Bürgscheine, die jeder Student – es sei denn, er ist ein Graf – bei einer vierzehntägigen Ausleihe hinterlegen muss.

Die Ausleihe an Studenten ist ein nicht gerade zeittypisches Privileg, denn die meisten deutschen Universitäten verleihen ihre Bücher normalerweise nur an Professoren und «berühmte Besucher» [Küs$_1$: 49]. Ein Glücksfall also für Gauß, der, mit einem herzoglichen Stipendium für drei Jahre versehen, jetzt nach Herzenslust Bücher in sein neues Zuhause schräg gegenüber in der Gothmarstraße 11 tragen kann, um seine eigenen akademischen Forschungen zu betreiben. Ständig werden die neuesten Bücher der wichtigsten Mathematiker angeschafft. Und der Zugriff auf die vollständig versammelten Jahrgänge der Akademieberichte aus den europäischen Hauptstädten erschließt ihm die Mathematikgeschichte des 18. Jahrhunderts und die Entwicklung der Naturwissenschaften. Enttäuscht vom Niveau der Kästner'schen Mathematikvorlesungen, findet er in der Universitätsbibliothek die neuesten Arbeiten von Lagrange und Euler weitaus inspirierender. An der intellektuellen Vorgabe dieser Geistesgrößen muss er sich messen, an ihren Entwicklungen muss er sich reiben, wenn er seiner Intuition folgen und einen strengeren Beweis für den Fundamentalsatz der Algebra finden will als Euler selbst. Was kümmert ihn ein ordnungsgemäßes Mathematikstudium, die Mitschrift der Kästner-Vorlesungen, der regelmäßige Besuch der Seminare, wenn er selbst Mathematikgeschichte schreiben kann?

«... und überhaupt kann man sagen, dass wenn der Göttingische Bürger und sein Schwein einander wechselweise zu Gaste hätten, beide Parthien, jede gleich zufrieden mit dem Tractement, von einander scheiden würden» [Hoc: 88]. So klagt der

Schweizer Gourmet Carl Friedrich August Hochheimer 1791 über das Niveau der bürgerlichen *cuisine* in der Universitätsstadt. Herzog Carl Wilhelm Ferdinand hat 48 Taler jährlich für Carls Freitisch bewilligt. Dieses Geld wird nicht an ihn selbst, sondern an die Universitätskasse ausgezahlt, die direkt mit den Traiteuren abrechnet. Das sind ausschließlich für Studenten kochende Speisewirte. Sie liefern ihnen täglich, auch sonntags, ein Mittagessen aufs Zimmer. Welche Essensqualität ein Student bei einem Freitisch im Wert von 48 Talern jährlich erwarten darf, lässt sich mit einem Blick auf die Monatsrechnungen einschätzen: «Die Preise ... lagen normalerweise für den Mittagstisch zwischen zwei bis drei und sieben Talern monatlich; wer reich war, konnte für fünfzehn Taler wirklich gut essen» [Brü: 310]. Mit dem Stipendium von 150 Talern ist Carl Friedrich Gauß nach damaligen Maßstäben großzügig ausgestattet. Da er die vom Vater ständig vorgelebte Sparsamkeit verinnerlicht zu haben scheint, muss er nicht – wie etwa der von seiner wohlhabenden Mutter kurzgehaltene Newton – den Dienstboten für reiche Studenten spielen, um über die Runden zu kommen.

In einer anonymen Flugschrift beschreibt ein Göttinger Student den Freitisch in den 1790er Jahren als ein aus vier «Schüsseln» bestehendes Menü, Brot und Bier inklusive, «das allerwiderwärtigste Getränke, das man sich denken kann ... Wenn man ein Glas ausgeleert hat, so bleibt nicht nur ein ekelhafter Satz auf dem Boden zurück, sondern die Seiten des Glases werden auch undurchsichtig», schimpft Hochheimer. Ein typisches Winteressen ist: «1. Wässrige Milch abgesotten; 2. Erbsen mit ½ Häring; 3. Gedörrte Zwetschen mit Eierkuchen; 4. Hasenbraten mit Kartoffelsalat. – Ein Sonntagsmenü im Sommer: 1. Elende Fleischbrühe; 2. Acht Stück Spargel, von denen nur die Spitzen genießbar sind; 3. Drei Krebse; 4. Eine gebratene Taube ... Kartoffeln im Kochwasser schwimmend, waren häufig ein Gang. Derbe Gemüse wie Kohl, gelbe Rüben, Möhren und Bohnen wurden naturell oder mit minderem Fett und Fleisch halbgar geliefert, so daß sie beim Kauen zwischen den Zähnen knackten» [Küs$_1$: 47]. Die Traiteure scheren sich offenbar nicht um den signifikanten Unterschied zwischen halbgar und *al dente*. Selbst der von Kindheit an deftige Hausmannskost gewohnte Gauß kann sich als Kommentar zur Qualität seines Freitischs gegenüber Zimmermann nur ein «leidlich» abringen.

Es riecht ziemlich brenzlig in dem großen Saal auf der ersten Etage des Eckhauses Gothmarstraße/An der Mühlenpforte, während von den abgewetzten Holzdielen allmählich der Muff von 200 regennassen Stiefeln aufsteigt. Vor wenigen Minuten hat es hier einen lauten Knall gegeben, den die Stiefelträger ihrerseits mit beifälligem Getöse quittiert haben. Und sollte ein Passant draußen auf dem Gehweg dabei zusammengezuckt sein, so kann es sich eigentlich nur um einen Zugereisten handeln, denn in Göttingen weiß jedes Kind, dass der berühmte Herr Professor dort oben mit mysteriösen Kräften zu hantieren versteht, die Vater, Lehrer und Pfarrer nie befriedigend erklären können. Auch die Lehrlinge und Gesellen in der Druckerwerkstatt des Verlagsbuchhändlers Johann Christian Dieterich im Erdgeschoss achten schon lange nicht mehr auf die kleinen und großen Explosionen und den ständigen Brandgeruch im stickigen Treppenhaus, nachdem hundert Studenten sich den Regen aus den Kleidern geklopft haben und nach oben gestiefelt sind.

In diesem Haus sind Kommen und Gehen Programm. Hier leben alle unter einem großzügigen Dach: der Hausherr Dieterich und seine Familie, die Angestellten und Dienstboten sowie ein paar wohlhabende Studenten samt ihrer Hofmeister, in manchen Zeiten mehr als 50 Menschen auf drei Etagen. Im Erdgeschoss wird die *Göttingische Zeitung* produziert. Anfangs hat Professor Georg Christoph Lichtenbergs Schreibtisch im ersten Stockwerk unmittelbar über der Dieterich'schen Druckerpresse gestanden, wo die Gesellen geräuschvoll ihrem Handwerk nachgehen.

Inzwischen ist er in den zweiten Stock umgezogen. Lichtenberg ist mit dem Verleger befreundet und zahlt seine Miete in Naturalien: als Redakteur und Autor des *Göttingischen Taschen Calenders*, eine populärwissenschaftliche Zeitschrift, die sich der Aufklärung und dem Kampf gegen den Aberglauben verpflichtet fühlt.

Im Vortragssaal im zweiten Stock* steht ein auffallend kleiner und zerbrechlich wirkender Mann mit zarten Gesichtszügen und einem Buckel vor seinen Studenten. Er ist 53 Jahre alt, wird häufig von Asthmaanfällen heimgesucht und leidet wegen des Buckels unter einer Lungeninsuffizienz. Vier Jahre bleiben ihm noch unter den Lebenden. Er beugt sich über ein niedriges Holzgestell mit drei elegant geschwungenen Beinen. Auf den ersten Blick sieht es aus wie ein zu groß geratenes Blumenpodest mit einer runden Metallplatte. In der Hand hält der Mann eine Hasenpfote und wischt damit über die Platte des Gestells. Auf der Ablage darunter liegen die Felle einer graugetigerten Katze und eines Hasen sowie verschiedene Puderdosen, Flakons und Lederbeutel, die mit Pülverchen gefüllt sind. Für den Uneingeweihten deutet nichts darauf hin, dass hier gerade das berühmte Experimentalphysikkolleg der Universität Göttingen stattfindet, über das jeder Physikus in Europa mit Ehrfurcht spricht.

Auf die runde Metallunterlage ist ein halber Zentner Harz der burgundischen Kiefer aufgetragen. Professor Lichtenberg hat es eigenhändig glatt gehobelt und auf Hochglanz poliert. Diesen sogenannten Kuchen reibt er jetzt kräftig mit dem Katzenfell, nimmt einen Deckel aus Zinn zur Hand und senkt ihn an vier isolierenden Seidenschnüren behutsam auf den Kuchen herab. Mit dem Mittelfinger berührt Lichtenberg einen Nagel, der aus der Einfassung des Kuchens herausragt, und fasst gleichzeitig den Deckel mit dem Daumen an. Nun hebt er ihn an den Seidenschnüren wieder hoch und lässt ihn unmittelbar auf eine metallene Röhre mit poliertem Knopf herabsinken, die auf dem Harzkuchen steht. Viermal wiederholt er diesen Vorgang mit geübten Handgriffen und in beeindruckender Geschwindigkeit, bis seine Studenten im trüben Licht des Novembernachmittags deutlich erkennen, wie Funken vom Deckel auf den Knopf der Röhre überspringen.

Lichtenberg nimmt jetzt die Röhre von der Platte und stäubt feines Schwefelpulver auf die Harzscheibe. Mit einer Handbewegung bittet er seine Hörer, nach vorn zu kommen, um das Wunder zu bestaunen. Denn genau dort, wo die Röhre gestanden hat, erscheint im giftig gelben Schwefelstaub «eine strahlende Sonne» auf dem Kuchen, konzentrische Ringe, die in zarten, flammenden Verästelungen enden. Je nach Versuchsanordnung ist es Lichtenberg schon gelungen, mit seinem Apparat die phantastischsten Gestalten und Muster zu erzeugen: Perlenschnüre und pflanzliche Formen, die dem Ackerschachtelhalm oder namenlosem Unkraut ähneln, und immer wieder «fast unzählige Sterne, Milchstraßen und größere Sonnen. Die Bogen waren an ihrer konkaven Seite matt, an ihrer konvexen Seite mannigfaltig mit Strahlen versehen. Herrliche kleine Ästchen entstanden, denen ähnlich, die der Frost an den Fensterscheiben hervorbringt» [Lic_1: 21]. Im April 1777, als Carl Friedrich Gauß auf die Welt kam, hatte er diese Erscheinungen zufällig entdeckt, weil beim Schleifen neuer Harzscheiben feinster Staub in seiner Wohnung aufgewirbelt wurde, der auf den zuvor benutzten Harzscheiben liegen geblieben ist. Diese «Lichtenberg'schen Figuren» haben ihren Entdecker in ganz Europa berühmt gemacht.* Mit ihnen hat er – so glaubt die Wissenschaftlergemeinde – das Phänomen der Elektrizität erstmals dauerhaft sichtbar gemacht.

Schon seit einem halben Jahrhundert wird in den Salons sowie auf akademischer Ebene über diese seltsame Kraft diskutiert. Es gibt zwar unterschiedliche Meinungen und Spekulationen, aber noch keine einheitlich akzeptierte Theorie der Elektrizität. «Durch die ganze körperliche Natur ist eine sehr subtile Materie verbreitet, welche den Grund und die Ursache aller elektrischen Erscheinungen enthält ... [sie] entstehen durch den Übergang dieser Materie von einem Körper auf den anderen» [Fra: 6], bringt der deutsch-schwedische Physiker Carl Wilcke 1758 das damalige Wissen über Elektrizität auf den kleinsten gemeinsamen Nenner. Immerhin ist der Blitz inzwischen als elektrische Erscheinung unter den Gelehrten allgemein anerkannt. Da er aber nur Furcht erregt, kolossalen Schaden anrichtet und sogar Todesopfer fordert, macht man sich über den praktischen Nutzen dieser Naturkraft keinerlei Illusionen. Immerhin erfindet der amerikanische Allroundunternehmer Benjamin Franklin bei der ernsthaften Beschäftigung mit dieser Urelektrizität seinen genial simplen Blitzableiter, der einen wirksamen Schutz bietet. Wilcke konstruiert auch die Urform jenes Apparates, den später der italienische Elektrizitätsforscher Alessandro Volta entscheidend verbessert und «Elektrophor» nennt, was Elektrizitätsträger bedeutet. Mit dieser Maschine lassen sich erstmals auf Kommando relativ harmlose Hausmacherblitze erzeugen. Doch erst Lichtenberg entwickelt den Elektrizitätsträger* intuitiv zu einer

Größe, bei der er wie ein Mikroskop wirkt und die in kleineren Apparaten nicht sichtbaren Figuren im wahrsten Sinne des Wortes auf dem Präsentierteller serviert.

Im Vorwort seiner Übersetzung der Franklin'schen *Briefe von der Elektrizität* unterstützt Wilcke als einer der ersten Europäer vehement die umstrittene These Franklins «von denen zwo contrairen Elektrizitäten». Gemeint ist die positive elektrische Ladung und die negative elektrische Ladung als fundamentale Größen der elektrischen Welt. In dieser «elektrischen Algebra» sieht er die Zukunft der Elektrizitätslehre. Lichtenberg macht sich Wilckes Standpunkt zu eigen und avanciert im letzten Drittel des 18. Jahrhunderts gewissermaßen zum Stellvertreter Franklins in Deutschland. Er wiederholt dessen nicht ungefährliche Experimente mit steigenden Drachen bei Gewitter und stattet als einer der ersten Deutschen sein Göttinger Gartenhaus mit einem «Furchtableiter» Franklin'scher Bauart aus. Entscheidend aber ist seine Rolle als Vertreter der Lehre von den positiven und negativen elektrischen Ladungen, die er +E und –E nennt und die er in seinen Physikvorlesungen an die nächste Wissenschaftlergeneration weitergibt. Lichtenbergs Elektrophor ist der größte je gebaute seiner Art, und unter günstigen Umständen gelingt es dem deutschen *Electricus*, Funken von beeindruckenden vierzig Zentimetern Länge zu ziehen. Entgegengesetzte Ladungen ziehen sich an. Gleichnamige Ladungen stoßen sich ab. Durch die Reibung mit dem Katzenfell ist der Harzkuchen negativ aufgeladen. Beim Absenken des Zinndeckels auf das polierte Harz lädt sich die Unterseite des Deckels positiv und die Oberseite negativ auf. Die überschüssige negative Ladung des Deckels steht jetzt als elektrische Energie zur Verfügung. Sie kann als Funke abgeleitet oder mit dem Finger abgegriffen werden und ließe sich – falls Lichtenberg seine Zuhörer dazu animieren könnte, sich an den Händen zu fassen und eine geschlossene Kette zu bilden – als schwacher Stromstoß durch alle hundert Studenten hindurchleiten, ein beliebtes Salonkunststück des achtzehnten Jahrhunderts.

Lichtenberg verspricht nun seinen Hörern, die zumeist unsichtbaren Wege des elektrischen Feuers in der Materie nachzuweisen. Bei dieser Versuchsanordnung verkleidet er eine Glasplatte mit Blattgoldfolie und jagt den gezähmten Blitz einige Male über das Gold hinweg. Anschließend hebt er die Folie vorsichtig ab und hält sie gegen ein Kerzenlicht. Das Gold musste der Gewalt des elektrischen Blitzes weichen. Aber der hat eine Spur hinterlassen: Pfade schwärzlichen Metallstaubs, der mit winzigen Goldfäden bestreut ist. So ist ein Netzwerk kleinster Quadrate entstanden, das deutlich erkennbar ins Blattgold eingeritzt ist [Fra: 30; 101]. Zum Schluss der Vorlesung wie immer das obligatorische Feuerwerk: Ein paar rasche, verdeckte Handgriffe, und in einem Glasbehälter verbrennt eine stählerne Uhrfeder im elektrischen Feuer, das so hell strahlt, «dass ich auf acht Schritte in den *Göttingischen gelehrten Anzeigen* lesen konnte» [Lic$_2$: 350]. Da nimmt offenbar jemand Thomas Alva Edisons großartige Idee vorweg, während im nächsten luftleeren Glaszylinder bereits ein blendendes Purpurlicht aufleuchtet. Immer wieder amüsiert sich Lichtenberg über das kindlich naive Staunen und die offenen Münder, die dieses «anspruchslose Spielwerk» auslöst. In ein drittes Glas, das mit «Knallluft» oder Wasserstoff gefüllt ist, leitet Lichtenberg über einen Draht elektrische Energie hinein, was den gewaltigsten Knall des heutigen Tages provoziert. Die Versuchsanordnung nennt sich «Elektrische Pistole» [Hoa: 269] und ist ein Geniestreich seines italienischen Kollegen Alessandro Volta, der zurzeit gerade fieberhaft an einem Speicherungsverfahren für elektrische Energie arbeitet.

Der Göttinger *Electricus* wagt als einer der ersten Experimentalphysiker Deutschlands die Grätsche zwischen seriöser Wissensvermittlung und dem Budenzauber, den die populären «Elektrisierer» auf Jahrmärkten veranstalten. Er muss unternehmerische Qualitäten entwickeln und selbst dafür sorgen, dass ihm genügend Studenten Kolleggeld – Grafen zahlen das Doppelte – ins Haus bringen, wo er mit seinen elektrischen Maschinen, seiner Frau Margarete und zahlreichen Kindern lebt. Spektakuläre Darbietungen sprechen sich herum und treiben ihm neue Kunden ins Haus. Unter den eingeschriebenen Hörern der experimentalphysikalischen Vorlesungen, die jetzt die Treppe wieder hinunterpoltern, vorbei an der Druckerwerkstatt und hinaus in den trüben Novemberabend, befindet sich auch ein Student aus Braunschweig, der nur die Straße überqueren muss, um wieder in seine Studierstube zu kommen. Vier Jahrzehnte nach diesem ersten Besuch einer Lichtenberg'schen Vorlesung wird er die mit der «elektrischen Algebra» begonnene Mathematisierung der elektrischen Kraft mit einer allgemeingültigen Aussage krönen, die seinen Namen tragen wird: das Gauß'sche Gesetz der Elektrizität.

Die Osterferien verbringt Gauß daheim in Braunschweig. Anstrengende, aber lohnende sechs Monate der Versenkung in Eulers Zahlentheorie liegen hinter ihm. Die Lektüre von Adrien Marie Legendre, Bernoulli und Stirling hat ihm geholfen, sich ein Bild vom aktuellen Stand der Zahlentheorie zu machen. Allmählich reifen die ersten Früchte. Am Mittwoch, den 30. März 1796, geschieht etwas Außergewöhnliches. Carl Friedrich Gauß besorgt sich, vermutlich in einer Braunschweiger Buchhandlung, ein kleines Notizheft, das bequem in der Hand liegt. Unbeschriebenes Papier. Der pure Luxus.

Was ist passiert? Gestern früh ist ihm, noch im Bett liegend, eingefallen, wie er Euklids Familie konstruierbarer, regelmäßiger Vielecke erweitern kann. Mehr als zwei Jahrtausende sind vergangen, seitdem der griechische Mathematiker die Konstruktion solcher geometrischer Figuren gelehrt hat. Das gleichseitige Dreieck und das Quadrat gehören dazu, deren Seiten alle gleich lang und deren Winkel alle gleich groß sind. Acht-, Zehn- und Zwölfeck waren den alten Griechen auch schon bekannt. Bisher ist aber noch jeder gescheitert, der versucht hat, darüber hinaus neue regelmäßige Vielecke zu konstruieren. Bis an diesem Dienstagmorgen nach den Osterfeiertagen ein knapp neunzehnjähriger Student der Altphilologie und Mathematik weit über Euklid hinausdenkt. Gauß hat den Beweis erbracht, dass man mit Zirkel und Lineal ein Siebzehneck konstruieren kann. Wenn das nicht einen Eintrag in ein jungfräuliches Oktavheft wert ist. Zwar spielt ein regelmäßiges Siebzehneck in unserem Alltag überhaupt keine Rolle, doch glücklicherweise kümmert sich die Mathematik nicht in erster Linie um Anwendbarkeit, Zweckdienlichkeit und Alltagstauglichkeit. Den Mathematikern geht es um den Entwurf neuer Welten und um die Entdeckung zuvor nicht für möglich gehaltener Zusammenhänge. Darin ähnelt sie der Kunst. Und der junge Carl Friedrich Gauß baut an diesem frühen Morgen eine neue Brücke zwischen zwei zuvor getrennten Welten. Das ist die eigentliche Sensation und wohl auch der Anlass für den Übermut des jungen Gauß, sich ein neues Oktavheft zu gönnen.

Er wird noch immer beschwingt von seiner gestrigen Entdeckung sein, aber die Begeisterung setzt sich nicht etwa in schwungvolle Buchstaben oder in dynamische Schnörkel um. Dieser erste Eintrag ins Notizheft besteht aus drei Zeilen in gestochen sauberer Handschrift. Fast wie gedruckt. Auch inhaltlich bleibt er nüchtern und sachlich in knappem akademischen Latein:

> «Principia quibus innitur sectio circuli, ac divisibilitas eiusdem geometrica in septendecim partes etc. Mart. 30. Brunsv.» – Die Grundsätze, auf die sich die Teilung des Kreises stützt, und seine geometrische Zerlegung in 17 Teile usw. Braunschw., 30. März.

Eine Nachricht vom Zeichenwert einer halben SMS. Keine Erläuterung, sondern nur diese schlichte Notiz von der Entdeckung eines Schatzes, der ihm bis ans Ende seines Lebens Freude bereiten wird. Kein Beweis. Den hat er doch im Kopf. Wie könnte er diesen Augenblick der Einsicht jemals vergessen? Was für ein Tag. Aber auch kein Grund, unnötig kostbares Papier zu verschwenden.

Wie aber ist es ihm gelungen, ein Feld wieder urbar zu machen, das zweitausend Jahre brachgelegen hat? Erinnern wir uns an René Descartes' Buch *Geometria*, in dem er Geometrie und Algebra zur analytischen Geometrie vereinigt hat. Mit Hilfe der x- und y-Achse des Koordinatensystems lassen sich seither jedem Punkt eines geometrischen Objekts zwei Zahlen zuweisen. Jetzt erweitert Gauß euklidische Konstruktion und Descartes'sches Denken um seine eigenen zahlentheoretischen Überlegungen.* So gelingt es ihm, die Zahlenwerte der entscheidenden Positionen seines Siebzehnecks zu berechnen. Um regelmäßige Vielecke mit Zirkel und Lineal zeichnen zu können, werden sie in einen Kreis hinein konstruiert. Für sein regelmäßiges Siebzehneck muss Gauß 17 Punkte so auf dem Kreisbogen verteilen, dass alle den gleichen Abstand voneinander haben. Er gelangt zu der Einsicht, dass er zur Berechnung des entscheidenden Zahlenwertes für sein Siebzehneck* nur die vier Grundrechenarten Addition, Subtraktion, Multiplikation und Division anwenden sowie ein paar Quadratwurzeln ziehen muss. Diese Rechenverfahren aber lassen sich, sofern es sich um ganze Zahlen handelt, grundsätzlich auch mit Zirkel, Lineal und Bleistift durchführen. Es sind dann zumeist einfache Schrittfolgen wie Halbkreise schlagen, Punkte verbinden, Parallelen ziehen oder Strecken mit dem Zirkel abgreifen und anderswo übertragen. So mutieren die klassischen geometrischen Konstruktionshilfsmittel Zirkel und Lineal zu einem Metainstrument, das man wie einen «Analogrechner» [Vol: 97] nutzen kann.

Gauß findet also einen zahlentheoretischen Beweis für die geometrische Konstruierbarkeit eines regelmäßigen Siebzehnecks mit Zirkel und Lineal. Aber es ist nicht nur dieses eine geometrische Objekt, das seit dem 29. März 1796 zu Euklids Familie der konstruierbaren regelmäßigen Vielecke gehört. Gauß hat eine Formel gefunden,* aus der sich noch weitere regelmäßige Vielecke ergeben.

Diese Erkenntnisse sind, so innovativ sie 1796 auch erscheinen mögen, lediglich erste Ergebnisse einer viel umfassenderen Erweiterung der Zahlentheorie, an der Carl Friedrich Gauß jetzt mit Nachdruck arbeitet. Dieses erstaunliche Faktum kommt auch in der ersten kurzen Ankündigung zum Ausdruck, die im *Intelligenzblatt der allgemeinen Literaturzeitung* vom Juni 1796 unter der Rubrik «Neue Entdeckungen» steht und der erste Schritt des Zweitsemesterstudenten in die Öffentlichkeit ist. Professor Zimmermann hat diese Notiz veranlasst. Er wird wohl der Erste gewesen sein, dem Gauß seinen Beweis gezeigt hat, zumal er sich an diesem historischen 29. März in Braunschweig aufgehalten hat.

«Es ist jedem Anfänger der Geometrie bekannt, daß verschiedene ordentliche Vielecke ... sich geometrisch konstruieren lassen. So weit war man schon zu Euklids Zeit, und es scheint, als habe man sich seitdem überredet, daß das Gebiet der Elementargeometrie sich nicht weiter erstrecke: wenigstens kenne ich keinen geglückten Versuch, ihre Grenzen auf dieser Seite zu erweitern.

Desto mehr dünkt mich, verdient die Entdeckung Aufmerksamkeit, daß außer jenen ordentlichen Vielecken noch eine Menge anderer, z. B. das Siebzehneck, einer geometrischen Construktion fähig ist. Diese Entdeckung ist eigentlich nur ein Corollarium einer noch nicht ganz vollendeten Theorie von größerem Umfange und sie soll, sobald diese ihre Vollendung erhalten hat, dem Publicum vorgelegt werden.

      C. F. Gauß, a. Braunschweig
      Stud. der Mathematik zu Göttingen»
[Int]

«... nur ein Corollarium», also die aus einem anderen bewiesenen Satz abgeleitete Folgerung – Peanuts im Vergleich zu dem, was das geneigte Publikum noch von ihm zu erwarten habe. Das klingt erstaunlich selbstbewusst, während der Seitenhieb auf Euklid und seine Nachfolger nicht nur aus verständlichem jugendlichen Stolz auf seinen Coup ironisch verstanden werden kann, sondern womöglich weiter reichende Motive hat. Denn Gauß hegt ja bereits seit seinem vierzehnten Lebensjahr Zweifel an der euklidischen Geometrie als der einzig wahren Darstellungsmöglichkeit von Punkten, Linien, Winkeln und Flächen, vor allem aber des Raumes. Nun hat er einen ersten Teilerfolg errungen und Euklids Familie konstruierbarer Vielecke um ein paar seltsame, bisher unbekannte bucklige Verwandte bereichert. Das sollte ihm eigentlich scharfe Munition für weitere Angriffe auf die Festung namens «euklidische Geometrie» verschafft haben, die sich zwei lange Jahrtausende hindurch keiner ernsthaften Belagerung stellen musste.

Aber das *Intelligenzblatt der allgemeinen Literaturzeitung* scheint wohl nicht das rechte Medium für eine schriftliche Beweisführung zu sein. So bleibt es bei dieser Ankündigung, obwohl sich die Konstruktion des Siebzehnecks auf zwei bis drei Seiten darstellen ließe. Womöglich hat Zimmermann ihm geraten, sich zunächst einmal den Prioritätsanspruch auf seine Entdeckung zu sichern, nun, da seine Arbeiten zweifellos Publikationsreife auf Erstliganiveau erreicht haben.

Dass Gauß sich inzwischen mit den bedeutendsten Zahlentheoretikern des 18. Jahrhunderts messen kann, dem verstorbenen Leonhard Euler und dem in Paris lebenden Adrien Marie Legendre, beweist der zweite Eintrag in sein neues Notizheft nur zehn Tage nach dem Geniestreich mit dem Siebzehneck. An diesem 8. April gibt er zu Protokoll, er habe einen strengen Beweis für das «quadratische Reziprozitätsgesetz» gefunden, einen der wichtigsten Sätze der Zahlentheorie. Euler hat dieses Prinzip einer besonderen symmetrischen Wechselwirkung zwischen zwei ungeraden Primzahlen erkannt und hat all die weitreichenden Abhängigkeiten und Komplikationen beschrieben, die die Lizenz zum gegenseitigen Dividieren und Multiplizieren mit sich bringt. Beweisen konnte Euler die Zusammenhänge allerdings nicht, und auch Legendre und Lagrange haben die Klarheit und die Kraft vermissen lassen, die Gauß jetzt bewiesen hat.

Die Zahlentheorie beschäftigt sich mit den Eigenschaften der ganzen Zahlen. Es geht um deren Teilbarkeit und um die Funktion der dabei entstehenden Reste. Das Geheimnis der Primzahlverteilung, das Gauß vor zwei Jahren schon ein wenig gelüftet hat, gehört auch hierher. Ebenso die Zerlegung ganzer Zahlen in Primfaktoren: Erinnern wir uns an die Zahl 5050, die am Anfang der Gauß'schen Karriere steht, und die sich in die Primfaktoren 2 x 5 x 5 x 101 zerlegen lässt. Euler und Legendre haben einen neuen Ansatz zur Zahlentheorie begründet, den Gauß sich vor allem im letzten halben Jahr in Göttingen zu eigen gemacht hat. Und jetzt erntet er die Früchte seiner Anstrengungen. Wenige Tage nach dem Beweis für die «Constructibilität» des Siebzehnecks findet dieser unbekannte Student auch eine wasserdichte Argumentation für das quadratische Reziprozitätsgesetz. Das ist eine Rechenregel, mit deren Hilfe sich eine bestimmte Beziehung zwischen einer ungeraden Primzahl «p» und einer ganzen Zahl «a» überprüfen lässt. Wobei a zwischen 0 und p liegt. Gesucht werden ganze Zahlen, deren Quadrat – durch p geteilt – den Rest a ergeben. Zweihundert Jahre lang hat kein Mathematiker einen Gedanken an den praktischen Nutzen dieser theoretisch allerdings äußerst bedeutsamen Entdeckung verschwendet. Erst mit dem täglichen, weltweiten Austausch sensibler Informationen über das Internet haben die mathematischen Grundlagen des Gauß'schen Beweises zu einem sicheren Verschlüsselungsverfahren geführt, zur sogenannten Public-Key-Kryptographie.

Noch hält Gauß seine Erkenntnisse und Beweise unter Verschluss. Im Gegensatz zu seinem Schweigen bei der Entdeckung der Primzahlverteilung bestimmt dieses Mal aber ein anderes Motiv seine Zurückhaltung: Er will jetzt all das Lückenhafte, das ihm beim Studium der großen zeitgenössischen Vorbilder aufgefallen ist, mit seinen eigenen Erkenntnissen auffüllen und eine umfassende Arbeit schreiben, in der das Siebzehneck und das quadratische Reziprozitätsgesetz nur kleine Mosaiksteine in einem größeren Gesamtbild sind. Das Siebzehneck ist ein erinnerungswürdiger Durchbruch. Er weiß jetzt aus eigenem Ermessen, dass er es mit Euklid aufnehmen kann. Die bisher stets im Hintergrund aufrechterhaltene Option, wegen günstigerer Berufsaussichten einen Abschluss in Philologie anzustreben, spielt keine Rolle mehr. In diesen ersten Apriltagen des Jahres 1796 entschließt sich Carl Friedrich Gauß endgültig, Mathematiker zu werden.

Spätestens einen Tag vor seinem 19. Geburtstag am 30. April ist er zurück in Göttingen, was ein Eintrag in sein neues wissenschaftliches Tagebuch bezeugt. Irgendwann im Mai kommt es zu einer Begegnung mit Kästner, die ihn verstimmt zurücklässt. Das Gespräch mit seinem Mathematikprofessor über die Konstruierbarkeit des Siebzehnecks verläuft nämlich höchst unerfreulich. Entweder versteht der alte Herr tatsächlich nicht die Bedeutung der Entdeckung, oder er ist nicht großherzig genug anzuerkennen, dass sein Student längst in einer höheren Liga als er selbst Mathematik betreibt. Aus seinem Brief an Zimmermann vom 26. Mai 1796 geht hervor, dass es erst einer zweiten Audienz bei Kästner bedurfte, bis der sich auf die Entdeckung seines Studenten einließ und ihm überhaupt erst «die Erlaubnis [erteilte], es ihm schriftlich vorzulegen». Kästners anfangs kühle Reaktion beim ersten Gespräch verstand Gauß zunächst nicht als Missgunst und persönlichen Affront, sondern als pauschale «Abneigung gegen alles Neue». Bei der zweiten Begegnung dann scheint dem 77-Jährigen nach einer privaten zahlentheoretischen Nachhilfelektion von Carl Friedrich Gauß endlich zu dämmern, was der junge Mann da geleistet hat. «Das schien ihn dieses Mal zu frappieren und so nahm er sogleich einen anderen Ton an und sagte, wenn es auch richtig wäre, so würde es doch gar keinen Nutzen haben, da man die Vielecke weit leichter nach den Tafeln konstruieren könne» [Zim_1: 23].

Kästner entlässt seinen Studenten mit dem onkelhaften,

aus seiner Sicht wahrscheinlich versöhnlichen Kommentar, er habe da «eine ganz artige Kuriosität» gefunden, die aber nicht neu sei, schließlich habe er sie ja selbst schon in seinen *Anfangsgründen der Mathematik* erwähnt und «es nur nicht der Mühe wert gehalten, es zu entwickeln». Gauß lässt Kästner in diesem Glauben. Uns Nachgeborenen fällt es leicht, den Kopf zu schütteln und uns zu fragen, warum Gauß sich zweimal auf eine solch groteske Situation eingelassen hat, die ihn wie einen Bittsteller aussehen lässt. Vermutlich ist es ein Zugeständnis an eine geachtete Persönlichkeit im akademischen Betrieb, die wertvolle Beziehungen für ihn spielen lassen kann. Und tatsächlich erwähnt Gauß im selben Brief an Zimmermann, Kästner habe ihm ein wichtiges Buch besorgt, aus dem er immerhin die Erkenntnis gewinnt, dass weder Euler noch Legendre oder Lagrange einen strengen Beweis für das quadratische Reziprozitätsgesetz gefunden hatten [GauX,2: 22]. Dann der entscheidende Satz: «Ich glaube es also jetzt wagen zu können, wenn ein Buchhändler sich findet, an die Ausarbeitung zu gehen» [Zim$_1$: 24]. Das ist der Startschuss für seine *Disquisitiones Arithmeticae*, sein erstes Meisterwerk, das die Zahlentheorie neu begründen wird. Vom Verleger ließe er sich «jede Bedingung gefallen», schreibt er, hofft aber gleichzeitig auf eine «nicht zu geringe Anzal von Freiexemplaren».

Wie sieht das Privatleben eines jungen Mannes aus, der gerade einen wichtigen Zweig der Mathematik revolutioniert? Ide und Eschenburg, die Freunde aus Braunschweiger Schultagen, studieren zwar auch in Göttingen, offenbar aber begegnet er ihnen inzwischen seltener. Gauß gehört eindeutig nicht zu der Kategorie schöpferischer Menschen, die den anregenden Austausch mit Freunden, Kollegen und Gleichgesinnten brauchen und sich erst in der summenden Atmosphäre großstädtischer Salons zu kreativen Höchstleistungen aufschwingen. Er gehört zu den langsamen, gründlichen Arbeitern, die im vielzitierten «stillen Kämmerlein» ganz für sich arbeiten, um dann plötzlich die Welt mit einem Meisterwerk zu überraschen. Spätestens nach der Enttäuschung mit Kästner dürfte ihm endgültig klar geworden sein, dass es in Göttingen keinen Menschen gibt, mit dem er sich über seine mathematischen Ideen austauschen kann. Zimmermanns Unterstützung ist vorbildlich. Er stellt den Kontakt mit dem *Intelligenzblatt* her, bespricht mit seinem ehemaligen Schüler formale Aspekte der schriftlichen Ausführung, kümmert sich um einen Verleger und um einen kompetenten Altphilologen, der die Gauß'sche Arbeit ins Lateinische, die *lingua franca* der gelehrten Welt, übertragen soll. Aber in seiner Eigenschaft als Mathematikprofessor ist er mit dem Gauß'schen Ansatz zur Zahlentheorie überfordert.

Seit den Osterferien «logiert» Gauß in der Kurzen Geismarstraße 30 bei der Witwe Vollbaum. Warum er bei Herrn Blüm in der Gothmarstraße ausgezogen ist, bleibt ungeklärt. Im 1. Stock des schmalen Fachwerkhauses blickt der scheue Mathematikrevolutionär auf die südöstliche Krümmung des Walls hinaus, die geschleifte ehemalige Stadtmauer, aus der inzwischen die beliebteste, mit Linden und Kastanien gesäumte Promenade Göttingens geworden ist. In seiner neuen Unterkunft denkt er über die Eigenarten, Funktionen und Gesetzmäßigkeiten mathematischer Strukturen und Prozesse nach, die er auf bisher unerforschten Hochplateaus im Reich der ganzen Zahlen entdeckt hat.

Bei Witwe Vollbaum wird er nun zweieinhalb Jahre lang in Sichtweite des prächtigen Accouchierhauses leben, das einem ländlichen Barockschloss ähnelt und in dem Friedrich Benjamin Osianders hochmoderne Entbindungsklinik eingerichtet ist. Es ist das letzte Grundstück an der Kurzen Geismarstraße im südöstlichsten Zipfel der Stadt. Unmittelbar davor verläuft der Wall. Auf seinen Spaziergängen wird Gauß die schwangeren Frauen gesehen haben, wie sie im «Heim für gefallene Mädchen», wie die anständigen Bürger hinter vorgehaltener Hand das Etablissement nennen, ein und aus gehen. Neun von zehn dort auf ihre Entbindung wartenden Frauen sind ledig und stammen aus der untersten sozialen Schicht. Bei dem im Namen der Wissenschaft künstlich forcierten Geburtsvorgang stirbt so manche unverheiratete Dienstmagd, Köchin und Landarbeiterin. Osiander sammelt ihre Beckenknochen. Säuglinge, die die Geburt nicht überleben, werden in Weingeist eingelegt. Exakt zweihundert Jahre später wird Gauß' präpariertes Gehirn mit den Beckenknochen so mancher schwangeren Frau, auf die er hier einen heimlichen Blick geworfen haben mag, in einem Resopalschrank im Keller eines Universitätsinstituts logieren.

Sein Domizil am Stadtrand ist kein Elfenbeinturm, denn er pflegt seine akademischen Kontakte. Er besucht die Vorlesungen des Altphilologen und Archäologen Heyne und Heerens historische Seminare. Und mit Carl Felix Seyffer, dem nur 15 Jahre älteren Assistenzprofessor für Astronomie, knüpft er sogar eine freundschaftliche Beziehung. Im Haus von Seyffer lernt Gauß den zwei Jahre älteren Mathematikstudenten Wolfgang Bolyai kennen, der aus einer ungarischen Adelsfamilie stammt, die ihre Wurzeln im siebenbürgischen Hermannstadt hat. Offenbar redet sich Bolyai in Gegenwart von Gauß in Rage über den akademischen Mathematikbetrieb und bricht eine Lanze für mehr Strenge und eine gründlichere Durchdringung des Metiers, ohne zu wissen, von welchem Kaliber sein Gegenüber ist. Der hat zu diesem Zeitpunkt schon mehr als 30 weitere eigenständige Entdeckungen in sein Notizenjournal eingetragen. Im Rückblick findet Bolyai seine Tirade gegen die oberflächliche Behandlung der mathematischen Grundlagen wohl selbst ein wenig peinlich. Vermutlich ist es eher ein Rundumschlag gegen alles Alte, Verkrustete, gegen Philistertum und Gleichgültigkeit gewesen, eine jugendlich hitzköpfige Kritik statt der Darbietung eigener diskussionswürdiger Erkenntnisse: «Als unwissender Selbstdenker sprach [ich] dreist mit des leeren Fasses Klange» [Bol: 152]. Aber Bolyais Begeisterungsfähigkeit für die Mathematik und seine idealistische Gesinnung finden Resonanz bei dem stillen Zuhörer Carl Friedrich Gauß. Kurze Zeit später begegnen sie sich wieder zufällig auf der Wallpromenade. Ins Gespräch vertieft, umrunden sie die Stadt und schwören sich am Ende des Tages ewige Freundschaft. Einen seltsam verschlossenen Freund hat der temperamentvolle Bolyai da gewonnen. Gauß kommt ihn regelmäßig besuchen, um schweigend von der Arbeit bei ihm auszuruhen. Hier kann er in Gesellschaft sein, ohne dass der andere ihm ein Gespräch aufzwingt. «Er war sehr bescheiden und zeigte wenig ... jahrelang konnte man mit ihm zusammen sein, ohne seine Größe zu erkennen. Ich wusste nicht, wieviel er wusste, und er hielt, nachdem er meine Art sah, viel von mir, ohne zu wissen wie wenig ich bin» [Bol: 178].

Bald jedoch dämmert dem Mathematikstudenten, der in seiner ungarischen Heimat selbst als Wunderkind gegolten hat, dass der neue Freund ganz und gar selbständige Forschungen betreibt. Beide schwärmen von einer Seelenverwandtschaft, gespeist aus der gemeinsamen Leidenschaft für die Mathematik. Wolfgang Sartorius von Waltershausen, seinem Freund und ersten Biographen, versichert Gauß am Ende seines Lebens, Bolyai sei der Einzige gewesen, der ihm in seiner Göttinger Sturm-und-Drang-Phase beim Ausloten mathematischer Tiefen habe folgen können. Der achtzigjährige Bolyai gibt nach dem Tod seines Freundes allerdings überraschenderweise zu, nicht wirklich zu ihm durchgedrungen zu sein: «Schade, dass ich dieses titellose, schweigsame Buch nicht aufzumachen und zu lesen verstand» [Bol: 178].

5. Arithmetische Untersuchungen

Schon als Drittklässler hat Gauß das voluminöse Mathematikbuch *Demonstrativische Anweisung zur Rechenkunst für diejenigen, so in derselben den rechten Grund legen wollen, und welche im gemeinen Leben unentbehrlich* von Christian Stephan Remer besessen. Der Braunschweiger Rechenmeister lehrt darin das kaufmännische Rechnen «mit Vorteilen». Der gelehrige Schüler Carl hat seitdem so manche konstruktive Methode selbst gefunden und verfeinert, um Rechenverfahren elegant abzukürzen. So gelingen ihm etwa bei der Bearbeitung der Lambert'schen Logarithmentafeln dank kontinuierlicher Praxis, anhaltendem Fleiß und nicht zuletzt dank seines ungewöhnlichen Geschicks originelle Kunstgriffe, die bereits über den Horizont des Tabellenherausgebers hinausgehen. Erfolgserlebnisse wie diese werden seinen Ehrgeiz angefeuert haben, neue Verfahren zu finden, die ihm die Arbeit erleichtern. Als Gymnasiast und später als Carolinum-Zögling hat er eigene umfangreiche Tabellenwerke für seine Selbststudien angelegt und offenbar «spielend bewältigt, was anderen Rechnern nur Mühe und Arbeit, aber gewiss keine Freude gemacht hätte» [Mae$_1$: 4]. Um eine bestimmte Eigenschaft der Primzahlen von 2 bis 997 festzustellen, muss er mehr als 16 000 Überprüfungen vornehmen. Aber offenbar lohnt sich die Anstrengung, denn mit Hilfe dieser Tafel gelingt es ihm, das Reziprozitätsgesetz als einen der wichtigsten Sätze der Zahlentheorie erstmals zu beweisen.

Jeder professionelle Mathematiker empfindet das Dividieren durch große Zahlen als unangenehme Beschäftigung. Für sein *Opus magnum*, das in der Kurzen Geismarstraße allmählich Gestalt annimmt, notiert sich Gauß in dem *Lehrbuch der Arithmetik und Algebra* von Christian Leiste Anleitungen zur Vermeidung lästiger Divisionen. Er hat sich sein Exemplar – offenbar in der Absicht, es als Übungsbuch zu benutzen – mit Schreibpapier durchschießen lassen, ist aber schon bald über den Inhalt des Buches hinausgewachsen und nutzt jetzt das kostbare Papier nur noch für seine eigenen Zwischenrechnungen und Aufzeichnungen. Um dem lästigen Dividieren aus dem Weg zu gehen, hat er eigens eine Tabelle für Dezimalbrüche aufgestellt, mit deren Hilfe er, vereinfacht formuliert, eine umständliche Division in eine bequemere Addition oder Subtraktion verwandeln kann [Mae_1: 12]. Hier weicht er von dem üblichen Rechenschema ab, zerlegt große Nenner zunächst in Faktoren – eine Strategie, die er selbst noch bei schwindelerregend großen Zahlen beherrscht.

Zu den Wissenschaftlern, die die Gesammelten Werke von Gauß herausgegeben haben, gehört der Mathematiker Philipp Maennchen. Er hat die Notizhefte und Zettel des handschriftlichen Nachlasses gesichtet und ist dabei so manchen Abkürzungstricks und Kunstgriffen auf die Spur gekommen, die Gauß für so selbstverständlich hielt, dass er weder darüber gesprochen hat, noch in seinen gedruckten Schriften darauf eingegangen ist. Sorgfältig hat Maennchen auch die Zwischenrechnungen, Übungen und Kommentare analysiert, die sich an Buchrändern finden und sich vor allem im Leiste-Exemplar des Studenten Gauß häufen. Er nennt ihn einen Meister «individualisierenden Rechnens». Seine ausgeprägte Beobachtungsgabe und seine Intuition für nützliche Neukombinationen lassen ihn erkennen, ob es sich um eine Primzahl handelt oder ob sich eine Zahl in günstig zu verarbeitende Faktoren zerlegen lässt. So wird, um ein einfaches Beispiel zu nennen, aus der Aufgabe 21 x 29 die schneller zu rechnende Variation 20 x 30 + 1 x 9. Bestimmte Zahlenindividuen sind ihm durch vertrauten Umgang so geläufig, dass er ihre Eigenschaften und verwandtschaftlichen Beziehungen zu anderen Zahlen auf einen Blick erkennt und daraus Vorteile beim Rechnen zu ziehen weiß.

Möglicherweise bleibt dem individualisierenden Zahlenrechner Gauß bei dieser kreativen Abweichung vom Schema F des Schulrechnens auch die spielerische Freude aus Kindheitstagen an der rein mechanischen Rechenarbeit erhalten, als noch hinter jedem Zehner- und Hunderterübergang neue Einsichten und Überraschungen lauerten. «Zwar ist nicht jede Zahl ein zahlentheoretisches Unikum; aber der aufmerksame Beobachter wird bald in ihrer Nähe, oder in einem ihrer Teiler oder in einem ihrer Vielfachen eine für seine Zwecke brauchbare Zahl finden» [Mae_2: 18]. Sein überragendes Gedächtnis ist die Grundlage für das Wiedererkennen von Eigenheiten der Zahlenindividuen. Und durch die ständige Übung haben sich inzwischen markante synaptische Netzwerke in seinem Gehirn geknüpft, die die Wahrscheinlichkeit erhöhen, von einer Entdeckung zur nächsten fortzuschreiten. Die grundsätzliche Flexibilität, altbekannte Verfahren individuell umzuformen, hat bei Gauß eine künstlerische Qualität erreicht, die ihm vor allem bei den komplizierteren Untersuchungen der Beziehungsstrukturen innerhalb der Zahlentheorie, wie Euler, Legendre und Lagrange sie geprägt haben, zugutekommt.

Die Freundschaft mit Wolfgang Bolyai blüht auf. Die jungen Männer machen Ausflüge in die nähere Umgebung und wandern bis ins 40 Kilometer entfernte Kassel. Einmal lädt

Gauß den Freund ein, seine Eltern in Braunschweig zu besuchen. Auch diesen Zweitagesmarsch absolvieren sie zu Fuß. Die Mutter ist verblüfft, einen ungarischen Edelmann in relativ feinem Zwirn in ihrem bescheidenen Haus begrüßen zu können. Bolyai selbst erzählt Jahrzehnte später in einem Brief an Waltershausen, sie habe ihn beiseitegenommen und ihn gefragt, was denn aus ihrem Carl einmal werde. Der erste Mathematiker in Europa, habe seine Antwort gelautet, worauf sie zu Tränen gerührt gewesen sei. Im Hof von Bolyais Göttinger Unterkunft sitzen die beiden Freunde auf der Schaukel, lesen gemeinsam den griechischen Satiriker Lukian von Samosta und den englischen Lyriker Alexander Pope. Sie schenken sich gegenseitig Tabakspfeifen und erheben das gemeinsame Rauchen in den Rang einer Kulthandlung, mit der sie ihre Freundschaft feiern.

Offenbar haben sie neben ihrer verzehrenden Leidenschaft für die Mathematik auch Zeit, um von den Mädchen zu schwärmen. Noch zwanzig Jahre später erinnert Bolyai Gauß in einem Brief aus Ungarn an «die blonde Line Klindworth und die brünette Sophie Murrai». Die Blondine könnte eine Tochter von Johann Andreas Klindworth gewesen sein, der als vielbeschäftigter Feinmechaniker in Göttingen auch für den Bau und die Wartung von Professor Lichtenbergs pyroelektrischen Apparaten verantwortlich gewesen ist. Gauß selbst sucht Klindworth einige Male in dessen Werkstatt auf, weil der Mechanikus defekte Barometer für Professor Zimmermann repariert. Doch nichts ist bekannt über ein Rendezvous, eine Liebelei oder auch nur eine flüchtige Begegnung mit Line, Sophie oder einem anderen Mädchen in der Göttinger Studentenzeit. Die Freunde werden sich auf der Wallpromenade verabredet haben, dem angesagten Laufsteg, wo die feinen Damen und die feschen Professorentöchter mit ihren neuen, atemberaubend zugeschnürten Kleidern kokettieren. Sie werden den Dienstmägden hinterhergeschaut und die Schwangeren mit verstohlenen Blicken verfolgt haben, die in Osianders Accouchierhaus verschwinden, das direkt am Wall liegt und nur einen Katzensprung von Gaußens Domizil entfernt ist.

Wolfgang Bolyai ist ein notorischer Spötter, der vor Publikum zur Hochform aufläuft, wie der Gauß-Freund Ide in einem Brief bezeugt [Dun: 51]. Eine Volksbelustigung wie das Göttinger Schützenfest mit der pompösen Proklamation der Schützenkönige, dem Umzug durch die Stadt mit Pauken und Trompeten und anschließendem trinkseligen Tanzvergnügen lässt er sich nicht entgehen. Kaum allerdings aus Freude an der Geselligkeit, sondern um sich über die Torheiten der Menschen lustig zu machen. Dann schlägt seine Stunde als unbarmherziger Kommentator und «Philosoph», der vor Freunden und Kommilitonen die Eitelkeit menschlichen Tuns geißelt und das dröhnende Pathos der Festredner ins Lächerliche zieht. Dann redet sich der Heimatlose, ähnlich wie im Seyffer'schen Haus, wo er Gauß kennengelernt hat, selbst in einen Rausch, beschwört die Gemeinschaft der Edlen und die altgriechischen Ideale des Schönen, Guten und Wahren, die gerade vom vergnügungssüchtigen Volk mit linkischen Drehungen zu scheußlich fröhlichen Fanfaren in den Festwiesensumpf gestampft werden. Auch die unterschwelligen Spannungen zwischen Studenten und Handwerksburschen, die sich häufig in Schlägereien entladen, ziehen Bolyai in ihren Bann. Er mischt sich nicht ein, ist aber fasziniert von den Gewaltausbrüchen und betreibt als distanzierter Beobachter melancholische Feldstudien über die Vergeblichkeit menschlicher Glückssuche – was er brauche, um seinen «Seelenfrieden» zu finden, wie Ide meint, herausgefunden zu haben.

«EYPHKA num = Δ + Δ + Δ» schreibt Gauß am 10. Juli 1796 in sein wissenschaftliches Tagebuch. Die griechischen Großbuchstaben bedeuten «Heureka! – Ich hab's gefunden» und überragen, fett ausgemalt, das dürre Latein der anderen Eintragungen auf der Seite. Ein weiterer feierlicher Augenblick im Leben des Carl Friedrich Gauß, ein archimedisches Gefühl. Er hat den Beweis für die Vermutung seines großen Vorgängers Pierre de Fermat gefunden, dass sich jede Zahl als Summe von drei Dreieckszahlen darstellen lässt.* Zuerst das Siebzehneck, dann das Reziprozitätsgesetz und nun die Dreieckszahlen. Und doch sind diese drei bedeutenden Funde innerhalb von nur vier Monaten lediglich Nebenprodukte eines systematischen Neuaufbaus der Zahlentheorie, den Gauß zwischen Kästners Vorlesungen, Lichtenbergs Experimentierklasse und den häufig in einvernehmendem Schweigen verlaufenden Begegnungen mit dem Melancholiker Bolyai leistet.

Im März 1797 kann er dem inzwischen in den Reichsadelsstand erhobenen Eberhard von Zimmermann – «Hochwohlgeborener Herr, Verehrungswürdiger Herr Hofrath» – einen Überblick über den Umfang seines Werkes geben: «Daher ich das Ganze auf etwa ein Alphabet schätze» [Zim_1: 29]. Ein Alphabet sind 24 Druckbogen zu 16 Druckseiten. Gauß weiß sogar schon das Volumen anzugeben, das die Untersuchungen seiner berühmten Vorgänger Euler, Lagrange und Legendre dabei einnehmen werden, nämlich jeweils 50, 30 und 12 Seiten. Erstmals erwähnt er in dem Brief auch den Titel, den er seiner Arbeit geben will: *Disquisitiones Arithmeticae*, also schlicht *Arithmetische Untersuchungen**. Entgegen seinem ursprünglichen Plan, den Text in deutscher Sprache zu verfassen und von einem Profi ins Lateinische übersetzen zu lassen, schreibt Gauß seinen Text nun doch selbst auf Latein. Von Zimmermann weiß, dass sein Lieblingsschüler auch ein hervorragender Lateiner ist. Dennoch beauftragt er den Altphilologen Johann Heinrich Jacob Meyerhoff mit der Redaktion des lateinischen Textes. Nichts bleibt dem Zufall überlassen. Niemand soll in dieser bahnbrechenden Arbeit seines Schützlings einen Fehler entdecken können. Als tatkräftiger Manager hat er den Braunschweiger Buchdrucker Kircher engagiert und Verbindungen zu seinem Leipziger Buchhändler Gerhard Fleischer hergestellt, bei dem die *Arithmetischen Untersuchungen* in Kommission erscheinen sollen. Meyerhoff hat zwar für seine lateinische Dissertation über die Phönizier eine Goldmedaille der Universität Göttingen verliehen bekommen, aber von Mathematik versteht er offenbar nicht viel. Nicht einmal der Ausdruck Algorithmus sei ihm geläufig, wie Gauß kühl vermerkt. Deshalb besteht der jugendliche Autor in einigen Fällen auf seinen ursprünglichen Formulierungen und rechtfertigt ein paar der von Meyerhoff bemängelten Konjunktivkonstruktionen. Aus der Sicht des Mathematikers seien diese fachlich unbedingt notwendig und daher wichtiger als puristische sprachästhetische Einwände. Und so entsteht ein lebhafter literarischer Kreisverkehr mit «ansehnlichen Convoluten» handschriftlicher Manuskripte, kritisch gemusterter Korrekturvorschläge, neuer Abschriften und erster Druckbögen zwischen Gauß, von Zimmermann, Meyerhoff und Kircher.

Ab Herbst 1797 will die Universitätsbibliothek keine mehrbändigen Werke mehr an Studenten ausleihen. Was insbesondere die Jahrgänge der Akademien betrifft. Da droht also eine wichtige Informationsquelle für den eifrigen Autor zu versiegen. Gauß versteht es jedoch selbstbewusst, seine Arbeit an den *Untersuchungen* als Vorteil einzusetzen. Bibliotheksdirektor Heyne erteilt ihm «aus Attention für meine Autorschaft», wie Gauß von Zimmermann en passant berichtet, eine Sondergenehmigung. Bei allein rund 150 heute noch nachweisbaren Buchausleihungen – Detektivin Martha Küssner rechnet allerdings mit einer hohen Dunkelziffer verloren gegangener Karteikarten – muss er wohl seine Cavets bei verschiedenen Professoren eingesammelt haben. Auch bei Lichtenberg ist er gelegentlich zu Gast. Mehrere Tagebucheinträge des Physikers bezeugen, dass die Stunden im anregenden Gespräch mit dem interessanten jungen Mann verflogen sind. Lichtenberg lässt Grüße an den ehemaligen Kollegen Zimmermann in Braunschweig ausrichten und überlässt Gauß einen Stapel unterschriebener Blankozettel. Alles läuft also bestens, sollte man denken. Doch es kommt zu unvorhergesehenen Verzögerungen. Gauß scheint erschöpft zu sein und kränkelt, ohne zu sagen, was ihm fehlt. Danach schreibt er ganze Textpartien um. Der Drucker hält sein Versprechen nicht, wöchentlich drei Druckbogen zur Korrektur zu liefern. Bald stellt Kircher seine Arbeit eine Weile ganz ein, weil er sein Geschäft in Braunschweig aufgibt und nach Goslar umzieht, um dort eine Druckerei zu übernehmen. So gerät der Zeitplan gründlich durcheinander.

Im Herbst 1798 ist das herzogliche Stipendium abgelaufen. Gauß hat in einer der renommiertesten Bibliotheken Europas seinen Traum von der akademischen Freiheit optimal verwirklicht und in den drei Jahren im Wesentlichen das getan, was er eigentlich schon seit seiner Gymnasiastenzeit betrieben hat, nämlich seine privaten Mathematikstudien. Er hat das Material für seinen Neuaufbau der Zahlentheorie gesammelt und einen großen Teil seiner *Untersuchungen* ausgearbeitet. Gauß verabschiedet sich von seinem liebsten Freund Wolfgang Bolyai, der noch ein Jahr in Göttingen studieren wird. Sie wollen sich schreiben und verabreden außerdem, an jedem letzten Tag eines Monats, «des Abends zwischen 8 und 10, und vorzüglich um 9» [Bol: 9] die Pfeife zu rauchen, dem abwesenden Freund eine gestopfte Pfeife auf den Tisch zu stellen und dabei ihrer Freundschaft zu gedenken. Am 28. September verlässt Gauß Göttingen ohne Abschlussexamen und kehrt zurück in seine Heimatstadt. Dieses Mal gönnt er sich den Luxus, auf einem offenen Fuhrwerk mitzufahren. Allerdings gerät er «mit halb leerem Magen» in einen Regen, der die ganze Nacht andauert.

Unmittelbar nach seiner Ankunft in Braunschweig trifft er eine Vereinbarung mit einem Herrn Schröder aus der Nachbarschaft, der ihm ein Zimmer vermietet. Jetzt wohnt er auf der Wendenstraße, die parallel zum Wendengraben verläuft, keine fünf Minuten Fußweg von Mutters Küche entfernt. Drei Monate lang bleibt seine finanzielle Lage heikel, da Herzog Ferdinand trotz der schriftlichen Bitte Zimmermanns um eine Audienz nichts von sich hören lässt. Gauß verpasst die in Aussicht gestellte Gelegenheit, den Töchtern des russischen Diplomaten Graf Murawieff Unterricht zu geben, scheint aber in einem Brief an Bolyai auch nicht allzu traurig über die entgangene «lucrative Beschäftigung» zu sein. So lebt er eine Zeit lang auf Kredit. Schließlich gibt es noch genug an den *Untersuchungen* zu feilen. In diesem Winter 98/99 jedenfalls hat er wegen der Saumseligkeit des Druckers genügend Zeit, den fünften Abschnitt, das Herzstück der Arbeit, zum vierten Mal umzuschreiben, und berichtet Bolyai begeistert über die mit jedem Schritt gesteigerte Klarheit, die seine kühnsten Hoffnungen übersteige. Im Januar 1799 lässt ihm der Herzog mitteilen, er werde das bisherige Jahresstipendium von 158 Talern weiterzahlen. Allerdings wünscht *Serenissimus*, dass sein Untertan Gauß möglichst bald an der braunschweigischen Landesuniversität Julia Carolina in Helmstedt promoviere.

Bald nach seiner Rückkehr aus Göttingen hat er ohnehin Kontakt zu Johann Friedrich Pfaff aufgenommen, Mathematikprofessor an der Julia Carolina, und hat ihn bereits im östlichsten Zipfel des Herzogtums besucht. Für die knapp vierzig Kilometer lange Wanderung auf der gutbefestigten Landstraße zwischen Braunschweig und Helmstedt zählt er seine Schritte und notiert 45 053. Gauß inspiziert die Universitätsbibliothek, und Pfaff erlaubt ihm, auch seine privaten Bücher zu benutzen, denn das Collegium Carolinum in Braunschweig kann ihm auch jetzt noch keine angemessene Lektüre bieten. Er lässt sich eine Reithose schneidern, wie er Bolyai schreibt, um nicht stets zu Fuß nach Helmstedt reisen zu müssen. Die Arbeit an den *Untersuchungen* kostet ihn mehr Zeit und Kraft als ursprünglich geplant. Eigentlich hat er dieses immer wieder umgeschriebene Werk als Dissertation einreichen wollen, doch jetzt, da sich weitere Verzögerungen abzeichnen und der Herzog sanften Druck ausübt, verständigt er sich mit Pfaff darauf, «nur» mit seinem Beweis für den Fundamentalsatz der Algebra zu promovieren. Der Beweis ist eine weitere Glanztat, die er im Oktober 1797 mit einer spärlichen lateinischen Tagebuchnotiz abgehakt hat. Noch so ein Nebenprodukt seiner umfassenden Erneuerung der Arithmetik. Am Fundamentalsatz der Algebra haben sich die besten Mathematiker früherer Epochen wie Descartes, Leibniz und Newton die Zähne ausgebissen. Euler, der seit 15 Jahren tot ist, glaubte zwar, einen wasserdichten Beweis gefunden zu haben. Doch Gauß führt seinen zeitgenössischen Kollegen gnadenlos vor, dass Eulers Argumentation lückenhaft ist.

Vor der letzten Abschrift der Arbeit kommt es aber noch zu einer letzten Begegnung mit Wolfgang Bolyai, der sein Studium in Göttingen beendet hat und nun zu Fuß in seine Siebenbürgener Heimat zurückkehren will. In dem Briefwechsel, der diesem Treffen vorausgeht, erweist Gauß sich als einfühlsamer Interpret unausgesprochener Probleme des

Freundes, der eigentlich viel zu knapp bei Kasse ist, um ihn in Braunschweig besuchen zu können. Gauß rechnet ihm auf Groschen und Pfennig genau vor, wie er sein Geld einteilen müsste, um seine Schulden abzubezahlen. Das klingt wohlwollend und liebenswürdig, zumal Gauß ihm anbietet, seine Reisekosten zu übernehmen. Aber dieser kleine Vortrag über realistisches Haushalten mit knapp bemessenem Budget klingt auch so souverän und routiniert, als sei es nicht das erste Mal, dass der kühle Rechner Gauß dem verschwenderischen Freund kluge Ratschläge erteilt und ihn zwischen den Zeilen sanft ermahnt, nicht über seine Verhältnisse zu leben. So einigen sich die Freunde darauf, am 24. Mai 1799 einander entgegenzuwandern und sich auf halber Strecke zwischen Göttingen und Braunschweig bei Sonnenuntergang in der Harzer Bergbaustadt Clausthal zu treffen, die Tabakspfeife als Symbol ihrer Freundschaft in der Tasche.

Sie kehren im Ausflugslokal «Zum Auerhahn» ein, wenige Kilometer nördlich von Clausthal an der alten Harzchaussee gelegen, rauchen die Pfeife, spielen Billard und erneuern – in der Gewissheit, sich nie wiederzusehen – ihren Freundschaftsbund. Am nächsten Morgen stehen sie auf dem Bocksberg, schauen hinaus ins Braunschweiger Land und nehmen endgültig Abschied voneinander. Gauß schenkt Bolyai die Tafel, auf die er seinen Beweis zur Konstruktion des Siebzehnecks erstmals niedergeschrieben hat, und muss dabei wohl eine verhaltene Freude ausgestrahlt haben, denn noch 56 Jahre später erinnert sich der Achtzigjährige ausdrücklich an diese Gefühlsregung, die er doch sonst bei Gauß so selten erlebt habe. In diesem Überschwang erklärt Gauß schließlich, er wünsche sich das Siebzehneck, seine erste veröffentlichte Entdeckung, in seinen Grabstein eingraviert. Da will sich auch Bolyai nicht lumpen lassen und verknüpft die Stunde ihrer Begegnung mit einem düsteren Schwur, den ebenfalls ein Hauch von Endgültigkeit umweht: «Mir wird die Zeit heilig sein bis in mein Grab. Es kömmt mir vor wie ein Opfertag.» Eine Stunde später hat die schnöde Welt sie wieder. Jeder wandert im Dauerregen allein nach Hause. Gauß hat sich offenbar an den «schlechten Erfrischungen im Auerhahn» – womöglich das berüchtigte Göttinger Bier? – den Magen verdorben, denn auf dem Rückweg muss er sich übergeben. In Goslar mietet er ein Pferd und reitet die 40 Kilometer lange Strecke zurück nach Braunschweig.

Am 1. Juni erhält Gauß einen Brief von Pfaff, der ihn auf einige Fehler in der Dissertationsschrift hinweist, um anschließend offen und klar eine Darstellungsschwäche anzusprechen: «Ich bin der Meinung, dass man beym Schreiben sich selbst die Pflicht aufzulegen hat, auch für die Bequemlichkeit des Lesers zu sorgen, selbst wenn es gewissermaßen mit eigener Unbequemlichkeit verknüpft wäre» [GauX,1: 100]. Pfaff hat erkannt, dass Gauß nicht für den wissbegierigen und lernwilligen Studenten schreibt, sondern ausschließlich für die Ewigkeit und für die wenigen Kollegen, die die nächsten drei oder vier logischen Schrittfolgen im Geist überspringen können – eine Hürde, an der alle anderen Leser scheitern müssen. Pfaff redet dem aufstrebenden Genius schnörkellos ins Gewissen. Er dürfe ruhig die Eigenschaften seiner mathematischen Objekte und die Schlussfolgerungen aus seinen Einsichten etwas ausführlicher und publikumsfreundlicher entwickeln, auch vorzugsweise durch Zeichnungen erkennbar machen, wodurch die «Concinnitaet des Ganzen» – Ebenmäßigkeit und Gefälligkeit – nicht leiden würde. Auch wenn Gauß freundlich auf Pfaffs Kritik reagiert und sich weitere Einlassungen wünscht: Genutzt hat es nichts. Gauß wird sich mit jeder neuen Arbeit zu einem Meister im Verwischen der Spuren entwickeln, die zu seinen ursprünglichen Gedanken führen könnten. In dieser Hinsicht eifert er wieder, bewusst oder unbewusst, seinem großen Vorbild Newton nach. Am 26. Juni reicht Gauß seine Schrift bei Pfaff ein, der zwei Tage später in einer Empfehlung an den Dekan der Julia Carolina schreibt: «Ich kann von dieser Abhandlung nicht anders als sehr vortheilhaft urtheilen, da sie von des Verfassers vorzüglichen Fähigkeiten und gründlichen Einsichten einen überzeugenden Beweis enthält, so daß nach deren demnächst zu erwartenden Abdrucke der Candidat unter diejenigen zu rechnen sein wird, deren Promotion unserer Facultät zur Ehre gereicht» [Hän: 46 f.]. Mehr als 200 Jahre später rangiert der Beweis auf den inoffiziellen, von Mathematikliebhabern geschaffenen Ranglisten stets unter den Top Ten der wichtigsten mathematischen Theoreme.

Der Fundamentalsatz der Algebra ist eine verblüffend einfache Aussage über die Anzahl der Lösungen einer Gleichung. Demnach hat eine Gleichung mit einer Unbekannten x eine einzige Lösung. Eine Gleichung mit x^2 hat zwei Lösungen. Und bei x^3 kommen drei Lösungen vor. Diese einfache Gleichsetzung zwischen dem Wert der hochgestellten Ziffer und der Lösungsanzahl mag in den Ohren eines Laien trivial klingen, um aber einen strengen Beweis dieser intuitiv plausibel scheinenden These zu führen, bedarf es des Scharfsinns und der Intelligenz der besten Mathematiker einer Epoche. Der Franzose Jean-Baptiste le Rond, genannt d'Alembert, hat 1746 einen Beweis vorgelegt, drei Jahre später auch Leonhard Euler. Carl Friedrich Gauß hat beide Arbeiten inspiziert, hat die vermeintlichen Beweise als lückenhaft enttarnt und ist zu dem Schluss gelangt, dass dieses imposante Lehrgebäude ein paar zusätzliche Stützpfeiler vertragen könnte.

Hier begibt sich Gauß auf ein mathematisches Terrain, das in diesem letzten Sommer des 18. Jahrhunderts noch immer heftig umstritten ist. Es geht um die sogenannten «komplexen» Zahlen.

Eine komplexe Zahl setzt sich aus zwei Komponenten zusammen: einer reellen Zahl und einer «imaginären» Zahl. Reelle Zahlen sind ganze Zahlen wie 3 und 4 oder Brüche wie ¾. Imaginäre Zahlen sind Vielfache der imaginären Einheit «i», die definiert ist als Wurzel aus −1. «Die europäischen Mathematiker des 16. Jahrhunderts ... bemerkten, dass es zur Lösung gewisser algebraischer Probleme manchmal vorteilhaft war, die Existenz negativer Zahlen anzunehmen und darüber hinaus auch anzunehmen, dass man aus diesen Zahlen die Quadratwurzel ziehen könne» [Dev: 181], urteilt Ende des 20. Jahrhunderts der amerikanische Mathematiker Keith Devlin. Universalgenie Gottfried Wilhelm Leibniz ist 1675 begeistert vom Konzept des Imaginären in der Mathematik und spricht hymnisch von «einer feinen und wunderbaren Zuflucht des göttlichen Geistes, beinahe einem Zwitterwesen zwischen Sein und Nichtsein» [Alg: 244]. Von manchen Mathematikern und von den meisten Philosophen werden die imaginären Zahlen allerdings misstrauisch beäugt. Immanuel Kant beispielsweise, der wie ein Seismograph die Erschütterungen in der Ideenwelt seiner Zeit registriert, nennt in seinem Nachwort zu Soemmerrings aufregender These vom Gehirnwasser als Sitz der Seele die Wurzel aus −2 eine «unmögliche Zahl» und den Gedanken, «als wenn negative Größen weniger als Nichts wären ... nichtig und ungereimt» [Kan: 215].

Überhaupt scheinen sich die Philosophen gegen Ende des Jahrhunderts der Aufklärung über die Anmaßung der Naturwissenschaftler zu echauffieren, ihnen allmählich die Deutungshoheit über die Naturerscheinungen streitig zu machen. Kürzlich erst hat der ehrgeizige junge Philosoph Hegel in Jena per Dekret «bewiesen», es könne nicht mehr als die bereits bekannten Planeten im Sonnensystem geben. Was den ungerührten Amateurastronomen Wilhelm Herschel jedoch nicht hindert, umgehend den «unmöglichen» Gasriesen Uranus zu entdecken und damit die überschaubare Größe des Hegel'schen Universums auf einen Schlag zu verdoppeln.

Gauß bestätigt in seiner Dissertation erstmals mit einem strengen Beweis die Vermutung, dass sich jede beliebige algebraische Gleichung mit Kompositionen aus reellen und imaginären Zahlen, also mit komplexen Zahlen, lösen lässt. Damit verhilft er der skeptisch bewerteten Idee der komplexen Zahlen zu mehr Anerkennung im Lager der argwöhnischen Kollegen. Am 16. Juli 1799 wird ihm die philosophische Doktorwürde der Helmstedter Julia Carolina verliehen, die mündliche Prüfung auf Antrag erlassen. Der selbstbewusste Doktorand ist froh, dass ihm die «Harlequinade» der Verteidigung seiner These vor einer Versammlung überforderter Provinzgelehrter erspart bleibt. Die noch im Winter Bolyai gegenüber geäußerte Befürchtung, keinen Teilerlass des «Honorariums» von 40 Talern für die Universität zu bekommen, hat sich zwar bestätigt, aber Gauß braucht selbst keinen Groschen davon zu zahlen. Wieder einmal erwirkt Zimmermann, dass der Herzog die Kosten übernimmt, während Doktorvater Johann Friedrich Pfaff im Briefwechsel mit Zimmermann sogar die Bereitschaft äußert, zugunsten des Doktoranden auf seinen bescheidenen Anteil am Honorar – 2 Taler 12 Groschen – zu verzichten. Carl Wilhelm Ferdinand lässt die 40 Taler auf der Stelle nach Helmstedt schaffen, worauf der Dekan der Universität, Hofrat Schulze, erleichtert ist, nicht leer auszugehen: «Es ist wirklich sehr angenehm, dass die philosophische Fakultät jetzt nicht mehr so behandelt wird wie ehemals, wo sie, wenn der Hof einen Candidaten begünstigen wollte, Befehl erhielt, das Diplom umsonst auszufertigen» [Hän: 46]. Kein Wunder: Dem Dekan steht allein die Hälfte der 40 Taler zu.

Und was macht der frischgebackene Doktor der Philosophie? Er will natürlich keine Zeit verschwenden und die *Arithmetischen Untersuchungen* zu Ende bringen. Den Jahreswechsel zum neunzehnten Jahrhundert erlebt er bei Professor Pfaff in Helmstedt, den der berühmte französische Astronom und Mathematiker, Pierre Simon de Laplace, für den besten deutschen Mathematiker hält. Gauß wohnt in Pfaffs Haus, benutzt seine Bücher. Die Stadt findet er «affreux» (scheußlich), den Ton der Studenten «roh», die Professoren «artig». Den zwölf Jahre älteren Pfaff charakterisiert er «als einen trefflichen Geometer ... guten Menschen und meinen warmen Freund; ein Mann von einem arglosen kindlichen Charakter, ohne all die Leidenschaften, die den Menschen so sehr entehren und bei Gelehrten so gewöhnlich sind» [Bol: 36]. Die Zeit verfliegt mit anregenden Gesprächen, wobei beiden Partnern unausgesprochen klar ist, dass es nicht unbedingt der Jüngere ist, der am meisten davon profitiert.

Erst zum Osterfest 1800 kehrt Gauß nach Braunschweig zurück. Nicht allein die Saumseligkeit des Druckers zögert die Veröffentlichung der *Untersuchungen* immer weiter hinaus. Auch der Autor selbst gerät zunehmend in Bedrängnis, seinen eigenen Ansprüchen gerecht zu werden. Lange feilt er am achten und umfangreichsten Abschnitt, der den Rahmen der Arbeit zu sprengen droht. Nach langer Unentschlossenheit lässt Gauß diesen Abschnitt vorerst beiseite, um die Druckkosten nicht weiter in die Höhe zu treiben. Es wäre ihm unangenehm, die «Munificenz» – die Freigebigkeit – des Herzogs noch weiter zu strapazieren.

Im Spätsommer 1801 erscheint sein epochales Meisterwerk *Disquisitiones Arithmeticae*, die *Arithmetischen Untersuchungen*. So tief hat noch kein Mathematiker vor ihm die Welt der Zahlen durchdrungen. Dabei erschafft er die eigenständige mathematische Disziplin der «Höheren Arithmetik». Mit einer bis dahin in der Mathematik unbekannten Strenge legt er die Bedingungen für Lehrsätze und Strukturen neu fest, die seit vielen Jahrhunderten Bestand haben. Und so renoviert der Sohn des Lehmmaurers ein für alle Mal ein wackliges mathematisches Lehrgebäude, das so herausragende Mathematiker wie Leibniz, Newton und Euler bereits für angemessen standhaft gehalten hatten. Ähnlich wie der schwedische Naturforscher Carl von Linné das Tier- und Pflanzenreich grundlegend neu in Stämme, Klassen, Ordnungen, Familien, Gattungen und Arten klassifiziert hat, so teilt auch Gauß jetzt die mathematischen Objekte der Zahlentheorie systematisch in neue Klassen und Ordnungen ein und schafft dadurch eine zusätzliche algebraische Struktur, in der ganze Klassen neuer Objekte miteinander verknüpft werden können. So lassen sich die Unbekannten aus zwei quadratischen Formen miteinander kombinieren und in eine dritte quadratische Form hineinschreiben. Gauß schafft jetzt die Voraussetzungen für die systematische Verallgemeinerung dieser Möglichkeit. Das ist das entscheidend Neue.

Nach ausgiebiger Untersuchung des Materials entwirft er ein neues Klassifizierungssystem, führt neue Termini ein und nimmt eine Neubewertung mancher Beziehung zwischen den Zahlen* vor. Mit diesem Geniestreich revolutioniert er die Zahlentheorie so gründlich, dass zeitgenössische und künftige Mathematiker die Geschichte der Arithmetik in die Ära vor und nach Gauß einordnen.

Er widmet das Werk seinem Fürsten. Und in der Tat hat

er es ja dem spendablen Herzog zu verdanken, dass er sein revolutionäres Werk nun endlich gedruckt in den Händen hält. So bleibt es ihm erspart, etwa als Hauslehrer künftiger Gräfinnen und Barone zu versauern und seine außergewöhnliche Begabung an kleinlichen Broterwerb zu verschwenden. Als Ausgleich für dieses seltene Privileg möchte er sich im unbezahlten Ehrenamt eines «Redakteurs für Volkszählungen, Sterbe- und Geburtsregister» nützlich machen. Obendrein auch noch «zu meinem Vergnügen und zur Satisfaktion» [Bim_3: 65]. Wer also die Bearbeitung statistischer Zahlenkolonnen als heiter stimmendes Freizeitvergnügen und die Berechnung von Logarithmentafeln als «poetisches Anliegen» betrachtet, muss schon, vorsichtig formuliert, ein außerordentlich inniges Verhältnis zum Rechnen haben. Und was tut so ein Genie, um sich abzulenken und zu zerstreuen? Richtig, es rechnet. Jetzt aber wirklich nur zum Vergnügen. Schließlich gibt es noch die eine oder andere freizeittaugliche terra incognita, deren Urbarmachung und Kultivierung Geschicklichkeit und Ausdauer verlangt. Also großen Spaß macht. Primzahlen abzählen zum Beispiel. Selbstverständlich in griechischen «Chiliaden» – in Tausenderreihen. Und im Kopf natürlich. Denn wäre es nicht unverzeihlich, eine Viertelstunde der Muße verstreichen zu lassen und womöglich die Chance zu verpassen, eine neue Primzahl zu entdecken? Ein fahrlässig entgangener Lustgewinn, zumal sich diese Einzelgänger mit zunehmenden Chiliadenreihen immer seltener die Ehre geben, sodass eine unerwartete Begegnung einen umso größeren Reiz verspricht.

Auch in unseren Tagen, gut zweihundert Jahre später, gehören die Erkenntnisse der *Arithmetischen Untersuchungen* noch immer zum Lehrkanon der mathematischen Fakultäten. Und seit immer mehr Menschen ihre Bankgeschäfte über das Internet abwickeln, ist ein wichtiger Bestandteil dieser einflussreichen Arbeit, nämlich der Beweis des quadratischen Reziprozitätsgesetzes, zur Grundlage der Verschlüsselungstechniken für die «sicheren» Server von Banken, Auktionshäusern und Versandgeschäften geworden.

6. Cherchez la femme ... Ceres, Pallas, Johanna

Im zweiten Jahrhundert nach unserer Zeitrechnung schreibt Claudius Ptolemäus, ein griechischer Mathematiker und Astronom, in Alexandria sein dreizehnbändiges Werk *Almagest*. Es ist ein bedeutender Beitrag zur angewandten Mathematik in der Astronomie. Ptolemäus ermittelt exakte Daten für Sonnen- und Mondfinsternisse und entwickelt geometrische Verfahren, um die Entfernung der Erde von Sonne und Mond wenigstens annähernd zu bestimmen. Die Erde steht im Mittelpunkt des Universums. Als Ursache für die Bahnen der Himmelskörper nennt er den göttlichen «Ersten Beweger». Im ptolemäischen Weltbild lassen sich zwar die Positionen der Planeten erstaunlich präzise vorhersagen. Damit allerdings die tatsächlichen Beobachtungen und Berechnungen mit dem Idealbild der kreisförmigen Umlaufbahnen in Einklang kommen, müssen Sonne und Planeten in einer komplizierten Anordnung Dutzender Bahnen und in einem veritablen Netzwerk von Umleitungen und Nebenstrecken verkehren. Nach Stephen Hawkings drastischer Veranschaulichung musste Ptolemäus von der Voraussetzung ausgehen, «dass der Mond einer Bahn folgte, die ihn manchmal doppelt so nahe an die Erde heranführte wie zu anderen Zeiten. Das wiederum bedeutete, der Mond müsste manchmal doppelt so groß erscheinen wie sonst» [Haw: 16]. Aber selbst der geniale Mathematiker in Alexandria nimmt lieber ein solches Paradoxon in Kauf, als die liebgewordene Vorstellung von kreisförmigen Planetenumlaufbahnen zu überdenken. 1300 Jahre lang bleibt der ptolemäische Entwurf das allgemein anerkannte Modell des Universums in der zivilisierten Welt rund um das Mittelmeer.

Im ersten Jahrzehnt des 16. Jahrhunderts rotieren im heliozentrischen Modell des Nikolaus Kopernikus Planeten, Erde und Mond in kreisförmigen Bahnen um die Sonne, die sich im Zentrum des Universums befindet. Dass sich die Erde drehen soll, kann dem katholischen Establishment nicht gefallen, das sich seit mehr als tausend Jahren schon auf den geozentrischen Himmel als Machtbasis stützt. Aber unglücklicherweise stimmen Kopernikus' Berechnungen nicht. Er hat zwar mit der Sonne als Zentralleuchte am Himmel, um die sich alles dreht, das richtige Konzept gefunden, doch die selbstverständliche Annahme perfekter runder Kurven als Umlaufbahnen der Planeten bringt falsche Resultate hervor und verdirbt die Theorie des ehrgeizigen Astronomen. Da bleiben selbst die Vorhersagen des Ptolemäus genauer, denn was Kopernikus mit seinem Modell an ptolemäischen Bahnabweichungen einspart, rächt sich an anderer Stelle durch nicht eliminierbare Fehler.

Nach mehr als 4000 Jahren praktizierter Geometrie scheint die Kreislinie als Inbegriff der perfekten Umrundung so tief in das menschliche Gehirn eingebrannt zu sein, dass niemand auch nur auf die Idee kommt, es könne für die Planeten da draußen im Bann der Sonnenschwerkraft eine andere Umlaufbahn geben. Der Mann, der schließlich im wahrsten Sinn des Wortes den wirklichen Dreh herausfindet, heißt Johannes Kepler. Er stammt aus der schwäbischen Provinz und bringt es bis zum kaiserlichen Mathematiker in Prag und zu General Wallensteins Hofastrologen. Seine Mutter, eine Heilerin und Kräuterkundige, erregt die Aufmerksamkeit der heiligen Inquisition. Lange Jahre ist Kepler in Prag Assistent des

Astronomen Tycho Brahe gewesen. Nach Brahes Tod kann er auf dessen umfangreiches Datenarchiv zugreifen. Nach gründlichem Studium der Marsbahn kristallisiert sich allmählich ein «unvollkommener», gestauchter Kreis, eine ovale Umlaufbahn heraus. Hundert Jahre nach den ersten kopernikanischen Entwürfen eines Planetensystems mit der Sonne als zentralem Himmelskörper erscheint 1609 Keplers Buch *Astronomia nova* mit dem entscheidenden verallgemeinernden Satz: «Ein Planet läuft auf einer elliptischen Bahn, und die Sonne befindet sich in einem der Brennpunkte der Ellipse.» Kepler findet außerdem einen direkten Zusammenhang zwischen der Entfernung der Planeten von der Sonne und ihrer Umlaufgeschwindigkeit. Je näher sie der Sonne kommen, desto schneller bewegen sie sich, je weiter sie sich von ihr entfernen, umso langsamer werden sie. In seinem dritten Gesetz stellt Kepler ein mathematisches Verhältnis zwischen den Umlaufzeiten zweier Planeten und ihrer Ellipsenachsen her. Erst jetzt ist die kopernikanische Wende wirklich vollzogen. Im heliozentrischen Modell des Universums haben die Planetenbahnen endlich ihre wahre Form gefunden: die Ellipse. Die Vorherrschaft des Kreises in der Astronomie ist gebrochen. Erstmals lassen sich die Koordinaten der Planeten im Weltraum präzise vorausberechnen.

Welche Faszination muss für die Menschen von einem Stück poliertem Bergkristall ausgegangen sein, das einen entfernten Gegenstand näher ans Auge heranholt. Kepler und sein Zeitgenosse Galileo Galilei können bereits mit einer raffinierten Kombination unterschiedlich geschliffener Linsen in einem Rohr den Himmel mustern. Dieses neue Instrument übertrifft die Sehkraft des bloßen Auges um das Achtfache. Plötzlich erkennt Galilei erstaunliche Details auf der Mondoberfläche und fertigt genaue Zeichnungen der

Kraterlandschaft an, die in der Öffentlichkeit auf großes Interesse stoßen. Mit diesem einfachen Teleskop gelingt Galilei sogar schon die Beantwortung der seit langem offenen Frage nach der Beschaffenheit der Milchstraße. Schon in der griechischen Mythologie machten Geschichtenerzähler die Göttermutter Hera für den milchig-hellen Streifen am Nachthimmel verantwortlich. Sie habe beim unfreiwilligen Stillen des Zeus-Bastards Herakles den Säugling von sich gestoßen und dabei ihre kostbare Muttermilch am Himmel verspritzt. Galilei gibt eine wissenschaftlich nüchterne Antwort: Die Milchstraße sei eine Anhäufung unzähliger lichtschwacher Sterne, die das bloße Auge nicht als einzelne Himmelskörper identifizieren könne. Eine weitere Sensation gelingt Galilei mit der Entdeckung der vier größten Jupitermonde. Auch zwei Saturnringe bekommt er vor die Linse, kann sie aber nicht als solche identifizieren. In seinem Buch *Dialog über die beiden hauptsächlichsten Weltsysteme, das kopernikanische und das ptolemäische* tritt Galilei mit raffiniert formulierten Argumentationen nicht ausdrücklich, aber unverkennbar für Kopernikus ein, dessen Modell die Kirche mittlerweile als Irrlehre verdammt hat. Die heilige Inquisition bedankt sich für das Buch mit einer freundlichen Einladung des Autors in ihre florentinischen Dienstgewölbe und mit einem lakonischen Hinweis auf die in Rufweite einsatzbereiten Folterknechte. In einem der berühmtesten Prozesse aller Zeiten wird der Angeklagte wegen wiederholter Verteidigung der gotteslästerlichen Behauptung, die Erde drehe sich um die Sonne, zu lebenslangem Hausarrest verurteilt.

Isaac Newton baut als 25-Jähriger das erste Spiegelteleskop* mit 150facher Vergrößerung. Zu diesem Zeitpunkt hält er seine tiefen Einblicke in den Zusammenhang zwischen Schwerkraft und Planetenbahnen noch unter Verschluss. In der Mitte des 18. Jahrhunderts gehen die Fortschritte in der Astronomie allerdings im Wesentlichen auf den Einfluss zurück, den Newtons *Principia* auf die europäischen Mathematiker und Astronomen ausüben. Umlaufbahnen und Umlaufdauer lassen sich mit Hilfe der Kepler'schen und Newton'schen Gesetze berechnen. Inzwischen haben vor allem Euler und Bernoulli die schwer nachvollziehbaren Newton'schen Geniestreiche in eine verständlichere Sprache übersetzt. Der unfassbar produktive Euler arbeitet an einer eigenen Theorie der Mondbewegung, da eine gewisse unregelmäßige Beschleunigung der Erdsatellitenbahn nicht durch das Gravitationsgesetz erklärt werden kann. Auch die Mathematiker Lagrange und Laplace befassen sich mit dem Problem gestörter Planetenbahnen. Eines wird dabei deutlich: Trotz der epochalen Erfolge von Kepler und Newton muss noch viel mathematische Feinarbeit geleistet werden.

Auf einer anderen Schiene machen sich um dieselbe Zeit zwei Gelehrte Gedanken über die Ausdehnung der Milchstraße. Angenommen, sie sei ein Sternensystem, wie Galilei nach einem Blick durch sein Fernrohr erklärt hat, um das sich unsere Sonne, die Planeten und alle anderen Sterne drehten. Der englische Uhrmacher Thomas Wright, ein Seiteneinsteiger in die Astronomie, verfolgt diese Idee und stellt sich vor, die Sterne der Milchstraße seien in einer Art Kugelschale angeordnet. Nun fragt er sich, ob die fernen Nebel, die beim Blick durch die modernen Spiegelteleskope sichtbar werden, nicht womöglich auch eigenständige Sternensysteme wie die Milchstraße sein könnten. 1751 stößt Immanuel Kant auf die Wright'sche Theorie und lässt sich davon zu der Vorstellung inspirieren, die Sterne der Milchstraße seien, statt in einer Kugel wie bei Wright, in einer Scheibe angeordnet. Kants Universum ist erstaunlich dynamisch: «Körper entwickeln sich,

Sonnen kondensieren und erhitzen sich bis zu einem Punkt, an dem sie zu feiner Materie explodieren» [Nor: 270]. Dieses ewige Stirb und Werde finde überall im Raum statt, schlägt der Königsberger Philosoph vor. Die Vorstellung ferner «Welteninseln» als eigenständige Sternensysteme findet Kant schließlich reizvoll genug, um sie 1755 in seiner *Allgemeinen Naturgeschichte und Theorie des Himmels* zu publizieren.

Eine erste systematische Durchmusterung des Sternenhimmels, die über das Sonnensystem hinausgeht, leistet Uranus-Entdecker Friedrich Wilhelm Herschel in den 1780er Jahren. Er baut sich seine Teleskope selbst, schleift eigenhändig die Spiegel, die schon einen Durchmesser von 1 Meter 20 haben und eine Tonne wiegen. Sein Nebelkatalog erfasst bald mehr als tausend Objekte. Und Herschel ist sich sicher, obwohl er die Entfernungen nicht exakt messen kann, dass die Nebel weit außerhalb der Milchstraße liegen. Auch er hält es für möglich, dass es ferne Sternensysteme sind. Er ist sogar von einer langsamen geschichtlichen Entwicklung des Universums überzeugt [Büh: 97], glaubt also achtzig Jahre vor Darwins umwälzender Idee bereits an eine Evolution des ganzen Universums, inklusive Kants dynamischer Welteninseln. Doch setzen sich solche Vorstellungen, die Edwin Hubble im 20. Jahrhundert spektakulär bestätigen wird, zu Beginn des 19. Jahrhunderts in der Astronomengemeinde nicht durch. Herschel wird zwar für seine Leistungen geschätzt und bewundert, doch seine abweichenden Vorstellungen werden von den Kollegen höflich ignoriert.

Durch Herschels Entdeckung des Uranus im März 1781 ist das Sonnensystem und damit das damals bekannte Universum doppelt so groß geworden. Uranus zieht seine Bahn noch weit jenseits des Saturns, der bis dahin als äußerster Planet des Sonnensystems galt. Braucht die Erde für ihre Bahn um die Sonne 365 Tage, so lässt sich Uranus dafür 82 Jahre Zeit. Seine Entfernung zur Sonne ist zwanzigmal größer als die der Erde zum Zentralgestirn. Nach dieser eher zufälligen Entdeckung, die Herschel ewigen Ruhm beschert, sind die Astronomen in den Sternwarten und die Feierabendsterngucker umso engagierter bei der Sache. Die Chancen, einen vergleichbaren Coup zu landen – so glauben sie –, stehen gut. Schließlich klafft eine enorme Lücke zwischen Mars und Jupiter, in der schon aus rein mathematisch-ästhetischen Gründen «noch ein besonderer Hauptplanet unseres Sonnensystems befindlich seyn müsse» [Zac: 115]. Professor Johann Elert Bode, der einflussreiche Direktor des Berliner Observatoriums, bringt sogar eine beeindruckende harmonische Zahlenreihe für die Abstände der Planeten zur Sonne ins Spiel, wonach sich ein zwar noch nicht entdeckter, aber mit Sicherheit existierender Himmelskörper in der als Zumutung empfundenen Lücke geradezu aufdrängt. Die Astronomengemeinde möchte diese sogenannte «Titius-Bode-Reihe» zwar nicht in den Rang eines mathematischen Gesetzes erheben, aber hat sich Herschels verkehrsungünstig gelegener Uranus nicht dennoch wunderbar proportional in dieses Zahlenschema eingefügt? Und ist dieses faszinierende Spiel mit den regelmäßigen Planetenabständen nicht obendrein eine Hommage an die Sphärenmusik der Pythagoreer und eine nachträgliche Bestätigung der Kepler'schen *Harmonia mundi*?

Die Problematik des «fehlenden Planeten» brennt den Astronomen so sehr auf den Nägeln, dass 24 europäische Fachkollegen bei einem Treffen am 21. September 1800 in der Sternwarte Lilienthal bei Bremen den ersten astronomischen Club der Welt gründen, die «Vereinigte Astronomische Gesellschaft». Systematisch teilen sie den Tierkreis in 24 Inspektionszonen auf, um den zwischen Mars und Jupiter angeblich verborgenen «Weltkörper» aufzuspüren. Treibende Kraft hinter dieser bisher beispiellosen europäischen Kooperation führender Astronomen zwischen Themse und Newa, Stockholm und Palermo ist Franz Xaver von Zach, Direktor der Seeburg-Sternwarte in Gotha. Er selbst spricht von einer «streng organisierten Himmels-Polizey» [Zac: 122]. Kein Detail bleibt dabei dem Zufall überlassen. So hat Gothas wissenschaftsfreundlicher Herzog Ernst II. in vorauseilender Beflissenheit bereits einen Namen für den noch zu entdeckenden Planeten zwischen Mars und Jupiter vorgeschlagen: die für notorische, aber begründete Eifersuchtsszenen und universelle Zickigkeit berüchtigte Hera oder ihre römische Entsprechung Juno, Tochter des Saturn, Schwester und Gemahlin des Jupiter. «So hätte Jupiter seine Eltern und Vorfahren über sich, seine Gemahlin und seine Kinder unter sich», schreibt Zach [Zac: 134] über die zukünftigen inzestuösen Familienverhältnisse am Himmel – offenbar keine Konstellation, die heikel genug wäre, um einen Angehörigen des sächsischen Adels zu schockieren.

Schon drei Monate nach der Gründung des Sternenclubs glaubt der italienische Astronom Giuseppe Piazzi, fündig geworden zu sein. Kurz vor 9 Uhr abends des 1. Januar 1801 taucht der Vollmond Palermo in sein silbriges Licht. In dieser außergewöhnlich hellen Nacht entdeckt Piazzi ein lichtschwaches Objekt im Zeichen des Stiers, etwas unterhalb der Plejaden, das er zunächst als Kometen «ohne Lichtnebel oder Schweif» identifiziert. Später beschreibt er ihn als einen Stern von 8. oder 9. Größe. Noch hat ihn das Mitgliedsdiplom aus Lilienthal in seiner Sternwarte in Palermo gar nicht erreicht. Die aus Sizilien in Berlin und Gotha eintreffenden Beobachtungsdaten sind spärlich, aber ermutigend. Als Bode aus den Informationen provisorisch den Abstand des unbekannten Objekts von der Sonne und seine Umlaufzeit überschlägt, nimmt seine Kommunikation mit Zach dramatische Züge an. Denn der Direktor der Gothaer Sternwarte erinnert sich an seine «geträumten Analogien», die er angeblich bereits 16 Jahre zuvor auf einem Zettel notiert und versiegelt hat, nämlich Näherungsrechnungen für Bahn und Umlaufzeit dieses geradezu herbeigesehnten neuen Planeten zwischen Mars und Jupiter. Die Zahlen sind fast auf die Dezimalstelle identisch mit Bodes Berechnungen aus Piazzis Daten.

Nun gibt es keine Zurückhaltung mehr. Das zunächst als Komet identifizierte Himmelsobjekt kann nur der so lange gesuchte Planet sein. Bode informiert jetzt die wichtigsten Zeitungen, und auch in Mailand, Paris, London und Petersburg nehmen die Kollegen die Verfolgung von Hera am Himmel auf. Vergeblich, denn «das kleine Gestirn war bereits zu nahe an die Sonne gerückt, so dass es ganz in ihre Strahlen, und in die Dünste des Horizonts versenkt seyn musste» [Zac: 126 f.]. Aus den unvollständigen und unzulänglichen Beobachtungsdaten wagt Zach eine erste Bahnberechnung. Dabei wird er den Verdacht nicht los, Piazzi halte die entscheidenden Daten womöglich absichtlich zurück, um die Wege der Hera als Erster zu berechnen, wofür jeder Wissenschaftler natürlich Verständnis zeigt.

Zur gleichen Zeit, im Frühsommer 1801, als die astronomische Gemeinde über die designierte Hera in Aufregung gerät, wartet in Braunschweig ein Doktor der Philosophie auf die Drucklegung seiner *Arithmetischen Untersuchungen* und vertieft sich gerade in die mathematischen Probleme, die sich aus den Unregelmäßigkeiten der Mondbahn ergeben. Dass Gauß ausgerechnet astronomische Studien betreibt und speziell die erdnahen und erdfernen Bewegungen des Mondes untersucht, mag mit dem Wunsch zusammenhängen, langfristig von den

Zuwendungen des Herzogs unabhängig zu werden und einen Beruf auszuüben, der ihm ein geregeltes Einkommen sichert. Immerhin hat er bei Felix Seyffer in Göttingen ein astronomisches Grundstudium absolviert, und die Berufsaussichten für Astronomen sind freundlicher als die für Mathematiker. Denkbar ist auch, dass es Fingerübungen für die lukrativen Preisaufgaben der Pariser Akademie der Wissenschaften sind, die in dieser Zeit die Schwierigkeiten der Mondtheorie thematisieren. Da treten die besten Wissenschaftler der Welt in einen Wettstreit um die richtigen Lösungen oder die beste Annäherung. Neben hohem wissenschaftlichen Prestige sind auch erhebliche Geldbeträge im Spiel.

An die Problematik der Mondbewegung muss auch Zach in der Herbstausgabe seiner Astronomiezeitschrift *Monatliche Correspondenz zur Beförderung der Erd- und Himmelskunde* denken, in der er die bedeutsame Entdeckung Piazzis ausführlich würdigt. Denn angesichts der gewaltigen Dimensionen des Jupiters, dessen Gravitationsfeld Heras Wege empfindlich stören muss, graust es ihm beim Gedanken an die Berechnung ihrer Bahn: «Die so schwierige Theorie des Mondes würde nur ein Elementar-Calcul gegen die eines Weltkörpers von solch veränderlicher Bahn sein.»* Dennoch hofft er, Piazzis Entdeckung möge genügend Begeisterung unter den Mathematikern auslösen, um bessere Verfahren zur Berechnung der Bahnstörungen hervorzubringen. Denn die Planeten stören durch ihre Bewegungen die Pfade der anderen Himmelskörper – eine komplizierte wechselseitige Beziehung. «Allein der Geometer, der alle Coordinaten der Bewegung jedes Weltkörpers ... darstellen könnte, ist vielleicht kein Wesen unseres Erdballs» [Zac: 132 f.]. Da trifft es sich doch ausgezeichnet, dass Professor Zimmermann ein Exemplar der von Zach'schen *Monatlichen Correspondenz* einem stets etwas unterfordert wirkenden jungen Gelehrten in die Hand drückt. Im Hintergrund zieht Zimmermann unterdessen geschickt die Fäden für eine Karriere seines Schützlings in St. Petersburg. Als zeitgleich mit Bode und Zach ernanntes korrespondierendes Mitglied der russischen Akademie der Wissenschaften schickt er Exemplare von Gauß' Dissertation nach Petersburg und trommelt vorsorglich für die noch nicht erschienenen *Untersuchungen*, um seinem Schützling ein glänzendes Entree zu verschaffen. In einem Brief vom 19. 11. 1800 gibt Zimmermann ein rührendes persönliches Bekenntnis über seine Beziehung zum dreiundzwanzigjährigen Gauß ab: «Er ist unstreitig einer der seltensten Köpfe aller Nationen ... ich freue mich, dass ich ihn meinen Pflege-Sohn nennen darf» [Rei: 87].

Nach der Lektüre des Zach'schen Berichts über die aufregenden Nachrichten aus Palermo bricht Gauß seine Mondberechnungen kurzerhand ab und beugt sich über die spärlichen Hera-Daten. Inzwischen hat Giuseppe Piazzi allerdings von seinem Entdeckerrecht Gebrauch gemacht und einen anderen Namen ins Spiel gebracht. «Ceres Ferdinandae» verdrängt die in Gotha und Berlin favorisierte Hera. Piazzi verbindet Ceres – sprich: Kerreeß –, die römische Göttin des Ackerbaus und Schutzpatronin von Sizilien, mit dem Namen seines Dienstherrn, König Ferdinand IV. von Neapel. Doch wie schon beim Uranus, den Herschel eigentlich zu Ehren des englischen Königs Georg III. «Georgsstern» – *Georgium Sidus* – nennen wollte, kann sich in der Astronomiegemeinde auch dieses Mal der Name eines Sterblichen nicht gegen die römische Götterclique durchsetzen. So bleibt es schließlich bei Ceres, Tochter des Saturn, in deren Zuständigkeitsbereich Gedeih und Verderb von Getreidewaren fallen, also nicht allein Brot, sondern auch Bier. Das Ceres-Jagdfieber hat nun alle europäischen Sternwarten erfasst. Es summt und brummt in den großzügig ausgestatteten Observatorien mit ihren glänzenden Spiegelteleskopen und Winkelmessgeräten.

Im Oktober weiß Gauß, dass alle namhaften Astronomen bei dem Versuch gescheitert sind, den neuen Planeten beim Austritt aus dem Einflussbereich der Sonne wieder aufzufinden. Das von Piazzi beobachtete Bahnstück der Ceres ist nach den herkömmlichen Maßstäben der Astronomie um die Jahrhundertwende einfach zu kurz, um daraus die vollständige Bahn ableiten zu können. Eilig werden Hypothesen aufgestellt und gleich wieder verworfen. Elliptische Bahnberechnungen können nur von willkürlichen Annahmen über den sonnennächsten und sonnenfernsten Punkt der Bahn ausgehen. Der renommierte Astronom Wilhelm Olbers schlägt deshalb eine Kreisbahn zur Berechnung des Wiedereintritts von Ceres in die Beobachtungssphäre vor, was Piazzis eigenem Ansatz entspricht. Zach steuert eine Tabelle mit den wahrscheinlichen Positionen für die November- und Dezemberwochen bei. So ermutigt man sich gegenseitig und wuselt nervös zwischen Teleskop und Rechenpapier hin und her. Die optimale Vernetzung der kompetentesten Fachgelehrten kann nicht darüber hinwegtäuschen, dass sie Ceres aus den Augen verloren haben und nicht wissen, wo sie sie suchen sollen. Selbst Johann Hieronymus Schröter, in Lilienthal Direktor der leistungsfähigsten Sternwarte der Welt, steht mit leeren Händen da. So bleibt nur die Hoffnung auf einen ähnlich glücklichen Zufall, wie er bei Piazzis Glanzleistung am Neujahrstag unter Vollmondillumination oder bei Herschels Uranusentdeckung im Spiel gewesen ist.

Von glücklichen Zufällen hält der Untermieter von Herrn Schröder in der Braunschweiger Wendenstraße nicht viel. In seinem winzigen Zimmer stehen ihm keine hochwertigen Beobachtungsinstrumente zur Verfügung. Er besitzt nicht einmal ein kleines Taschenfernrohr. Dafür übersteigt seine Vorstellungskraft die Auflösungswerte der besten Herschel-Teleskope. Er will von einer Ellipsenbahn für Ceres ausgehen, die auf keinerlei willkürlichen Annahmen gegründet ist. Um die Bahn eines Himmelskörpers bestimmen zu können, sind drei gemessene Positionen am Sternenhimmel nötig. Weil Bahnelemente und beobachtete Koordinaten durch komplizierte Wechselwirkungen miteinander verknüpft sind, kann es statt präziser Berechnungen zunächst nur Annäherungen geben. Gaußens neue Vorstellungen von der Bahnbestimmung unterscheiden sich nun grundsätzlich von denen der Profis in ihren stattlichen Sternenpalästen. Sie beruhen auf dem Grundgedanken, «eine Gleichung zwischen den Abständen des Planeten von der Sonne und von der Erde in der mittleren Beobachtung» [Bre: 155] aufzustellen, die ausdrücklich von Hypothesen frei sein soll.

In dieser ersten Annäherung von Carl Friedrich Gauß an den abgetauchten neuen Planeten stellen vielerlei Variablen ein Beziehungsnetzwerk her. Dazu gehören unterschiedliche Blickwinkel eines hypothetischen Betrachters im Erdmittelpunkt auf die Lage der Ceresbahn im Weltraum sowie ihre Neigung zur Bahn der Erde um die Sonne. Schnittgeraden und Tangenten kommen ins Spiel, die bestimmten Winkeln gegenüberliegen, sowie die Positionen des Himmelskörpers zu bestimmten Zeiten. Eingebettet ist dieser neue Gauß'sche Ansatz in die Gesetze der Kepler'schen und Newton'schen Himmelsmechanik. Er selbst hält ihn außerdem für ein abkürzendes Verfahren bei der Planetenbahnbestimmung. Entscheidend sind hierbei seine Methoden der Fehlerreduzierung, die er bereits als Siebzehnjähriger entwickelt hat. Als er sieht, dass seine Resultate sich von denen der Profiastronomen erheblich unterscheiden, fühlt er sich bestätigt, auf dem richtigen Weg zu sein, und schickt seine Daten sowie eine Tabelle mit sieben Vorausberechnungen der Ceres-Positionen zwischen dem 25. November und 31. Dezember an Zach.

Der ist beeindruckt von den Berechnungen des jungen Doktors der Philosophie und lobt im Dezemberheft der *Monatlichen Correspondenz* die «Gauss'sche Ellipse» ausdrücklich als Kontrapunkt zu den Kreis-Hypothesen der meisten anderen Kollegen. Er empfiehlt sie als den «vorzüglichsten Leitfaden», der Piazzis Beobachtungsdaten am genauesten darstelle. Den praktischen Astronomen rät er, «... dass sie *nothwendig* den Raum am Himmel, worin sie dieses neue und so schwer zu findende Gestirn aufzusuchen haben, um 6 bis 7 Grade weiter nach Osten ausdehnen müssen» [GauVI: 199]. Während die Kollegen also noch ihre druckfrischen Exemplare studieren und sich über den besonders herausgestellten Beitrag des ihnen unbekannten Seiteneinsteigers Dr. Gauß wundern – gibt es denn in Braunschweig überhaupt eine Sternwarte? –, nutzt Zach seinen Informationsvorsprung und wird bereits am 7. Dezember fündig. An diesem Tag hat er Ceres genau dort gesehen, wo der Planet nach der Gauß'schen Tabelle auftauchen sollte. In der Nacht vom 31. Dezember zum 1. Januar kann er seine Beobachtung verifizieren. Und am Neujahrstag 1802 entdeckt auch Wilhelm Olbers den neuen Planeten anhand der von Gauß vorausberechneten Koordinaten.

In den kommenden Wochen bestätigen alle bedeutenden europäischen Astronomen die Genauigkeit der Gauß'schen Berechnungen. Zach schreibt in der März-Ausgabe der *Monatlichen Correspondenz*: «Als ich dem Dr. Gauß die Nachricht von der glücklichen Auffindung der so sehnlichst erwarteten Ceres, und meine drei ersten Beobachtungen derselben mitgeteilt hatte, so war das erste, was er nach Empfang derselben tat, dass er sie sogleich ... [verbesserte]» [GauXI,2: 176]. Eine typische Reaktion von Gauß, denn seine neue Fehlerreduzierungsmethode liefert mit zunehmenden Daten immer genauere Ergebnisse. Mit einer fünften, sechsten und siebenten Ableitung lassen sich die Koordinaten wunderbar verfeinern. Das scheint den Kollegen nicht ohne weiteres klar zu sein. Manche wollen sein Rechnen mit einer übertrieben scheinenden Anzahl von Dezimalstellen nicht nachvollziehen. Genügen denn die schönen Resultate nicht? Ceres ist wieder da und wird von nun an nicht mehr aus den Augen gelassen.

Um seine Methode zu verbessern, verändert er die angenommene Neigung der Ceresbahn ein wenig, wodurch ihre Abstände zur Erde andere Werte bekommen, führt für dieses neue Arrangement alle Berechnungen noch einmal durch, vergleicht die dabei entstandenen Fehler mit allen anderen Abweichungen und kann dann – in seinen eigenen Worten – «die Abstände viel genauer ableiten und daraus der Wahrheit viel nähere Elemente finden» [GauXI,1: 228]. Es ist also ein langsames Heranschleichen an die Wahrheit, was er da praktiziert, nämlich «... die gefundene Bahn so zu verbessern, dass die Quadratsumme der Differenzen zwischen der Rechnung und dem ganzen Vorrat von Beobachtungen so gering als möglich wird ...» [Gal: 9]. Das ist, vereinfacht formuliert, der Kern seiner neuen Methode.

Die Kollegen warten mittlerweile ungeduldig auf die Beschreibung seines so durchschlagend erfolgreichen Rechenverfahrens. Bis Juni liefert Gauß in jeder Ausgabe der *Monatlichen Correspondenz* immer präzisere Daten. Seine Methode aber gibt er nicht preis. Denn sie will er als ein makelloses Kunstwerk präsentieren. Und das braucht Zeit. Es werden noch sieben Jahre vergehen, bis die Welt in allen Einzelheiten von seiner einflussreichen Idee erfährt. Bis dahin schweigt er und setzt sich dabei der Gefahr aus, dass andere auf denselben Gedanken kommen könnten und so vor ihm den Ruhm ernten. Das nimmt Gauß in Kauf. Er kann nichts Halbfertiges abliefern. Es «sei sein Prinzip, einzelne Lehrsätze nicht ins Publikum zu werfen, ehe er eine anständige Gelegenheit habe, sie gehörig zu entwickeln.» [Gal: 9]. Alles muss perfekt sein wie seine *Arithmetischen Untersuchungen*.

Vor einem halben Jahr hat er sich mit ihrem Erscheinen unter die größten lebenden Mathematiker eingereiht. Im Frühjahr 1802 ist er nun in der neuen Kategorie «Astronom ohne Fernrohr» in der Astronomengemeinde berühmt geworden. Herzog Carl Wilhelm Ferdinand belohnt die ungewöhnliche Ceres-Berechnung mit einer «Gehaltserhöhung» für sein ruhmreiches Landeskind: 400 Taler jährlich ohne eine Gegenleistung. Die Kaiserliche Akademie der Wissenschaften in St. Petersburg reagiert als erster der wichtigen europäischen Intelligenzzirkel und ernennt Gauß am 31. Januar 1802 zu ihrem korrespondierenden Mitglied. Zimmermanns beharrliches Antichambrieren für seinen «Pflegesohn» hat sich ausgezahlt. In den nächsten vier Jahren werden die Russen immer wieder versuchen, Gauß als Direktor der kaiserlichen Sternwarte an die Newa zu locken. Doch der Herzog von Braunschweig wird nie um einen Gegenzug verlegen sein, Gauß in seiner Heimatstadt zu halten. Inzwischen sieht er sogar seinen eigenen Namen im Zusammenhang mit Gauß gerühmt. Kein Geringerer als der große französische Mathematiker Laplace schreibt nach der Wiederauffindung von Ceres: «Der Herzog von Braunschweig hat in seinem Lande mehr entdeckt, als einen Planeten: einen überirdischen Geist in menschlichem Körper» [Hän: 52].

Während die Astronomen also glücklich ihren neuen Planeten mit dem Gauß'schen Zahlennetz wieder eingefangen haben und ihn neugierig weiter beobachten, geraten Physiker und Chemiker in helle Aufregung über seltsame Phänomene, die bei der Berührung zweier unterschiedlicher Metalle wie Zink und Kupfer in einem Behälter mit verdünnter Säure auftreten. Erstaunlich genug ist es ja, dass bei dieser Konstellation chemische Energie in elektrische Energie umgewandelt wird. Offenbar aber lässt sich in diesem «galvanischen Trogapparat» – im Gegensatz zu den Lichtenberg'schen Experimenten mit Katzenfell und Kiefernharz – die elektrische Energie auch speichern und daher jederzeit abrufen. Aber was, um Himmels willen, soll man bloß damit anfangen? Der englische Chemiker Humphry Davy, Professor an der Royal Institution in London, berichtet 1802 im 4. Jahrgang der *Annalen der Physik* – jener legendären Zeitschrift, in der 103 Jahre später Albert Einstein seine bahnbrechenden Artikel veröffentlichen wird –, dass sich damit unglaubliche Kunststücke vollbringen lassen. Er habe einen Stapel Zink- und Kupferplatten in verschiedene Flüssigkeiten getaucht und die besten Resultate mit Salmiakauflösung und Salpetersäure erzielt. Wenn er den Plus- und den Minuspol mit einem dünnen Eisendraht verbindet, wird der Draht so heiß, dass Wasser in seiner unmittelbaren Nähe zu kochen beginnt. Mit unterschiedlich konzentrierten Säuren bringt er Kohle zur Weißglut, Drähte zum Schmelzen, Alkohol und Öl zum Kochen. Der elektrische Funke trennt auch Flüssigkeiten laut und eindrucksvoll in ihre gasförmigen Bestandteile auf: «Das Gas aus Salpetersäure wurde durch den elektrischen Funken mit großer Heftigkeit detoniert, und der Rückstand war Sauerstoffgas mit etwas Stickgas vermischt» [Dav: 357].

Diesen Elektrizitätsspeicher hat Alessandro Volta aus dem italienischen Como gebaut. Er wird «Volta'sche Säule» genannt. Das ist ein in die Höhe gestapeltes Arrangement aus bis zu mehreren Dutzend Paaren miteinander verbundener Zink- und Kupferplatten. Zwischen jeder Doppelplatte steckt ein Lederlappen. Er ist mit einer Flüssigkeit getränkt, die die Elektrizität gut leitet, wie etwa Davys praxiserprobte Säuren. Manche Kommentatoren haben für dieses akademische Spielzeug den militärischen Begriff «Batterie» zur Hand. Selbstverständlich wird niemand so etwas wirklich jemals brauchen. Darüber sind sich die professionellen Skeptiker in den wissenschaftlichen Vereinigungen völlig im Klaren. Sie fragen sich, was Davy mit seinen Kunststückchen eigentlich bezwecken will. Sollen die Hausfrauen und Dienstmädchen der Professoren in Zukunft etwa mit Zink, Kupfer und stinkender Brühe das Teewasser elektrisch erhitzen? Ein schlechter Scherz. Wer braucht zu Hause schon gezähmte Blitze und elektrischen Funkenflug? Professor C. H. Pfaff in Kiel, selbst eifriger Experimentalphysiker, gibt sich in seinem anerkennenden Kommentar zur Volta'schen Säule nur im Hinblick auf die Grundgesetze der Elektrizität pessimistisch. Warum bei der wechselseitigen Berührung zweier Metalle überhaupt ein Strom fließt, werde wohl für alle Zeiten ein großes Geheimnis bleiben: «Werden wir die Kette je bis zum letzten Gliede, mit welchem sie an Jupiters Throne festhängt, verfolgen können?» [Pfa: 219]. Doch die Idee lässt sich nicht mehr aufhalten. Nahezu die Hälfte aller Artikel in den drei Bänden der *Annalen* von 1802 handelt von Versuchen mit Voltas umwerfender Erfindung.

Am 28. März 1802 entdeckt Wilhelm Olbers einen weiteren Planeten zwischen Mars und Jupiter, den er nach Pallas Athene benennt, der griechischen Allzweckgöttin, die für mehr als ein Dutzend Lebensbereiche zuständig ist. Sie ist die Schutzpatronin Athens und regelt alle Geschäfte, die aus

Kunst, Wissenschaft und Krieg hervorgehen, eine vielbeschäftigte Dame, die nebenbei noch für eine Handvoll Handwerkszünfte und vor allem für die Weisheit verantwortlich ist. Die Überraschung im Lager der Astronomen über die Existenz von Pallas könnte größer kaum sein. Als alleiniger «Wandelstern» zwischen Mars und Jupiter passte der Planet Ceres wunderbar in das Kepler'sche Konzept einer harmonischen Planetenreihe. Nun aber ist Konkurrenz aufgetaucht, wodurch die elegant klingende Theorie schon wieder ins Wanken gerät. An einer Stelle berührt die stark geneigte und erheblich von der Kreisform abweichende Pallasbahn fast den Pfad von Ceres. Was Olbers auf den Gedanken bringt, Ceres und Pallas könnten Bruchstücke eines einzigen Planeten sein, der durch den Aufprall eines Kometen zerrissen worden sein könnte. In einem Brief an Olbers zeigt der sonst so innovationsfreudige Gauß plötzlich Skrupel gegenüber solchen revolutionären Gedanken. Gauß schreckt zurück vor allzu viel «blindem und zufälligem Spiel der Naturkräfte ... Es scheint mir eine fast frevelhafte Vermessenheit, das, was wir ... in unserem Raupenzustande ... an Vollkommenheit oder Unvollkommenheit wahrnehmen ... zum Maßstab der ewigen Weisheit machen zu wollen» [Olb1: 42]. Maßstab ewiger Weisheit bleibt für ihn offenbar das unerschütterliche, unwandelbare Universum Isaac Newtons.

Die Beiträge in der *Monatlichen Correspondenz* zeigen das bereits vertraute Muster: Zach hält die Fäden in der Hand. Bei ihm laufen alle Nachrichten zusammen. Er hat stets den entscheidenden Informationsvorsprung und dominiert die Debatte. Der neue Star Gauß, der den neuen Stern Ceres wiederfinden half, ist jetzt schon mindestens so berühmt wie er selbst. Offenbar aber findet Zach Gefallen daran, in Gauß den Astronomen ohne Fernrohr zu sehen. So macht er sich dessen Rechenleidenschaft zunutze. Jetzt kalkuliert Gauß parallel zur siebten und achten Verbesserung der Ceresbahn eben auch noch die Eigenschaften der Pallasbahn für Zachs Zeitschrift. Was kann schöner sein? Zum Beispiel parallel zu den Berechnungen ein paar praktische Fingerübungen mit astronomischen Instrumenten zu machen. Als Gauß auf seine bescheidene Art anfragt, ob Zach ihm einen ausgemusterten Sextanten leihen könne, gibt der Direktor der reichausgestatteten Gothaer Sternwarte dem weltberühmten Novizen unverblümt zu verstehen, er werde mit der von ihm beschriebenen Kurzsichtigkeit in der beobachtenden Astronomie nicht viel erreichen können. «Herschel und Schröter [der Direktor der Sternwarte in Lilienthal] haben Falkenaugen. Sie sind ein vortrefflicher Analyste, Sie haben ein so überwiegendes *Talent de Calcul*, dass Sie mit diesem allein wuchern müssen. Sie werden bei praktischer Astronomie eine kostbare Zeit verlieren, die Sie tausendmal besser und nützlicher anwenden können» [Bre: 12]. Hat der alte Platzhirsch etwa Angst vor dem jungen Überflieger?

Oberflächlich betrachtet, herrscht im Frühjahr 1802 eitel Sonnenschein in der Astronomenszene. Das freudig erregte Summen über Ceres und Pallas hält an. Gauß wird aus ganz Europa mit Ruhm und Ehre überhäuft. Der bedankt sich artig in Zachs *Monatlicher Correspondenz*, dass es dieses herrliche Periodikum gibt. Der wiederum zieht öffentlich den Hut vor dem jungen Genie. Das war nicht immer so. Die beiden kennen sich seit 1799, als Zach den Wunsch des unbekannten Doktoranden kühl ablehnte, ihn in der Seeberg-Sternwarte in Gotha besuchen zu dürfen. Er könne keine Hospitanten mehr aufnehmen, schrieb er damals Gauß, man habe ihn betrogen, hintergangen, seine Gutmütigkeit und Gastfreiheit schamlos ausgenutzt, jammerte der Baron. «Meine Denkungsart erlaubt mir nicht, Kostgänger bei mir aufzunehmen, ich kann unmöglich einen Gasthof aus meinem Hause machen» [Bre: 10]. Außerdem kränkele er zurzeit. Die Besucher hätten ihm die Instrumente zerkratzt, neulich erst eines unersetzlich beschädigt, und Seine Durchlaucht, Herzog Ernst II. von Gotha, erlaubten es schon gar nicht, dass astronomische Anfänger die kostbaren Geräte berührten, die *Serenissimus* doch ganz allein aus seiner Privatschatulle ...

Zach ist als Förderer junger Talente bekannt und versucht dieser Tage, den Astronomen Johann Karl Burckhardt auf den Direktorenposten der Göttinger Sternwarte zu hieven. Olbers hat dasselbe vor, allerdings mit Gauß. Der eine ältere Freund ahnt, was der andere vorhat, aber ausgesprochen wird nichts. Das wahre Motiv hinter Zachs vorgeblich wohlmeinendem Rat an Gauß, Astronom ohne Fernrohr zu bleiben, könnte daher das Kalkül gewesen sein, seinen Protegé Burckhardt nicht mit dem neuen Liebling der Astronomengemeinde um den Posten in Göttingen konkurrieren zu lassen. Als Gauß im November 1801 seine ersten Ceres-Berechnungen an Zach schickt, gibt der sich in seinem Antwortbrief ziemlich herablassend, wohl auch in Unkenntnis des neuen Gauß'schen Rechenverfahrens, und lässt zwischen den Zeilen durchblicken, die Ceres-Ellipse von Burckhardt zeichnete die Beobachtungen Piazzis ja wohl ebenfalls bestens nach. Erst als Olbers den Neuling öffentlich als den einzig Verantwortlichen für das Wiederauffinden von Ceres herausstellt, stimmt auch Zach in die Lobeshymnen ein. Olbers schreibt: «Mit Vergnügen werden Sie bemerkt haben, wie genau Dr. Gauss' Ellipse mit den Beobachtungen der Ceres stimmt. Melden Sie doch dies diesem würdigen Gelehrten unter Bezeugung meiner ganz besonderen Hochachtung. Ohne seine mühsamen Untersuchungen über die elliptischen Elemente dieses Planeten würden wir diesen vielleicht gar nicht wiedergefunden haben. Ich wenigstens hätte ihn nicht so weit ostwärts gesucht.» [Bre: 18].

Die durch den Erfolg gesteigerte Begeisterung des jungen Mannes für die Astronomie und der frische Glanz seines Namens lassen ihn auch als strategischen Verteidiger des Planetenstatus von Ceres und Pallas gegen die lästigen Mäkeleien Wilhelm Herschels in Stellung bringen. Denn der königliche Hofastronom in London erweist sich als Spielverderber. Als einziger Astronom von Weltrang wagt er es, die planetenselige Idylle auf dem Kontinent zu stören. Er könne weder Ceres noch Pallas als Planeten anerkennen, da sie die typische Ausdehnung einer Venus oder eines Merkurs vermissen ließen. Zumindest könne er dies in *seinen* Teleskopen nicht entdecken. Und die gelten nun mal als die besten der Welt. Daher schlägt er vor, beide als «Asteroiden» zu bezeichnen, als «sternähnliche» Himmelskörper. Will sich hier etwa der Uranus-Entdecker den Nimbus des einzig lebenden Planetenfinders bewahren? Niemand spricht den Verdacht laut aus, aber es gibt wohl kaum einen Astronomen, der nicht von selbst auf diesen Gedanken kommt. Im Novemberheft der *Monatlichen Correspondenz* stellt Gauß sich als Advokat der kontinentalen «Planetisten» höflich, aber bestimmt gegen den Vorschlag des Insulaners Herschel. Es sei letztlich nur eine Frage der Übereinkunft zwischen Fachgelehrten, schreibt Gauß, ob man Ceres und Pallas als Planeten ansehen wolle oder nicht. Und da kein einziger Astronom Herschels Vorschlag gutgeheißen habe, gäbe es auch keinen Grund, einen neuen Terminus für die beiden neuentdeckten Objekte einzuführen. Entscheidendes Merkmal eines Planeten sei doch wohl nach alter astronomischer Tradition die kreisähnliche Bahn und die davon abhängige andauernde Gegenwart des Himmelskörpers. Diese

Eigenschaft habe immer als das Wesentliche gegolten, sodass «die Astronomen sogleich den Planetismus ohne weiteres anerkannt haben, sobald sie sich von jener Beschaffenheit der Bahn überzeugt hielten.» [GauVI: 231].

Ironischerweise reklamieren sowohl Herschel als auch Gauß die Titius-Bode-Reihe jeweils als Kronzeugin für ihre Argumentation. Während Herschel die vermeintliche Gesetzmäßigkeit der harmonischen Zahlenreihe als Beweis dafür ins Feld führt, dass es keine zwei Planeten zwischen Mars und Jupiter geben kann, versucht Gauß, Herschels Argumentation ad absurdum zu führen, indem er ihr den Rang eines physikalischen Gesetzes ganz und gar abspricht. Ungerührt zerpflückt er die Logik der Zahlen und rechnet haarklein vor, dass die Titius-Bode-Reihe auf Merkur beispielsweise überhaupt nicht zutreffe – was eigentlich jedem Astronomen die Schamesröte ins Gesicht treiben müsste, denn offenbar hat noch niemand zuvor die Zahlenverhältnisse nachgerechnet und diesen eklatanten Fehler bemerkt. Und auch bei allen anderen Planeten seien Ungenauigkeiten im Spiel, sodass die Titius-Bode-Reihe sich höchstens als grobe Annäherung betrachten ließe, eine Faustregel, die mit penibler Wissenschaft nichts zu tun habe und eher ins Reich der Kepler'schen Träume gehöre. Auch wenn diese Planetenharmonie einmal wichtigste Antriebsquelle für die Planetisten unter Zachs Leitung für die Suche nach Ceres gewesen sei, so könne sich ein echter Wahrheitssucher künftig auf diese trügerische Muse nicht mehr verlassen. Zach druckt Gauß' Brief, süffisant schweigend, in seiner Zeitschrift ab. Herschels Asteroiden jedenfalls sind damit ein für alle Mal erledigt.

Wie Ceres verschwindet auch Pallas aus dem Blickfeld der Teleskope, und wieder rechnet Gauß mit Hingabe und nie zuvor erreichter Genauigkeit ihre wahrscheinliche Bahn aus. Im

Februar 1803 findet Carl Ludwig Harding an der Sternwarte Lilienthal sie als Erster genau dort, wo sie nach den Angaben von Gauß wieder auftauchen sollte. Keine andere Planetenbahn hat eine derart starke Neigung wie Pallas, was auf besonders nachhaltige Bahnstörungen durch die gewaltige Masse des Jupiters schließen lässt. In Gauß reift allmählich die Vorstellung, nach ein paar genau beobachteten Umlaufbahnen die Jupitermasse bestimmen zu können.

Obwohl Zach weiterhin versucht, Gauß als rechnenden Astronomen festzunageln, schickt er ihm im März 1802 einige Instrumente für die ersehnten praktischen Messübungen: einen Sextanten des renommierten Herstellers Throughton mit einigem Zubehör und eine Pendeluhr. Nun darf Gauß sich also endlich als beobachtender Astronom fühlen. Durch das Fernrohr seines Sextanten sieht er einen größtmöglichen Kreis am Himmel, der in Grade, Minuten und Sekunden eingeteilt ist, und kann nun aus verschiedenen Blickrichtungen Entfernungen und Größen am Himmel messen. Durch ein einfaches Spiegelsystem lassen sich etwa die Winkel zwischen zwei Sternen bestimmen oder der Höhenstand der Sonne messen. Die Uhr, die Zach mitgeschickt hat, stammt aus der berühmten Auch'schen Feinmechanikerwerkstatt. Mit ihr hält Gauß den Zeitpunkt jeder Beobachtung fest. Seinem neuen Brieffreund Olbers meldet er «sehr fleißige Sonnenbeobachtungen» und hat den Eindruck, dass Zachs Bedenken, seine Kurzsichtigkeit könnte ihm bei der beobachtenden Astronomie zum Verhängnis werden, unbegründet zu sein scheinen. Es macht ihm großen Spaß, und er hat genügend Selbstvertrauen, «dass ich durch Autopsie mich auch in die Behandlung anderer Instrumente wohl finden werde» [Bre: 16]. Der Sextant lässt sich aber nicht nur zur Erforschung der Himmelsgeometrie benutzen, sondern auch für irdische Ortsbestimmungen. Und so übt Gauß sich schon bald auch in ersten Vermessungen der Braunschweiger Fluren und Felder.

Im September erreicht ihn ein Brief aus Petersburg mit dem Angebot, als Astronom der Akademie der Wissenschaften und Direktor der Sternwarte in die russische Hauptstadt zu kommen. Es ist zweifellos eine große Ehre für den Fünfundzwanzigjährigen, der gerade die ersten zaghaften Schritte in der praktischen Astronomie wagt. Aber eigentlich möchte er seinen Lebensunterhalt lieber in Deutschland verdienen. So vertraut er sich Wilhelm Olbers an, der sich in den kommenden vier Jahrzehnten als einer seiner engsten Freunde erweisen wird. Olbers wendet sich mit dem Einverständnis des Berufenen an seine Freunde Heeren und Heyne in Göttingen und schlägt Alarm, dass ein so ausgezeichneter Gelehrter wie Gauß vor dem ernsthaften Entschluss stehe, Deutschland zu verlassen. Ob sich denn die Entscheidungsträger in Göttingen vorstellen könnten, die Leitung der im Bau befindlichen neuen Sternwarte Gauß anzuvertrauen. Die Aussichten auf den Posten in Göttingen seien, langfristig betrachtet, hervorragend, doch für den Augenblick wolle man ihm keine verbindliche Zusage geben. Zach leitet den Bau der Sternwarte, und kein Direktorium in Deutschland könnte eine Empfehlung Zachs für den Direktorenposten einfach ignorieren. Hat er seinen Schützling Burckhardt noch in der Hinterhand? Wer weiß, welche Fäden bereits gezogen sind. Doch Gauß fühlt sich vor allem natürlich seinem Herzog verpflichtet, dessen Großzügigkeit er seine «künstlerische Freiheit» als Selfmade-Astronom verdankt.

Am 25. Januar 1803 geht eine Nachricht aus dem Schloss am Bohlweg in Braunschweig an das fürstliche Finanzkollegium: «Da dem Dr. Gauß hieselbst, welcher einen Ruf nach Petersburg ausgeschlagen hat, eine Zulage von 200 Rthlr. nebst einem Holzdeputate von 4 Klafter Buchen- und 8 Klafter Tannenholz und statt des freien Logis, bis er solches in natura erhalten kann, eine Vergütung von 50 Rthlr. jährlich bewilliget worden, so ist zu verfügen, daß besagte Zulage ohne Abzug des ersten Quartals von Weihnachten v. J. an in Quartalsratis nebst der Logisvergütung zu 50 Rthlr. aus derjenigen Kasse, aus welcher er seinen jetzigen Gehalt erhebt, gezahlet werde» [Hän: 59 f.]. Seitdem, so hat Stadtarchivar Hänselmann herausgefunden, wird Gauß in den Abrechnungen der Schatzkammer unter den «Räthen und Bedienten außerhalb des Collegiis» geführt und steht somit förmlich im Dienst des Herzogs – ein Gelehrter ohne Portefeuille, dessen amtliche Verpflichtung erst noch geschaffen werden muss: zum Beispiel durch den Bau einer Sternwarte in Braunschweig. «Was will der Gauß», soll sich Carl Wilhelm Ferdinand gegenüber Zimmermann geäußert haben, «sich unterm 60. Breitengrad die Augen verderben, da ich ihm Alles, was er dort haben könnte, Muße und eine bequeme Lage, hier auch geben kann!» Inzwischen ist das zweite Gesuch aus der russischen Hauptstadt eingetroffen. Und Olbers fragt nach, ob Göttingen bereits aus dem Rennen sei, wenn jetzt in Braunschweig ein Observatorium nach dem Vorbild der Sternwarte auf dem Seeberg bei Gotha eingerichtet werde. Zach schickt in einem begeisterten Brief einen Kostenvoranschlag für die Erstausstattung der Braunschweiger Sternwarte mit Beobachtungsinstrumenten und verspricht seine Hilfe in allen organisatorischen Bereichen. Vielleicht plumpst ihm gerade ein schwerer Stein vom Herzen. Gauß selbst hält sich alle drei Optionen offen. Die Russen lässt er an der langen Leine nach dem bewährten Prinzip: absagen, aber durchblicken lassen, man sei weiterhin interessiert. In Braunschweig setzt er auf den Ehrgeiz seines Fürsten, mit dem astronomiebegeisterten Ernst II. in Gotha zumindest gleichzuziehen. Und bei den Geheimverhandlungen in Göttingen kann er auf eine Handvoll einflussreicher Förderer setzen.

Nach einer zweijährigen Pause kommt nun auch der Gedankenaustausch mit seinem ungarischen Busenfreund Wolfgang Bolyai wieder in Schwung. Er wohnt als «Privatmann» auf einem Landgut. Eine Hofmeisterstelle scheint er gerade aufgegeben zu haben. Er schreibt Gedichte und hat sich in ein achtzehnjähriges Mädchen verliebt, das er bald darauf heiratet. Zwar bezeichnet er sich als glücklichen Ehemann, aber irgendetwas scheint nicht zu stimmen, denn er rät dem Freund: «Trau den Mädchen nicht, wenn sie Dir auch in lichterloher Flamme ewige Treue schwüren, das helle Feuer brennt ab, und die Aschen sind dunkel ... verliebst du dich in ein paar schöne Augen o! traue der Stunde nicht – entweder hat der Schöpfer das Weib verfehlt, oder die Menschen haben es verdorben ... traue keinem Mädchen, wenn es auch klar scheint wie ein Lichtstrahl ... Alba ligustra cadunt – der weisse Schnee vergeht, und läst einen schwarzen Koth nach sich».* Nicht ohne Stolz weist Bolyai den Himmelsbeobachter in Braunschweig darauf hin, er habe diese Zeilen während einer Mondfinsternis geschrieben. In düsterer Stimmung blickt er in die Zukunft und beschwört den Tod als Erlösung vom Leiden: «Dann werden die Stürme aufhören, und nicht mehr an den Staub gebunden ... wirst du wiedersehen Deinen Freund Bolyai».

Gauß zeigt sich bei seiner Antwort auf die Warnung des Freundes vor den Frauen mit den Tücken der Wahrscheinlichkeitsrechnung vertraut und bewahrt sich seinen verhaltenen Optimismus: «Leyder ist es wol gewiss dass wer heirathet in eine Lotterie setzt, wo es viele Nieten und wenig Treffer gibt. Der Himmel gebe dass auch ich, wenn ich einst greifen sollte, keine Niete ziehe.»

Im August 1803 steigt Franz Xaver Zach auf den Brocken, den höchsten Berg im Harz, um von dort aus die astronomische Länge verschiedener Städte zu bestimmen. Mehrmals täglich entzündet er ein halbes Pfund Magnesiumpulver in einer Schale. Der rund 50 Kilometer Luftlinie vom Brocken entfernte Gauß in Braunschweig und weitere Beobachter in anderen Städten sollen den Zeitpunkt dieser Signale mit einer geeichten, äußerst präzisen Uhr messen. Einen guten Blick auf den Berg bietet der Garten des Kaufmanns Karl Köppe am Südrand der Stadt. Dort also sitzt Gauß neun Tage lang und zeichnet die Zeitpunkte der Pulversignale auf. Vor allem nach Einbruch der Dunkelheit sind die Leuchtfeuer gut mit dem bloßen Auge zu erkennen. Nach Zachs Endauswertung aller Daten liegt Köppes Garten in Braunschweig 32 Minuten und 48,84 Sekunden östlich vom Referenzort Paris, was Gauß später in seinem Exemplar der *Monatlichen Correspondenz* handschriftlich in $32^m\,45^s\,86$ korrigiert.

Nicht immer spielt das Wetter mit. Es gießt in Strömen, wie Gauß berichtet, und Zach hat im rauen Brockenklima nicht den Eindruck, dass Hochsommer ist. Häufig muss Gauß im Haus des gastfreundlichen Ehepaars Dorothea und Karl Köppe Schutz vor dem Regen suchen. Dorotheas Schwester ist Köppes erste Frau gewesen [Mac: 18]. Nach ihrem Tod sind Schwager und Schwägerin nun gerade frisch verheiratet. Gauß kennt Karl Köppe vermutlich aus dem geselligen Kreis des Weißgerbermeisters Georg Karl Ritter, bei dem seine Mutter Dienstmädchen war, bevor sie Gebhard Gauß heiratete. Ritter war Trauzeuge seiner Eltern und ist Carl Friedrichs Taufpate. In Ritters Haus treffen sich wohlhabende Handwerksmeister und Kaufleute zu geselligen Runden, die in diesen Wochen und Monaten hin und wieder auch Gauß besucht. Die Plaudereien, so meint Braunschweigs Stadtarchivar Ludwig Hänselmann zu wissen, sind «heiteren Tones, bürgerlich anspruchslos, dabei aber nicht ohne einen Anflug der feineren Bildung die in unserer Stadt grade damals auch im Mittelstande Eingang zu finden begann». Sodass die Treffen einen «Reiz auf ihn [ausübten], dem er sich in einzelnen Stunden der Erholung gern überließ» [Hän: 67]. Nach der Gehaltserhöhung ist Gauß bei Schröder in der Wendenstraße ausgezogen und hat eine Wohnung in dem Eckhaus am Steinweg gemietet, das Ritter gehört, mit direktem Blick aufs herzogliche Schloss. So mag er in den Ritter'schen Gesprächskreis geraten sein, wo er wahrscheinlich die Bekanntschaft von Karl Köppe macht, der ihm seinen Garten mit freiem Brockenblick für die astronomischen Beobachtungen anbietet.

Dorothea Köppe ist 23 Jahre alt und die Tochter des Lohgerbermeisters Johann Christian Andreas Müller. Sie ist hier in der Südstadt, ganz in der Nähe von Köppes Grundstück, geboren und aufgewachsen. Dorotheas beste Freundin aus Kindheitstagen heißt Johanna Osthoff, die Tochter des Weißgerbermeisters Christian Ernst Osthoff aus der Nachbarschaft. Sie ist ebenfalls 23 Jahre alt und auch nach Dorotheas Hochzeit, wann immer es geht, in ihrer Nähe.

Und so wird sie sich an einem dieser Augusttage dem prominenten, etwas scheuen Doktor genähert haben. Wahrscheinlich mit Dorotheas Rückendeckung. Plötzlich steht sie, mehr hingeschubst als selbst gegangen, dann doch noch im Fadenkreuz seines Sextantenfernrohrs und versperrt ihm die Sicht auf den Brocken. Gauß blickt auf und wird sich hoffentlich sofort an die Warnung seines Freundes Bolyai aus dem verwunschenen Transsilvanien erinnern: «... verliebst du dich in ein paar schöne Augen o! traue der Stunde nicht ...» Offenbar gefällt ihm, was er sieht. Aber er hat schon eine Verabredung mit Baron Franz Xaver von Zach. Sie wollen vom Brocken aus gemeinsam zur Seeberger Sternwarte reisen. Zunächst aber eilt Gauß mit dem Braunschweiger Geheimrat von Ende, der die Brockensignale in seiner Wohnung registriert hat, nach Helmstedt zu seinem Doktorvater Pfaff, in dessen Garten man ebenfalls hervorragend die Blitze beobachten kann.

Auf dem höchsten Berg des Harzes lernen Zach und Gauß sich nun auch persönlich kennen, nachdem sie bereits seit vier Jahren miteinander korrespondieren. Und auf dem Seeberg bei Gotha darf Gauß endlich durch professionelle Teleskope «die spröden Göttinnen» [Olb1: 167] Ceres und Pallas am Himmel suchen und beobachten. Aber er stellt auch erschrocken fest, dass er viel zu oft an seinen neuentdeckten Stern Johanna in Braunschweig denken muss. Der König von Preußen hat Zach damit beauftragt, vom Seeberg aus seine neueroberten Länder zu vermessen. Für die kniffligen theoretischen Probleme und die anfallenden Rechnungen hat er sich die Mitarbeit von Gauß gesichert. Das ist der eigentliche Grund, warum der Baron ihm nun doch noch die berühmte Seeberger Gastfreundschaft gewährt.

Im Dezember fährt er gemeinsam mit Zach in seine Heimatstadt zurück, um das Projekt «Sternwarte Braunschweig» voranzutreiben. Sie finden ein leerstehendes Pulvermagazin, das sich nach Zachs Vorstellungen hervorragend für den Ausbau zu einem Observatorium eignet. Doch es kommt zu Missstimmungen und Missverständnissen zwischen Zimmermann, Zach und dem Herzog, die sich nie völlig aufklären lassen. Der Direktor der Seeberger Sternwarte argwöhnt, ohne Veranlassung des Herzogs nach Braunschweig gekommen zu sein. Offenbar spinnen Unbekannte Intrigen: «Ich bin gezwungen anzunehmen, dass ein unberufener *homme double* aus unlauteren Motiven diese Insinuation gemacht habe», schreibt Gauß an Olbers. Zach fühlt sich vom Braunschweiger Herzog unangemessen behandelt, kehrt ohne konkreten Auftrag zum Bau der Sternwarte nach Gotha zurück und friert anschließend den Kontakt zu Gauß für neun Monate ein. Es ist ein seltsames Auf und Ab zwischen den beiden. Jeder braucht den anderen, aber ein echtes Vertrauensverhältnis oder die selbstverständliche Herzlichkeit wie zwischen ihm und Olbers scheint nicht aufzukommen.

Johanna Osthoff sieht er zwar wieder, kommt aber erst im nächsten Frühjahr wieder mit ihr ins Gespräch. In einem Brief an Wolfgang Bolyai vom 28. Juni 1804 offenbart er sich schließlich dem Freund, allerdings erst, nachdem er streng diszipliniert all dessen Fragen nach dem Wohlbefinden gemeinsamer Bekannter, nach der Züchtung Borstorfer Winteräpfel, der Laplace'schen Mondtheorie und dem «dummen Aberglauben» Astrologie beantwortet hat. Doch dann spricht er von seinem «herrlichen Mädchen*, ganz so wie ich mir immer eine Gefährtin meines Lebens gewünscht habe. Ein wunderschönes Madonnengesicht, ein Spiegel des Seelenfriedens und der Gesundheit, zärtliche etwas schwärmerische Augen, ein tadelloser Wuchs, das ist etwas, ein heller Verstand und eine gebildete Sprache das ist auch etwas, aber nun eine stille, heitre, bescheidne, keusche Engelsseele, die keinem Wesen wehe thun kann, die ist das beste. Koketterie und Sucht zu glänzen sind ihr fremd». Anschließend knöpft er sich den Freund vor und kommt auf dessen Warnung vor den Frauen zu sprechen: «Himmel und Hölle! Ich vereise vor dem Bild, das du von den Weibern machst. Welcher finstere Dämon führte Deine Feder...» [Bol: 61 f.] Seine Überzeugung von der «Vortrefflichkeit ihres Herzens» sei nicht das Resultat verblendeter Leidenschaft, sondern unbefangener, kühler Beobachtung aus der

Ferne. Der ungarische Freund freut sich für Gauß. Aber ein Hauch Spott muss sein. Das Bild, das er von seiner Johanna male, ließe selbst Sokrates nicht kalt: «So ein Blick wäre ein zündender Strahl in die ganze Feuermasse der Mannheit». Er aber lasse sich nicht mehr davon täuschen und erkenne unter der «blühenden Energie der Glieder ... das darunter steckende Skelett» [Bol: 64]. Und dann schreibt er jenen Satz, an den Gauß sich in seiner zweiten Lebenshälfte wahrscheinlich noch oft mit Bitterkeit erinnern wird: «Mein überhaupt kränkliches Weib ist erst von einem Fieber aufgekommen ... Es ist ein grosses verstimmendes Unglück ein kränkliches Weib zu haben» [Bol: 65].

Am 12. Juli 1804 fasst Gauß sich endlich ein Herz und schickt Johanna Osthoff eine Liebeserklärung:

«... Lassen Sie es mich endlich einmal Ihnen aus der Fülle meines Herzens sagen, dass ich ein Herz für Ihre stillen Engelstugenden, ein Auge für die edlen Züge habe, die Ihr Angesicht zu einem treuen Spiegel dieser Tugenden machen. Sie, gute bescheidene Seele, sind so fern von aller Eitelkeit, daß Sie Ihren eigenen Werth selbst nicht ganz kennen; Sie wissen es selbst nicht, wie reich und gütig Sie der Himmel ausgestattet hat. Aber mein Herz kennt Ihren Werth ... Längst gehört es Ihnen. Werden Sie es nicht zurückstoßen? Können Sie mir das Ihrige geben? Können Sie, Theure, die dargebotene Hand annehmen, *gern* annehmen? An der Antwort auf diese Frage hängt mein Glück. Ich kann Ihnen zwar jetzt nicht Reichthum, nicht Glanz anbieten. Doch Ihnen, Gute, – ich kann mich in Ihrer schönen Seele nicht geirrt haben – sind ja Reichthum und Glanz ebenso gleichgültig wie mir. Aber ich habe mehr als ich für mich allein brauche, genug um zwei genügsamen Menschen ein sorgenfreies anständiges Leben zu bereiten, meiner Aussichten in die Zukunft gar nicht einmal zu gedenken. Das Beste, was ich Ihnen anbieten kann, ist ein treues Herz voll der innigsten Liebe für Sie.

Prüfen Sie, geliebte Freundin, Sich selbst, ob dies Herz Ihnen ganz genügt, ob Sie seine Empfindungen ebenso aufrichtig erwidern, ob Sie die Lebensreise, Hand in Hand mit mir, mit Wohlgefallen machen können, und entscheiden Sie bald.

Ich habe Ihnen, Beste, die Wünsche meines Herzens in kunstlosen aber aufrichtigen Worten vorgestellt ... Verkennen Sie ... die Reinheit meiner nicht selbstsüchtigen Liebe nicht. Ich will Ihren Beschluß nicht bestechen. In der ernstesten Angelegenheit Ihres Lebens müssen Sie sich durch gar keine fremden Rücksichten bestimmen lassen. Sie sollen nicht meinem Glücke ein Opfer bringen. Ihr eigenes Glück allein muß Ihre Entscheidung leiten. Ja, Theuerste, so innig ich Sie auch liebe, so kann doch Ihr Besitz nur dann mich glücklich machen, wenn Sie es mit mir zugleich sind.

Ich habe Ihnen, Geliebte, das Innere meines Herzens aufgedeckt: sehnsuchtsvoll harre ich Ihrer Entscheidung entgegen ... Von ganzem Herzen der Ihrige C. F. Gauß»

7. Häusliches Glück

In Braunschweig aber hält offenbar ein hartnäckiges Gerücht Johanna Osthoff davon ab, sogleich zu dem Geliebten zu eilen und ihm – so schicklich, wie es die Anstandsregeln gerade noch gestatten – in die Arme zu sinken. Denn in den Salons, auf Marktplätzen und in ähnlichen Nischen der Redseligkeit und Klatschsucht gehen, wie immer, wenn es um die Brautwahl der lokalen Prominenz geht, aus bloßen Vermutungen die schillerndsten Seifenblasen hervor, die schon beim zweiten Weitererzählen als reine Wahrheiten in die Welt hinausposaunt werden. Angeblich ist Gauß nämlich bereits mit einem «wohlgebildeten jungen Frauenzimmer von großem Vermögen» [Hän: 70] heimlich verlobt. Hänselmann als intimer Kenner auch solcher Braunschweiger Verhältnisse, die es nicht in sein offizielles Stadtarchiv schaffen, konnte noch mit den letzten lebenden Augen- und Ohrenzeugen sprechen. Daher glaubt er zu wissen, Johanna habe ihren Carl den ganzen Sommer über zappeln lassen, bevor sie ihm versichert, sie habe ihn bereits geliebt, als sie in Köppes Garten als irdischer Stern ins Blickfeld seines Sextanten trat.

Zwischen Carl Friedrich Gauß und Wilhelm Olbers besteht seit Januar 1802 ein anregender Gedankenaustausch. Er ist von einem auffallend herzlichen Ton geprägt. Beide warten sehnsüchtig auf die Post des anderen, versichern sich großzügig ihrer gegenseitigen «Liebe», üben sich in Bescheidenheit, wenn es um die eigene Person geht, erheben aber den jeweils anderen in den Olymp der Astronomen. Fünf Jahre lang bespricht Gauß mit dem zwanzig Jahre Älteren jeden Schachzug, der seine beiden Zukunftsoptionen betrifft, die Sternwarte Braunschweig und die Professur in Göttingen. Er selbst hält sich dabei allerdings vornehm zurück und lässt Olbers, Zimmermann, Zach, den Herzog und die Göttinger Professoren Heyne und Heeren abwechselnd und simultan um ihn buhlen. Und im Hintergrund, als stets präsente Drohkulisse für alle Beteiligten: die weitgeöffneten Tore der russischen Akademie der Wissenschaften. Entsprechend freundlich sind die Antwortbriefe aus Braunschweig in ihrer Schwebe zwischen Zusage und Absage formuliert, so dass die Russen bis 1807 immer wieder neue Versuche unternehmen, Gauß an die Newa zu holen. Insgeheim aber hat er diese Option längst abgeschrieben. Die Furcht vor Heimweh ist zu groß, und die Aussichten auf genügend Zeit für eigene Forschungen sind gering. Der weltmännische, kluge Arzt und Astronom aus Bremen macht Vorschläge über Verhandlungsstrategien auf mehreren Ebenen, die Gauß dann im nächsten Brief absegnet, damit Olbers sie in die Tat umsetzen kann.

Um alle Fäden selbst in der Hand zu behalten, den Partnern aber zu suggerieren, man diskutiere auf Augenhöhe, sind allerlei Geheimabsprachen nötig. So lässt Olbers beispielsweise Professor Heeren in Göttingen bestimmte Informationen «sub rosa», also unter dem Siegel der Verschwiegenheit, zukommen. Er muss sich sicher sein, dass Zimmermann in Braunschweig nichts davon erfährt, damit das Sternwartenprojekt nicht gefährdet ist. Gauß darf also in manchen Verhandlungsphasen seinem «Pflegevater» Zimmermann nicht jedes Detail offenbaren, etwa wenn Olbers den Hofrat lieber zu einem strategisch günstigeren Zeitpunkt ins herzogliche Schloss dirigieren will, als der selbst es für opportun hält. Solche kleinen Verschwörungen schweißen natürlich zusammen. Es scheint ohnehin, als habe Olbers zu diesem Zeitpunkt dem alten Herrn seinen «lieben Pflegesohn» bereits ausgespannt. Gauß selbst bleibt dabei geschickt im Hintergrund und lässt die anderen für ihn schreiben, tagen und verhandeln. Vor allem, wenn der Herzog höchstpersönlich ins Spiel kommt, möchte er nicht selbst mit Forderungen oder Trümpfen in der Hinterhand auftreten. Als gegen Ende des Jahres 1804 eine Professur in Göttingen der immer noch nicht Gestalt annehmenden Sternwarte von Braunschweig der Vorzug zu geben wäre, hält Gauß dies für «einen delikaten Punkt, den ich lieber von Anderen angedeutet sähe» [Olb1: 242]. Zum zweiten Mal in seinem Leben geht es darum, die Einwilligung des Herzogs zu bekommen, ihn nach Göttingen ziehen zu lassen. Dieses Mal hätte er lieber väterliche Freunde an seiner Seite, wenn er Carl Wilhelm Ferdinand persönlich gegenübertreten und Farbe bekennen muss. Doch das Auf und Ab nimmt einfach kein Ende. Der Herzog will definitiv eine Sternwarte in Braunschweig bauen lassen, ist pikiert über Zachs Untätigkeit in dieser Hinsicht und gewährt Gauß freie Hand bei der Anschaffung der ersten Instrumente.

Im September 1804 hat Carl Ludwig Harding an der Lilienthaler Sternwarte den dritten Kleinplaneten zwischen Mars und Jupiter entdeckt. Eigentlich ist Gauß mit der Arbeit an den Bahnstörungen von Ceres und Pallas ziemlich ausgelastet. Aber wer sonst könnte schon so schnell und zuverlässig die rätselhaften Wege des neuen Himmelskörpers mit seinem ingeniösen Verfahren berechnen? Dieses «Granitgerippe» – wie Olbers die Neuentdeckung provisorisch nennt – erhält nun endlich den Namen der Göttermutter, den Gothas Herzog Ernst II. schon für Ceres reserviert gehabt hat. Allerdings tauft Harding die griechische Hera in die römische Entsprechung Juno um. «Mit der größten Ungeduld sehne ich mich nach einer Reihe von Beobachtungen, die hinreichend sind, um nur erst ein rohes Urtheil über die wahre Bahn dieses merkwürdigen Sternes zu wagen», schreibt Gauß an Olbers [Olb1: 204]. Sein eigenes Fernrohr ist zu schwach, um ihm die Juno für brauchbare Auswertungen ins Blickfeld zu rücken. Sollte Stadtarchivar Hänselmann recht haben und Johanna wirklich drei Monate lang schweigen, dann sehnt Gauß sich in diesen Septembertagen aber nicht nur nach Junodaten, sondern vor allem nach einer Antwort seiner Auserwählten. Ihr hat er die Entscheidung über sein «Lebensglück» anvertraut. Da ist Flucht in die Arbeit offenbar die einzig angemessene Reaktion. Es wird ein Kopfsprung in eine wahrhaft astronomische Zahlenflut, die nach 16 Beobachtungstagen aus Europas Sternwarten in die kleine Wohnung gegenüber dem Schloss seines Mäzens schwappt.

Wilhelm Olbers ist der erste bedeutende Astronom, der nach der Entdeckung Junos bereit ist, den von Herschel vorgeschlagenen Begriff «Asteroid» für die Himmelskörper zwischen Mars und Jupiter anzunehmen. Sie sollten sich als «eigene Gattung» von den Hauptplaneten unterscheiden, «besonders da wir deren noch wahrscheinlich eine ziemliche Menge auffinden werden» [Olb1: 215]. Eine geradezu prophetische Aussage, denn nicht umsonst heißt die Zone zwischen Mars und Jupiter heute Asteroidengürtel mit vielen hunderttausend planetenähnlichen Objekten. Er möchte wissen, was Freund Gauß von seiner These hält, nach der Ceres, Pallas und Juno drei Splitter eines früheren Planeten sein könnten, der mit einem Kometen zusammenstieß. Mit dieser Spekulation kann Gauß sich offensichtlich nicht anfreunden. Er weist sie höflich zurück und geht so weit, Olbers' vorsichtiges Umschwenken auf den Asteroiden-Begriff vollständig zu ignorieren – ein auffälliges Verhalten, wo beide sonst jede Zahl und jedes Detail des anderen ausführlich kommentieren. Olbers hat den Wink verstanden und schwenkt im Lauf der weiteren Korrespondenz wieder auf die kontinentaleuropäische Sprachregelung «Planet» für Ceres, Pallas und Juno um.

In den nächsten Wochen und Monaten konzentriert sich Gauß auf die Darstellung seines neuen Verfahrens zur Berechnung von Planetenbahnen, denn die Astronomenkollegen bitten ihn immer häufiger voller Ungeduld um Aufklärung. Gern würden sie selbst die offenbar überlegene Methode anwenden. Doch mitten in diese schwierige Vorbereitungsphase für ein neues Buch platzt ein Brief des jungen französischen Mathematikers Antoine Auguste Leblanc, der Gauß mit seinem tiefen Verständnis für die *Arithmetischen Untersuchungen* überrascht. Angeregt durch den Gedankenaustausch, lässt Gauß seine astronomischen Studien, ermüdet von dem schon vier lange Jahre angewandten «todten mechanischen Kalkül» [Olb1: 268], eine Weile ruhen. Dieser Kurzausflug ins Reich der Zahlentheorie, der er eine neue Struktur aufgeprägt hat, bringt ihn auf die Idee, einen zweiten Band der *Untersuchungen* herauszugeben. Denn genügend Material hat er inzwischen angehäuft. Durch die Korrespondenz mit Leblanc rückt plötzlich auch ein altes Problem wieder in den Brennpunkt seines Interesses. So hat er in den *Untersuchungen* zwar einen gewissen Satz über Primzahlen streng bewiesen, doch kam mit diesem Beweis eine weitere Folgerung in die Welt, an der er sich seit vier Jahren vergeblich abquält. Seinem Freund Wilhelm Olbers gibt er Einblick in die manchmal nicht nachvollziehbaren Prozesse der Kreativität: «Aber alles Brüten, alles Suchen ist umsonst gewesen, traurig habe ich jedesmal die Feder wieder niederlegen müssen. Endlich vor ein paar Tagen ist's gelungen – aber nicht meinem mühsamen Suchen, sondern bloß durch die Gnade Gottes möchte ich sagen. Wie der Blitz einschlägt, hat sich das Räthsel gelöst» [Olb1: 268 f.]. Wenngleich es ihm unmöglich erscheine, fügt er hinzu, den maßgebenden Unterschied zwischen früheren Versuchen und jener Bemühung anzugeben, die ihm schließlich zum Erfolg verholfen habe.

Olbers reagiert erstaunlich verhalten auf diesen Durchbruch, so wie er später ungewohnt kühl die Nachricht aufnimmt, dass die *Arithmetischen Untersuchungen* ins Französische übersetzt werden sollen. Insgeheim mag er befürchten, der Freund könne wieder ganz zur Mathematik umschwenken und der astronomische Dialog mit ihm ins Stocken geraten. Doch diese so heftig wiederaufflammende Leidenschaft für die reine Mathematik verglüht schon bald wieder im astronomischen Alltagsgeschäft und in den Vorbereitungen zu einer Feier, die am 9. Oktober 1805 «ohne Geräusch vollzogen [wird und] mich mit meiner geliebten Braut auf immer vereinigen soll. Sie ist so gut und hat mich so aufrichtig lieb, dass mir für dieses Verhältnis kein Wunsch übrig bleibt» [Olb1: 274]. Endlich kann Familienvater Olbers Johannas Angetrauten auch schon mal foppen und ihn zur Beobachtung eines neuentdeckten Kometen aufscheuchen, natürlich erst, «sobald der junge Ehemann das angenehme Bett verlassen kann ...» [Olb1: 277]. Die Wohnung im Ritter'schen Haus am Steinweg 1917 hat zwei große und zwei kleine Kammern, Küche, Keller und eine große Diele. Seinem Patenonkel zahlt Gauß dafür 100 Taler Jahresmiete [Küs$_2$: 31].

Die Arbeit an seinem Buch setzt er mittlerweile «*ex professo*» und «*con amore*» fort. Im Juni 1806 ist Olbers während einer sommerlichen Rundreise auch in Braunschweig zu Gast. In der Wohnung des jungen Ehepaars – Johanna ist im siebenten Monat schwanger – kann er sich die Vorschläge und Grundrisse für die Braunschweiger Sternwarte ansehen, die Zach wenige Tage zuvor entworfen hat. Das totgeglaubte Pflänzchen erlebt – so scheint's – eine letzte Blüte. Es sind ja keine besonders elaborierten Pläne, die Zach da geschickt hat. Im Begleitbrief spricht der Baron fast ausschließlich von noch einzufügenden Verbesserungen, die er aber erst in Angriff nehmen wolle, wenn der Herzog den Bau nach seinen Vorstellungen endlich bewilligt und das Geld dafür angewiesen habe. Die Kommunikation zwischen dem Herzog und Zach scheint nachhaltig gestört zu sein, denn Carl Wilhelm Ferdinand hat inzwischen seinen Oberbaudirektor Peter Joseph Krahe mit einem Entwurf beauftragt. Die nicht unwichtige Frage nach der Wohnung des designierten Sternwartendirektors Gauß und seiner Familie beurteilt Zach ebenso burschikos wie unrealistisch: «Vielleicht hat Ihr Herzog auf dem Gänsewinkel ein Haus, das sich dazu schickt; wo nicht, so kauft oder baut sich dieser reiche Herzog eines. Es trägt zur Verschönerung der Stadt bei und er stiftet seines großen Namens ewiges Gedächtnis im Himmel so wie auch auf Erden. Amen, so wird es auch sein!» [Bre: 30]. So lieblos ist Zach anfangs nicht bei der Sache gewesen. Nun aber nimmt das Braunschweiger Sternwartenprojekt wunderliche Züge an.

Dieser Herzog hat augenblicklich allerdings ganz andere Sorgen. Davon kann Gauß Wilhelm Olbers nun brühwarm selbst erzählen, war er doch erst kürzlich im Schloss, um sich bei seinem Fürsten für die Anschaffung eines vorzüglichen Teleskopspiegels zu bedanken, wie ihn Wilhelm Herschel persönlich nicht besser hätte schleifen können. Der Herzog habe ihn in düsterer Stimmung empfangen und sei nicht sehr zugänglich gewesen, erschreckend gealtert und niedergedrückt von der Last, die ihm als Bündnispartner des Königs von Preußen auferlegt sei. Im ersten Koalitionskrieg gegen Frankreich ist der Braunschweiger Herzog als Oberbefehlshaber des preußischen

Heeres gescheitert. Im mittlerweile dritten Koalitionskrieg haben es England, Russland und Schweden mit Napoleon Bonaparte zu tun. Koalitionspartner Österreich ist ein halbes Jahr zuvor schon in Austerlitz vernichtend geschlagen worden. Überall in Deutschland stehen die Truppen Napoleons, dessen «Ländergier», so formuliert es Gauß, ganz Europa in Angst und Schrecken versetzt. Bisher hat es der Braunschweiger Herzog verstanden, sein Fürstentum aus dem Konflikt herauszuhalten. In dieser weltpolitisch bedeutsamen Lage erscheint es Gauß völlig absurd, ein persönliches Anliegen wie den Sternwartenneubau zu thematisieren, zumal die Aussicht auf die Göttinger Professur besser kaum sein könnte und die dortige Universitätsbibliothek noch immer eines der überzeugendsten Argumente für einen erneuten Umzug an die Leine ist.

Weder dem Landesfürsten noch seinem inzwischen berühmt gewordenen Protegé ist bewusst, dass diese Audienz im Mai 1806 ihre letzte persönliche Begegnung gewesen sein könnte. Am 12. Juli treten 16 west- und süddeutsche Fürsten auf Druck Napoleons aus dem Verbund des Deutschen Reiches aus und werden zu Vasallen des französischen Kaisers. Napoleon stellt nun dem deutschen Kaiser Franz II. ein Ultimatum, seinen Rücktritt zu erklären. Am 6. August 1806 dankt er ab. Damit endet nach 850 Jahren Existenz das Heilige Römische Reich Deutscher Nation.

Zur gleichen Zeit melden Kuriere und politische Beobachter, dass napoleonische Truppen sich aus allen Himmelsrichtungen auf Preußen zubewegen. Am 21. August hält Carl Wilhelm Ferdinand in seinem Schloss gemeinsam mit Generalstabschef Gerhard Scharnhorst und General Ernst von Rüchel Kriegsrat. Die drei Strategen entwerfen die Großraumtaktik zur Verteidigung Preußens auf der Linie Paderborn, Göttingen, Magdeburg, Halle an der Saale vor den Truppen Napoleons. Im Haus

Nummer 1917 am Steinweg, nur einen Katzensprung vom herzoglichen Schloss entfernt, bringt am selben Tag Johanna Gauß ihren ersten Sohn zur Welt. Die Eltern taufen ihn nach dem Ceres-Entdecker Giuseppe Piazzi auf den Namen Joseph.

Am 9. Oktober erklärt Preußen Napoleon den Krieg. König Friedrich Wilhelm III. ernennt den greisen Herzog von Braunschweig zum Oberbefehlshaber von 130 000 Mann gegen eine Übermacht von 200 000 französischen Soldaten, die von Süddeutschland aus ins Thüringische vorrücken. Am Vorabend der großen Doppelschlacht von Jena und Auerstedt ist einer der bedeutendsten deutschen Publizisten im Heerlager anwesend. Friedrich von Gentz hat bei der Formulierung des preußischen Kriegsmanifests mitgearbeitet. Er nimmt die Gelegenheit wahr, bei einer halbstündigen «Unterredung» – heute hieße das wohl Interview – den Heerführer näher kennenzulernen. Gentz, für seine leidenschaftlich antifranzösische Haltung bekannt, hat den Eindruck, dass den Mann die Kriegshandlungen, die er hier leitet, im Grunde nichts angehen und er sich lediglich die Rolle vorbehalte, die Pläne der anderen Militärs zu kritisieren. Gentz notiert in sein Tagebuch: «Er hatte in seiner ganzen Haltung ... in seinen Blicken ... in seiner Sprache irgend etwas Unsicheres, Unklares, Kraftloses, eine Erregung, die keineswegs ein Selbstbewusstsein verkündete, eine gewisse Höflichkeit, die im voraus um Entschuldigung zu bitten schien für Unglücksfälle, die ihm begegnen konnten, eine ... Furcht, der öffentlichen Erwartung nicht zu entsprechen» [Ste: 340]. Vielleicht ist er ja wirklich schon zu alt, zu erfahren und zu desillusioniert, um noch Siegeswillen und Führungsstärke vorzutäuschen. «Ach, ich kann ja kaum für mich einstehen, wie soll ich da für andere einstehen?», soll er von Gentz gesagt haben.

Beim ersten Aufeinandertreffen der feindlichen Armeen

wird Herzog Carl Wilhelm Ferdinand am 14. Oktober 1806 bei der Ortschaft Hassenhausen von einer Gewehrkugel getroffen. Sie dringt in das rechte Auge ein und zertrümmert ihm auch Nasenbein und linkes Auge. Er wird hinter die Kampflinien nach Auerstedt gebracht, notdürftig medizinisch versorgt und anschließend in sechs beschwerlichen Tagesreisen zurück nach Braunschweig gefahren. Jetzt ist er blind wie seine beiden Söhne. Die sind mit ihrer Mutter Augusta schon nach Stralsund auf schwedisches Hoheitsgebiet geflüchtet. Die preußische Armee Friedrich Wilhelms III. wird bei Jena und Auerstedt vernichtend geschlagen und Preußen von Napoleon besetzt. Als letzte Amtshandlung schickt der Herzog den Oberstmarschall Münchhausen als Gesandten zu Napoleon, um den Kaiser zu bitten, das Herzogtum Braunschweig zu verschonen. Er sei nur in seiner Funktion als Befehlshaber der preußischen Armee gegen ihn angetreten und nicht als Braunschweiger Herzog. Napoleon reagiert mit Wut und Verachtung. Jetzt ist die Stunde der Rache für das unvergessene Ultimatum Carl Wilhelm Ferdinands von 1792 gekommen. Als Heerführer des Campagne-Feldzugs hatte er gedroht, Paris zu zerstören, falls man Ludwig XVI. nicht freiließe. Vierzehn Jahre später entlädt sich der Hass der Franzosen auf den Welfenherrscher. Napoleon Bonaparte kündigt ihm französische Kriegsgefangenschaft für den Fall an, dass man seiner habhaft werde.

Am Samstag, den 25. Oktober 1806, um vier Uhr nachmittags ist es dann so weit: Sein Krankenbett wird für die Flucht auf dänisches Staatsgebiet in einen eigens angefertigten Korb gelegt, der mit einer Decke aus Wachstaft ausgepolstert ist. «So ward er, wie in einem Sarg, die große Treppe des ... Schlosses hinabgetragen ... ich folgte ihm wie einer Leiche. Unten hielt ein Unterwagen, in dessen vier Federn jener Korb gehängt ward. Der Schloßplatz war mit weinenden Menschen bedeckt. Dumpf rollte der Wagen durch die Hallen des Schlosses ...» [Ste: 348], berichtet Carl Wilhelm Ferdinands Minister Anton von Wolffrath. Tausende Braunschweiger Bürger begleiten die letzte Fahrt ihres Herzogs bis zum Wendentor. Durch die Lüneburger Heide geht die anstrengende Fahrt. Die Erschütterungen des Wagens verschlimmern seinen Zustand. In Ottensen bei Altona findet er schließlich ein Zuhause für die letzten Tage seines Lebens. Am 10. November 1806 stirbt Herzog Carl Wilhelm Ferdinand im dänischen Exil.

Zweifellos wird auch Gauß die Flucht des Herzogs beobachtet haben, seines Gönners, der ihm 15 Jahre lang ermöglicht hat, sein Potenzial zu entwickeln, ohne dafür eine Gegenleistung zu erwarten. Nur einen Tag nach der Flucht Carl Wilhelm Ferdinands rücken französische Soldaten in Braunschweig ein und nehmen Stadt und Herzogtum im Namen Napoleons in Besitz.

Am 11. November berichtet Gauß vom Chaos der Besatzung Braunschweigs. Die Musen seien vom Waffengeräusch scheu geworden. Ihm selbst fehle für die Arbeit an der Theorie der Planetenbewegungen nach Kepler momentan «die nöthige Heiterkeit des Geistes». Ob Gauß sein Jahresgehalt als herzoglicher Beamter ohne Portefeuille auch unter napoleonischer Herrschaft weiter ausgezahlt bekommt, ist fraglich. Sein Freund Wilhelm Olbers bietet dem jungen Familienvater einen Privatkredit an – jederzeit. Mit dem Tod des preußischen Heerführers Carl Wilhelm Ferdinand ist nicht nur Gauß' Mäzen gestorben, mit Napoleons Sieg ist auch das Ende der feudalistischen Ära eingeleitet worden. Unter großen Opfern und Schmerzen wird sich allmählich bürgerliches Recht und Gesetz Bahn brechen. Gauß muss an diesem Wendepunkt der Geschichte trotz der als Unrecht empfundenen Besatzerwillkür erkennen, dass er sich vom Mäzenatentum unabhängig machen muss. Der Plan für die Sternwarte Braunschweig ist mit dem Herzog begraben worden.

Am 27. November klopft der französische Bataillonskommandeur Chantel an die Wohnungstür der Gaußfamilie am Steinweg, um sich im Namen eines gewissen Fräuleins Sophie Germain in Paris nach dem werten Befinden des neuen französischen Untertanen zu erkundigen. Gauß kennt keine Frau dieses Namens und ist einigermaßen verblüfft über diesen Besuch. Es stellt sich heraus, dass sein französischer Briefpartner Leblanc, der ein so hervorragendes Verständnis für die *Arithmetischen Untersuchungen* gezeigt und Gauß zu neuen kreativen Seitensprüngen ins mathematische Fach veranlasst hat, ein Pseudonym ebendieser Sophie Germain aus Paris ist. Die ein Jahr ältere Französin hat es nicht gewagt, unter ihrem richtigen Namen an ihr großes Idol zu schreiben, weil sie befürchtet, als gelehrte Frau nicht ernst genommen zu werden. Als sie von der Besetzung Braunschweigs gehört hat, bittet sie den in Breslau stationierten General Pernety, einen Freund der Familie, sich um Gaußens Wohlergehen zu kümmern. Der wiederum schickt Chantel zu Gauß. Anlass ihrer Sorge ist die Geschichte über den griechischen Mathematiker Archimedes, der im 3. Jahrhundert vor Christus die römische Belagerung seiner Heimatstadt Syrakus auf Sizilien nicht überlebte. «Störe meine Kreise nicht», soll er einen römischen Soldaten angeherrscht haben, der mit seinen Sandalen die archimedischen Konstruktionen im Sand verwischte, worauf der wütende Römer ihn angeblich erschlagen habe. Was geschähe wohl, spekuliert Sophie Germain, sollte Gauß, ähnlich absorbiert von den virtuellen Tangenten und Ellipsen im Blickfeld seines Teleskops wie Archimedes von seinen Sandkreisen, etwa den Befehl eines französischen Besatzungsoffiziers überhören?

Ihre Angst um das Schicksal des deutschen Mathematikers ist rührend, aber unbegründet. Nie würde Gauß es wagen, gegen die Obrigkeit, egal ob deutscher oder französischer Zunge, aufzubegehren.

Germain hat Mathematik studiert – ein bestaunter Paradiesvogel in dieser Männerdomäne. An der Polytechnischen Schule von Paris hat sie allerdings nie jemand gesehen. Kein Wunder, denn Frauen dürfen dort nicht studieren. Aber der Student Antoine-Auguste Leblanc besorgt ihr die Vorlesungsmanuskripte, und als der Hilfsbereite mit 22 Jahren stirbt, gibt sie unter seinem Namen ihre Arbeit ab, die der berühmte Lagrange für bemerkenswert hält [Lei: 19]. Als sie den Namen des Toten noch einmal benutzt, um Kontakt mit Gauß aufzunehmen, gehört sie zu den wenigen Menschen, die sich überhaupt auf die *Arithmetischen Untersuchungen* eingelassen haben und tief in dieses zahlentheoretische Universum eingedrungen sind. Zwar gibt es vereinzelt begeisterte Rückmeldungen bedeutender Kollegen, doch für den normalen Mathematiker bleiben die *Untersuchungen* ein Buch mit sieben Siegeln. Was nicht zuletzt an dem bereits von Doktorvater Pfaff monierten Gauß'schen Stil liegt, der seine Quellen nicht preisgibt und den Leser mit kaum nachvollziehbaren Gedankensprüngen überfordert. Weil Germain alias Leblanc es dennoch schafft, stuft Gauß ihre Briefe auch nicht als reine Fanpost ein. Immerhin haben ihre Einlassungen ihn zu einem neuen Beweis angeregt, an dem er sich vier Jahre lang vergeblich versucht hat. Nun testet er ihre Fähigkeiten, indem er ihr zwei «Probe-Theoreme» über Primzahlreste schickt, die Lagrange höchstpersönlich für schwer beweisbar hält. Sie löst sie zu seiner Zufriedenheit.

An seinem 30. Geburtstag schreibt er ihr: «... Wenn aber eine Person weiblichen Geschlechts, die infolge unserer Sitten und unserer Vorurteile auf unendlich viel mehr Hindernisse stoßen muss als die Männer, um sich mit ihrer heiklen Erforschung vertraut zu machen, dennoch versteht, diese Hürden zu überwinden und in die verborgensten Geheimnisse einzudringen, dann muß sie ohne Zweifel edelsten Mut, ganz außergewöhnliches Talent, überlegenen Geist besitzen» [Bim$_3$: 72]. Später wird er solches Lob weniger generös äußern. Denn – so seine Erkenntnis – sei es nicht auf den zweiten Blick ungebührliches Eigenlob, schon denen überlegenen Geist zuzubilligen, die eine schwierige neue Theorie nur nachvollziehen können? Welche Hymnen verdiente dann nicht erst ihr Schöpfer selbst? Sophie Germain ist entzückt über diese günstige Entwicklung des Briefverkehrs mit ihrem Idol, doch schon bald nach der sensationellen Entdeckung, mit einer Frau über seine liebste Arbeit zu korrespondieren, gibt Gauß ihr zwischen den Zeilen in freundlichem Ton zu verstehen, dass er keine Zeit mehr finde, ihre eigenen mathematischen Arbeiten zu begutachten, und den Briefaustausch beenden möchte. Der Briefverkehr mit Freunden und Wissenschaftlern hat ein Volumen angenommen, das seine eigentliche Arbeit gefährdet.

Im April 1807 erreicht Gauß ein «Heureka» aus Bremen. Freund Olbers hat am 29. März schon wieder einen neuen Planeten «mit sehr lebhaftem röthlichen Licht» entdeckt. Dieses Mal ist es kein Zufallstreffer, sondern das Ergebnis einer systematischen Suche im nördlichen Flügel der Jungfrau. Natürlich übernimmt Gauß «mit dem größten Vergnügen» die Bahnberechnungen des neuen Himmelskörpers. Aber Olbers hat noch eine weitere ehrenvolle Aufgabe für Gauß vorgesehen. Er soll dem Himmelskind einen Namen geben, ein Recht, das eigentlich ihm als Entdecker zusteht: «Sie nehmen sich aller dieser aufgefundenen Kinder so väterlich an, und thun für ihre Erziehung weit mehr ... als die Entdecker selbst, und so ist es billig und recht, dass Sie auch die Mühe der Gevatterschaft übernehmen» [Olb1: 335]. «Ich weiss dem Planeten keinen schöneren Namen zu geben», antwortet Gauß, «als den der Göttin, die die Völker der alten Zeiten zur Schutzgöttin der reinen Sitten, der makellosen Tugend und des häuslichen Glücks machten. Finden Sie meine Wahl nicht unschicklich, so heisse Ihr Töchterchen Vesta!» [Olb1: 338]. Das häusliche Glück mit Johanna dauert jetzt eineinhalb Jahre an, der kleine Joseph ist der Sonnenschein seiner Eltern, und im Sommer gibt es «freilich noch sehr ungewisse indiciis» auf eine neue Schwangerschaft. Die römische Vesta scheint trotz der Konkurrenz des französischen Schutzengels Sophie Germain und überwiegend griechisch geprägter Charaktermerkmale des deutschen Haushaltsvorstands tatsächlich ihre schützenden Hände über das Haus Nr. 1917 am Steinweg zu halten.

Mittlerweile ist sein Manuskript über die Bestimmung der Planetenbahnen fast vollendet. Der weltläufige Wilhelm Olbers übernimmt auch hier in bewährter Manier die Verhandlungen mit dem Hamburger Buchhändler Friedrich Christoph Perthes. Die Optionen serviert er Gauß auf dem Silbertablett. Der muss seine Wünsche nur noch ankreuzen und ist bereit, sich einen Teil des Honorars in Naturalien auszahlen zu lassen. Eine entsprechende Bücherliste stellt er gerade zusammen. Das Manuskript hat Gauß auf Deutsch verfasst. Perthes besteht allerdings auf Latein, weil er sich mit der wissenschaftlichen *lingua franca* größere Vertriebs- und Absatzchancen in vielen europäischen Ländern verspricht. Mit Sicherheit hat Olbers auch den PR-Agenten gespielt und Perthes die Verdienste seines Schützlings in den schillerndsten Farben dargestellt. Nun aber verzögert sich das Erscheinen des Buches noch einmal erheblich, weil Gauß sein Manuskript verständlicherweise selbst übersetzen will. Deshalb nimmt er es auch Ende Juni mit auf die seit langem geplante Reise zu Olbers nach Bremen, wo die beiden fast drei Wochen lang ihre Freundschaft feiern werden.

Gauß muss auf einem offenen Pferdefuhrwerk nach Bremen gereist sein, denn im ersten Brief an sein «Hanchen» schreibt er, er sei von Mittwochabend um 9 Uhr bis Donnerstagmittag 12 Uhr im Dauerregen unterwegs gewesen, der ihm «durch Chenille, Schlafrock, zwei Kleider und Hemd endlich doch bis auf die Haut» ging. Hanchen ist besorgt um ihren «süßen Liebling» und beschwört ihn «um unserer Liebe willen ... meinen einzigen Wunsch» zu erfüllen und mit dem Arzt Olbers über seine chronischen Magenbeschwerden zu sprechen. Die Herren Astronomen aber machen in Bremen und Umgebung – so scheint's – eine Sause nach der anderen, und der in Braunschweig auf Schonkost gesetzte Gauß lässt sich von der Lebensfreude an der Weser anstecken. Olbers verzichtet auf die üblichen ärztlichen Ratschläge, kehrt den Bonvivant heraus und verschreibt dem Freund eine «Kellerkur». Und so berichtet Gauß nach Hause, der gute Madeira im Weinkeller des Freundes helfe gegen seine Magenbeschwerden besser als jede Arznei. Er trinke hier «täglich eineinhalb Bouteillen» davon. Olbers halte den Tavelle, seinen Tafelwein in Braunschweig, für ungesund. Deshalb bittet er sein Hanchen, guten Wein zu kaufen, falls der Göttinger Kollege Harding an die Tür klopfen sollte. Der Entdecker des Planeten Juno befinde sich auf einer Rundreise und wisse wahrscheinlich nicht, dass Gauß in Bremen sei. Den Tavelle könne sie ihm jedenfalls nicht anbieten. Ein Medoc oder Chateau Margot sollte es schon sein. «Der Preis kommt nicht in Betracht». Ob sie nicht eine kleine Abendgesellschaft für Harding ausrichten und dazu Bartels, Schneider und Horn einladen könne. Und wenn dann zum Dessert alle mit «unserem Burgunder auf meine Gesundheit» anstießen,* wüsste er seine Freunde in Braunschweig in ähnlich angenehmer Geselligkeit, wie er sie hier gerade genieße. Aber nicht nur beim Wein ist er auf den Geschmack gekommen: «Ich esse hier zuverlässig viermal so viel als zu Hause und doch beschwert man sich noch über meinen wenigen Appetit ... ganz kann ich mich noch nicht mit den Bremer Schmäusen befreunden; am Montag mußte ich das ganze Diner wieder von oben abliefern ...» [Mac: 8; 10].

Johanna ist irritiert. Gern erfülle sie ihm jeden Wunsch. Doch kurzfristig Abendgesellschaften arrangieren und allein mit den gelehrten Herren Burgunder trinken ohne ihren geliebten Carl könne sie sich nun doch nicht so recht vorstellen. Sie erzählt von Joseph, den sie gerade entwöhne. Zahn Nr. 7 und 8 habe er «ohne Schmerzen bekommen. Es ist der wildeste ausgelassenste Bube, den ich kenne, er ist wirklich wie ein Eichhörnchen, ein wahrer Laufbruder, genießt täglich zweimahl die frische Luft, eine wilde Hummel, sehr munter und lustig, und scheint sein Leid [die Entwöhnung] bis auf einzelne Augenblicke, wo er mich sehr kläglich ansieht, verschmerzt, doch nicht vergessen zu haben. Ich denke, unglücklich wird er nie werden» [Mac: 15].

Mittlerweile kann sich der zum guten Essen und Trinken bekehrte Gauß sogar vorstellen, seinen bisher weitgehend auf die Braunschweiger Stadtmitte beschränkten Aktionsradius erheblich zu erweitern. In der großzügigen Atmosphäre Olbers'scher Gastfreundschaft werden Reisepläne geschmiedet. Paris wäre nicht schlecht. Aber nicht etwa mit Hanchen und Joseph, sondern mit Olbers: «Da wir alle beide das französische Theater u. dergl. Narrenpossen eben nicht zu schätzen wissen», würde so eine Reise auch nicht viel länger als fünf Wochen dauern, beruhigt er seine junge Frau. Johanna kommt offenbar gar nicht auf die Idee, dass er ja auch mit ihr nach Paris fahren könnte. Sie gönnt ihrem Schatz die Reise von Herzen. Betrübt wäre sie allerdings, wenn es schon bald geschehe: «Doch hoffe ich das die Rede erst nach verlauf einiger Jahre davon seyn wird, wie köntest Du auch Dein Hanchen sobald wieder verlaßen wollen.» Nach zehn Tagen fern der Heimat besinnt Gauß sich wieder auf Vesta und das bescheidene häusliche Glück: «So einige Wochen in Saus und Braus zu verbringen ist so übel nicht, aber auf die Länge kriegt man es doch satt und sehnt sich wieder nach einer frugalen häuslichen Eingeschränktheit zurück.» Johanna zählt die Tage bis zu seiner Rückkehr. Und auch er will lieber heute als morgen zu Hause sein: «Welch ein Fest soll es mir sein, dich und unsern Joseph wieder an mein Herz zu drücken!» [Mac: 11]. Paris bleibt eine funkelnde Idee. Weiter als nach München und Berlin wird Gauß nie kommen.

Kurz nach seiner Rückkehr aus Bremen trifft im August ein Schreiben der Universität Göttingen ein. Gauß wird zum Professor der Astronomie und Leiter der Sternwarte berufen und soll im Herbst seinen Dienst antreten. Dieses Dokument ist nur noch die offizielle Bestätigung so mancher vorangegangener inoffizieller Zusage. Ausschlaggebend sind selbstverständlich die wissenschaftlichen Verdienste des dreißigjährigen Gelehrten, aber Olbers hat mit seiner geschickten Verhandlungstaktik einen nicht zu unterschätzenden Beitrag zum Gelingen geleistet. Zur gleichen Zeit machen die Astronomen in der Leipziger Akademie der Wissenschaften den Vorschlag, «uns den schönsten Teil des Orion[-Sternbilds] als ein Napoleons-Gestirn aufdringen zu wollen» [Olb1: 379], wie Olbers pikiert bemerkt. So viel Unterwürfigkeit und Schmeichelei gegenüber dem Welteroberer hält auch Gauß für verächtlich. Er degradiert die Leipziger Astronomen zu Astrologen und witzelt, er selbst habe erst kürzlich der Braunschweiger Kaufmannschaft vorgeschlagen, den Jupiter in Napoleons-Gestirn umzubenennen. Und bald schon werde eine andere Innung – oder war es doch eine Schauspielergesellschaft? – die Mondflecken umtaufen. Dabei hat der renommierte Astronom Johann Elert Bode erst vor 20 Jahren vorgeschlagen, Friedrich dem Großen ein astronomisches Denkmal zu setzen. Im Sternbild Andromeda habe er in inspirierender Nähe des Flügelrosses Pegasus für den «Helden, Philosophen und *pacificateur*» Friedrich II. aus 76 Sternen, die während seiner Regierungszeit senkrecht über dem Zentrum seines Imperiums gestanden hätten, Krone, Schwert, Feder und Lorbeerzweig zum neuen Sternbild «Friedrichs Ehre» angeordnet. Die meisten dieser Sterne habe er übrigens selbst entdeckt. Der Antrag wurde in Berlin zwar angenommen, ließ sich aber in der internationalen Astronomengemeinde nicht durchsetzen [Bod: 57–60].

In den Wirren der französischen Besatzung hat Gauß sein Gehalt nicht regelmäßig ausgezahlt bekommen. Ende Oktober 1807 beschlagnahmt die neue Regierung die ehemals herzogliche Kasse, aus der er sein Gehalt bezieht, und untersagt alle weiteren Auszahlungen. Jetzt, da der Herzog tot ist, werden auch diejenigen mutiger und lauter, die ihm schon immer seine Unabhängigkeit als herzoglicher Beamter ohne Portefeuille missgönnt haben. Gauß will Braunschweig aber erst in Richtung Göttingen verlassen, wenn die «beträchtlichen Rückstände» ausgeglichen sind. Inzwischen ist er mit der Übersetzung des ersten Manuskriptabschnitts ins Lateinische fertig, sodass Perthes in Hamburg mit dem Druck beginnen kann. Gauß rechnet zu Ostern 1808 mit der Veröffentlichung. Da taucht ein neuer Komet am Himmel auf, dessen Schweif zuweilen mit bloßem Auge sichtbar ist. Sein Kern ist eine Mischung aus gefrorenem Wasser und Staub, ein «schmutziger Schneeball», wie die Astronomen heute sagen. Obwohl diese perodisch wiederkehrenden Wanderer durchs Sonnensystem wegen ihrer phänomenalen Leuchtkraft Aufsehen erregen, sind ihre Eiskerne von einer schwarzen Kruste bedeckt, die nur etwa 4 Prozent des Lichts reflektiert. Deshalb sind Kometen paradoxerweise die dunkelsten Objekte, die man am Himmel beobachten kann. Im Herbst 1807 aber sind diese Details noch nicht bekannt. Olbers, die Lilienthaler und Gauß teilen sich die Aufgaben bei der Bahnberechnung. Und dann macht Olbers am Kometensucher eine spektakuläre Entdeckung. Es sind zwei Schweife, die sich deutlich vom Körper des Kometen trennen: «Der nördliche ist ganz gerade, sehr dünn, sehr blass und am längsten; der südliche viel kürzer, breiter, glänzender und stark nach Süden gekrümmt.»

Es ist das letzte himmlische Objekt, das Gauß aus dem Fenster seiner Braunschweiger Wohnung beobachtet. Am 19. November verlässt er für immer seine Geburtsstadt. Sein Weg ist stark nach Süden gekrümmt.

8. Professor in Göttingen

Am 17. November 1807 bricht die Vorhut des Umzugs mit Stiefbruder Georg und zwei Packwagen eines Fuhrunternehmers nach Göttingen auf. Gauß reist mit seiner Frau, Joseph und Kinderfrau Sybille zwei Tage später hinterher, ohne dass es ihm gelungen ist, den Gehaltsrückstand bei der französischen Verwaltung einzufordern. Um Gauß aus der größten finanziellen Verlegenheit herauszuhelfen, werden ihm bei der Ankunft die vertraglich vereinbarten 300 Taler Reisekosten sofort ausgezahlt. Die Federbetten sind in einem Fass eingeschlossen, das ein Böttcher öffnen muss, ein Tischler baut Bettstellen und Schränke zusammen. In der Wohnung im Haus Nummer 697 in der Gronerstraße wird sich die junge Familie nur vorübergehend aufhalten. Carl Ludwig Harding, außerordentlicher Professor der Astronomie, hat sie organisiert, bis die eigentliche Dienstwohnung des ordentlichen Professors der Astronomie und Leiters der Universitäts-Sternwarte bezugsfertig ist. Harding wird künftig mit Gauß zusammenarbeiten. Beim Vergleich der Jahresgehälter tritt der Rangunterschied am deutlichsten hervor. So verdient Gauß ein ansehnliches Anfangsgehalt von 1000 Talern, während Harding mit 400 Talern auskommen muss.

Im Briefwechsel mit Harding hat Gauß sich «eine eigene Stube, die nicht unmittelbar an diejenige stieße, wo die Kinder schreien» [Küs$_2$: 31], gewünscht. Bei der Planung muss er jetzt an zwei Kinder denken, denn Johanna ist im sechsten

Monat schwanger. Ihr ist die hundert Kilometer weite Reise auf dem schaukelnden Wagen nicht bekommen. Aber, so schreibt sie an ihre Freundin Dorothea Köppe: «Sobald ich ausstieg, war ich munter wie ein Fisch. Unsere Sachen waren durch die Güte von Prof. Harding schon alle ausgepackt, so daß bei unserer Ankunft etwa um 3 U. Nachmittags eine warme Stube und eine Tasse Thee uns empfing» [Mac: 21]. Ihr erster Eindruck von der Wohnung ist weniger günstig. Die Küche scheint ihr «räuchrig und zugig», die Diele heruntergekommen, das Wohnzimmer leidlich. Auch Gauß spricht Olbers gegenüber von unserer «ziemlich schlechten interimistischen Wohnung».

Eine Woche später werden, wie es die akademischen Gepflogenheiten verlangen, «Visiten gefahren». Der Herr Professor und seine Frau mieten sich eine Kutsche, fahren bei 50 bis 60 Familien vor, lassen durch den Kutscher oder einen mitfahrenden Botenjungen ihre Visitenkarte abgeben und müssen währenddessen vornehm im Wagen sitzen bleiben und weiterfahren, bevor sich die Gelegenheit ergeben könnte, dass jemand ihnen tatsächlich persönlich die Hände schütteln wollte. So ist es Brauch. Hanchens Kommentar: «O der lächerlichen Menschen!»

Das Kurfürstentum Hannover hat mit dem Sieg Napoleons aufgehört zu existieren. Göttingen gehört, wie das ehemalige Herzogtum Braunschweig, seit August zum Königreich Westphalen, das von Napoleons Bruder Jérôme Bonaparte regiert wird. Mit einer neuen, bürgerlich-rechtsstaatlichen Verfassung soll hier ein Musterstaat entstehen, der den Deutschen die Überlegenheit des napoleonischen *Code Civil* schmackhaft machen will. So wird die Leibeigenschaft abgeschafft und die Gewerbefreiheit eingeführt. Vor allem soll der Grundsatz der

Gleichheit aller Bürger vor dem Gesetz gelten. Theoretisch zumindest. Westphalen ist nicht wirklich souverän, sondern bleibt in das Menschen und Ressourcen verschlingende Herrschaftssystem des Kaisers eingebunden. Napoleonische Militärmaschine und königliche Verschwendungssucht lassen das Land wirtschaftlich ausbluten. Durch ständige Steuererhöhungen geraten viele Menschen in existenzielle Not, wohlhabende Bürger werden zu hohen Kontributionen verpflichtet, und der auf seine alten Privilegien beharrende Adel lässt keine wirklichen Reformen zu. Auch Carl Friedrich Gauß ist von den Zwangsanleihen betroffen. Er hat noch keinen Taler verdient, da soll er bereits ein halbes Jahresgehalt zahlen. Olbers weist ohne Rückfrage 100 Louisd'or an, die Gauß postwendend zurückschickt. Es seien bereits Arrangements getroffen, die eine Reduzierung auf die Hälfte des Betrags in Aussicht stellten. Unter den Fürsprechern gehört offenbar auch Laplace in Paris, der Einfluss auf Napoleon hat. Da kommt über Mittelsmänner aus Frankfurt ein Geschenk über 1000 Gulden von einem anonymen Spender. Nach einigem Zögern nimmt Gauß es an und teilt sich das Geld mit Harding, der durch die Zwangsanleihe ebenfalls in Schwierigkeiten geraten ist. Gauß vermutet den unbekannten Mäzen in Paris.*

Kurz vor der Niederkunft Johannas scherzt der werdende Vater noch mit Olbers, dem designierten Taufpaten, Harding müsse beim dritten und der Freund in Bremen noch einmal beim vierten Kind Pate sein. Dann wären die drei Entdecker der vier himmlischen Kinder Ceres, Pallas, Juno und Vesta auch die Paten seiner irdischen Kinder. Am 29. Februar 1808 kommt Wilhelmine zur Welt, eine schwere Geburt, die Johanna noch lange schwächt. Am 18. April bedankt sich Johanna bei Olbers' Frau und Tochter für das «allerliebste elegante Geschenk», das sie Minna gemacht haben. Sie selbst sei nach einem dreiwöchigen heftigen «Milchfieber» gänzlich wiederhergestellt und freue sich über den gesunden Appetit ihres Babys. Ob mit zunehmender Korpulenz «nun auch Weisheit und Verstand mit kommt, das freilich muss ich dem Himmel anheimstellen, frommer wenigstens ist sie durch die Taufe ... nicht geworden; sie schreit seitdem viel mehr» [Olb1: 413]. In einem Brief an seine Eltern deckt der Vater einen durch astronomische Mathematik bedingten Nachteil für die kleine Minna auf: «Das arme Kind ist zu bedauern, daß es gerade am Schalttage die Welt erblickt und also nur alle vier Jahre einen Geburtstag zu feiern hat» [Mac: 28].

Aus einem Brief an ihre Freundin Dorothea Köppe geht hervor, dass ihr Zustand im Kindbett ernster gewesen sein muss: «Noch einmal bin ich dem Tode entwischt und hoffe ihm nun auf lange Zeit entlaufen zu seyn ... Mein Mädchen ist ein recht ... derber Stöpsel ... sie wird eine dicke Trulle werden ... Meinem Carl wird es freilich nicht recht seyn, der fürchtet dies ordentlich, er möchte lieber ein kleines zartes Püppchen haben; allenfalls für einen Jungen meint er sey es hübsch so dick zu sein, doch ein Mädchen müsse auch als Kind schon zart seyn. Er prophezeit mir, daß es eben keine sonderliche Schönheit werden wird, das sehr leicht möglich ist» [Mac: 28 f.]. Nach einem halben Jahr in Göttingen und nach dem Umzug in ein freundlicheres Quartier in der Kurzen Straße – «5 Zimmer, 4 Kammern und Auditorium im 1. Stock; Diele, Domestikenstube und Wirtschaftsräume im Erdgeschoss» [Küs$_2$: 30] – sind Johannas Briefe immer noch vom Heimweh geprägt. Sie sehnt sich nach ihrer Mutter – «es ist der süßeste Klang, wenn ich höre, daß es ihr wohl gehet» –, nach der Freundin Dorchen und nach der Heimatstadt Braunschweig. Das sonnige Gemüt der Gerbertochter kann sich nicht an der völlig anderen Art von Geselligkeit erwärmen, die ihr in dieser überschaubaren Kleinstadt mit ihrer weltberühmten Universität geboten wird. Sie fühlt sich verloren in den Salons der Hofrätinnen und vornehmen, hochgebildeten Damen und macht sich nichts aus den Teegesellschaften mit 60 bis 80 Gästen. Bei Wein, Gebäck und Kartenspiel langweilt sie sich und sehnt den Augenblick herbei, der ihr spät genug erscheint, um ihren Aufbruch nicht unhöflich wirken zu lassen. Immer wieder drückt sie ihr Unverständnis dafür aus, deswegen ihre Kinder dem Gesinde überlassen zu müssen. «Gauß macht es ebenso wenig Spaß wie mir, man hat es mit ein Paar malen herzlich satt ... Man ist gewiß umso glücklicher, je mehr man sich auf die Familienfreuden beschränkt» [Mac: 41; 32].

Vom Tod seines Vaters erfährt Gauß durch einen Brief seiner Schwiegermutter. Acht Jahre zuvor hat Gebhard Dietrich Gauß sein Haus am Wendengraben verkauft und ein kleineres in der Nähe der St. Ägidienkirche, am Südrand der Stadt, erworben. In seinem letzten Lebensabschnitt ist es ihm vergönnt, die mühselige Plackerei aufzugeben und als Bote einer Versicherungsgesellschaft und Mitarbeiter eines Markthändlers den Lebensunterhalt für sich und seine Frau etwas entspannter zu verdienen. Ein Brust- und Nervenfieber streckt ihn Anfang April 1808 nieder. Er setzt seinen Letzten Willen auf, nach dem seine «jetzige liebe Ehefrau, mit der er eine vieljährige glückliche Ehe geführt» [Hän: 90], lebenslänglich Nutznießerin seines ganzen Vermögens sein soll. Seine Söhne werden ihn dereinst zu gleichen Teilen beerben. Gebhard Dietrich Gauß stirbt am 14. April 1808 im Alter von 64 Jahren.

Nach einer ersten Inspektion der alten Sternwarte, die in einem runden, in die ehemalige Stadtmauer integrierten Turm untergebracht ist, zeigt Gauß sich enttäuscht über den Zustand der meisten Instrumente. Ein Teleskop ist «ganz erbärmlich montiert» und für Beobachtungen lichtschwacher Objekte und ihrer Ortsbestimmung unbrauchbar. Die Fixsterne geraten am Rand des Gesichtsfeldes zu langen Spießen. Auch ein Spiegelteleskop der gleichen Bauart, wie er es in Braunschweig benutzt hat, ist so wacklig, dass es beim kleinsten Luftzug hin- und herschaukelt. Da hat er am Stubenfenster in Braunschweig bessere Bedingungen gehabt. Am Herschel-Teleskop jedoch hat er nichts auszusetzen. Sofort fängt er den Kometen wieder ein, dessen doppelter Schweif ihm, wenn man so will, den Weg nach Göttingen gewiesen hat.

Der Grundstein für die neue Sternwarte draußen vor der Stadt mit freier Sicht in alle Himmelsrichtungen ist 1803 gelegt worden. In den vergangenen fünf Jahren hat die Stadt ständig wechselnde preußische und napoleonische Besatzungsarmeen verkraften müssen. Wenn es überall am Nötigsten fehlt, muss auch das Geld für die Arbeiten an der Sternwarte zur Versorgung der fremden Truppen abgezweigt werden.

In einem Brief an Dorothea Köppe spricht Johanna Gauß von der «Niedergeschlagenheit und Verzweiflung» ihres Mannes über die vielfachen Demütigungen der Fremdherrschaft, unter denen alle leiden, vom Dienstmädchen bis zum Hofrat. Es sind aber zweifellos nicht nur die unregelmäßigen Gehaltszahlungen unter französischer Verwaltung, die ihm Kummer bereiten. Auch um seine Johanna macht er sich Sorgen. Es fällt ihr offenbar schwerer als in den ersten Jahren, mit ihrer Unbeschwertheit und ihrem sonnigen Gemüt den Ehemann aus seiner Melancholie herauszulösen. Seit ihrer schweren zweiten Geburt leidet sie unter chronischer körperlicher Schwäche. Und gerade ist sie wieder schwanger geworden. Ob die Eheleute gemeinsam freimütig über ihre Angst vor neuen

Komplikationen reden? Dass die über alles geliebte Frau so leidet, verstärkt seine trübsinnige Stimmung. Aus dieser Zeit stammt auch ein erschütterndes Zeugnis seiner Schwermut. Mitten in seinen mathematischen Aufzeichnungen steht: «Der Tod ist mir lieber als ein solches Leben». Gauß denkt sogar über einen Wechsel an eine andere Universität nach. Typischerweise überlässt er Olbers die Erkundigungen über die Universitäten im russischen – heute estländischen – Dorpat und in Leipzig. Doch weder über die Verhältnisse noch über den Zustand der astronomischen Instrumente weiß dieser Vorteilhaftes zu berichten. Olbers redet dem Freund die Fluchtgedanken nicht aus, gibt ihm aber deutlich zu verstehen, dass die Auswirkungen der napoleonischen Schwerkraft augenblicklich den ganzen europäischen Kontinent erschüttern.

Und die düsteren Wolken ziehen auch wieder vorüber. Es hat sogar den Anschein, als habe Napoleons Bruder Jérôme, der das Königreich Westphalen von Kassel aus regiert, ein Faible für die Göttinger Universität. Mit Verhandlungsgeschick, Huldigungsgesten und Mummenschanz gelingt es dem Universitätskuratorium, den neuen Herrscher gewogen zu stimmen. Hanchen berichtet ihrer Freundin Dorothea von einer pompösen Ehrenpforte, die die Professorenschaft für den Besuch Jérômes in Göttingen zimmern lasse. «Auch sollen alle dito in einem lächerlichen Costume mit Röcken ohne Kragen, langen Westen mit Klappen und Schößen versehen und Gott weiß was alles paradiren...» [Mac: 24]. Offenbar hat sich die Investition von 600 Talern in die Ehrenpforte ausgezahlt, denn der König sichert der Universität seinen besonderen Schutz zu, sodass selbst Gauß sich verhalten optimistisch über die Wiederaufnahme der Bauarbeiten an der Sternwarte äußert. Peu à peu arrangieren sich die Akademiker mit der französischen Besatzungsmacht.

Das Dozieren liegt Gauß nicht. Davon ist er überzeugt, obwohl er es noch nie getan hat. Dieses «undankbare Geschäft» verschlinge zu viel Zeit. In dieser Hinsicht meint es das Schicksal zunächst gut mit ihm. Denn da sich erstaunlicherweise nur ein einziger Student für die Vorlesung des berühmten neuen Professors anmeldet, wird die Veranstaltung abgesagt. So bleibt ihm die Peinlichkeit eines Privatissimums erspart. Im zweiten Halbjahr sind es dann schon drei, die Gauß hören wollen. Jetzt gibt es kein Pardon mehr. Er muss sich vorbereiten auf die ungeliebte Aufgabe. Und prompt beklagt er sich über die Zerstückelung des Arbeitstages, die ihm Zeit für besondere Herausforderungen raube. Zweifellos wird ihm jetzt schmerzlich bewusst, warum ihn so mancher Kollege um die Unabhängigkeit beneidet hat, die ihm der großzügige Herzog in Braunschweig ermöglichte. Seine drei Hörer schätzt Gauß als mittelmäßig begabt ein. Namentlich erwähnenswert findet er jedoch Heinrich Christian Schumacher aus Altona, der eigens seinetwegen nach Göttingen gekommen sei. Der bereits promovierte Jurist, nur drei Jahre jünger als Gauß, interessiert sich für Astronomie und sucht seine Kenntnisse in persönlichen Begegnungen mit Gauß abseits der Seminare und Vorlesungen zu vertiefen.

Carl Ludwig Harding liest über die Anfangsgründe der Astronomie und über Nautik. Er ist von der Vorlesungsverpflichtung ebenso wenig begeistert gewesen, zumal er es sich anfangs nicht so recht zugetraut hat. Aber das war eine der Bedingungen für seine Einstellung als außerordentlicher Professor. Die Fäden für diese Vereinbarung hat Olbers gezogen, um seinem Schützling Gauß den Rücken freizuhalten. Harding ist seit 1805 in Göttingen. Der studierte Theologe hat es als Hauslehrer des Sohnes von Johann Hieronymus Schröter mit Zähigkeit und Fleiß zum Inspektor und Observator der Sternwarte

Lilienthal gebracht und sich mit der Entdeckung der Juno einen Namen gemacht. In Göttingen kümmert er sich um die Instrumente, führt das Beobachtungstagebuch der Sternwarte und arbeitet an einer umfangreichen Himmelskarte. Gauß stellt zwar unerbittlich fest, dass Carl Ludwig Harding sich oft verrechnet, hält ihn aber für grundsätzlich fähig, unter seiner Anleitung ein guter Rechenstiftastronom zu werden. Demnächst soll er Pate eines kleinen Ludwig oder einer Luise sein, denn Johanna ist wieder schwanger.

Im Mai 1809 erscheint endlich sein astronomisches Hauptwerk *Theorie der Bewegung der Himmelskörper, welche in Kegelschnitten die Sonne umlaufen*. Bis zuletzt hat es Auseinandersetzungen mit Verleger und Drucker über die Sorgfalt des Satzes und der Korrektur gegeben. Die Unternehmer wollen Zeit und Geld sparen, was Gauß nicht durchgehen lässt. Sieben Jahre hat er daran gearbeitet, jetzt will er nicht auf Kosten der Genauigkeit ein paar Wochen gewinnen. Seit den ersten Ceres-Berechnungen im Herbst 1801 sind seine Bemühungen auf das Ziel hinausgelaufen, die Bestimmung der Planetenbahnen aus wenigen Beobachtungen und nach den Kepler'schen Gesetzen eleganter, kürzer und mit hinreichender Genauigkeit zu gestalten. Ziemlich selbstbewusst wirft er – ohne Namen zu nennen – den bisher vorgeschlagenen Versuchen vor, «höchstens eine rohe Annäherung zu geben oder ... nur einen verworrenen Haufen von unentwickelten und selbst den unverdrossensten Rechner zurückschreckenden Formeln aufzustellen» [GauVI: 54]. Selbst Keplers Methoden findet er «verhältnismäßig kunstlos». Zwei seiner drei Gesetze veröffentlichte Kepler 1609 in seinem Werk *Astronomia Nova*. Das *Praefatio* zu seiner *Neuen Astronomie* schrieb er am 29. März 1609, während Gauß das Vorwort zu seiner *Bewegungstheorie* am 28. März 1809 verfasst. Die Koinzidenz ist hauptsächlich auf die Saumseligkeit von Verleger und Drucker zurückzuführen und nicht etwa einem mysteriösen Zweihundertjahrerhythmus geschuldet. Obwohl die präzise Übereinstimmung der Daten durchaus die Vermutung zuließe, es sei Absicht im Spiel gewesen.

Die Bewegung eines Himmelskörpers im Sonnensystem ist nicht allein von der überwältigenden Schwerkraft abhängig, die die Sonne auf ihn ausübt und ihn in eine Umlaufbahn um sie zwingt. Jedes Teilchen im Universum «spürt» die Schwerkraft jedes anderen Teilchens. So werden die Wege von Ceres, Pallas, Juno und Vesta eben nicht nur von der Sonne, sondern auch erheblich von der Schwerkraft des massereichen Jupiters beeinflusst. Diese Beeinträchtigung oder «Störung» der Bahnen durch andere Planeten muss berücksichtigt werden, will man präzise Vorhersagen über künftige Positionen eines Himmelskörpers machen. Gauß gibt nun mit seinem Werk der Astronomenzunft einen Leitfaden an die Hand, um auch diese Schwierigkeiten zu bewältigen. In seiner *Bewegungstheorie* stellt Gauß ein in sich geschlossenes System allgemeiner Berechnungsmethoden für die elliptischen und die einer Hyperbel ähnelnden Umlaufbahnen von Planeten und Kometen vor. Nichts anderes bedeutet der Begriff «Kegelschnitte» im Buchtitel. Dazu gehört ein verfeinertes Verfahren zur Bestimmung der Positionen von Himmelskörpern mit Hilfe dreier Koordinaten – eine Triangulation am Himmel. Diese neuen Formeln und Fehlerreduzierungsprozesse unterscheiden sich von den herkömmlichen Verfahren durch ihre Allgemeingültigkeit. Die Bahn wird nicht mehr durch Hypothesen und schrittweise Annäherungen bestimmt, sondern nach dem neuen «geschmeidigen, für die wirkliche Anwendung geformten Calcul» [GauVI: 54].

Es ist die Weiterentwicklung und Vervollkommnung einer

mathematischen Einsicht, die er als siebzehnjähriger Carolinum-Zögling gehabt hat. Es soll die mit Fehlern behafteten Beobachtungen und Messungen möglichst gut ausgleichen. Gauß verbessert die gefundene Bahn, indem er die Summe der Differenzen zwischen den beobachteten und den berechneten Koordinaten quadriert und sie so gering wie möglich werden lässt. Und sollte es nach dem grandiosen Erfolg der Ceresbahnberechnung vom Herbst 1801 noch einen Zweifel an der Allgemeingültigkeit des Gauß'schen Verfahrens gegeben haben, so lieferten ihm die Entdeckungen von Pallas, Juno und Vesta in den darauffolgenden Jahren die willkommene Gelegenheit, die Leistungsfähigkeit seiner Methode eindrucksvoll unter Beweis zu stellen.

Der Name seines neuen Verfahrens lautet «Methode der kleinsten Quadrate». Dieser Begriff stammt allerdings nicht von ihm selbst, sondern von dem französischen Mathematiker Adrien Marie Legendre, der sie 1807 veröffentlicht hat. Legendre schreibt: «Von allen Prinzipien ... ist meiner Meinung nach das allgemeinste, genaueste und am leichtesten anwendbare dasjenige, das die Summe der Quadrate der Fehler zu einem Minimum macht. Hierdurch wird zwischen den Fehlern eine Art Gleichgewicht hergestellt, welches verhindert, dass die extremen [Fehler] überwiegen, und sehr geeignet ist, das der Wahrheit am nächsten kommende Ergebnis ... erkennen zu lassen» [Gal: 11]. Gauß macht ihm diese Entdeckung auch nicht streitig und bleibt gelassen. Er rechnet ja im wahrsten Sinne des Wortes damit, dass Mathematiker ähnlichen Formats von selbst auf diese Methode kommen müssen. Die konsequente Einhaltung seines strikten Prinzips, nur vollendete Kunstwerke zu veröffentlichen, führt in diesem Fall dazu, dass Legendre die Idee als Erster publiziert. Nach wissenschaftlichen Veröffentlichungskriterien gebührt ihm dafür also auch die Urheberschaft. Gauß übernimmt den von Legendre geprägten Begriff «Methode der kleinsten Quadrate» (Méthode des moindres carrés). In den *Göttingischen gelehrten Anzeigen* vom 11. Juni 1809 darf Gauß sein neues Buch auf sieben Seiten vorstellen. Dabei kann er sich allerdings den Hinweis nicht verkneifen, die zwei Jahre zuvor von Legendre veröffentlichten Grundsätze seien «von dem Verfasser schon seit 14 Jahren angewandt und von demselben schon vor geraumer Zeit mehreren seiner astronomischen Freunde mitgetheilt» worden [GauVI: 59]. Ganz so abgeklärt, wie manche Gauß-Bewunderer uns dessen Gemütslage schildern, hat er dann wohl doch nicht auf die Veröffentlichung von Legendre reagiert.

Doch ganz andere Sorgen überschatten den gerade erreichten Zenit seiner Astronomenkarriere. Am 10. September 1809 hat Johanna Gauß einen Sohn zur Welt gebracht, der, wie geplant, nach dem Juno-Entdecker Harding Ludwig heißen soll. Aber Johanna scheint sich auch dieses Mal nicht gleich von den Strapazen der Geburt zu erholen. 24 Tage danach geht es ihr immer noch schlecht, sodass Gauß den geplanten Besuch bei Olbers in Bremen vorerst absagen muss. Johanna selbst hat erneute Komplikationen befürchtet. Als sie sich Ende Januar 1809 ihrer Freundin Dorothea Köppe anvertraute, wieder schwanger zu sein, gab sie auch preis, es gehe ihr bereits seit Minnas Geburt, also seit fast einem Jahr, «gar nicht gut, bin immer übel ... ich fühle seit der Zeit im untersten Knochen des Rückgrats wenn ich lange gesessen habe, Schmerz. Dieß hat immer zugenommen ...» Dennoch sei sie glücklich mit ihrem Carl, habe sich inzwischen in Göttingen eingelebt und fühle sich der Familie des Juraprofessors Waldeck herzlich verbunden, vor allem der jüngsten Tochter Minna. Wenngleich auch

Minna Waldeck ihre liebste Freundin Dorchen niemals ersetzen könne: «Nein, es ist feste Überzeugung bey mir geworden, der Mensch ist nur im stande einmal zu lieben ...» [Mac: 38]. Im siebenten Monat ihrer Schwangerschaft ist sie «beinahe dreiviertel Jahr die personificierte *pauvreté* [bedauernswertes Geschöpf] gewesen ... es ist wahrlich hart, alle anderthalb Jahre in dieser armen Sünderangst zu leben» [Mac: 41].

Dorothea Köppe beschwört Johannas Vitalität – «Du blühendes Mädchen ...» – und muntert sie mit der Art von Galgenhumor auf, der die Freundinnen verbindet, den Männern nicht den Gefallen zu tun und zu früh zu sterben. Sie erzählt drei aktuelle Beispiele von Männern aus ihrem gemeinsamen Bekanntenkreis, deren Frauen kürzlich gestorben seien und die, anfangs untröstlich über den Verlust, in kürzester Zeit wieder geheiratet hätten: «Ich glaube beynahe, daß ein Artickel im Code Napoleon [dem neuen französischen Zivilrecht im Königreich Westphalen] es befiehlt, sich binnen einem Vierteljahre wieder zu verheyrathen ... das sind Thatsachen, die nicht sehr zum Lobe der Männer sprechen» [Mac: 40 f.].

Gerade hat Carl Friedrich Gauß mit seinem «geschmeidigen Kalkül» Keplers und Newtons Himmelsmechanik auf elegante Weise verfeinert, da verliert er auch schon das Liebste, was er hat. Am 11. Oktober 1809 um acht Uhr abends stirbt Johanna Gauß an den Folgen der Geburt. Sie wird am 14. Oktober beerdigt. Johannas Mutter versorgt die Kinder, während Gauß noch am Tag der Beerdigung nach Bremen zu Wilhelm Olbers reist, «um in den Armen der Freundschaft Kräfte für das Leben zu sammeln, das jetzt nur noch als meinen drei unmündigen Kindern gehörend Werth hat» [Olb1: 442]. Auf einem von Tränen befleckten Blatt Konzeptpapier hinterlässt Gauß die Totenklage um seine Johanna:

«Siehst du geliebter Schatten meine Thränen? Du kanntest ja, solange ich dich die meine nannte, keinen Schmerz, als den meinigen, und brauchtest zu Deinem Glück Nichts, als nur mich froh zu sehen! Selige Tage! Ich armer Thor konnte ein solches Glück für ewig halten, konnte wähnen, Du einst verkörperter und jetzt wieder neu verklärter Engel seyst bestimmt, mein ganzes Leben hindurch alle die kleinlichen Bürden des Lebens mir tragen zu helfen? Womit hatte ich dich denn verdient ... Ach ich war der Glückliche, dessen dunkle Pfade der Unerforschliche von deiner Gegenwart, von deiner Liebe, von deiner zärtlichsten und reinsten Liebe erhellen ließ ... Mit der Sanftmut eines Engels ertrugst du meine Fehler ... O du Beste, bleib meinem Geiste nahe. Laß deine selige Seelenruhe, die dir den Abschied von deinen Lieben tragen half, sich mir mittheilen, hilf mir, deiner immer würdiger zu seyn ...!

Einsam schleiche ich unter den fröhlichen Menschen ... Selbst der heitere Himmel macht mich nur trauriger ... Du Seelige schauest nun schon die dunklen Zwecke, die durch die Zertrümmerung meines Glücks erreicht werden sollen, in Klarheit an.* ... Du hattest mich so lieb. Du wolltest so gern bei mir bleiben. Ich sollte mich doch nicht zu sehr dem Gram überlassen, waren beinahe deine letzten Worte ... daß deine unendliche Seelengüte mir stets recht lebendig vorschwebe, damit ich, so gut ich armer Erdensohn kann, dir nachstrebe» [Mac: 16 f.].

Bevor Gauß nach Göttingen zurückkehrt, fährt er Anfang November erstmals seit seinem Umzug wieder nach Braunschweig. Zweifellos wird er auch seine Mutter besucht haben. Er wohnt ein paar Tage bei Karl und Dorothea Köppe, in deren Haus er vor nunmehr sechseinhalb Jahren seine Johanna zum ersten Mal gesehen hat. Dorothea schenkt ihm sieben der elf Briefe, die ihr Johanna in knapp zwei Jahren aus Göttingen geschickt hat. Die anderen vier kopiert er sich. Die sieben geschenkten Briefe schreibt er in Göttingen ebenfalls ab und schickt die Kopien an Dorothea Köppe: «Es hat außer mir schwerlich jemand auf der Welt die Vortrefflichkeit der Verewigten in dem Grade gekannt, wie gerade Sie: Sie waren Zeuge unserer entstehenden Liebe, Sie können am lebendigsten in meine Seele fühlen, was ich verloren habe. Vor Ihnen konnte ich ohne Scheu meine Thränen fließen lassen, die ich hier nur der einsamen Nacht aufsparen darf» [Mac: 49].

Bald erkrankt sein Sohn Joseph schwer an Masern, doch Tochter Minna strotzt, wie immer, vor Gesundheit. Sie «ist außerordentlich an mich attachirt» [ShuI: 12], während der kleine Louis von schwacher Konstitution und ein paar Tage lang sterbenskrank gewesen ist. Am 1. März 1810 stirbt Louis nach achtstündigen Krämpfen.

In der letzten Aprilwoche ist Gauß wieder in Braunschweig zu Besuch bei seiner Mutter, Freunden und Bekannten. Aber dieses Mal kommt er nicht allein, sondern in Begleitung seiner beiden Kinder, Schwiegermutter Osthoff und einer fremden, jungen Dame von 22 Jahren. Seit drei Wochen ist er mit ihr verlobt, im August wollen sie heiraten. So lange wird Johannas Mutter noch den Haushalt in Göttingen führen. Die neue Braut heißt Minna Waldeck, jüngste Tochter des Göttinger Juraprofessors Johann Peter Waldeck, Oberhaupt einer – wie man in leichtfertiger Generalunion zu sagen pflegt – angesehenen, wohlhabenden und vornehmen Familie. Sie ist die Frau, der Johanna in der schwierigen Eingewöhnungszeit in Göttingen am nahesten gekommen ist und die sie ihre Freundin genannt hat. Gauß glaubt, dieselbe Herzensgüte an ihr entdeckt zu haben, die Johanna zu eigen gewesen ist. Jeder,

der Gauß kennt, ihn liebt und die Situation mit Verstand betrachtet, wird diese geplante zweite Ehe für die einzig vernünftige Lösung halten. Der dreieinhalbjährige Joseph und die zweijährige Minna bekommen eine neue Mutter und der dreiunddreißigjährige Witwer, der «isoliert nie wieder eine volle Heiterkeit erlangen» kann, eine neue Gefährtin.

Doch wie reagieren die Freunde, die Johanna gekannt und geliebt haben, auf Minna, die, wie Gauß seinem Freund Schumacher anvertraut, «meine Kinder schon wie Mutter lieben»? Seit Johannas Tod ist gerade ein halbes Jahr vergangen. Dass Mutter Osthoff das neue Paar begleitet und wieder mit nach Göttingen zurückkehren wird, mag bei manchem Schwankenden ein vorschnelles Urteil verhindert haben. Vielleicht wacht sie auch wie eine Anstandsdame über die Verlobten, denn sittsam sollte es schon zugehen, wenn Braut und Bräutigam vor der Hochzeit verreisen. Aber in Dorothea Köppes Ohren muss es geklingelt haben, hat sie doch nur wenige Wochen vor Johannas Tod ihrer Freundin noch schalkhaft geraten, nicht allzu früh zu sterben, da die Männer schlecht sind und sich schnell wieder verheiraten.

Woanders aber kommt es tatsächlich zu Missstimmungen. Im Haus von Johannas Cousine Auguste Bosse muss es Streit gegeben haben. In einem Brief bedankt sich Gauß für ihre Gastfreundschaft und geht mit beschwichtigenden Worten indirekt darauf ein, entschuldigt sich und versichert ihr, die Wogen seien inzwischen geglättet. Denn unkompliziert und fröhlich wie Johanna scheint Minna Waldeck nicht gerade zu sein, eher kapriziös und empfindlich. Und was ein Begrüßungsgang durch die Braunschweiger Ostervorgärten werden sollte, um die neue Verlobte vorzustellen, gerät nun fast zu einem Reinfall und wächst sich zu einer ernsthaften Krise zwischen den Verlobten aus. Der soziale Kontrast zwischen der höheren Tochter «aus gutem Hause» und den bodenständigen, mit Mutterwitz begabten Kaufleuten und Handwerkern könnte größer kaum sein. Vor allem die Begegnung mit Dorothea Gauß muss für Minna ein Schock gewesen sein. Die Mutter des größten Mathematikers der Welt ist eine Analphabetin, kennt offenbar keine andere Kleidung als ihren bäuerlichen Leinenkittel und spricht nur das derbe Braunschweiger Platt.

Bemerkenswerterweise hat Gauß in dieser existenziellen Angelegenheit nicht den Rat seines väterlichen Freundes Wilhelm Olbers gesucht, sondern stellt den erstaunten Briefpartner vor vollendete Tatsachen. Etwas gespreizt spricht er von einer sonderbaren *Concatenation*, einer Verkettung von Umständen, die ihm ein Wesen in die Arme geführt habe, das «ebenso fromm und engelgut [ist] wie meine verewigte Frau war» [Olb1: 448]. Dieses Mal sind seine Ratgeber zwei würdige Herren aus Braunschweig, die auf ihre alten Tage noch in die Kupplerrolle schlüpfen wollen, um ihren einstigen Schüler endlich wieder glücklich zu sehen. Es sind der Mathematiklehrer Hellwig, der Gauß damals vom Mathematikunterricht auf dem Gymnasium befreite, und sein «Pflegevater» Zimmermann, die sich insgeheim «drei schöne, höchst sittsame und gebildete Mädgen» [Zim$_1$: 66] in Braunschweig ausgeguckt haben und ihn beschwören, sie sich anzuschauen und wieder zu heiraten, um seine «innere Ruhe» wiederherzustellen. Die Idee an sich nimmt Gauß auf, aber die drei Braunschweiger Grazien bleiben ungeküsst, denn sein Blick ist ja schon auf eine andere gefallen.

Gauß kennt Minna Waldeck seit zwei Jahren. In der Villa ihrer Eltern sind er und seine Ehefrau Johanna gerngesehene Gäste gewesen. Anfang 1810 erfährt der Witwer, Minnas Verlobung mit einem Herrn Witmütz sei gelöst worden – jene

Concatenation, die Gauß als Fingerzeig des Himmels interpretiert. Im sicheren Bewusstsein, dass die Frau Hofrätin Waldeck niemand anderen lieber zum Schwiegersohn hätte als Gauß, vertraut er ihr in einem Brief seine ernsthaften Absichten an und bittet sie, ihre Tochter schonend auf einen schriftlichen Heiratsantrag vorzubereiten. Vier Wochen später liest Minna einen seltsamen Brief, der trotz Aufrichtigkeit und edler Gesinnung eine sonderbar kühle Atmosphäre erzeugt. Er schmeichelt weder ihrer Schönheit noch ihrer kostbaren Seele: «Ich ehre Sie viel zu sehr, um es Ihnen verschweigen zu wollen, daß ich Ihnen nur ein getheiltes Herz anzubieten habe, in welchem das Bild des verklärten Schattens nie erlöschen wird.» Das ist mutig. Manche Formulierungen – «bei der ernstesten Angelegenheit Ihres Lebens» – und die wechselnden Anreden, «Theuerste ... Gute ... Beste», haben sich schon in der Liebeserklärung an Johanna bewährt. Und so, wie er einst seine erste Braut beschworen hat, nur auf ihr eigenes Herz zu hören und nicht auf seine selbstsüchtigen Wünsche Rücksicht zu nehmen, überlässt er auch jetzt wieder einer Frau die Entscheidung, von der letztlich dann doch mit existenzieller Wucht nichts Geringeres als «das Glück meines Lebens abhängt» [Mac: 68].

Dieses Mal muss er nicht lange auf Antwort warten. Postwendend bekommt er seinen Korb. Der Brief von Minna Waldeck ist verloren gegangen, aber aus Gaußens schriftlicher Reaktion auf ihre Absage geht hervor, dass sie den Bruch mit ihrem Verlobten noch nicht verkraftet hat und sich offensichtlich von der Gauß'schen Gemütstiefe überfordert fühlt. Zwar versichert er ihr, er sehe sein verklärtes Hanchen vor sich, wie sie freudig ihren Segen zu der neuen Verbindung gäbe, vermutlich jedoch fürchtet sie insgeheim das überlebensgroße Bild der «verewigten» Freundin. Vielleicht vermisst die Zweiundzwanzigjährige aber auch nur ein wenig Leichtigkeit, ein Anzeichen von Verliebtheit, eine Spur Esprit und Leidenschaft, ein paar artige Komplimente. Es ist alles so schwer und tiefsinnig, was der unglückliche Witwer da schreibt. Mit einfühlsamen Worten empfiehlt Gauß sich als Kavalier, der auf sie warten kann, und bittet sie schließlich: «O geliebte Freundin, vernichten Sie mich jetzt noch nicht mit dem Ausspruche, daß Sie nie im Stande seyn werden mehr für mich zu fühlen» [Mac: 70]. Wenige Tage später sind Wilhelmine Waldeck und Carl Friedrich Gauß verlobt. Die Eltern werden erheblich auf ihre Tochter eingewirkt haben. Von Gauß-Verehrer Schumacher aus Altona kommen die herzlichsten Glückwünsche und die kryptischen Sätze: «Vorzüglich werden die Damen, welche Sie kennen, very nice zu befriedigen sein, denn jede hätte Sie gar zu gern gehabt. In der That, wäre ich ein Frauenzimmer, so wüsste ich wohl wie ich mich jetzt ärgerte» [ShuI: 37]. Very nice indeed.

Aber die in Braunschweig entstandenen Missstimmungen zwischen den Verlobten lassen sich dann wohl doch nicht so leicht aus der Welt schaffen, wie Gauß es in seinem Brief an Auguste Bosse dargestellt hat. Zurückgekehrt von der «unglücklichen Reise», kämpft Gauß im Wonnemonat Mai um seine Braut. Die Verlobung droht zu platzen wegen ihres «gesteigerten Mißtrauens gegen mich». Und schließlich schreibt der resignierte Bräutigam bereits: «Es wird mir in meinem Unglück immer ein Trost seyn, wenn ich noch etwas für Ihr Glück thun kann» [SaB]. Für zusätzliche Turbulenzen sorgt in dieser bewegten Frühlingszeit ein Schreiben aus Berlin. Bildungsreformer und Unterrichtsminister Wilhelm von Humboldt will für die neugegründete Universität der preußischen Hauptstadt die herausragendsten Köpfe seiner Zeit verpflichten. Für die mathematisch-astronomischen Wissenschaften hat er an

Gauß gedacht. Offenbar ist ihm die Abneigung des Professors gegen das Dozieren bekannt, denn vorzüglich werde Gauß, sollte er sich für Berlin entscheiden, an der Königlichen Akademie der Wissenschaften forschen. Und nur falls seine Gesundheit und Muße es zuließen, so tastet sich Humboldt vor, könne er ja gelegentlich eine Vorlesung halten.

Die Antwort an Humboldt vom 25. Mai spiegelt das Gefühlschaos wider, in das Gauß mit dieser Verlobung hineingeschlittert ist. Er versichert Humboldt, die geschilderten Arbeitsverhältnisse in Berlin entsprächen genau seinem größten Wunsch, ungestört von Nebengeschäften, sich ganz seinen Neigungen hingeben zu können. Dieser Ruf aus Berlin erreiche ihn nun aber ausgerechnet in einer Phase seines Lebens, in der er diese wichtige Entscheidung nicht voreilig treffen dürfe. Familiäre Verhältnisse hielten ihn einerseits davon ab, wenngleich genau diese persönlichen Umstände schon sehr bald dazu beitragen könnten, Göttingen zu verlassen. Hat Minna signalisiert, sie könne sich ein Leben im flott expandierenden Berlin vorstellen? Oder wäre ein Wechsel nach Berlin keine schlechte Aussicht, um von einer geplatzten Verlobung Abstand zu gewinnen? Details gibt er Humboldt gegenüber nicht preis.

Im Sommer scheint die Krise zwischen den Verlobten überstanden zu sein. Am 12. Juni schickt ihm Minna ein Billett: «Wenn ich Ihnen noch lieb noch sanft bin, o liebster Carl, schlagen Sie es mir nicht ab, kommen Sie noch diesen Abend zu mir, o Gott sagen Sie es mir selbst» [SaB]. Am 6. August, zwei Tage nach der Hochzeit, meldet der frisch Vermählte nach Bremen, dass «Ruhe, Heiterkeit und häusliches Glück in vollem Maße wieder zu mir zurückgekehrt sind» [Olb1: 452]. Gauß betont wiederholt in seinen Gesprächen mit Kollegen und Freunden, seine Motivation für wissenschaftliche Beschäftigungen stehe in unmittelbarer Beziehung zu seinem häuslichen Glück. Überdies ist die Bewilligung von 200 000 Francs im Lauf der nächsten fünf Jahre zum Weiterbau der Sternwarte eine glückliche Wendung, die mit zur Entscheidung beiträgt, in Göttingen zu bleiben. Sie mag den Groll des umworbenen Mathematikers und Astronomen auf die französischen Besatzer etwas besänftigt haben.

Als am 29. Juli 1811 sein Sohn Eugen geboren wird, halten Freunde und Verwandte den Atem an, doch Minna übersteht die Geburt ohne Komplikationen. In dem Gesicht des Babys glaubt Gauß bereits «das ernste gesetzte Ansehen eines künftigen Mathematikers» [Olb1: 472] zu erkennen.

Jetzt ist er wieder ganz in seinem Element. Inzwischen findet er sogar Gefallen am Dozieren, da er mit Bernhard Nicolai und Christian Ludwig Gerling zwei überaus begabte Studenten hat, die er nun mit Aufgaben betraut, die er früher nie delegiert hätte. Bald werden Steine zum Aufbau der Sternwarte angeliefert. Beim Nachmessen der «Mittagslinie» des Gebäudes stellt er auf zwölf Meter eine Abweichung von zehn Millimetern fest.

Und selbstverständlich beobachtet er auch den Kometen, den der französische Astronom Honoré Flaugergues am 25. März 1811 entdeckt hat. Sein Schweif ist 15 Millionen Kilometer lang und bedeckt ein Viertel des Himmels. Damit gehört er zu den eindrucksvollsten Kometen des 19. Jahrhunderts. Die Koma, die neblige Hülle des Kerns, ist zwei Millionen Kilometer breit. Mit Olbers, Bessel und Schumacher diskutiert Gauß die Frage, ob der Komet aus sich selbst heraus leuchte oder ob er das Sonnenlicht reflektiere. Einen festen Kern kann er in seinem Teleskop nicht erkennen: «Es ist bloß ein verwaschenes, in der Mitte helleres, aber ganz allmählich sich verlierendes Wesen» [Olb1: 477]. 260 Tage lang ist der

Flaugergues-Komet mit bloßem Auge sichtbar, bis dahin ein Rekord in der dokumentierten Kometenbeobachtung.

Im September, als die Leuchtkraft des Kometen ihren Höhepunkt erreicht, befindet sich Gauß für einige Zeit beim Zach-Nachfolger Bernhard August von Lindenau auf der Seeberg-Sternwarte bei Gotha, sodass es zu einem Briefwechsel zwischen ihm und seiner Frau Minna kommt. Sie redet ihn mit «lieber Junge» und «guter Herzens-Junge» an und unterschreibt mit «Deine Dich über alles liebende Minna». Sie sehnt sich nach seiner Rückkehr und versichert ihm, nur in seiner Gegenwart glücklich zu sein. Nach einem Ehejahr hat sich auf den ersten Blick der Wunsch des betrübten Witwers erfüllt. Aus der angeblichen Vernunftehe zum Wohl der Kinder ist offenbar eine Liebesbeziehung geworden. Minna scheint auch eine glückliche Hand mit den beiden Kindern aus erster Ehe zu haben und bringt dem vierjährigen Joseph gerade das Pfeifen bei, weil der seinen zwei Monate alten Bruder Eugen damit beeindrucken will. Aber die Atmosphäre, die die beiden erhalten gebliebenen Briefe aus diesem zweiten Ehejahr vermitteln, ist von Nervosität geprägt. Man hat den Eindruck, sie fühle sich von der Persönlichkeit ihres Mannes, dieser Idealverkörperung von Genie und Tugend, überfordert und müsse stets von neuem um seine Liebe kämpfen. Ihre häufigen Verstimmungen müssen ihn, so fürchtet sie, kränken. Sie sei ihnen aber hilflos ausgeliefert. «Auch diese übertriebene Empfindlichkeit, ich kann nicht Herr ihrer werden ... es muß anders werden, denn bei Gott, ich fühle mich selbst höchst unglücklich dadurch. Habe nur noch Geduld guter Junge und entzieh mir deine Liebe darum nicht, es wird, es muß anders werden, mit diesem trüben Sinn mag ich nicht leben» [Mac: 73]. Es fehle ihr nicht an Willen, ihn so glücklich zu machen «wie Du es von mir erwartetest». Resigniert bittet sie den Himmel um die

Kraft, die Kinder zu guten Menschen zu erziehen, «so habe ich wenigstens einen Theil meiner Bestimmung erfüllt».

Ist das die Stimme einer Frau, die eine glückliche Ehe führt, wie mancher Gaußforscher behauptet hat? Eine gebildete Frau aus vermögender Familie befürchtet nach einem Ehejahr, dass ihre Liebe nicht genügt, um die Erwartungen ihres Mannes zu erfüllen. Der hat ja in seinem Heiratsantrag schon die Maßstäbe gesetzt: «… so bescheiden und genügsam ich sonst in meinen Ansprüchen an das Leben bin, in den engsten häuslichen Verhältnissen [kann es] keinen Mittelzustand für mich geben, so daß ich da entweder höchst glücklich oder sehr unglücklich seyn muß» [Mac: 69]. Sie selbst müsse aber a priori glücklich sein bei ihrer Entscheidung, weil sonst Gauß trotz des Glücks, sie zur Frau zu haben, wiederum unglücklich wäre. In seinem ersten Brief hat er ihr diese bedeutsame Bedingung ans Herz gelegt. Und als er nach der Braunschweig-Reise in der Verlobungszeit die chronische Verstimmung seiner Braut mit beschwichtigenden Briefen zu lösen versuchte, kam er immer wieder auf seinen Hauptsatz vom Glück zu sprechen «*Ganz* froh kann ich nicht seyn, als wenn Sie es auch sind» [SaB].

So führt der Versuch, den Eschenburg'schen Tugendkanon mit den wichtigsten ethischen Postulaten von Platon bis Kant in einen Professorenhaushalt mit drei Kleinkindern einzuführen, schon gelegentlich zu idealistischen Schieflagen. Nun müssen zwei Briefe aus dem zweiten Ehejahr natürlich nicht die Stimmung des ganzen Ehelebens repräsentieren. Aber in diesem Herbst 1811 muss man sich fragen, ob Minna jedes Mal, wenn Gauß schweigt oder erstarrt, sich vorstellt, was wohl die verklärte Johanna jetzt gemacht hätte? Offenbar haben hier zwei zu Trübsinn und Melancholie neigende Partner zusammengefunden. Man möchte für Minna hoffen, dass der mit einem «sehr herrischen, rauhen und unfeinen Vater» aufgewachsene Ehemann bei seinem Streben nach einem geglückten Zusammenleben auch die Turbulenzen komplizierter zwischenmenschlicher Beziehungen auf ein menschliches Maß herunterrechnen und in seine Gleichungen für häusliches Glück integrieren kann.

In kleinen Schritten kommt nun auch seine allgemeine Theorie vom Einfluss der Jupitermasse auf die Pallasbahn voran. Er findet neue Kunstgriffe zur bequemeren Anwendung der Methode der kleinsten Quadrate, die sich auch bei schwierigen Berechnungen elliptischer Bahnen bestens bewährt. Vom April bis November 1812 unternimmt Gauß die ungeheure Anstrengung, die Beziehung zwischen Jupiter und Pallas näher zu untersuchen. In diesem Zeitraum muss er rund 800 000 Ziffern verarbeitet haben, was einem Tagesdurchschnitt von 3500 Ziffern entspricht. Das wichtigste Ergebnis teilt er am 5. Mai Bessel mit: «Die mittleren Bewegungen von Jupiter und Pallas [stehen] in dem rationalen Verhältnis von 7 : 18, was sich durch die Einwirkungen des Jupiters immer genau wieder herstellt, wie die Rotationszeit unseres Mondes» [BGB: 170]. Bis vor kurzem hat man das Chaos der unterschiedlich starken planetaren Anziehungskräfte noch für unentwirrbar gehalten. Doch nun hat Gauß zwischen den Bewegungen des massereichen Jupiters und der relativ leichten Pallas ein einfaches, ganzzahliges Verhältnis ermittelt. Während Bessel Gauß für diese Erkenntnis schon einmal eine virtuelle Krone aufsetzt, hält Olbers diese neue Mathematisierung für eine der «merkwürdigsten» seit langer Zeit im Sonnensystem gemachten Entdeckungen. Als nächstes Element will Gauß die Auswirkungen der Gravitation von Mars und Saturn auf die Umlaufbahn der Pallas untersuchen, obwohl er sie im Vergleich zur Jupitermasse für minder bedeutend hält.

Im Mai 1812 meldet sich Olbers aus Paris und berichtet von der Begeisterung der französischen Mathematiker über die Gauß'schen Einsichten und Rechenverfahren. Allen voran der große Laplace wolle Gauß unbedingt persönlich kennenlernen. Der Freund hat sich auch schon erkundigt, wie lange die schnellste Postkutsche von Göttingen nach Paris unterwegs wäre: sensationelle acht Tage. Der begeisterte Tonfall lässt eigentlich nur eine Schlussfolgerung zu: Blaue Flecken, Prellungen und Muskelkater nach acht Tagen auf holprigen Straßen sind eine erstklassige Investition, denn Paris ist unbedingt eine Reise wert. Man werde ihn dort fürstlich empfangen.

Einem anderen deutschen Wissenschaftler ist in diesen Wochen bereits die Ehre zuteilgeworden, seine Erfindung Napoleon Bonaparte höchstpersönlich vorstellen zu dürfen. Der inzwischen in München lehrende und forschende Anatomieprofessor Samuel Thomas von Soemmerring, dessen Vorstellung vom Gehirnwasser als Sitz der Seele viel diskutiert, aber kaum anerkannt wird, hat nun einen wunderlichen elektrischen Kommunikationsapparat gebaut. Seit Alessandro Volta seinen Elektrizitätsspeicher erfunden hat, der ebenso wie die Zusammenschaltung vieler gefechtsbereiter Geschütze «Batterie» genannt wird, lassen sich chemische Verbindungen mit Hilfe des elektrischen Stroms aufspalten. In den Jahren, als Gauß die Himmelsmechanik Newtons und Keplers einer Revision unterzieht und verfeinert, gelingt es dem englischen Chemiker Humphry Davy mit dieser Methode, bisher unbekannte Elemente wie etwa Magnesium, Kalzium und Natrium aus ihren Verbindungen herauszulösen. Elektrolyse scheint daher ein angemessener Name für die Erzeugung chemischer Prozesse durch elektrische Energie zu sein. Es ist die genaue

Umkehrung der Vorgänge in der Volta'schen Batterie, wo chemische Reaktionen zwischen Zink, Kupfer und Säure in elektrische Energie verwandelt werden.

Von Soemmerring will nun eine praktische Anwendung für diesen elektrolytischen Prozess finden. Denn wie wäre es wohl, fragt er sich, das Wasser «durch Funken der gemeinen Electricität» in Sauerstoff und Wasserstoff aufzuspalten und zur Informationsübermittlung zu nutzen? Ein handbreiter gläserner Behälter von einem Meter Länge und eine Elle hoch ist mit Wasser gefüllt und ruht auf einem hölzernen Gestell. Im Boden des Behälters sind 35 goldene Stifte verankert – einer für jeden Buchstaben des Alphabets und für die Zahlen von 0 bis 9. Sie gehen jeweils in einen Kupferdraht über. Alle 35 Drähte treten aus dem Boden des Behälters heraus und führen zu 35 Messingstäbchen, die auf einer hölzernen Leiste aufgereiht sind. Daneben steht als Energiequelle eine Volta'sche Säule in einer Glasröhre. Will Soemmerring jetzt beispielsweise den Buchstaben G übertragen, schließt er den entsprechenden Draht an die Batterie an. Wenn der Strom dann durch den goldenen G-Stift im Wasserbehälter fließt, steigen je nach Anschluss an den Plus- oder Minuspol der Batterie Wasserstoff- oder Sauerstoffbläschen auf.

«Gesetzt nun, das Alpahabet des Wasserbehälters befände sich, durch ein anderes Zimmer, durch ein anderes Haus, oder sogar durch eine andere Stadt von dem Alphabete der Stäbchen zwar entfernt, jedoch durch die 35 Communications-Drähte gehörig verbunden, so vermag der Handhaber der electrischen Säulen ... dem Beobachter der Gas-Erscheinungen an den Stiften im Wasserbehälter eine Nachricht telegraphisch mitzutheilen» [Soe_2: 221], erklärt der Erfinder selbst sein Prinzip des elektrochemischen Telegraphen.

Die erste öffentliche Demonstration findet am 28. August

1809, dem 60. Geburtstag seines engen Freundes Johann Wolfgang von Goethe, in der Münchener Akademie der Wissenschaften statt. Zur Vorführung bei Napoleon hat Soemmerring seinen Apparat dann bereits mit einer Klingelvorrichtung und einer Art Tastatur zum Anschlagen der Buchstaben ausgestattet. «Eine typisch deutsche Idee», soll Napoleon kopfschüttelnd gesagt und nie wieder nachgefragt haben. Soemmerring lässt sich davon nicht entmutigen. Er forscht weiter und stellt fest, dass es egal ist, ob der leitende Draht 60 Zentimeter oder 600 Meter lang ist. Die Übertragung der Buchstaben geschieht bei beiden Verbindungslängen augenblicklich.

Im März 1812 hat Soemmerring die Drähte bereits zu einem drei Kilometer langen Kabel gebündelt und streckenweise sogar durch die Isar verlegt. Die größte Schwierigkeit bereitet ihm jedoch die Isolierung jedes einzelnen Drahtes, um das «Überspringen der Electricität von einem Drahte zum anderen zu verhüten». Der Erfinder löst das Problem zunächst, indem er die Drähte mit Seide überspinnt und das so entstandene «Seil» mit einem Firnis überzieht.

Aber Soemmerring wäre kaum Deutschlands renommiertester Anatom, sähe er bei seinem 35-Drähte-Kabel nicht auch die Analogie zum Nervenstrang, «dessen einzelne Fäden auf gleiche Weise jeden erhaltenen Empfindungs-Eindruck im Allgemeinen, so wie den des kleinsten electrischen Fünkchens im Besonderen, isoliert und ungestört bis ins Gehirn fortpflanzen» [Soe$_2$: 227]. So wie Soemmerring seinen Auftritt bei Napoleon gehabt hat, wäre wohl auch Carl Friedrich Gauß bei einem Besuch der französischen Kollegen in Paris nicht um eine Audienz beim Kaiser herumgekommen. Laplace hätte es sich nicht nehmen lassen, eine Begegnung mit dem Welteroberer zu arrangieren, der die Bedeutung von Mathematik und Naturwissenschaften für seine Feldzüge sehr wohl erkannt hat. Gauß korrespondiert gelegentlich mit Laplace, schreckt aber vor einer Reise nach Paris, wie Olbers sie ihm geradezu aufdrängt, zurück. Mit Napoleon will er nichts zu tun haben. Der Herzog von Braunschweig ist im Kampf gegen dessen Heer tödlich verwundet worden, und noch immer hegt Gauß einen Groll gegen den Diktator, weil er seine Heimat besetzt und nicht nur seine junge Familie in existenzielle Nöte gestürzt hat, sondern den ganzen Kontinent seiner Machtgier unterworfen hat. Aber Napoleon Bonaparte hat trotz seiner Begeisterungsfähigkeit für die Naturwissenschaften im Herbst 1812 ohnehin Wichtigeres zu tun, als einen renitenten deutschen Mathematiker zu empfangen. Russland muss noch in die Knie gezwungen werden.

9. Wie auf Erden, so am Himmel

In der praktischen Astronomie stellt man sich den zu beobachtenden Himmel als eine Kugel vor. Und so wie die Geographen die Erdkugel mit einen Äquator, Längengraden – auch Meridiane genannt – und Breitengraden versehen haben, um ihre Berechnungen zu veranschaulichen, so bedient man sich auch bei der gedachten Himmelskugel solcher Hilfslinien. Auf der Erdkugel verläuft einer dieser Meridiane, die am Südpol beginnen und am Nordpol enden, durch den Londoner Stadtbezirk Greenwich. Die Astronomen haben ihn zum «Nullmeridian» bestimmt, um einen Ausgangspunkt für ihre Berechnungen zu haben.* Alle Orte auf der Erde befinden sich östlich oder westlich des Nullmeridians von Greenwich. So steht etwa der Reichstag in Berlin auf 13 Grad, 22 Bogenminuten und 33 Bogensekunden östlicher Länge. Die berühmte Leiter am Nordgrat des Mount Everest liegt auf 86° 54' 61", das Olympiastadion von Sydney auf 151° 03' 48". Und bei den Fidschi-Inseln im Pazifik stoßen dann der östlichste Längengrad und der westlichste Längengrad mit jeweils 179° 59' 59" aneinander. Der Waikiki-Strand von Honolulu liegt auf dem 157. westlichen Längengrad, «Ben's Chili Bowl» – die legendäre Würstchenbude in Washington – auf dem 77. und das Casino «Bellevue» im französischen Biarritz auf dem 1. Längengrad westlich von Greenwich. Mit einer Umrundung des Planeten ist auch ein Kreisdurchlauf von 360 Grad vollendet.

Aber die Angabe 13° 22' 33" O – für östliche Länge – genügt

nicht, um den versammelten deutschen Volksvertretern bei der Arbeit zuzusehen. Denn auf diesem Längengrad liegt zum Beispiel auch ein ganz aparter Fjord in der Nähe des nordnorwegischen Soefjorden, die malerische Absteige «Paradiso» in Palermo und ziemlich unübersichtliches Buschwerk am Rand eines Trampelpfads im Kissama-Nationalpark von Angola. Noch unendlich viele weitere Orte zwischen Süd- und Nordpol lassen sich auf diesem speziellen Meridian östlich von Greenwich lokalisieren. Erst mit der Angabe des Breitengrades ist die Position eines Ortes auf der Erde vollständig bestimmt. Der Breitengrad misst den südlichen oder nördlichen Abstand eines Ortes vom Äquator. Mit 52° 31' 07" N – für nördliche Breite – sind jetzt die Koordinaten für die Reichstagskuppel komplett. Gemessen wird dabei der Winkel zwischen Äquator, Erdmittelpunkt und dem gesuchten Ort.

Auch auf der gedachten Himmelskugel gibt es Meridiane, die vom virtuellen Himmelssüdpol ausgehen und am Himmelsnordpol, knapp über dem Polarstern, enden. Und auch hier haben sich die Astronomen auf einen Nullmeridian geeinigt. Er verläuft durch den sogenannten Frühlingspunkt. Das ist der Ort am Himmelsäquator, wo sich die Sonne, von der Erde aus gesehen, am 21. März mittags um 12 Uhr befindet. Auch für ein stellares Objekt lässt sich der Längengrad oder Himmelsmeridian bestimmen. Er wird ebenfalls vom Nullmeridian aus gemessen, allerdings in Zeiteinheiten und nicht in Kreisgraden. Eine Umrundung des Himmelsäquators entspricht daher nicht 360 Grad, sondern 24 Stunden – so lange, wie die Erde braucht, um sich einmal um sich selbst zu drehen. Aus diesem Grund befände sich beispielsweise ein Stern, der vom Nullmeridian oder Frühlingspunkt aus gesehen so weit östlich liegt wie der Berliner Reichstag von Greenwich, rund 52 Minuten «östlich» vom astronomischen Nullmeridian.* Und so, wie der Breitengrad eines Ortes auf der Erde seinen nördlichen oder südlichen Abstand zum Äquator angibt, lässt sich in der beobachtenden Astronomie auch der Abstand eines Sterns zum gedachten Himmelsäquator in «himmlischen Breitengraden» bestimmen. Gemessen wird dabei der Winkel zwischen Himmelsäquator, Erdmittelpunkt und dem Stern. Wie auf Erden, so am Himmel.

Mit solchen Beobachtungen und Berechnungen hat auch Gauß täglich zu tun. Jetzt, da die neue Sternwarte am Geismar-Tor endlich weitergebaut wird, kann er sich Gedanken über die Anschaffung wichtiger neuer Instrumente machen. Er kennt ja die Stärken und Schwächen der vorhandenen Apparate, nimmt Kontakt zu den führenden deutschen Instrumentenbauern in Hamburg und München auf, stellt Anträge bei der Universitätsverwaltung und tauscht sich mit Olbers, Bessel und Schumacher über die optimale Zusammenstellung von Geräten aus. Für einen neuen empfindlichen Theodoliten etwa lässt er eigens ein neues Fundament errichten, bestimmt den Mittelpunkt des Gebäudes auf einen halben Millimeter genau und markiert ihn durch ein kleines «Grübchen» in einer Steinplatte. Zu seinem Alltagsgeschäft gehören Positionsbestimmungen von Gestirnen und Messungen der Sonnenhöhe. Doch stellt sich bald heraus, dass es ihm gar nicht in erster Linie darum geht, möglichst umfangreiches Beobachtungsmaterial zu sammeln. Er will die Messungen grundsätzlich perfektionieren und interessiert sich deshalb mehr für die Ursachen seiner eigenen Messfehler und für die Abweichungen von den Beobachtungen seiner Kollegen.

In den Monaten, als Napoleons Stern allmählich verblasst, seine *grande armée* in Russlands Schnee- und Schlammwüsten versinkt und der Imperator nach der verlorenen Völkerschlacht bei Leipzig in eine Dauerschieflage gerät, befasst Gauß sich mit einer bekannten astronomischen Schieflage. Die Ebene der Erdumlaufbahn um die Sonne ist nämlich um einen Winkel von etwa 23,4 Grad gegen den Himmelsäquator geneigt. Für den rechnenden Astronomen ist dieser Wert von besonderer Bedeutung, weil er eine Standardgröße ist, die im Lauf vieler astronomischer Rechenverfahren ins Spiel kommt. Weichen die Messungen stark vom Durchschnittswert ab, pflanzen sich die Fehler fort und führen zu problematischen Resultaten. Es wurmt Gauß, dass seine Messergebnisse um 4 bis 5 Sekunden von den Beobachtungen abweichen, die Piazzi in Palermo oder Bessel in Königsberg macht. Die Astronomengemeinde ist mit dem Phänomen vertraut und kann sich die auffälligen Unregelmäßigkeiten in den Messwerten der Erdbahnneigung nicht erklären. Abgesehen von Konzentrationsschwächen, Nachlässigkeiten und Instrumentenfehlern vermutet Gauß, dass Sonnenwärme sich negativ auf die Funktion seines Teleskops auswirken könnte, denn im Sommer sind seine gemessenen Winkel der Erdbahn zum Äquator größer als im Winter. Aber auch mit einer perfekten Abschirmung des Fernrohrs gegen die Sonne lassen sich die Schwankungen nicht ausgleichen. Schließlich hängt er sogar ein Gewicht an sein Teleskop.

Währenddessen meldet Bessel, der sowohl von Olbers als auch von Gauß als Deutschlands größter praktischer Astronom anerkannt wird, aus Königsberg keinerlei Probleme mit der Messung der Erdbahnneigung. Seine Werte zur Sommersonnenwende stimmen mit denen zur Wintersonnenwende stets perfekt überein. Aus kleinen Randbemerkungen im Briefverkehr zwischen Gauß und Olbers lassen sich erste leise Zweifel an Bessels Messverfahren heraushören. Kaum merklich bilden die alten Freunde eine heimliche Koalition gegen Bessels unheimliche Erfolgsmeldungen. Die Vorbehalte werden vermutlich auch von uneingestandener Eifersucht geschürt. Warum sollte Bessel gelingen, was Gauß Probleme bereitet? Zeitweise führt die Skepsis gegen die zu harmonisch klingenden Werte sogar dazu, dass die Briefe von Göttingen nach Königsberg spärlicher werden. Worüber Bessel sich bei Olbers beklagt. Der gibt ihm unter dem Siegel der Verschwiegenheit einen Tipp, da er es nicht ertragen kann, dass sich seine beiden liebsten Freunde wegen minimaler Messabweichungen entzweien. Es kommt zur Aussprache zwischen den beiden Perfektionisten. Bessel führt die nicht übereinstimmenden Messungen zwischen Palermo und Kopenhagen, London und Petersburg allein auf die unterschiedliche Qualität der Instrumente zurück.

Im April 1818 gibt Gauß seine Messungen der Erdbahnneigung auf. Er sieht ein, dass die Ausrüstung seiner Sternwarte noch zu wünschen übriglässt. Immer wieder verzögert sich die Auslieferung der bestellten Instrumente. Hinzu kommt das Pech, dass ein Spiegel beim Transport beschädigt wird und die anschließende Reparatur viele Monate in Anspruch nimmt. Von Bessel in seiner Fehlerursachenforschung bestätigt, behauptet er jetzt sogar, jedes Instrument sei ein «Individuum und dass wir das Wahre noch garnicht kennen» [Bre: 103]. Mit großer Klarheit durchdringen auch noch seine müden, vom vielen erfolglosen Beobachten «inflammierten Augen» die nahezu unübersehbaren Fehlerquellen der beobachtenden Astronomie. Er steht im ständigen Kontakt mit den Instrumentenbauern Johann Georg Repsold in Hamburg und Georg von Reichenbach in München. Ganz zufrieden ist er nie. Immer wieder lässt er nachbessern. Mal müssen ins Gesichtsfeld eines Fernrohrs zusätzliche Beobachtungsfäden eingezogen werden, dann entspricht die Empfindlichkeit einer Libelle nicht seinen Erwartungen und wird zur Verfeinerung an den Hersteller zurückgeschickt, oder er stellt fest, dass sich die Mikroskope in wenigen Stunden merklich von selbst verstellen.

Astronomieprofessor Martin Brendel, der das astronomische Werk von Carl Friedrich Gauß mit herausgegeben hat, schreibt: «Es begegnete ihm hier wohl zum erstenmale, dass eine von ihm begonnene Untersuchung fehlschlug, während sie von anderer Seite mit Erfolg durchgeführt wurde». Gauß sei zu diesem Zeitpunkt noch weit entfernt davon gewesen, «auch auf dem Gebiet der beobachtenden Astronomie die Hoffnungen [zu] erfüllen ..., die die wissenschaftliche Welt auf ihn zu setzen gewohnt war» [Bre: 70]. In solchen misslichen Situationen wird er sich mit leisem Bangen fragen, ob er mit der praktischen Astronomie den richtigen Weg eingeschlagen hat. Nie hat er verschwiegen, dass seine eigentliche Berufung die theoretische Astronomie sei. Und so beschäftigt Gauß sich viele Jahre lang mit der Berechnung der Jupitermasse aus den Störungen der Pallasbahn.

Selbst dem profilierten Rechner ist zunächst nicht ganz wohl beim Gedanken an ein Resultat, für das er 9000 Gleichungen «doppelt rechnen» musste. Da er sich selbst allerdings größte Sorgfalt attestiert, «so halte ich es für kaum zweifelhaft, dass meine Jupitermasse noch eine Verbesserung nötig hat» [Olb1: 542]. Wie beruhigend ist es doch zu sehen, dass selbst ein Perfektionist wie Gauß bei komplexen Projekten ins Schwitzen geraten kann. Über die Zuverlässigkeit des Wertes, den Laplace gefunden hat, möchte er sich Olbers gegenüber nur insofern äußern, als er dessen auf Saturnbewegungen beruhende Störungstheorie für «prekär ... und zweifelhaft» hält. Am 24. Juli 1816 teilt er Olbers seinen Wert mit. Danach hat Jupiter eine Masse von 1/1050 der Sonnenmasse. Selbstbewusst kommentiert er: «... und die wahrscheinliche Ungewissheit dieser Zahl [ist] sehr nahe = 1» [Olb1: 638]. Mit seiner Methode der kleinsten Quadrate erreicht er eine bestechende Genauigkeit. Im Dezember 1817 resümiert er: «Nach meiner Wahrscheinlichkeitstheorie ist jetzt die Bestimmung der Jupitermasse aus den Pallasstörungen etwa dreimal so genau, als aus den Saturnbeobachtungen, aus denen bekanntlich Laplace ein mit dem meinigen in Widerspruch stehendes Resultat abgeleitet hat» [Olb1: 671].

Diese wiederholte Demonstration seiner Überlegenheit kennt man sonst nicht von ihm. Ist es eine Kompensation für die Enttäuschungen des Erfolgsgewohnten bei Beobachtungen mit fehleranfälligen Instrumenten? Ein weiterer Beitrag zur theoretischen Astronomie ist sein «Memoir» – eine Denkschrift – mit dem Titel *Determinatio attractionis*, die er im Februar 1818 veröffentlicht. Darin geht es um die über einen langen Zeitraum betrachtete Störung einer Planetenbahn durch die Masse eines anderen Planeten. Gauß stellt sich nicht mehr die Frage, ob und wie beispielsweise die Gravitation des Saturns sich auf den Asteroiden Vesta auswirkt oder wie dieselbe Beziehung zwischen Jupiter und Ceres zu berechnen sei. Das hat er fünfzehn Jahre lang mit bewunderungswürdiger Ausdauer getan, sodass er diese Beschäftigung inzwischen sogar als «lästig» [Olb1: 568] empfindet. Nein – jetzt schwingt er sich zu einer großen Abstraktion auf. Er stellt nämlich eine *allgemeine* Methode zur Berechnung der Anziehungskraft vor, die ein elliptischer Ring auf einen *beliebigen Punkt* im Raum ausübt. Die Masse des störenden Planeten wird dabei so aufgefasst, als sei sie gleichmäßig auf alle Abschnitte seiner elliptischen Umlaufbahn verteilt. Wie bei seiner *Bewegungstheorie* geht es auch hier um eine höchst genaue Berechnung und nicht etwa nur um eine Annäherung. Bessel jubelt: «Wie glücklich sind Sie, alles gestaltet sich neu unter Ihren Händen, und so, dass man Ihre Schriften nur mit der Überzeugung, dass dadurch die Kraft des menschlichen Geistes erschöpft worden ist, aus den Händen legen kann» [BGB: 280]. Auch seinen geliebten arithmetischen Untersuchungen wendet Gauß sich in diesen Zeiten der Frustration über die Beobachtungsfehlschläge wieder zu. «Sie gehören zu der Gattung derjenigen, wo man nicht im voraus sagen kann: diess will ich thun, sondern wo, vielleicht nach 999 misslungenen Versuchen, eine glückliche 1000ste Combination zum Ziele führt», schreibt er an Bessel [BGB: 247]. Es sei ein langes Brüten über ein Problem, das viel Muße erfordere, da man nicht mit unmittelbaren Resultaten rechnen könne. Immerhin lässt Gauß sich wieder auf die Höhere Arithmetik ein. Es geht um die sogenannten «biquadratischen Reste». Noch ist alles in der Schwebe, und er zeichnet nur die Ideen auf, damit sie nicht verloren gehen.

Ende 1813 wirkt sich Napoleons Schieflage auch auf Göttingen aus. König Jérôme Bonaparte wird von Kosakentruppen aus Kassel vertrieben, das französisch verwaltete Königreich Westphalen aufgelöst und das ehemalige Kurfürstentum Hannover als Königreich etabliert, zu dem auch Göttingen gehört. König von Hannover ist bis 1837 in Personalunion der König von England. Die neue Regierung forciert nun den Bau der Sternwarte. Universitäts-Baumeister Georg Heinrich Borheck greift Ideen von Schröter aus Lilienthal und von Zach aus Gotha für die Architektur der Sternwarte auf. Das Beste dieser beiden berühmtesten deutschen Sternwarten hat Borheck hier, vor den Toren Göttingens, vereinen wollen und die Anweisungen Schröters und Zachs über die Aufstellung der Instrumente in die Tat umgesetzt. Der Mittelbau besteht aus einer Rotunde, über die sich eine Drehkuppel wölbt, die allerdings nur der Zierde dient. Flankiert wird der Rundbau von zwei Beobachtungsräumen, während die beiden Seitenflügel als Arbeits- und Wohnräume benutzt werden. Baumeister Borheck schreibt über seine eigene Arbeit: «Die äußere Fassade der Wohnung hat bei ihrer Simplizität doch etwas Gefälliges und deutet auf einen Bewohner, der nicht in Geräusch und großen Verhältnissen, sondern in einer gewissen häuslichen Zufriedenheit lebt und seine Zeit den Wissenschaften widmet» [Gre: 21].

Im Oktober 1816 ist die Göttinger Sternwarte so weit fertiggestellt, dass Gauß mit Frau und fünf Kindern in den Wohnflügel ziehen kann. Wilhelm, ein weiteres Patenkind von Wilhelm Olbers, ist am 23. Oktober 1813 geboren, und Therese ist beim Umzug gerade erst vier Monate alt. Mutter Minna ist «wohlauf». Mit Einbruch der kalten Jahreszeit ist alles noch ein wenig feucht und ungemütlich. Der Astronom Lindenau aus Gotha empfiehlt, gut zu heizen. Zu Weihnachten ist Gauß enttäuscht. Er hat die Unbequemlichkeit, in eine halbfertige, noch feuchte Wohnung zu ziehen, auf sich genommen, weil er mit seinen neuen Instrumenten endlich vernünftige Wissenschaft treiben wollte. Und nun meldet Mechanikus Repsold, die Arbeit am Gerät verzögere sich um ein weiteres halbes Jahr. Im Februar 1817 hat Gauß dann bereits ein entspannteres Verhältnis zu den feuchten Räumen gewonnen. Dem Freund und Mediziner Olbers vertraut er an, sich bei Regen, Wind und Schnee am wohlsten zu fühlen. Sommerhitze sei ihm generell zuwider. «Allein nicht bloß mir, sondern auch meiner Frau und meinen Kindern bekommt der Aufenthalt vortrefflich, während meine Bücher, meine Tapeten, meine Möbel, meiner Frau Eingemachtes etc. mit Schimmel überzogen wird» [Olb1: 643].

Den Vorwurf, die Sternwarte stehe nicht *auf* dem Steinkopfhügel, sondern *davor*, was den Horizont des Observatoriums einschränken könne, hat Zach zwar vehement mit allerlei Zahlenwerk zurückgewiesen und den Vorteil ins rechte Licht gerückt, eine leicht zu Fuß erreichbare Lehranstalt für die Studenten zu schaffen. Doch schon bald beginnt auch Gauß wegen des Standorts zu grummeln. Denn wissenschaftshinderliche Obst- und Nutzholzbäume erregen sein Missfallen. Zur Festlegung des Meridians der neuen Sternwarte möchte er nördlich und südlich des Gebäudes eine Steinmarkierung setzen. «Schlimm ist, dass der zu der Sternwarte gewählte Platz mir schwerlich verstatten wird, eine Meridianmarke ganz so wie ich wünsche zu errichten. Im Norden läuft die Meridianlinie durch zahllose Gärten, die mit Obstbäumen mir ein paar Grad abschneiden und im Süden begrenzt meinen Horizont ein Berg, der dicht mit Waldung bewachsen ist. Vielleicht kann ich es dahin bringen, dass diese durchgehauen wird; vorläufig werde ich also mein Zeichen am Fuss dieses Berges errichten müssen, wo es nie so gut zu sehen sein kann, als wenn es im Norden sich gegen den Himmel projicierte» [BGB: 271]. Selbst bei entlaubten Bäumen im Winter ist ihm die Sicht versperrt.

Den Kahlschlag im Wald kann Gauß später durchsetzen. Die Aktion kostet 100 Taler. Noch heute steht das Meridianzeichen im wieder zugewachsenen Wald. Es ist ein drei Meter hohes Bauwerk aus Sandstein: Auf einem trapezförmigen Fundament stehen vier niedrige Säulen mit quadratischer Grundfläche, die von einer horizontal aufliegenden Steinplatte abgedeckt werden. Gauß kann jetzt in der Sternwarte die Fäden seines Meridiankreises auf die Schlitze ausrichten, die die Abstände zwischen den Steinsäulen im 12 Kilometer entfernten Wald bilden. Damit lässt sich die Justierung des Reichenbach'schen Meridiankreises kontrollieren, der im Herbst 1819 geliefert wird – ein Gerät, das selbst einen kritischen Kunden wie Gauß begeistert.* Außer ihm darf es niemand benutzen, und auch er selbst fasst es nur mit Handschuhen an. Seine begabtesten Studenten Encke und Nicolai stehen daneben, dürfen mit der Lampe leuchten und die Zahlenkolonnen protokollieren, wenn der Meister den Himmel beobachtet. Selbst der inzwischen zum ordentlichen Professor beförderte Harding muss den Sternwartendirektor um Erlaubnis fragen.

Im Juli 1818 ist Minna zur Kur in Bad Pyrmont, da sie, wie Gauß sich ausdrückt, «ohne eigentlich krank zu sein, doch sehr einer stärkenden Kur bedarf» [Olb1: 702]. Joseph ist jetzt 12, Minna 10, Eugen 7, Wilhelm 5 und Therese 2 Jahre alt. Es gibt zwar eine Hausangestellte auf der Sternwarte, die Minna Gauß die groben Arbeiten abnimmt, dennoch scheint sie in ihrem 30. Lebensjahr erschöpft zu sein, müde, niedergeschlagen, appetitlos. «Denke nur an nichts, als wie du dich erheiterst, und deine Kräfte stärkst» [Mac: 74], schreibt der besorgte Ehemann nach Bad Pyrmont.

Seit einem Jahr ist die fünfundsiebzigjährige Dorothea Gauß nach Göttingen übergesiedelt. Der Sohn hat sie in sein Haus geholt. Sie wohnt in einem kleinen Zimmer im Erdgeschoss, von wo aus sie die Terrasse betreten und im Garten spazieren gehen kann. Eine Akazie steht vor ihrem Fenster [Dun: 203]. Großmutter Gauß hält sich still im Hintergrund. Sie isst allein in der Küche und lässt sich angeblich nicht dazu bewegen, an den Familientisch zu kommen. Auch im Professorenhaushalt will sie ihre bäuerliche Kleidung nicht mehr gegen feineren Zwirn eintauschen. Richtig heimisch wird sie hier, vor den Toren Göttingens, nicht mehr werden. Ihre Gedanken kreisen um Verwandte, Bekannte und Nachrichten aus Braunschweig und aus ihrem Heimatort Velpke. Aber sie wird noch 21 Jahre bei ihrem geliebten Sohn leben.

Wie am Himmel, so auf Erden? Bei der Projektion der Erdgestalt mit ihren Längen- und Breitengraden, mit Äquator und den Polen auf das gestirnte Himmelsgewölbe dürfen wir nicht von einer Eins-zu-eins-Entsprechung ausgehen. Die Erde ist keine perfekte Kugel. Sie ist aufgrund ihrer Rotation an den

Polen abgeflacht, was zu unterschiedlichen Krümmungsmaßen der Meridiane vom Nord- zum Südpol führt. Ginge man also bei der wissenschaftlichen Ausmessung und Abbildung der Erdoberfläche von einer perfekten Kugel aus, erhielte man verzerrte Werte für Oberfläche und Volumen der Erde, die nicht der geographischen Wirklichkeit entsprächen. Die Lage eines Ortes könnte bei der Kugel-Hypothese bis zu zehn Kilometer von seiner wirklichen Position abweichen. Bedeutsam ist die Kenntnis der genauen Erdgestalt auch deshalb, weil die Messung der Entfernungen im Sonnensystem auf den Werten der Erddimensionen beruht. Astronomie und Geodäsie – so nennt sich die Wissenschaft der Erdvermessung – haben daher ein gemeinsames Interesse. Je genauer die Erde vermessen ist, desto weniger fehlerhaft geraten auch die Bahnberechnungen von Jupiter, Vesta und Pallas.

In den dreißiger Jahren des 18. Jahrhunderts haben zwei spektakuläre französische Vermessungsexpeditionen von Pierre-Louis Moreau de Maupertuis in Lappland und von Charles Marie de La Condamine in Peru die Erdabplattung nachgewiesen. Achtzig Jahre später verfeinern die europäischen Geodäten ihren Zahlenwert höchstens noch um ein paar Dezimalstellen. Mit sogenannten Gradmessungen wird die genaue Entfernung zwischen zwei Breitengraden durch Fluren und Wälder berechnet. Die Koordinaten des Ausgangs- und Endpunkts der Breitengradmessung werden dagegen astronomisch ermittelt. Und aus der Differenz zwischen irdischer und himmlischer Berechnung lässt sich dann auch die Erdkrümmung zwischen dem nördlichsten und südlichsten Punkt dieser Breitengradmessung feststellen. Je mehr Gradmessungen durchgeführt werden, desto deutlicher kommt die wirkliche Erdgestalt zum Vorschein, eine Form, mit der sich präziser rechnen lässt – wie auf Erden, so am Himmel.

Am 8. Juni 1816 schreibt Heinrich Schumacher einen Brief an Carl Friedrich Gauß, der dem frustrierten Astronomen in Göttingen entscheidende neue Impulse gibt und ihm ein neues Betätigungsfeld eröffnet. Schumacher, nach einem kurzen Gastspiel in Mannheim wieder zur Sternwarte Kopenhagen zurückgekehrt, hat vom dänischen König Friedrich VI. den Auftrag erhalten, eine Gradmessung durchzuführen, die von Skagen in Jütland bis Lauenburg an der Elbe mehr als vier Breitengrade umfassen soll. Skagen ist die nördlichste Stadt Dänemarks. Dort ist das Land nur noch drei Kilometer breit, wird immer schmaler und läuft allmählich in einer Sandzunge aus. Der südliche Punkt Lauenburg liegt rund 40 Kilometer südöstlich von Hamburg auf dänischem Hoheitsgebiet.

Schumacher fragt nun seinen Freund Gauß, ob der sich vorstellen könne, die dänische Gradmessung durch das Königreich Hannover fortzusetzen, womöglich an der Sternwarte Göttingen vorbei bis ins thüringische Gotha, wo Zach ja bereits eine Grundlinie vermessen habe. Schumacher sieht sein beachtliches Projekt über vier Breitengrade hinweg als Beitrag zur Erweiterung eines gesamteuropäischen Vermessungsnetzes, das allmählich Gestalt annähme, falls Gauß sich bereit erklären und den englischen König davon überzeugen könne, das Königreich Hannover bis zu den kurhessischen, preußischen und bayerischen Dreiecksnetzen entsprechend zu erschließen. Für eine Breitengradvermessung, wie Schumacher sie gerade plant, wird demnach die Fläche des zu vermessenden Landes in ein Netz von Dreiecken aufgeteilt. Kirchtürme, Berggipfel oder eigens errichtete Signaltürme dienen als Dreieckspunkte, die allerdings untereinander sichtbar sein müssen. Von ihnen aus werden ähnlich markante Punkte in der Landschaft anvisiert und miteinander verbunden. So entsteht vom Ausgangspunkt im Norden bis zum südlichen Endpunkt ein ganzes Netzwerk von Dreiecken, das die Erdoberfläche bedeckt. Die direkte und genaue Vermessung einer solchen Dreiecksseite, die durchaus 50 bis 70 Kilometer lang sein kann, ist am Erdboden selbst natürlich nicht möglich. Zu vielfältig sind die Hindernisse für die Maßbänder: Häuser, Gärten, Böschungen, Wälder, Berge und Flüsse. Schon kleinste Messfehler würden sich endlos fortpflanzen und zu so groben Ungenauigkeiten führen, dass die ganze Unternehmung gefährdet wäre. Aber es gibt eine elegante Lösung, die von Menschenhand errichteten Hindernisse rechnerisch zu überwinden und die grundsätzlich zu Unebenheiten neigende Natur zu begradigen. So wird nämlich zu Beginn eines Gradvermessungsprojekts mit geeichten Messlatten, Drähten oder Bändern eine nur wenige Kilometer lange sogenannte Basislinie äußerst sorgfältig gemessen. Von beiden Endpunkten dieser Grundlinie aus werden mit einem Theodoliten die Winkel zu einem zuvor festgelegten Ziel in 30 oder 40 Kilometern Entfernung ermittelt. Nach mathematischen Gesetzen lässt sich aus einer bekannten Seitenlänge und zwei bekannten Winkeln der Wert der beiden unbekannten Seitenlängen errechnen. Und die avancieren nun jeweils wieder zu einer neuen Grundlinie für die nächste Dreiecksberechnung. Dieses erprobte Verfahren nennt sich Triangulation.

Der königlich dänische Hofastronom Schumacher träumt bereits von einem durchgehend erschlossenen Meridianbogen zwischen Jütland und Sizilien. Mit seinem Enthusiasmus weckt er in Gauß eine alte Leidenschaft, die seit den Tagen seiner ersten geodätischen Messübungen im Sommer 1803 in den Braunschweiger Fluren nie ganz erloschen ist. Zumal er dabei seine unvergessene Johanna im Fadenkreuz seines Sextanten entdeckte.

Er war auch dabei, als Zach unbrauchbare Kanonenrohre

in der Erde versenkte, um die Endpunkte der Basislinienmessung an der Seeberger Sternwarte zu kennzeichnen. Drei Jahre später, nach dem Sieg Napoleons über Preußen in der Schlacht bei Jena und Auerstedt im Oktober 1806, soll der Magistrat von Gotha in nur 80 Kilometern Entfernung vom Kampfgetümmel «nichts Angelegentlicheres zu thun gehabt haben, als diese Kanonen schnell wieder ausgraben zu lassen, um keinen Verdacht bei den Franzosen zu erregen, dass man das Geschütz vor ihnen versteckt habe», schreibt Gauß an seinen Freund Olbers [Olb1: 680]. So seien die Endpunkte der Zach'schen Vermessungen, an denen Gauß teilnahm, «auf wahrhaft Schildaische Art» verloren gegangen und die peinliche genaue Arbeit eines ganzen Sommers zunichtegemacht.

Doch an diesem Sommertag des Jahres 1816 lässt sich Gauß ködern. Er gratuliert Schumacher geradezu überschwänglich zu seinem Coup und erklärt sich bereit, die Triangulation durch das Königreich Hannover selbst zu übernehmen. Allerdings erreiche ihn dieser Brief mit dem verlockenden Angebot ausgerechnet zu einem Zeitpunkt, da er gerade sündhaft teure astronomische Geräte in München eingekauft habe. Er wolle nicht gleich wieder in die ungeliebte Rolle des Bittstellers schlüpfen und mit den Behörden über die Finanzierung einer solch gewaltigen Unternehmung verhandeln müssen. Dass er jedoch über seinen Astronomiegeschäften in all den Jahren seine geodätischen Ambitionen nicht ganz und gar vernachlässigt hat, wird deutlich, als er auf die rechnerische Auswertung der gemessenen Dreiecke zu sprechen kommt. Er habe nämlich bereits eine eigene Methode entwickelt, denn die bekannten Verfahren halte er sämtlich für «herzlich wertlos» [GauIX: 368]. Der weltgewandte Schumacher, der regelmäßig mit dem dänischen König plaudert, verspricht Gauß, seine persönlichen Beziehungen in London spielen zu lassen, um dem englischen König Georg IV. eine Empfehlung zu entlocken, besser noch: einen Befehl an Gauß, das Königreich Hannover zu vermessen.

Zwei Jahre später, im Sommer 1818, als Gauß noch immer auf seinen Meridiankreis von Reichenbach wartet, steckt Schumacher mitten in seiner dänischen Triangulation und möchte sich so schnell wie möglich mit Gauß treffen, um sein Dreiecksnetz von dänischem auf hannoversches Staatsgebiet zu übertragen. Der Turm der Lüneburger Michaeliskirche sei ein strategisch idealer Punkt. Von dort aus sei auch der Michaelisturm in Hamburg sichtbar. Ob man sich nicht vielleicht in Lüneburg treffen könne, schlägt Schumacher vor. Vorzugsweise um Michaelis, also Ende September. Und sei es nicht angesichts der günstigen Gelegenheit – allzu lange könne er die dänischen Signaltürme nämlich nicht mehr für Gauß reservieren – sogar zumutbar, die Reise auf eigene Kosten zu machen? Gauß ziert sich. Auf eigene Kosten mag er nicht reisen. Aber auch das «Sollicitieren» – die Auseinandersetzung mit den Behörden um Reisegeld und Spesen – ist ihm so zuwider, dass er, in ziemlich missmutiger Stimmung, offenbar noch geschwächt durch eine gerade überwundene Krankheit, schon auf diese wichtige Anschlusstriangulation mit dem Freund verzichten will. Der aber, noch voll im Schwung seines großen Werks und äußerst geschickt im Umgang mit Dienststellen, setzt sich mit dem hannoverschen Minister Arnswaldt in Verbindung, der Gauß sofort offiziell beauftragt.

Tatsächlich trifft er zu Michaelis in Lüneburg ein. Es wird dem einundvierzigjährigen Gauß hier oben, im steinernen Turm der St. Michaeliskirche, bewusst sein, dass mit diesen ersten Winkelmessungen auch für ihn jetzt ein neuer Lebensabschnitt beginnt. In solchen klassischen Anfangssituationen geschieht es nicht selten, dass die gespannte Aufmerksamkeit auch noch den kleinsten Umständen und Einzelheiten eine besondere Bedeutung beimisst. Man sucht nach einem Zeichen für ein gutes Gelingen der neuen Arbeit oder Beziehung und projiziert die eigenen Wünsche und Unsicherheiten mit sonst nur selten verfügbarer Leidenschaft auf die Leinwand äußerer Ereignisse.

Ein solcher denkwürdiger Augenblick wird sich auch Carl Friedrich Gauß einprägen. Da steht er mit seinem Winkelmessgerät im Turm der Lüneburger Michaeliskirche und fühlt sich beim Beobachten gestört, weil sich im gut erkennbaren, 45 Kilometer entfernten westlichen Turmfenster der St. Michaeliskirche in Hamburg – volkstümlich «Michel» genannt – gerade der Schein der Sonne spiegelt. Die nie verblasste Erinnerung an dieses eigentlich banale Ereignis wird ihn zwei Jahre später zu einer genialen Erfindung inspirieren, die die Triangulationspraxis revolutionieren wird.

Im Juni 1820 trägt die unermüdliche diplomatische Tätigkeit Schumachers in London endlich Früchte. Gauß erhält die offizielle Order von Georg IV., König von Großbritannien und Hannover, die dänische Gradmessung durch das Königreich Hannover fortzusetzen. Finanziert wird die Unternehmung aus Georgs persönlicher «Chatoul Casse», heißt es im Bescheid an Gauß. Obwohl man sich in Hannover schon wundert, dass Gauß nicht persönlich an den Verhandlungen beteiligt gewesen ist und Schumacher vorgeschickt hat.

Im September 1820 reist Gauß in die leicht hügelige, von Knicks durchzogene holsteinische Landschaft. In dem kleinen Ort Braak zwischen Hamburg und Ahrensburg hat Schumacher mit den Messungen für die gemeinsame Basislinie begonnen [Koc: 11–23]. Die Endpunkte der Linie sind sowohl vom dänischen Lauenburg als auch vom Wilseder Berg auf hannoverschem Hoheitsgebiet aus sichtbar. Schumacher ist mit einem eindrucksvollen Tross unterwegs. Zwölf Pferde sowie fünf Kutschen und Fuhrwerke stehen ihm zur Verfügung. Die Apparate und Messgeräte werden nachts von Soldaten bewacht. Der südliche Anfangspunkt der Basislinie bei Langelohe wird durch einen Granitpfeiler markiert, während der nördliche Endpunkt bei Stellmoor zur besseren Sichtbarkeit mit einem etwa zwölf Meter hohen Gerüst versehen wird. Alle Büsche, Hecken, Knickgehölze und andere Hindernisse auf dieser knapp sechs Kilometer langen Linie werden aus dem Weg geräumt, hin und wieder eine Erhebung weggeschaufelt, an anderen Stellen Erde aufgeschüttet, bis man mit dem Theodoliten eine Fluchtlinie von einem Ende zum anderen ziehen kann. Mit Eisen beschlagene Eichenpfähle werden nun entlang dieser Linie in die Erde gerammt. Eine Messstange ist drei Meter achtzig lang und steckt in einem Holzkasten, in den vier Glasfenster eingelassen sind. Sie geben den Blick frei auf vier Thermometer, denn nur bei 20,31 Grad Celsius ist diese Länge der Eisenstange garantiert. Wenn es kälter oder wärmer ist, muss dieser Umstand bei der Streckenberechnung berücksichtigt werden. Vier Männer werden gebraucht, um eine Messstange zu tragen. Sie werden in ihren Kästen auf Holzböcke gelegt. Nur die beiden Enden der Stange schauen vier Zentimeter heraus. Im Holzkasten integrierte Präzisionswasserwaagen sorgen für eine gerade Lage, sodass kein Millimeter verschenkt wird. Schumacher stoppt die Zeit. Im Durchschnitt brauchen seine Leute zum akkuraten Verlegen einer Stange 4 1/6 Minuten. So schaffen sie ein tägliches Pensum von etwa hundert Stangenlängen. Das sind 380 Meter. Doch schon bald muss die Arbeit wegen schlechter Witterungsbedingungen abgebrochen werden. Erst im Herbst des nächsten Jahres bringen Schumacher und seine Leute die Vermessung zum Abschluss.

Gauß muss seinen ursprünglichen Plan aufgeben, die Messungen in Schumachers Sternwarte in Altona zu beginnen und in Göttingen zu beenden, da ihm aufgrund mangelnder praktischer Erfahrungen die Schwierigkeiten unüberwindlich scheinen, geeignete Dreieckspunkte im heiklen Gelände der Lüneburger Heide zu finden. Die Landschaft ist stark bewaldet und zu flach. Die Bäume versperren die Sicht auf die Zielpunkte. Es fehlen Berge, die man anvisieren könnte. Selbst Hügel und bescheidenste Erhebungen sind rar. Schon die französischen Dreiecksingenieure sind an dem vermessungsfeindlichen Terrain gescheitert. Mit der Richtungsänderung von Süden nach Norden hofft Gauß, genügend Erfahrungen zu sammeln, um die problematische Heide im übernächsten Sommer dann besser in den Griff zu bekommen. Ausgangspunkt seiner Vermessungen soll nun also der Meridian der Göttinger Sternwarte werden. An dieser genauen Nord-Südlinie soll sich sein Dreiecksnetzwerk orientieren. Immerhin hat er gegen Ende des Jahres 1820 ein paar andere «verdrießlich harte Nüsse aufgebissen» [ShuI: 199] und endlich das Problem der durch Obstbäume versperrten Sicht zum nördlichen Meridianzeichen in der Feldmark gelöst. Bei den Verhandlungen mit den Gartenbesitzern, die ihm kein Freund abnehmen kann, lernt Gauß «Habgier und Halsstarrigkeit» der Obstbauern kennen und wünscht sich einen härter durchgreifenden Staat, der einfach den Befehl zum Fällen der Bäume gibt, den Eigentümern weniger Spielraum zum Feilschen um die Entschädigung lässt und sie «nötigen Falls ... zur Willfährigkeit zwingt» [Olb2: 46]. Zunächst befürchtet er auch noch die weit heiklere Auseinandersetzung mit dem Besitzer einer Kegelbahn, die womöglich mitten auf der Meridianlinie seiner Sternwarte steht. Doch nachdem eine «schmale Allee» durch die Gärten geschnitten ist, stellt sich heraus, dass Gauß mit seinem Meridiankreis um Haaresbreite am Dachfirst der Vergnügungsstätte vorbeizielen kann. Alle anderen Lauben stehen nicht im Weg.

An ein paar schönen Tagen im Frühling 1821 macht Gauß in der näheren Umgebung von Göttingen ein paar vorläufige Messungen. Der fünfzehn Kilometer von seiner Sternwarte entfernte Hohe Hagen bietet sich als erster Dreieckspunkt geradezu an. Er besteigt die 480 Meter über dem Meeresspiegel liegende Erhebung, schaut sich um, improvisiert, peilt Punkte in der Landschaft an, die er später nie benutzen wird, notiert keine Winkelmaße, sondern beobachtet einfach nur spielerisch «ohne ängstliche Sorgfalt». Insgesamt geraten 72 Objekte in sein Visier, darunter das Gartenhäuschen des Mathematikprofessors Friedrich Thibaut, der Dachreiter auf dem Göttinger Rathaus, die Herkulesstatue in Kassel und eine namenlose Windmühle bei Clausthal. In Hannover hat Minister Arnswaldt inzwischen zwei Gehilfen für Gauß abkommandiert, den fünfunddreißigjährigen Hauptmann Georg Wilhelm Müller und den fünfundzwanzigjährigen Leutnant Friedrich Hartmann. Voraussetzungen und Fähigkeiten eines Vermessungsgehilfen, die Gauß' Ansprüchen genügen, sind nicht unbedingt herausragende mathematische Kenntnisse oder astronomische Erfahrungen, sondern «vielmehr reger Eifer für die Sache, die größte Pünktlichkeit und Sinn für die größte Genauigkeit, eine gewisse praktische Anstelligkeit, einige Kenntnis vom Bauwesen, einige Bekanntschaft mit den Geschäftsgängen in unserem Lande bei ... Behörden ...» [GauIV: 483]. Wer Gauß den Gang zu einer Amtsstube ersparen kann, wird sich seiner stillen Dankbarkeit gewiss sein können.

Der sparsame Professor ist schockiert über die Kosten des ersten Signalturms aus frischgeschlagenem Tannenholz. Weil gleich zu Beginn der Unternehmung ein in dieser Höhe nicht veranschlagter Posten verbucht werden muss, fürchtet er die Überschreitung des Budgets und ahnt schon vor der ersten offiziellen Winkelmessung zukünftige Umstände voraus, «die mir diese Geschäfte noch oft sehr verbittern werden» [ShuI: 236]. Solche Äußerungen finden sich häufig in zeitlicher Nähe zu körperlichem Unwohlsein. Seine chronischen Magenbeschwerden machen ihm auch jetzt wieder zu schaffen und verdüstern seine Sicht auf die Welt. Seine Anfälligkeit für Hitze, wenn ihm jeder Schritt zu viel wird, macht ihn empfänglich für «Fatiguen» bei schwülwarmem Wetter, das Gift ist für seine Konstitution. So muss er gleich nach seinen spielerischen Aufwärmübungen, die ihn an die ähnlich zweckfreien ersten Sextantenübungen am Stadtrand von Braunschweig und an die Begegnung mit Johanna erinnert haben mögen, einige Tage lang das Bett hüten. Im Mai dann aber peilt der Königlich-Hannoversche Vermessungsingenieur Carl Friedrich Gauß von seinem Platz am Reichenbach'schen Meridiankreis aus erstmals keinen Stern an, sondern das von Leutnant Hartmann gebaute Signalgerüst auf dem Hohen Hagen. Die Achse des Meridiankreises in der Sternwarte ist jetzt als Nullpunkt der Breitengradmessung zwischen Göttingen und Altona definiert. Das große Werk hat begonnen.

Warum lässt sich Gauß auf dieses strapaziöse Abenteuer ein – ausgerechnet zu einem Zeitpunkt, als die neuerbaute Sternwarte endlich mit erlesenen Instrumenten perfekt eingerichtet ist und als eines der schönsten deutschen Observatorien gepriesen wird? Mit dem kompetenten Harding und ein paar begabten Studenten könnte er ein gutes Team von Messtechnikern zusammenstellen, so wie Bessel es in Königsberg getan hat, und die internationale Konkurrenz nun auch mit Spitzenleistungen in praktischer Astronomie aufmischen. Vermutlich wäre Gauß als Teamchef der Sternwarte selbst kaum teamfähig gewesen. Die teuren Instrumente darf nur er selbst handhaben. Aber als astronomischer Einmannbetrieb lässt sich kein internationaler Spitzenrang mehr erobern. So verlagert sich sein wissenschaftliches Interesse. Es kommt ihm nicht mehr in erster Linie darauf an, die Bahnen ferner Sonnen, Planeten, Asteroiden und Kometen zu beobachten, sondern er wendet sich dem naheliegendsten Himmelskörper zu. Auf der Suche nach der wahren physikalischen Gestalt der Erde schickt Gauß sich nun an, die Grad- und Landvermessung in den Rang einer exakten Wissenschaft zu erheben. Da aber unser Planet unzweifelhaft zu einem Sonnensystem der Milchstraße gehört, um deren Erforschung sich traditionell die Astronomen bemühen, wird er als Geodät in der Wind- und-Wetter-Wirklichkeit der norddeutschen Tiefebene immer auch Astronom im weitesten Sinn bleiben.

Ende Juni sind die Exkursionen und Erkundungen der Landschaft abgeschlossen. Gauß und seine Gehilfen haben genügend untereinander sichtbare Bergspitzen gefunden, um von Göttingen bis Hannover lückenlos Dreiecke in die Luft schreiben zu können. Das soll die erste Etappe werden. Und dafür werden sie den ganzen Sommer unterwegs sein – mindestens bis Michaelis. Die bewaldete Kuppe des Hügels Lichtenberg bei Salzgitter, bis jetzt nordöstlichster Punkt der Triangulation und nur einen Katzensprung von seiner Heimatstadt Braunschweig entfernt, muss allerdings abgeholzt werden. Aber wer im Auftrag des englischen Königs an die Türen der Amtsstuben klopft, kann mit der Kooperation der Behörden rechnen. Und so ist die Genehmigung nur eine Formsache. Die 15 Meter hohe Holzstange mit dem geschwärzten, rund drei Quadratmeter großen Hütchen, die seine Soldaten auf dem Hilsberg, zehn Kilometer nordöstlich von Einbeck, errichtet haben, kann er jedoch vom Hohen Hagen aus mit dem Fernrohr seines besten Theodoliten auch bei größter Anstrengung nicht sehen, geschweige denn wissenschaftlich beobachten. Denn die Sichtbarkeit des Gipfels allein genügt nicht. Er muss schon den Hut dort auf der Stange eindeutig im Visier haben. Problematisch wird dieses Verfahren bereits dann, wenn das Signal vor einem dunklen Kiefernwald steht. Und häufig sind nicht einmal unzulängliche optische Geräte daran schuld, dass das Zielobjekt nicht aufgelöst wird, sondern ungünstige Witterungsverhältnisse. Bei trüber Sicht kann Gauß nur auf besseres Wetter hoffen und sich täglich von neuem in Geduld üben.

Oder er muss sich auf Nachtbeobachtungen einlassen, die manche seiner Kollegen sogar bevorzugen, um nicht in allzu große Abhängigkeit von den Unwägbarkeiten der Luftverhältnisse zu geraten. Dabei kommen sogenannte Argand'sche Lampen zum Einsatz, die mit Hohlspiegeln ausgestattet sind und den ausgewählten Dreieckspunkt beleuchten. Die Ölflamme lässt sich durch großzügige Luftzufuhr beeinflussen. Sie sind von ähnlicher Bauart wie die berüchtigten Reverberirlampen, die Joachim Heinrich Campe im Sommer 1789 erstmals in Paris in einem schaurigen Zusammenhang gesehen und für die er den gewöhnungsbedürftigen Begriff «Scheinwerfer» geprägt hat, der den meisten Zeitgenossen allerdings zu modern klingt. Gauß hat vorsichtshalber drei dieser Scheinwerfer bestellt, um in Einzelfällen auch nachts arbeiten zu können. Aber allein der Gedanke an den ständigen nächtlichen Aufenthalt auf schwer zugänglichen und zugigen Bergkuppen und an das Mitschleppen der schweren und unhandlichen Lampen bergauf und bergab genügt, um ihm die Nachtarbeit von vornherein zu verleiden. Was Wunder, dass Carl Friedrich Gauß längst eine völlig neue und überaus elegante Vermessungsmethode ersonnen hat, von der er sich nichts

Geringeres verspricht, als beliebig lange Dreiecksseiten auch bei ungünstigen Bedingungen zu überbrücken. Das wäre eine Leistung, die vor ihm noch niemand vollbracht hat. Eigentlich müsste es funktionieren ...

Eine ganz alltägliche Beobachtung zu Michaelis 1818 im Turm der St. Michaeliskirche von Lüneburg scheint ihn dauerhaft beeindruckt zu haben. Zwei Jahre später wird die beobachtete Spiegelung der Sonnenstrahlung im westlichen Fenster der Hamburger St. Michaeliskirche das auslösende Moment für die Begründung einer neuen Kunst gewesen sein – die Triangulation mit Sonnenlicht. Wenn die Reflexion der Sonnenstrahlen im 45 Kilometer entfernten Hamburg stark genug war, um seine Augen für einen Moment zu blenden, dann müsste doch diese Spiegelung, überlegt Gauß, auch über erheblich längere Strecken hinweg wenigstens im Fernrohr noch sichtbar sein. Er müsse nur einen praktikablen Weg finden, das Sonnenlicht einzufangen und auf seine Dreieckspunkte zu lenken. Noch vor den ersten praktischen Konstruktionsversuchen bestätigen fotometrische Berechnungen seine Vermutung, «dass selbst von ganz kleinen Planspiegeln reflektiertes Sonnenlicht ... sich viel besser beobachten lässt als alle Türme und Signale, ja selbst besser als mehrere Argand'sche Lampen bei Nacht» [Gal: 70].

Im Dezember 1820 vertraut er Olbers als Einzigem seine Idee eines «portativen Heliostats» an. Im Prinzip ist es ein Fernrohr mit einem integrierten System aus zwei beweglichen, senkrecht aufeinandersitzenden Planspiegeln von der Größe einer Visitenkarte. Der obere Spiegel wird auf die Sonne gerichtet. Mit dem unteren Spiegel lässt sich das Licht dann in die gewünschte Richtung lenken. Was einfach klingt, bedarf jedoch der anspruchsvollen Konstruktionsarbeit eines technisch versierten und handwerklichen Könners. Dafür engagiert Gauß Philipp Rumpff, den Feinmechaniker der Universität Göttingen. Acht Monate dauert der Entwicklungsprozess von der ersten Skizze bis zum fertigen Gerät. Den Prototyp nennt Gauß in einem Brief vom 1. Juli 1821 an Olbers erstmals «Heliotrop». Das bedeutet wörtlich Hinwendung zur Sonne. Den Begriff hat er einer Pflanzengattung mit 300 Arten entlehnt, deren Blüten der vermeintlichen Bewegung der Sonne am Himmel von Osten nach Westen folgen.

Bei den ersten Versuchen auf der Terrasse der Sternwarte lenkt Gauß das Sonnenlicht nur über kurze Distanzen von 60 und 150 Metern. Das reflektierte Licht ist so stark, dass man es mit ungeschütztem Auge nur kurze Zeit ertragen kann. Bei einer Distanz von 2000 Metern hat ein Beobachter den Eindruck «vom dreifachen Glanze der Venus, wie sie, wenn sie am schönsten ist, bei Nacht erscheint». Ein neben Leutnant Hartmann stehender Arbeiter soll gar beim ersten Aufblitzen des Signals erschrocken Feuer geschrien haben. Diese ersten Versuche mit dem neuen Instrument Ende Juni sind beeindruckend, schon bald aber schlägt die Stunde der Wahrheit auf den Berggipfeln und über Entfernungen, die zuvor noch kein Vermesser an einem Stück bewältigt hat.

Auf dem 40 Kilometer entfernten Höhenzug Hils bei Einbeck lässt sich vom Meridianzeichen der Sternwarte aus das Licht des Heliotrops mit bloßem Auge erkennen. Selbst bei diesiger Luft, wo im Fernrohr des Theodoliten weder die Kuppe des Hils noch der dort errichtete Signalturm erkennbar sind, «schien das Licht des Heliotrops wie ein prachtvoller Stern im blauen Himmel zu schweben» [GauIX: 464]. Mechanikus Rumpff und seine Angestellten arbeiten indessen unter Hochdruck an weiteren Exemplaren. So lange kann Gauß nicht warten. Er fiebert der großen Bewährungsprobe entgegen, dem Versuch, das Licht die 85 Kilometer lange Strecke vom Hohen

Hagen zum Inselsberg im Thüringer Wald zu schicken, 20 Kilometer südwestlich von Gotha. Also montiert er kurzerhand das Spiegelsystem auf einen Sextanten und weiht seinen ehemaligen Schüler und jetzigen Leiter der Seeberg-Sternwarte, Professor Johann Franz Encke, in die Kunst des Scheinwerfens ein.

Encke reist mit dem provisorischen Sonnenspiegel auf den Inselsberg, während Gauß mit dem Originalgerät auf den Hohen Hagen steigt. In luftiger Höhe richten sie ihre Instrumente aufeinander aus. «Häufig erschien [das heliotropische Licht] wie ein schönes Sternchen, während man in demselben Fernrohr den Umriss des Berges kaum oder gar nicht wahrnehmen konnte; der eine Beobachter befand sich zuweilen in Nebel und Regen, während das Heliotroplicht von drüben kräftig durchdrang» [GauIX: 465]. So geben Gauß und Encke sich gegenseitig die Zielpunkte zur Winkelmessung vor, die mit nie zuvor gekannter Präzision übereinstimmen. Ein überwältigender Erfolg. Gauß hat die Sonne selbst als freie Mitarbeiterin gewonnen. Selten zuvor ist Gauß so euphorisch gewesen. Vielleicht bei der Heureka-Notiz zur Konstruierbarkeit des Siebzehnecks vor 25 Jahren, womöglich in dem Augenblick, als er seine *Arithmetischen Untersuchungen* erstmals gebunden in den Händen hielt oder Johannas Jawort hörte. Aber dieser Apparat – das weiß er jetzt mit Sicherheit – wird die reale Welt durchdringen und die Vermessungstechnik dauerhaft verändern. Das grandiose Gefühl, das diesen Durchbruch begleitet, bricht sich Bahn in seiner Prognose, bei der Anwendung des Heliotrops setze nur noch die Erdkrümmung eine Grenze für die Größe der zu bildenden Dreiecke [GauIX: 465]. Aber damit nicht genug. Diese Erfindung beflügelt seine Phantasie und lässt ihn in einem ersten Bericht für die *Göttingischen gelehrten Anzeigen* über eine noch viel weiter reichende Möglichkeit spekulieren, nämlich den «vielleicht noch wichtigeren Gebrauch eines den Raum so kräftig durchdringenden Mittels zu telegraphischen Signalisierungen in Krieg und Frieden» [GauIX: 465].

Gauß benutzt hier den Begriff «Telegraph» ganz selbstverständlich, obwohl sich die französische Erfindung der optischen Nachrichtenübertragung in Deutschland noch nicht durchgesetzt hat. Aber er ist über die neuesten Entwicklungen informiert. Vor fünf Jahren hatte er während eines Aufenthalts in München, wo er astronomische Instrumente für die Sternwarte in Augenschein genommen hat, Professor Samuel Thomas von Soemmerring einen zweitägigen Besuch abgestattet. Das geht aus den Tagebüchern Soemmerrings hervor: «27. April (1816): H. Professor Gauß aus Göttingen. 28. April: Zambonica Hn Gauß gezeigt» [Asc_2: 69]. Die Zambonica ist eine vom italienischen Physiker Giuseppe Zamboni entwickelte Trockenbatterie, die auf dem Prinzip der Volta'schen Säule beruht. Sie gibt nur sehr wenig Energie ab, was sich allerdings als Vorteil erweist, da sie sehr lange hält. So konstruiert Zamboni eine primitive, aber im Prinzip funktionierende elektrische Pendeluhr, die angeblich viele Jahrzehnte ununterbrochen im Betrieb gewesen sein soll. Da Gauß zu diesem Zeitpunkt geradezu verzweifelt auf der Suche nach einer zuverlässigen astronomischen Uhr gewesen ist, hat ihm Instrumentenbauer Reichenbach womöglich die Begegnung mit Soemmerring und diesen Einblick in die noch junge, avantgardistische Elektrotechnik vermittelt.

Ein Gespräch mit Soemmerring über dessen elektrochemischen Telegraphen oder gar eine Demonstration der neuartigen Kommunikation ist zwar nicht nachweisbar, wird aber mit an Sicherheit grenzender Wahrscheinlichkeit stattgefunden haben. Soemmerrings Telegraph ist nie zur Serienreife gelangt.

Er fand kein Mittel zur Isolierung der zahlreichen Drähte über längere Strecken hinweg. Als Schüler Lichtenbergs ist Gauß mit der Mathematisierung des Phänomens Elektrizität vertraut. Wenn er daher 1821 im Glanz seiner Erfindung von der telegraphischen Anwendung des Heliotrops spricht, sollte ihm eigentlich die Verbindung optischer Telegraphie mit elektrischer Energie gegenwärtig gewesen sein. Aber so weit ist es noch nicht. Vorerst denkt Gauß nur an einen privaten Blinkcode, denn der gespiegelte Lichtstrahl lässt sich ja mit vorgehaltener Hand willkürlich unterbrechen. Deshalb will er die genau messbaren Intervalle zwischen Erscheinen und Verschwinden des Lichts mit verabredeten Bedeutungen belegen. So entwickelt er im Lauf dieses ersten Vermessungssommers eine Blitzlichtkommunikation mit seinen Gehilfen, zu denen auch sein fünfzehnjähriger Sohn Joseph gehört. Sie verabreden Signalfolgen, die sie sich mit dem Heliotrop von den Dreieckspunkten schicken, um das Ende einer Winkelmessreihe, den Aufbruch zum nächsten Berg oder eine spontane Planänderung wegen Wetterumschwungs zu übermitteln. Für das Telegraphieren benutzen sie einen größeren Spiegel von 30 Quadratzentimeter Fläche. Am Anfang gibt es zwar noch ein paar *«mal-entendus»* – falsch verstandene Signale –, aber im November 1821 schreibt er an Schumacher: «Das Telegraphieren habe ich ziemlich ausgebildet, ich kann allenfalls einige Tausend verschiedene Zeichen geben» [ShuI: 248]. Einige Tausend ... da möchten Neugierige doch gern den zugrunde liegenden Code kennen. Aber der in seinen Briefen sonst so mitteilsame und über alle technischen Details Auskunft gebende Gauß schweigt an dieser Stelle über seine Fähigkeiten, eine derart differenzierte Lichtsprache über königlich hannoverschen Hügeln und Bergen funkeln zu lassen.

Selbst das Licht des Mondes hat er schon eingefangen und

auf seine Zielpunkte umlenken können. Klare Vollmondabende und -nächte könnten so zu einer Alternative zu nebelverhangenen Tagen werden, die ihn vor allem auf dem Brocken erwarten werden. Und dann erwacht der schmunzelnde Visionär in ihm: «Mit 100 Stück Spiegeln, jeden zu 16 Quadratfuß [ca. 1,5 Quadratmeter] Fläche, vereint gebraucht, würde man gutes Heliotrop-Licht nach dem Mond schicken können. Schade, dass wir nicht einen solchen Apparat mit einem Détachement von 100 Leuten und ein paar Astronomen dahin senden können, uns zu Längenbestimmungen Zeiten zu geben» [Olb2: 181].

Doch nach diesem rauschhaften Höhenflug mit lenkbarem Sonnenlicht zur Vermessung geodätischer Dreiecksseiten wird dem Erfinder umso schmerzlicher bewusst, dass ihm die Amtsgeschäfte an der Universität nicht die Freiheit zu wirklich kreativer Arbeit lassen. «Das Kollegienlesen erregt immer das Gefühl, dass ich meine Zeit auf eine edlere Art anwenden könnte, und mit Betrübnis fühle ich, bei zunehmenden Jahren, wie wenig ich zu den edleren Arbeiten kommen kann und die Stunden dazu ergeizen muss» [Olb2: 118]. Außerdem fühlt Gauß sich nicht mehr angemessen bezahlt, denn inzwischen muss er für eine zehnköpfige Familie sorgen: seine Frau, fünf Kinder, seine alte Mutter und zwei Hausangestellte. Endlich einmal will er auf größerem Fuß leben, ist das Knapsen leid. So manches Mal bereut er es, vor zehn Jahren nicht Humboldts Angebot angenommen zu haben und nach Berlin gegangen zu sein. Aber da drückten ihn ganz andere Sorgen. Seine Verlobung mit Minna drohte zu platzen. Mitten in die augenblickliche Unzufriedenheit über die Göttinger Umstände platzt ein neues Angebot der Berliner Akademie der Wissenschaften. Fast könnte man meinen, jemand ziehe insgeheim die Fäden für ihn. Doch am Abend desselben Tages, an dem ihm seine ersten Heliotropversuche auf der Sternwartenterrasse so eindrucksvoll gelingen, offenbart er als Grund, der ihn dieses Mal von einem Umzug nach Berlin abhält, «die nur zu gegründete Besorgnis, dass ein großer Theil des Vermögens meiner Frau bei einer Veränderung in die Brüche gehen könnte. Allein auf die eine oder andere Art muss es anders werden, wenn ich nicht dabei zu Grunde gehen will» [Olb2: 118]. Zu Grunde gehen. Das klingt verzweifelt, oder drückt ihm nur gerade wieder der nervöse Magen aufs Gemüt? Droht seine Schwiegermutter – Hofrat Waldeck ist schon lange tot – tatsächlich mit der Enterbung ihrer Tochter, wenn die sich aus dem mütterlichen Schutz- und Kontrollbereich entfernen sollte, oder ist das nur eine völlig übertriebene Sorge der überspannt wirkenden Minna? Steht es wirklich so schlimm, dass Gauß glaubt, in Göttingen zu versauern? Abgesehen von der immer wieder genannten Zersplitterung seiner Zeit gibt es inzwischen tatsächlich ein ernsthaftes Problem mit dem zweiten Astronomieprofessor Harding. Nach vielen Jahren Tür an Tür mit Gauß – Harding wohnt im anderen Flügel der Sternwarte – fühlt der sich nicht genügend anerkannt, muss beim Chef betteln, den Meridiankreis benutzen zu dürfen. Gauß hat nie etwas anderes als eine bessere Hilfskraft in ihm gesehen, lässt ihn das zuweilen auch spüren, etwa wenn er ihn bittet, einen Brief an Schumacher zu kopieren. Harding hat immerhin den Planetoiden Juno entdeckt. Doch das ist lange her. Es gibt Kompetenzgerangel. Gauß bezeichnet ihn als «fünftes Rad am Wagen». Man macht sich gegenseitig das Leben schwer. Gauß ist verbittert, die Galle kommt ihm hoch. Er will ihn loswerden, spannt seine Freunde ein, die sollen ihn wegloben. Kann man denn den Mann nicht irgendwo weit entfernt von Göttingen «würdig» unterbringen? Die Situation ist paradox: Einerseits leidet Gauß darunter, als

Einmannbetrieb überlastet zu sein, und wünscht sich einen erfahrenen Messtechniker. Andererseits lässt er den dafür prädestinierten Harding nicht zur Entfaltung kommen. Aber Arbeit zu delegieren ist – zumindest hier in seiner Sternwarte – wohl nicht seine Stärke.

Gleichzeitig sondiert Heinrich Christian Schumacher im Auftrag des Freundes die pekuniären Perspektiven des Direktorpostens der noch zu gründenden Sternwarte in Hamburg. Gauß will sich aber auf gar keinen Fall die Blöße geben, offiziell Wechselabsichten zu bekunden. Es soll so aussehen, als gehe von Schumacher höchstpersönlich die Initiative aus, Gauß nach Hamburg zu holen. Was Schumacher wiederholt in heikle Situationen bringt, in denen er die Kunst der Verstellung auf die Spitze treiben muss. Eine dubiose Angelegenheit, die sich den ganzen Sommer über wie ein roter Faden durch die Korrespondenz zieht, einen gespreizten Tonfall annimmt und eine geradezu konspirative Atmosphäre verbreitet.

Und der zweite Versuch Humboldts, Gauß aus der südhannoverschen Provinz in die rasch wachsende Hauptstadt Preußens zu locken, gerät zu einem jahrelangen zähen Ringen mit grotesken Zügen. Mal ist der preußische König gerade in die böhmischen Bäder abgereist und kann keine Entscheidung treffen. Und ist er gnädigst zum Regieren zurückgekehrt, schieben notorischer Geldmangel, Hofintrigen und Privatrücksichten so mancher Akademiemitglieder, «die das Alter schwach und blind gegen das wahre Interesse der Wissenschaft gemacht hat» [BGB: 425], die Berufung von Gauß nach Berlin immer wieder auf. Einmal stirbt ein Professor, und man überlegt, die Stelle zu streichen, um mit dem frei werdenden Gehalt und undurchsichtigen Mietzinsverbuchungen die Differenz zwischen dem ursprünglichen Angebot und den – selbstverständlich von Olbers vorformulierten – Gauß'schen

Forderungen auszugleichen. Nach zwei Jahren Entschlusslosigkeit lässt die Indiskretion eines durchreisenden Gelehrten aus Berlin Gaußens Wechselwunsch kurzzeitig zum Stadtgespräch in Göttingen werden, sodass sich der Prorektor der Universität bemüßigt fühlt, ihm zu versichern, er werde «alles Mögliche» tun, um ihn in Göttingen zu halten. Was den Pedanten Gauß wiederum zu dem pikierten Kommentar anstachelt, er erkenne keinen Maßstab für den Umfang dessen, was man in Hannover unter «alles Mögliche» verstehe.

Schließlich sind es dann doch noch recht «ansehnliche Anerbietungen», die aus Hannover kommen, falls er die Berliner Angelegenheit ruhenlassen wolle. Gauß lehnt ab. Daraufhin folgt eine vom englischen König persönlich abgesegnete «wahrhaft liberale Verbesserung meiner Lage» [BGB: 443], die Gauß nun meint, nicht mehr ablehnen zu können, ohne illoyal zu handeln. Die Entscheidung ist gefallen: Gauß bleibt in Göttingen. Nach vier Jahren Gezerre um ein paar hundert Taler höheres Jahresgehalt scheitert auch der zweite Versuch, Gauß nach Berlin zu holen. Bessel in Königsberg schäumt. Als Mitglied der Berliner Akademie der Wissenschaften ist er der Strippenzieher in dieser schwerfälligen Farce gewesen. Aber er ist auch von Gauß enttäuscht, der den Köder erhöhter Bezüge schnappt, statt sich endlich von der Vorlesungsverpflichtung als Hauptursache seines Unglücks zu befreien. In Berlin hätte er in der Nähe großer Geister diese Freiheit gehabt, die so ersehnte Muße für seine theoretischen Arbeiten, ruft ihm Bessel hinterher.

Als Gauß um Michaelis 1821 an die allmähliche Beendigung der Sommergeschäfte denkt, steht er bereits seit vier Wochen auf dem Brocken. Er hält sich nicht das erste Mal an diesem 1141 Meter hohen Ort mit seinem herben Klima auf. Vor achtzehn Jahren hat er hier den Baron Zach kennengelernt und anschließend unter seiner Anleitung in Gotha die ersten praktischen Triangulationserfahrungen gesammelt. Beim Aufstieg weiß Gauß, dass der höchste Gipfel im Harz oberhalb der Baumgrenze rund 300 Tage im Jahr in Nebel gehüllt ist, dass er mit Dauerregen, schweren Stürmen und schlechter Fernsicht rechnen muss. Anfangs ist Gauß noch optimistisch gestimmt, da der September als freundlichster Brockenmonat gilt, doch scheint er einen ungewöhnlich mürrischen Spätsommer erwischt zu haben.

«Mein Dreieckspunkt auf dem Brocken war die Mitte des Turms auf dem Wirtshause oder richtiger die Mitte der Marmorplatte, die oben den Dorn der Wendeltreppe bedeckt» [Wor: 85]. Alle Dreieckspunkte sind inzwischen miteinander verbunden, nur vom Brocken aus wollen in diesen Wochen die Winkelmessungen zu den anderen Punkten einfach nicht gelingen. Was nützt ihm das innovativste Messverfahren mit Sonnenlicht, wenn ihm der Nebel an den meisten Tagen «keine sechs Schritte» Sicht lässt. Insgesamt sind nur «einzelne halbe Stunden» zum Beobachten geeignet, zu wenig Zeit für wiederholte Winkelmessungen. Aus wissenschaftlicher Sicht sind es vier vergeudete Wochen in dieser Einöde aus Granitfelsen, windzerzausten Fichten, Zwergbirken und anspruchsloser Hochmoorflora – ein Hauch von Island und sibirischer Steppe. Die einzige Erkenntnis, die Gauß beim Abstieg mitnimmt: Das Heliotroplicht lässt sich vom Brocken aus auf dem 70 Kilometer entfernten Hohen Hagen tatsächlich mit bloßem Auge sehen. Das macht Hoffnung auf den zweiten Versuch im nächsten Sommer.

Kein prachtvoll funkelndes Sternchen, sondern ein wildflackerndes Feuer nehmen die Einwohner der Gemeinde Dransfeld am Fuß des Hohen Hagens ein paar Wochen nach Gauß' Rückkehr vom Brocken wahr. Das Signalgerüst aus

Fichtenholz auf dem Gipfel steht in Flammen. Unbekannte haben es in Brand gesteckt. Den Verlust kann Gauß leicht verschmerzen. Solche Signaltürme werden bald der Vergangenheit angehören. Seine Triangulation mit Heliotroplicht wird sich als Standardverfahren in der Höheren Geodäsie durchsetzen.

10. Die Vermessung des Königreichs Hannover

Ende April 1822 bricht Gauß zu neuen Erkundungen auf und nimmt seinen Assistenten, Hauptmann Georg Wilhelm Müller, mit. In der Lüneburger Heide sucht er nach brauchbaren Dreieckspunkten, die er miteinander verbinden kann. Nordöstlich von Celle wird er fündig. Es ist ein etwas höher gelegenes Ackerfeld bei Garßen. Dieser Punkt lässt sich leicht an den südwestlich gelegenen Deister-Höhenzug und an den Lichtenberg im Südosten anschließen. Gauß dringt weiter nach Norden vor und macht den 150 Meter hohen Falkenberg zwischen den Orten Bergen und Fallingbostel zu einem Dreh- und Angelpunkt der ganzen Messung. Selbst von hier aus erkennt er noch den Lichtenberg bei Salzgitter als schmalen dunklen Saum am Horizont und lässt eine zwölf Meter hohe Signalstange errichten. Von nun an machen ihm allerdings allzu flaches Gelände und kurze Sichtweiten «unsägliche Schwierigkeiten» [Ger: 227]. Das Land ist platt, dem Lichtdreieckskünstler will kein dominierender Punkt ins Auge fallen, von dem aus er auf das Land herabschauen könnte. Überall nur offene Heide, eingehegte Wiesen und Pferdekoppeln, Schweinesuhlen und Felder, die sich zu einem schachbrettartigen Muster zusammenschieben. Und so viel Holz. Die dichten Wälder wirken wie undurchdringliche Mauern, die dem Beobachter die Sicht nach Hamburg versperren.

Kurz entschlossen fährt er nach Lüneburg, steigt noch einmal auf den Turm der St. Michaeliskirche und sucht den südwestlichen Horizont nach markanten Punkten ab. Gauß beneidet seinen Kollegen Gerling, der im wunderbar hügeligen Hessen auf Triangulationstour ist und seinen nördlichen Endpunkt mit dem Gauß'schen Netz verbinden will. «In dieser flachen Gegend», schreibt Gauß aus der Heide, «ist die Krümmung der Erde schon ein Hindernis der Verbindung» [GauXI,2: 78]. Und die sollte ja nach einer früheren Gauß'schen Erkenntnis das einzige Hindernis für die Dreieckserrichtung mit Heliotroplicht sein. Vor allem aber kommen die Heidebewohner offenbar glänzend ohne Kirchen zurecht. Denn die sind rar in den kleineren Orten dieser gottverlassenen Landschaft. Kein Wunder, dass in dieser «verwünschten Gegend» vor rund fünfzehn Jahren auch der französische Vermessungstrupp unter der Leitung von Oberst Anatol François Epailly bei dem Versuch gescheitert ist, Jérôme Bonapartes Königreich Westphalen zu kartographieren. Zuweilen finden Gauß und seine Helfer noch verkohlte Pfähle abgefackelter Signaltürme.

Offenbar gefällt es ortsansässigen Stammesangehörigen nirgendwo auf der Welt, wenn Eindringlinge mit fremdem Zungenschlag ganz selbstverständlich lange Holzstangen in ihr Territorium rammen. Das sieht verdächtig nach Inbesitznahme aus. In anderen Weltgegenden gehen die Einheimischen allerdings dankbarer mit unverlangt errichteten Signalgerüsten um, weil sie sie vermutlich als Geschenke der Götter betrachten. Als Epaillys berühmter Vorgänger Charles Marie de La Condamine in den 1730er Jahren einen Breitengrad am Äquator misst, muss er die Erfahrung machen, dass die Triangulation im Hochgebirge mit freier Gipfelauswahl nicht unbedingt das Paradies für Vermesser sein muss. 3000 Meter über dem Meeresspiegel schnüren La Condamine und seine Gefährten im peruanischen Hochland von Quito – heute Ecuadors Hauptstadt – Holzpfähle und Stangen mit Stricken pyramidenförmig zusammen, verkleiden sie mit Baumwollstoff, lassen sie als «Standzeichen» an ihren ausgewählten Dreieckspunkten zurück und ziehen mit ihrer Maultierkarawane weiter zum nächsten Punkt. Wenn sie sie schließlich nach tage- oder gar wochenlangem schlechten Wetter ins Visier nehmen wollen, sind sie nicht selten unter Schnee begraben, vom Sturm zerfetzt oder anscheinend gar in den Himmel aufgefahren und hinter Wolken versteckt. Den häufigsten Grund zur Klage bieten allerdings die indianischen Hirten, die die Standzeichen offenbar als freundlich zurückgelassene Einmannzelte betrachten und nicht aus Wut über die Territorialverletzung beschädigen, sondern durchaus dankbar komplett demontieren. Oberhalb der Baumgrenze sind Holzpfähle eine Kostbarkeit, Baumwolltuch kann man immer gebrauchen, und mit den Stricken lässt sich das liebe Vieh festbinden. La Condamine klagt, er habe das Standzeichen am Berg Pambamarca siebenmal neu errichten müssen. Und er sehnt sich in Augenblicken völliger Erschöpfung in der dünnen Luft der Kordilleren aufs christlich-europäische Festland zurück, wo doch «Glockentürme ... den Beobachtern unendlich viele Punkte [bieten], die sie für ihre Meßdreiecke wählen können» [Grk: 82].

Mitte Juni beginnt die eigentliche Vermessungskampagne. Auch in diesem Sommer sind Sohn Joseph, Leutnant Hartmann und Hauptmann Müller wieder mit von der Partie. Hinzu kommen zwei Unteroffiziere, ein Bombardier und zwei Kanoniere. Auf einem Pferdefuhrwerk geht die Reise von einem Dreieckspunkt zum nächsten. Die gemeinen Soldaten schlafen in Zelten und müssen die Ausrüstung bewachen, während Gauß und die Offiziere auf Kosten des Königs von England in Gasthöfen übernachten. Als sich der Tross aus sieben Soldaten und drei Zivilisten der ersten Station Salzgitter nähert, nehmen die Ankömmlinge schon von weitem den penetranten Geruch der Moorbrände in der offenen Heide wahr. Die Bauern verbrennen die Heidekrautdecke des Moorbodens, um ihn in Wiesen- oder Ackerland zu verwandeln. Und der Nordwestwind treibt den Qualm genau in ihre Richtung. Eine Woche lang sind die Vermesser dem beißenden Brandgeruch ausgesetzt, der sich in Kleidern, Haut und Haaren festsetzt. Anfangs befürchtet Gauß massive Behinderungen der Winkelmessung. Doch das Licht des mit einem größeren Spiegel bestückten Heliotrops durchdringt auch die anhaltend dunstige Atmosphäre und legt die 88 Kilometer vom Lichten- zum Falkenberg problemlos zurück.

Bäume versperren die Sicht vom Falkenberg zum Wilseder Berg. Für einen Durchhau, wie Gauß den Waldschlag nennt, ist Hauptmann Müller zuständig. Er verhandelt mit Förstern, Behörden und Privatleuten über die Entschädigung und fällt dann mit seinen Gehilfen die Bäume in einer Linie, die Gauß bei den Erkundungen im Frühjahr vorausberechnet hat. Es wird nicht die letzte Durchhauaktion in dieser Gegend gewesen sein, aber eine, «deren herrliches Gelingen ... zu meiner Satisfaktion gereichte ...» [Ger: 227]. Es ist kein Baum zu viel oder zu wenig gefallen, denn als er zum ersten Mal vom Falkenberg aus sein Fernrohr auf den Wilseder Berg richtet, hat er den dort aufgestellten Signalbaum tatsächlich mitten im Fadenkreuz – «ein Triumph der Messkunst», schwärmt er seinem Freund Olbers vor.

Während dieser manchmal schon verzweifelten Suche nach einem geeigneten Anschlussort wechselt Müller nach Berechnungen von Gauß einige Male geringfügig seinen Standpunkt auf dem Hausselberg, bis er dann doch noch das winzige Stück eines Kirchturmdachs im gottesfürchtigen Winsen an der Aller durch das Geäst schimmern sieht. Immerhin dient ihm jetzt diese Kirchturmspitze als Orientierungspunkt zur Berechnung einer neuen Schneise durch den Hasselwald. Allmählich dringt Gauß Schritt für Schritt nach Norden vor und findet in der Nähe des Dorfes Wulfsode einen Punkt, der es ihm erlaubt, zwei prachtvolle Hauptdreiecke mitten ins Herz der Heide zu zaubern.

Die Unterkünfte sind in dieser abgeschiedenen Gegend von unterschiedlichster Qualität. Gauß erwartet keinen Luxus, nicht einmal Komfort, aber wenn er die Wahl hat, in einem ordentlichen Gasthof zu übernachten, dafür aber jeden Morgen eine Stunde zum Dreieckspunkt unterwegs zu sein, oder ein dürftiges Lager in bequemer Nähe des Beobachtungspostens zu beziehen, dann entscheidet er sich auf jeden Fall für das bessere Logis. In Bergen scheint er gut untergekommen zu sein. Während seiner Arbeit auf dem Hauptpunkt Falkenberg wohnt er den ganzen August über in dem Ort. Bergen liegt rund zehn Kilometer vom Dreieckspunkt entfernt, Becklingen jedoch nur drei Kilometer. Er wird seine Gründe gehabt haben, sein Quartier nicht in Becklingen zu nehmen. Anschließend zieht er weiter zum 20 Kilometer nordöstlich von Bergen gelegenen Hausselberg, dem nächsten Dreieckspunkt. Außerhalb des Dorfes Faßberg stehen drei stattliche Bauernhöfe am Rand der Heidelandschaft. Zusammen bilden sie ein eigenes «winziges Staatswesen von einem Quadratkilometer Größe» [Ohe: 31]. Die Besitzer heißen Peter Hinrich von der Ohe zur Ober-Ohe und Peter Hinrich von der Ohe zur Neddern-Ohe. Der Ober-Ohe ist, so die Schwiegermutter, «öögt an de Mütz röögt», das heißt starrsinnig, unbelehrbar, misanthropisch – ein alter Heidjer, der einem Fremden, der ungebeten seinen Hof betritt, grundsätzlich mit Misstrauen begegnet. Und erweist sich so ein Eindringling dann auch noch als mindestens so dickschädelig und schwierig im Umgang wie der Ober-

Oher selbst, ist kaum auf eine gütliche Verständigung zu hoffen. Ausgerechnet bei diesem spröden Herrn über Wiesen, Felder und Wald am Rand des Hausselbergs will Gauß Quartier nehmen.

Womöglich hat er schon beim Begrüßungshandschlag den entscheidenden Fehler gemacht und seinen Vornamen verraten. Seit mehr als tausend Jahren nennt kein Elternpaar in diesem Landstrich seinen Sohn Karl. Der Hass auf Karl den Großen oder Karl den Schlachter, wie er hier genannt wird, ist noch so gegenwärtig, als habe der erst letzte Woche mit den bewährten eisenblitzenden Argumenten versucht, die Heiden von Faßberg und Ober-Ohe zum Christentum zu bekehren. Das «Verdener Blutgericht» von 782, bei dem der Kaiser 4500 Bewohner dieser Gegend enthaupten ließ, weil sie sich ihm nicht unterwerfen wollten, ist hier unvergessen. Seitdem gilt Karl als ein «aischer», ein abscheulicher Name. Keine gute Voraussetzung, um einem Fremden mit diesem grässlichen Vornamen etwas so Fragiles wie Gastfreundschaft anzubieten. Andererseits kann Peter Hinrich den kleinen Schulmeister Carl aus Göttingen nicht einfach vom Hof jagen, denn der beruft sich recht überzeugend auf den König von England und wichtige Staatsgeschäfte. Aber der Heuschober muss für diesen Ruhestörer mit den durchdringenden blauen Augen genügen. Und so beklagt sich Gauß nach zehn Tagen Aufenthalt in Ober-Ohe bei Schumacher, halb amüsiert und halb genervt: «Dort lebt eine Familie, deren Haupt ‹Peter Hinrich von der Ohe zur [Ober-]Ohe› sich schreibt (falls er schreiben kann), dessen Eigentum vielleicht eine Quadratmeile groß ist, dessen Kinder aber die Schweine hüten. Manche Bequemlichkeiten kennt man dort gar nicht, z. B. einen Spiegel, einen Abort und dergleichen» [ShuI: 286].*

Am 17. Oktober 1822 kehrt Gauß mit seinen Helfern nach

Göttingen zurück. Insgesamt ist er fünf Monate unterwegs gewesen und hat wertvolle Erfahrungen gesammelt. Nun will er auch die Messungen von Dreieckspunkten in die Berechnungen mit einbeziehen, die sich im Nachhinein als überflüssig erwiesen haben. Aber sie sind nötig gewesen, um sich Richtung Hamburg durchzukämpfen. Auch wenn er anschließend günstigere Punkte gefunden hat, so hielte er es dennoch für eine «Barberei», die Winkel einfach «umkommen» zu lassen [Olb2: 211]. Gauß spricht hier von einem «verketteten System» aller Erfahrungen, in dem beispielsweise «jeder auf dem Wilseder Berg beobachtete Winkel noch eine Reaktion auf die Winkel auf der hiesigen Sternwarte ausübt» [Olb2: 218]. Eine Menge Feinarbeit kommt da in den Wintermonaten auf ihn zu.

Ob Gauß wohl die Abstraktionsfähigkeit besitzt, auch seine eigene Familie als ein verkettetes System zu betrachten? Die Schwächeanfälle seiner Frau Minna häufen sich. Inzwischen kränkelt sie nicht nur. Sie kann kaum etwas essen, ohne es nicht gleich wieder von sich zu geben. Verschlimmern sich die Schwindsuchtsymptome, weil ihr Mann den ganzen Sommer unterwegs ist und sie sich alleingelassen fühlt? Oder ist er den ganzen Sommer unterwegs, weil sich ihre Symptome verschlimmert haben und er Distanz vom Krankenbett seiner Frau braucht, um nicht zu verzweifeln? Auffälliger könnte der Kontrast kaum sein: Minna liegt im Bett, während ihr Carl in rastloser Eile fünf Monate lang auf der Jagd nach Koordinaten für seine Lichtdreieckskunst ist. Abwegig und unrealistisch wäre es, hier eine *prima causa* bestimmen zu wollen, aber die Frage muss erlaubt sein, ob die Situation nicht beide Ehepartner unausweichlich in den Sog des schlechten Gewissens hineinzieht. Minna spürt auch nach zwölf Ehejahren noch, dass sie Carls hohen Maßstäben von häuslichem Glück nicht gerecht werden kann, während er sich schlecht fühlen muss, seine kranke Frau allein zu Hause zu lassen, wo sich die dreizehnjährige Tochter um ihre Stiefmutter kümmert.

In Königsberg reagiert Bessel auf die Gauß'schen Beschwerden über die Sommerhitze, die damit verbundenen «Fatiguen» und die Entbehrungen zwischen Wacholdersträuchern, Heidekraut und den viel zu hoch gewachsenen Waldkiefern etwas gereizt, indem er Gauß indirekt Zeitverschwendung vorwirft, die seinem Genie nicht gerecht werde. Gauß könne es sich doch nun wirklich leisten, sich auf die Messung zweier wichtiger Dreiecke zu beschränken, alles Weitere seinen eingewiesenen Helfern zu überlassen und den Rest des Sommers nachzudenken und seine Theorien auszuarbeiten. Bessel weiß, wovon er spricht, er hat selbst Erfahrungen im Gradmessungsgeschäft, aber Gauß weist ihn in ungewohnt aufbrausendem Tonfall zurecht, dass seine Assistenten ohne seinen Weitblick und seine Berechnungen nie den Durchbruch in der Heide geschafft hätten. Das ist zweifellos richtig. Dennoch fällt auf, dass er sich dieses Jahr keine Auszeit für einen Besuch zu Hause gegönnt hat. Vielleicht verlängert er auch unbewusst seinen Aufenthalt in der Heide. Denn wenn er einen Winkel bis zu 120-mal misst, um einen präziseren Durchschnittswert zu bekommen, stellt sich schon die Frage, ob das nicht ein Assistent machen könnte. Womöglich nimmt Gauß die Unbequemlichkeiten des Reisens und hinterwäldlerische Quartiere wie in Ober-Ohe klaglos in Kauf, wenn ihm dafür der tägliche herzzerreißende Anblick erspart bleibt, wie der Körper seiner Frau gegen die Nahrungsaufnahme rebelliert und damit unübersehbar zu verstehen gibt, dass er nicht weiterleben will.

Die ärgsten Schwierigkeiten in der Heide sind überstanden. Auf dem Wilseder Berg bei Bispingen kann er bereits drei dänische Dreieckspunkte von Schumacher anvisieren. Das

Ende der Gradmessung im kommenden Sommer ist absehbar. Dann bliebe ihm womöglich wieder mehr Zeit für Minna und die Familie. Aber Gauß ist besessen. Er weiß, dass er mit seinem Heliotropen und einem verfeinerten Verfahren zur Eliminierung von Messfehlern auch in der Höheren Geodäsie neue Maßstäbe setzen wird. So genau wie er hat noch niemand zuvor die Welt vermessen. Zwei Breitengrade von Göttingen nach Altona genügen ihm nicht mehr. Nun plant er bereits, von Olbers dazu angeregt, seine Vermessungen in westlicher Richtung auszudehnen. Über Bremen und Emden hinaus soll es bis zu den Ostfriesischen Inseln gehen, um Anschluss an das holländische Dreiecksnetz zu bekommen. Über dieses System wäre auch die Verbindung zu den englischen und französischen Messungen gesichert, ein paneuropäisches Netz von der Nordspitze Jütlands über die Pyrenäen bis nach Formentera. So ließe sich ein weiterer bedeutender Beitrag leisten, der wahren Gestalt der Erde auf die Spur zu kommen. Und daher kommt es auch wieder zu der seit zwei Jahrzehnten bewährten Arbeitsteilung zwischen Gauß und Olbers. Gauß trägt seine Wünsche vor, während Olbers die richtigen Hände schüttelt und sich um den Papierkrieg mit den Behörden kümmert. Und auch dieses Mal soll es nicht so aussehen, als liefe Gauß dieser Arbeit hinterher. Er möchte gebeten werden: «Urtheilen Sie nun selbst», schreibt er dem Freund, «ob Sie vielleicht durch Ihre Konnexionen ein Mittel haben, einen solchen Plan *nur soweit* in Anregung zu bringen, dass ich officiell veranlasst werde, mich darüber zu erklären» [Olb2: 229]. Natürlich findet der gewiefte Olbers Gehör beim Bremer Senat und beim agilen Bürgermeister Johann Smidt.

Eine Woche vor Ostern stürzt Gauß in Göttingen von einem nicht zugerittenen Pferd aufs Straßenpflaster. Er kommt mit Prellungen, Quetschungen und dem buchstäblich blauen

Auge davon. Es ist sein Beobachtungsauge, unter dem sich der Bluterguss in «Regenbogenfarben» präsentiert. Nach einem kurzen Besuch bei Olbers in Bremen beginnt er am 30. Mai mit den eigentlichen Triangulationen bis Lüneburg und Hamburg. Als er in den südlich von Lüneburg gelegenen Ortschaften Timpenberg und Nindorf den Hambuger St. Michaelisturm anpeilen will, plagt ihn wieder die vom Qualm der Moorbrände verhangene Luft. Aber auch bei einigermaßen freiem Blick auf den Michel bestätigt sich seine schlechte Erfahrung mit Türmen. Die horizontalen pendelartigen Schwankungen des Turms machen einen Messfehler bis zu einer halben Winkelminute aus. Nie sei der Michel ruhig gewesen, wenn er ihn beobachtet habe, klagt er, sodass er ihn zusammen mit dem Brocken als seinen schlechtesten Stand- und Zielpunkt bezeichnet [GauIX: 382].

Am 21. Juli ist er unerwartet wieder in Göttingen, weil ihn unterwegs die Nachricht erreichte, dass Minna schwer erkrankt sei. Allerdings unterbricht er die Rückreise in Hannover und nutzt das gute Wetter, um mehr als 100 Beobachtungen von Kirchtürmen und anderen Punkten im Hildesheimer Land zu machen. Er äußert sich nicht ausführlicher über Minnas Zustand, aber es ist offenbar ein Wendepunkt in ihrer Krankengeschichte erreicht, der die Einstellung einer zusätzlichen Haushaltshilfe verlangt. In einem anderen Zusammenhang kommt Gauß noch einmal darauf zurück. Er hat nämlich den Preis für die diesjährige Preisaufgabe der Copenhagener Societät zugesprochen bekommen. Die Akademie wollte eine Lösung für die konforme Abbildung krummer Flächen haben. Außer der Ehre wird ihm eine Goldmedaille in Aussicht gestellt. An Schumacher schreibt er: «... die Krankheit meiner Frau, die Veränderungen in meinem Hausstande, die dadurch für die Zukunft nothwendig werden, und einige bedeutende Verluste, die erlitten zu haben ich heute benachrichtigt wurde, [haben] mich in meinen Finanzen so derangirt, dass ich den Luxus, eine Medaille aufzubewahren, mir nicht verstatten darf». Wie seine Freunde es ja schon gewohnt sind, bekommt Schumacher den Auftrag, sich um den Verkauf der Medaille zu kümmern, da die Wechselkurse in Göttingen so ungünstig seien. «Es versteht sich von selbst, dass die Societät davon nichts zu wissen braucht» [ShuI: 317].

Mitte September startet Gauß mit einer «Augenentzündung, geschwollenen Drüsen und einem Zahngeschwür» seinen zweiten Versuch auf dem Brocken. Vierzehn Tage verbringt er in dem unwirtlichen Klima, um die Richtung zum Inselsberg im Thüringer Wald zu bestimmen und die dürftigen Winkelmessungen des Jahres 1821 zu vervollständigen. Außerdem entwickelt sich diese Brockenexkursion zu einer Kooperation mit dem Kollegen Christian Ludwig Gerling, der gleichzeitig auf dem Inselsberg Stellung bezogen hat. Hier soll das Gauß'sche Dreieckssystem an die hessische Triangulation angeschlossen werden. Die beiden Projektleiter senden sich gegenseitig Heliotroplicht und benutzen den Apparat auch zum Telegraphieren mit zuvor verabredeten Blinksignalen. Die ersten drei Tage verbringt Gauß wieder im dichten Nebel, aber immerhin gelingen an ein paar schönen Tagen genügend Winkelmessungen mit der inzwischen zum Standard gewordenen hohen Wiederholungsrate.

Der Inselsberg ist 105 Kilometer entfernt. Richtete Gauß nun den Heliotropscheinwerfer vom Brocken aus ein wenig weiter in südöstliche Richtung, so geriete ihm nach ebenfalls 105 Kilometern ein Plateau oberhalb der Saale ins Visier. Hier, am Rand des Dorfes Goseck zwischen Naumburg und Weißenfels, errichteten die ersten Bauern Europas vor 7000 Jahren ein Sonnenobservatorium. Es war ein Kreisgraben von 75 Metern

Durchmesser. Konzentrisch dazu waren zwei Palisadenzaunkreise angelegt, die von drei Toren unterbrochen waren. Wer 4800 Jahre vor unserer Zeitrechnung aus der Mitte der gerade sesshaft gewordenen Jäger und Sammler auserwählt war, in das heilige Zentrum der Palisadenringe zu treten, sah im Spalt des Südosttors am 21. Dezember die Sonne aufgehen und im Südwesttor den Sonnenuntergang am gleichen Tag. Das dritte, nordwärts zeigende Tor könnte ein Meridianzeichen gewesen sein. Es ist das älteste bisher entdeckte europäische Bauwerk mit astronomischer Funktion und damit 4000 Jahre älter als der berühmte englische Steinkreis Stonehenge. Gauß ahnt natürlich nicht, dass am äußersten südöstlichen Rand seines Vermessungsterritoriums dicht unter der Ackerkrume die Überreste eines jungsteinzeitlichen Sonnenkreises verborgen liegen. Er wurde erst 2002 ausgegraben.

Im Winter 1823/1824 hat sich das Komitee der Königlichen Akademie der Wissenschaften in Berlin noch immer zu keiner offiziellen Berufung von Gauß durchringen können. Aber die Studierstube auf der Göttinger Universitäts-Sternwarte erweist sich in der dunklen Jahreszeit als Werkstatt für die mathematische Feinmechanik seines verketteten Dreieckssystems. Sein ursprüngliches Ziel, Göttingen und Altona durch eine Kette möglichst großer Dreiecke zu verbinden, hat er im Herzen der Heide aufgeben müssen. Nun will er die Unsicherheiten und Fehler ausgleichen, die durch die Zerstückelung in viele Kleinstdreiecke aufgetreten sind. In seinen winterlichen Berechnungen berücksichtigt er auch die Kontrolldiagonalen, die im ersten Sommer zumeist aus Not entstanden sind. Es ist auch eine Frage der Wahrhaftigkeit: «... in einer Zeit, wo die Beobachter die Messungen wenn auch nicht fälschen, so doch im Hinblick auf die Übereinstimmung auswählen, ein nachahmenswertes Vorbild ... und eine neue Anwendung der

Methode der kleinsten Quadrate» [Gal: 87], kommentiert Andreas Galle, Herausgeber des geodätischen Werks von Carl Friedrich Gauß. Da sich ein Dreieck an das andere reiht, ergeben sich auch Vier- und Fünfecke. Der Fehlereliminator selbst spricht daher nicht nur vom sorgfältigen Ausgleich der Winkelsumme seiner Dreiecke, sondern auch von der «Harmonisierung der Seitenverhältnisse in den gekreuzten Vierecken und Fünfecken ... und zwar ohne alle Willkür, ohne Auswählen, ohne Ausschliessen, alles nach der Strenge ... meiner neuen [Wahrscheinlichkeits-]Theorie» [GauIX: 359]. Gauß hat alle Winkel in den 26 Dreiecken selbst gemessen. Bei der Ausgleichung am Schreibtisch hat sich keine Richtung auch nur um eine einzige Sekunde geändert. Der mittlere Fehler beträgt 0,48 Sekunden. Vor mehr als 20 Jahren hat Gauß den Faktor Willkür in der Berechnung der Planetenumlaufbahnen eliminiert und für eine Revolution in der theoretischen Astronomie gesorgt. Jetzt führt er die erfolgreiche Methode der kleinsten Quadrate zur Fehlerminderung in die Höhere Geodäsie ein.

Nach Beendigung der Triangulation über Hügel und Moore, durch Heide und dichte Wälder ist die geodätische Verbindung zwischen den beiden Sternwarten hergestellt. Jetzt steht noch die astronomische Ermittlung der Breitengrade für den Anfangs- und Endpunkt aus. Schumacher findet durch Sternbeobachtungen mit dem Meridiankreis heraus, dass der Unterschied zwischen der astronomischen und geodätischen Verbindung 5,2 Sekunden beträgt, ein Wert, der nicht auf Messfehlern beruhen kann, sondern andere Ursachen haben muss. Gauß tippt auf das Phänomen der Lotabweichung. Isaac Newton hat gezeigt, dass jedes Teilchen im Universum eine Anziehungskraft auf jedes andere Teilchen ausübt, und nannte diese Tatsache universelle Gravitation. Aus der Gesamtgravitation der Erde und der Fliehkraft der Erdrotation resultiert der Schwerevektor. Die Lotrichtung des Schwerevektors hat wegen der unterschiedlichen Verteilung der Erdmasse an jedem Ort und Vermessungspunkt einen anderen Wert. So krümmt etwa ein Mittelgebirge wie der Harz mit seinem Brockenmassiv die Lotrichtung stärker als das Teufelsmoor bei Bremen. Und das ist die Lotabweichung. Für Gauß ist nun der astronomisch gemessene Breitengrad der «wahre Wert». Die Breitengrade können mit den terrestrischen Entfernungen nicht Schritt halten. Sie würden nur dann gleichmäßig fortschreiten, wenn auch die Erde in ihrem Inneren gleichmäßig geformt wäre. Da dies nicht zutrifft, ergeben sich Differenzen zwischen geodätischer und astronomischer Messung. Und noch ein Ergebnis der Gradmessung setzt Gauß in Erstaunen: Schumachers Sternwarte in Altona und sein Göttinger Observatorium liegen «durch ein merkwürdiges Spiel des Zufalls auf weniger als eine Hausbreite in einerlei Meridian» [GauIX: 6].

In den Sommermonaten der Jahre 1824 und 1825 nimmt der Kampf des Perfektionisten gegen die Hindernisse im Wald und auf der Heide auch im Westen des Königreichs Hannover kein Ende. Wieder behindert der Dunst der Moorbrände die Arbeit erheblich. Manchmal ist die Luft so verpestet, dass die Vermesser zum Nichtstun verdammt sind.

Welche Konsequenzen die Luftverpestung für die Arbeit mit sich bringt, wird Gauß erst richtig bewusst, als er bei klarer Sicht auf den Turm von St. Ansgarii in Bremen steigt und von dort aus den Kirchturm von Zeven anpeilen kann. Wochen zuvor ist Zeven in Moordunst gehüllt gewesen, sodass er von dort aus die direkte Verbindung mit Bremen nicht einmal erkennen konnte. Da vom Zevener Kirchturm auch der Wilseder Berg im Osten zu sehen ist, wird er zu einem wichtigen Dreh- und Angelpunkt im Elbe-Weser-Dreieckssystem. Sohn

Joseph zieht in der Turmspitze eine Eichenbohle ein, um einen festen Standort für die Instrumente zu schaffen. Aber auch bei reiner Luft und klarer Sicht spürt der unbestechliche Fehlereliminator neue Ursachen der Messungenauigkeiten auf. In den Vormittagsstunden und am frühen Nachmittag arbeitet er inzwischen nicht mehr mit dem Heliotrop. Da wird das Licht wegen zu starker Luftdichte gebrochen, ändert seine Richtung und streicht nahe über die Erdoberfläche hinweg. Die Luft «wallt» dann so stark, dass keine scharfen Messungen möglich sind. Dabei zerfließt das Heliotroplicht häufig zur Gestalt eines kleinen Kometen.

Bei Brüttendorf in der Nähe von Zeven gelingt ihm ein Durchhau zu einer Erhebung namens Litberg. Diese größte Schneise im Elbe-Weser-Dreieck wird erneut zu einem Triumph der Mathematik. Mit einer Genauigkeit von zwei Bogensekunden kommt die Verbindungslinie zustande, sodass die Seiten von drei Dreiecken fast eine einzige gerade Linie zwischen Hamburg und Bremen bilden. «Schönheit und Rundung» seines Dreieckssystems sind ihm ebenso wichtig wie Messgenauigkeit [Olb2: 334]. Wie in den drei Jahren der Messungen zwischen Göttingen und Altona schwankt Gauß' Stimmungslage zwischen Mutlosigkeit nach körperlicher Verausgabung und Freude über das Gelingen der Verbindungen. Auf offenem Pferdewagen oder zu Fuß unterwegs vom Gasthof zur Arbeit, wird er einige Male von heftigen Regenschauern überrascht und bis auf die Haut durchnässt. Auf dem Hausselberg muss er sogar seine nassen Kleider ausziehen und «barfuß» observieren. Über solche Unannehmlichkeiten kann er nachträglich lachen. Nur die Hitze findet er «grässlich». Vor allem in schwüler Luft ist er «angreifenden Fatiguen» ausgeliefert, die ihm die Arbeit so sehr verleiden, dass er am liebsten alles hinschmeißen möchte. Sobald es aber etwas kühler wird, fühlt er sich «so gesund wie seit Jahren nicht mehr» [ShuI: 411]. Und in Zeven lobt er ausdrücklich die «electricitätsfreie Luft» und meint damit die von Gewitterschwüle freie Luft.

Ende Juni 1824 fährt Ehefrau Minna zur Kur nach Bad Ems. Kurz darauf gönnt Gauß sich sechs Wochen Urlaub bei Wilhelm Olbers in Bremen. Man mag sich fragen, ob dieser ungewöhnlich lange Besuch in Bremen wieder so eine künstliche Verlängerung des Unterwegsseins und eine kleine Flucht vor der deprimierenden häuslichen Situation ist. Während der Kur und kurz nach ihrer Rückkehr aus Bad Ems verschlechtert sich Minnas Zustand. Eine Zeit lang schwebt sie sogar in Lebensgefahr. Es ist schon ein seltsamer Zufall, dass Minnas Krankheit ausgerechnet in der Zeit kulminiert, als ihr Ehemann bei Olbers eine Auszeit von Arbeit und Familie nimmt. Aber es ist auch vorstellbar, dass die Eheleute eine Abmachung getroffen haben und Minna ihn geradezu drängt, sich abseits ihres Krankenlagers zu erholen. Vielleicht besteht sie sogar darauf, ihm keine Nachricht über den Ernst ihrer Lage zu schicken. Im Oktober schreibt Gauß an Schumacher: «Sie war im August und September viel kranker als ich damals wusste, fast ohne Hoffnung» [ShuI: 413].

Im April 1825 kommt Gauß buchstäblich unter die Räder. Im März hat er gerade einen neuen Wagen gekauft, da der alte nach vier Jahren Rumpelei durch die Heide verschlissen war. Zu diesem Zeitpunkt wohnt er in der Posthalterei in Zeven, wenige Kilometer vom Dreieckspunkt Brüttendorfer Berg entfernt. Mittlerweile hat er sein heliotropisches Nachrichtensystem so erweitert und verfeinert, dass die Signale «über zwei Zwischentelegraphen» [BGB: 453] bequem in sein Zimmer geleitet werden. Da sich Licht mit beliebig vielen Spiegeln um beliebig viele Ecken lenken lässt und Gauß ein Meister der Reduzierung ist, lassen sich die sogenannten Zwischentelegraphen wohl als zwei optimal platzierte Spiegelsysteme zwischen Brüttendorfer Berg und der Zevener Poststation vorstellen. So verrät ihm der verabredete Blinkcode, dass Heliotroplicht vom Bremer Ansgariiturm auf dem Brüttenberg zu sehen sei. Sofort macht er sich mit seinem Instrumentenwagen auf den Weg dorthin, wobei ihm ein paar schöne Messungen gelingen. Auf dem Rückweg gerät sein Wagen in eine zu tiefe Fahrrinne und kippt um. Dabei fallen ihm die Instrumentenkisten auf Bauch und Oberschenkel.

«Aufs Inständigste bitte ich Sie, mich noch hier in Zeven zu besuchen ... Die *Disappointements*, die mich hier betroffen, haben mich ganz niedergeschlagen gemacht, ich fühle eine Muthlosigkeit, wie ich sie sonst an mir nicht kenne. Ihr Besuch wird mich aufrichten» [Olb2: 396], sehnt sich das Unfallopfer seinen Freund Olbers aus dem 40 Kilometer entfernten Bremen herbei – immerhin fast eine Tagesreise mit der Postkutsche. Im nächsten Brief wiederholt er den leidenschaftlichen Wunsch, Olbers zu sehen. Ein paar Tage später treffen Olbers und Schumacher gemeinsam zu einem Kurzbesuch in Zeven ein. Offenbar hat dieser glimpflich verlaufene erste Straßenverkehrsunfall seines Lebens Gauß in eine Krise gestürzt. Schon am übernächsten Tag haben sich die Schmerzen verloren, aber die niedergeschlagene Befindlichkeit bleibt. Gauß fühlt sich einsam und hilflos in der Moorlandschaft, hadert mit sich selbst und der Unmöglichkeit, perfekte Messungen zu absolvieren. Jetzt, da der Anschluss an das dänische und holländische Dreiecksnetz unmittelbar bevorsteht und das große Unternehmen zu Ende geht, ängstigt ihn womöglich auch die Frage, was anschließend auf ihn zukommen mag.

In Langwarden, dem nördlichsten Flecken der Halbinsel Butjadingen zwischen Bremerhaven und Wilhelmshaven, soll die 40 Kilometer entfernte Insel Neuwerk vor Cuxhaven angepeilt werden. Auch noch so kurz vor dem Ziel quälen den scharfsinnigen Beobachter die Messungen. «Diskordanzen wie sonst nirgends machen mich ganz irre», berichtet er Schumacher [ShuII: 25]. Zwar behindern auch starke Stürme und wallendes Licht die Arbeit. Eine bedeutendere Fehlerquelle als diese ungünstigen Witterungsbedingungen findet Gauß jedoch erneut in der Wechselwirkung zwischen menschlichem Beobachter und Beobachtungsinstrument. Es geht um die Genauigkeit des «Pointierens» auf Heliotroplicht. Nahezu am Ende der fünfjährigen Kampagne quält ihn nun die Frage, ob er auf das Intervall zwischen zwei Fäden oder auf einen der Fäden direkt zielen soll. Der Unterschied könne immerhin zwei bis drei Winkelsekunden ausmachen. «Man ist sich also wohl, wenn auch nicht deutlich bewusst, dass das Licht seitwärts von der Mitte ist, und tut, um dies zu berichtigen, mehr als man sollte» [Olb2: 421]. Wieder zerlegt der Perfektionist seine Instrumente in alle Einzelteile, säubert sie und setzt sie wieder zusammen. An welcher Schnittstelle lauert der nächste Fehler? Zuletzt gerät ihm in Langwarden doch noch die Kirchturmspitze auf der Insel Wangerooge ins Visier, und Mitte Juli ist das Dreieck Jever – Varel – Langewarden «glücklich geschlossen». Damit ist auch der Anschluss an das holländische Triangulationssystem geschafft. Der Kampf gegen Moorbrand und gegen Bäume, die der geraden Linie im Weg stehen, ist vorbei. Die Strapazen wegen holpriger Sandwege, schwüler Hitze, endlosem Nebel und schlechter Quartiere sind ausgestanden. Das große Werk ist vollendet. Zum glücklichen Abschluss erlebt er in Varel eine Luftspiegelung. Gauß hat den Eindruck, als schwebe ein Schiff auf offener See, ganz vom Meereshorizont getrennt, in der Luft.

Sein Fazit aber beginnt weniger schwerelos: «Ich sehe nicht ohne Mismuth auf meine 5jährigen Messungen zurück»

[Olb2: 424]. Woher rührt diese Unzufriedenheit? So genau und kreativ wie er hat noch niemand zuvor trianguliert. Er vergleicht seine Stimmung mit der Bestandsaufnahme, die ein alter Mensch am Ende seines Lebens macht und zu dem Schluss gelangt, er wäre mit größerer Zufriedenheit durchs Leben gegangen, wenn ihm seine reifen Erkenntnisse nur früher zuteilgeworden wären und er entsprechend hätte handeln können.

In einem späteren Rückblick für den Schüler und Kollegen Gerling ist dann aber doch noch Gelassenheit eingekehrt. Zunächst erinnert sich Gauß an die Freude, die ihm stets die Entdeckung eines neuen Dreieckspunktes gemacht hat. Und dann schreibt er tatsächlich: «Vor Gott ist's am Ende auch wohl einerlei, ob wir die Lage eines Kirchturms auf einen Fuß oder die eines Sterns auf eine Sekunde bestimmt haben» [Wor: 90]. Sein Netz hat 32 Punkte, 51 Dreiecke und 146 Richtungen. Die am buchstäblich letzten Dreieck erkannten Fehlerquellen will er bei den Ausgleichsrechnungen nach der Methode der kleinsten Quadrate berücksichtigen. Seine späteren Veröffentlichungen über Theorie und Praxis der Triangulation stellen die Vermessungstechnik auf ein neues wissenschaftliches Fundament. Insbesondere aber hat seine Theorie der gekrümmten Flächen, über der er seit zehn Jahren brütet, durch die geodätische Arbeit entscheidende Impulse bekommen. Im zweiten Jahrzehnt des 20. Jahrhunderts wird sie Albert Einstein die mathematische Grundlage für eine Revolution unseres Weltbilds liefern.

Im Spätsommer 1825 begleitet Gauß seine Frau auf eine Bäderkur, die über Marburg und Mannheim nach Baden-Baden geht. Dabei lässt er es sich nicht nehmen, auf Stippvisiten Gerling, Lindenau und weiteren Kollegen beim Vermessen über die Schulter zu schauen. Mit Befriedigung stellt er fest, dass auch in Süddeutschland schon viele Heliotrope im Einsatz sind. Die Hitze setzt ihm zu, und auch Minnas Zustand verbessert sich durch die Kur nicht wirklich. Im Winter erkranken die drei jüngsten Kinder Eugen, Wilhelm und Therese an den Masern. Die nach zwei Jahren Krankheit ernsthaft geschwächte Minna steckt sich bei ihnen an und gerät erneut in ein kritisches Stadium. Die 18-jährige Minna pflegt, so gut es geht, die Stiefmutter. Die uralte Großmutter Gauß wird kaum im Haushalt helfen können. Sie muss selbst an die Hand genommen werden, da sie fast blind ist. Der älteste Sohn Joseph ist inzwischen als Kadett in den Militärdienst getreten. Das Vorbild der Soldaten Müller und Hartmann, mit denen er von Anfang an auf Vermessungstour gewesen ist, hat diesen Wunsch in ihm reifen lassen. Der Vater hat die Bewerbung des pflegeleichten Erstgeborenen unterstützt und ihn nicht gezwungen, ein Studium zu absolvieren.

Ein halbes Jahr später wird die häusliche Situation für die Kinder unhaltbar. Gauß gibt den vierzehnjährigen Eugen in ein Internat in Celle, weit genug weg von Göttingen, sodass er höchstens in den Ferien nach Hause kommen kann. Zweifellos werden alle Kinder unter der fehlenden Nestwärme leiden, aber Eugen wird zum ersten wirklichen Opfer der häuslichen Misere. Aus Celle schreibt er rührende Briefe in lateinischer Sprache nach Hause, will den Vater beeindrucken, bettelt um Liebe und Aufmerksamkeit. Schon bald folgt auch Wilhelm seinem zwei Jahre älteren Bruder auf dasselbe Internat.

Georg IV., König von England und Hannover, ordnet im Frühjahr 1828 die weitere Vermessung des Königreichs Hannover an. Dieses Mal geht es nicht um Erkenntnisse über die Erdgestalt, sondern um die weitere Differenzierung der von Gauß geschaffenen Triangulationspunkte für die Katasterämter und Landkarten. Die hannoversche Landvermessung wird sich bis zum Abschluss aller Berechnungen bis 1844 hinziehen. Allerdings muss Gauß selbst nicht mehr durch die Landschaft ziehen. Sohn Joseph und ein Offiziersstab leiten die Vermessungen. Gauß reitet nur hin und wieder zu einem Dreieckspunkt, um sich ein Bild zu machen oder um Informationen auszutauschen. Die Berechnungen kann er zu Hause erledigen. Er sagt später, er habe bis 1844 dafür schätzungsweise eine Million Kalkulationen im Kopf bewältigt.

Alexander von Humboldt: lebende Legende, begnadeter Naturforscher mit umfassender Bildung, leidenschaftlicher Sammler von Pflanzen und Fossilien, unermüdlicher Weltreisender mit einer Mission. Er ist «der zweite, wissenschaftliche Entdecker Amerikas» [Bim$_2$: 7], ein moderner Kolumbus des Sextanten und der Magnetnadeln. Keiner, der für einen goldgierigen König einen neuen Erdteil erobern will, sondern der die Wissenschaft der Geographie zu seiner Königin erklärt hat. Er kommt nach Südamerika, um in der dünnen Luft der Andengipfel seine Ortsbestimmungen zu vervollständigen, astronomische Beobachtungen zu machen, Temperaturunterschiede zu bestimmen, die Magnetnadel tanzen zu lassen und den Amazonas zu befahren. Als Gauß in den ersten Jahren des 19. Jahrhunderts seine *Arithmetischen Untersuchungen* ins Reine schreibt, mit der Berechnung der Ceresbahn zum wichtigsten theoretischen Astronomen avanciert und seiner Johanna zum ersten Mal begegnet, schlagen sich Humboldt und sein Begleiter Aimé Bonpland fünf Jahre lang mit nicht weniger als 50 verschiedenen Messgeräten «und schändlich stinkenden Fußgeschwüren» [Hum: 85] durch die südamerikanische Wildnis, trotzen der Hitze, Moskitoschwärmen, die die Sonne verfinstern, unaussprechlichen Krankheiten, feindseligen Ureinwohnern und den eigenen geschundenen Knochen, die sich nach Erlösung von den Strapazen sehnen. Mit grenzenloser Begeisterungsfähigkeit, unfassbarer körperlicher Widerstandskraft und einer Datensammelwut, vor der sogar Gauß das Samtkäppchen ziehen würde, schreiben die beiden Naturforscher Wissenschaftsgeschichte. Das Material reicht aus, um Humboldt für den Rest seines Lebens mit der Auswertung auf Trab zu halten.

Der Sohn eines preußischen Offiziers hat viele Jahre in Paris gelebt und kennt die Loblieder von Laplace und Legendre auf das Universalgenie Carl Friedrich Gauß. Mit Verve hat er die zweimaligen Bemühungen seines Bruders Wilhelm unterstützt, den großen Mathematiker aus der südhannoverschen Provinz in die preußische Hauptstadt zu holen. Er ist überzeugt, dass Gauß der Königlichen Akademie der Wissenschaften den Glanz verleihen würde, den er selbst in Berlin noch vermisst. Im Frühjahr 1826 lernen Gauß und Humboldt sich persönlich in Göttingen kennen und schätzen. Zweifellos wird ihm Humboldt seine Unterstützung auch für einen dritten Versuch zugesagt haben. Dass die jahrelangen Verhandlungen an ein paar hundert Talern gescheitert sind, findet er typisch deutsch, erbärmlich und «ekelhaft». Die Akademie nennt er «ein Hospital, in dem die Kranken besser schlafen als die Gesunden» [Bim_1: 9]. Im Juli 1828 schickt Humboldt ihm eine Einladung zur Versammlung der deutschen und skandinavischen Naturforscher und Ärzte, die im September unter seiner Leitung in Berlin stattfinden soll. Er bietet ihm sogar an, in seinem Haus zu wohnen. Gauß ziert sich noch, sei unabkömmlich wegen der Krankheit seiner Frau und unaufschiebbarer Arbeiten. Auf den besonderen Gunstbeweis Humboldts geht er gar nicht ein. Der macht sich, ein wenig pikiert, einen Vermerk auf dem Brief, Gauß habe wohl das Ausmaß seiner Gastfreundschaft nicht recht verstanden, und versprüht dann im nächsten Brief seinen ganzen Charme. Die Gasthöfe in Berlin seien nicht unbedingt stilvoll, zudem hoffnungslos überfüllt bei 400 Unterkunft suchenden Wissenschaftlern. In seinem Haus aber sei allein für Gauß ein geräumiger Salon reserviert mit der Aussicht auf einen schönen Garten: «Sie empfangen Besuche und leben in meinen anstoßenden Zimmern. Sie frühstücken und speisen Mittags und Abends, mit mir oder ohne mich, zu den von Ihnen befohlenen Stunden. Bringen Sie einen Bekannten mit, so logire ich ihn in einem nahen Hause. Sie haben einen Wagen jedesmal, wenn Sie es anordnen. Alles ist meine Sorge. Ein hiesiger Bekannter führt Sie umher, wenn ich, wegen des freilich lästig werdenden Andranges der Fremden, Sie nicht selbst begleiten kann ... Je länger Sie bleiben, desto mehr wird es mich freuen und ehren» [Bim_2: 34 f.].

Derart geschmeichelt und gewiss auch wegen der Aussicht auf eine Veränderung seiner beruflichen Lage, sagt Gauß zu. Humboldt ist begeistert und stellt dem Eremiten von Göttingen gleich zum Auftakt ein «kleines Fest für 600 Freunde» in Aussicht. Zu denen selbstverständlich auch König und Kronprinz gehören. Gauß nimmt eine lange, strapaziöse Reise in Kauf und bleibt tatsächlich drei Wochen bei Humboldt. Anschließend bedankt er sich bei seinem Gastgeber: «Sie haben mir, mein Verehrtester Freund, meinen Aufenthalt in Berlin mit so großer aufopfernder Güte in jeder Beziehung so genußreich und lehrreich gemacht, dass ich meine Dankbarkeit mit Worten nicht ausdrücken kann. Ich zähle diese mir unvergeßlichen Tage zu den glücklichsten meines Lebens» [Bim_2: 37].

Was ist geschehen? Die beiden Männer fühlen sich in ihrer unbedingten Liebe zu Wissenschaft und Wahrhaftigkeit zueinander hingezogen. Beide haben in Göttingen studiert, Gauß' Gönner, Herzog Carl Wilhelm Ferdinand, ist Humboldts

Taufpate gewesen, und Alexanders Erzieher Joachim Campe wollte als erster deutscher Schulrat das Braunschweiger Bildungssystem revolutionieren, als Carl in Büttners Katharinenvolksschule erstmals sein Talent zeigte. Beide sind fünf Jahre lang durch die entlegensten Gegenden gezogen – einer in Südamerika, der andere in der norddeutschen Tiefebene. Sie haben die ärgsten Schwierigkeiten bewältigt, um die Welt zu vermessen und dem Geheimnis der wahren Erdgestalt auf die Spur zu kommen.

Aber es ist nicht allein Humboldts Gastfreundschaft, die Gauß unvergesslich bleiben wird. Während der Tagung lernt er den Vortragsredner Wilhelm Weber kennen und glaubt, in dem erst 24 Jahre alten, scharfsinnigen Physiker ebenfalls eine verwandte Seele entdeckt zu haben. Weber hat bereits ein Buch über Wellenbewegungen geschrieben und ist ein glühender Verehrer des großen Gauß. Für interessierte Tagungsteilnehmer hat Humboldt in seinem Haus ein ganzes Kabinett mit magnetischen Apparaten eingerichtet. Entzückt nimmt Gauß sie in Augenschein. Humboldts besonderes Interesse gilt der Erforschung des Erdmagnetfeldes. Dass die Kompassnadel nicht wirklich auf den geographischen Nordpol weist, ist den Physikern der 1820er Jahre bekannt. Der weitgereiste Humboldt hat an jedem Ort den Erdmagnetismus gemessen und die jeweiligen Abweichungen der Magnetnadeln vom Nordpol festgestellt. Sein Plan ist nichts Geringeres als eine vollständige Kartierung des Erdmagnetfeldes durch gutorganisierte weltweite Beobachtungen. Humboldt erzählt von seinen Reisen, zeigt dem Gast seine umfangreiche Messdatensammlung, die nach einer ordnenden Hand verlangt und viele wunderbare Glockenkurven verspricht. Hier fühlt sich der Theoretiker Gauß in seinem Element. Das Humboldt'sche Projekt ist eine besondere Herausforderung, denn für das Erdmagnetfeld gibt es noch keine mathematische Formulierung.

In diesen zweieinhalb aufregenden Wochen begreift Gauß wohl erst so richtig, wie sehr ihn die lebendige, tägliche Kommunikation mit gleichrangigen Köpfen voranbringen könnte. Für seinen Freund Gerling findet er ein eindringliches Bild. Er spricht vom «unvergleichlichen Humboldt» und schreibt dann: «Man lebt in Berlin sehr angenehm. Der Abstich gegen das stille Leben in Göttingen ist sehr groß. Es ist für den Geist fast wie der Übertritt aus atmosphärischer Luft in Sauerstoffgas» [Ger: 329]. Ein ähnlich erhebendes Gefühl muss Gaußens zweiter Sohn Eugen erlebt haben, als er vom Internat in Celle nach Göttingen zurückkehrt, um dort sein Jurastudium aufzunehmen.

Eine chronisch kranke Mutter sowie ein im Sommer abwesender und im Winter mit weltbewegenden Rechnungen beschäftigter Vater haben dem hitzköpfigen Eugen nicht die Liebe und Aufmerksamkeit schenken können, die er gebraucht hätte, um sich zu einem pflegeleichten Kind wie Minna oder Joseph zu entwickeln. Er gilt als begabt. Seine Mutter wirft ihm allerdings «Baseligkeit» und Leichtsinn vor. Dass der Achtzehnjährige nach vier Jahren Internatsleben fern vom Elternhaus die köstliche Freiheit des Studentenlebens in vollen Zügen genießt und dabei gelegentlich über die Stränge schlägt, scheint nur allzu verständlich. Ein unübersehbarer Schmiss auf der Wange zeugt von seiner Mitgliedschaft in einer schlagenden Verbindung. Die große Schwester Minna schreibt an Bruder Joseph: «Es ist schade um den Jungen, daß er so ein arrogantes Wesen angenommen hat, von Herzen ist er wirklich gut» [Grd$_2$: 28]. Bald gerät Eugen in den Strudel von Trinkgelagen und Spielschulden. Und der legendär sparsame Vater, dem Zeitgenossen «eine fast an Cynismus gränzende Sparsamkeit» [Dik$_1$: 46] attestieren, wird sich ausgerechnet bei der Zuteilung des Taschengelds nicht unbedingt großzügig zeigen. Im August 1830 schreibt Universitätsrichter Georg Heinrich Oesterley einen Brief an Carl Friedrich Gauß. Die Studenten der Universität Göttingen unterliegen einer eigenen Gerichtsbarkeit. Rechtsstreitigkeiten werden nicht vor einem Zivilgericht, sondern universitätsintern geregelt. Eugen hat sich mit einem Kommilitonen angelegt, und Oesterley hat den Streit geschlichtet, so dass er nun ohne weitere Strafe gänzlich beigelegt ist. «Das Gericht hat indessen diese Gelegenheit ergriffen, Ihren Herrn Sohn auf das ernstlichste zu warnen und zu einem regelmäßigen Leben aufzufordern, welches er auch zu beachten gelobt hat. Mit Vertrauen hege ich die frohe Hoffnung, dass er fortan Ihnen nur Freude machen wird» [Grd_2: 30].

Und nun? Große Erleichterung auf allen Etagen der Sternwarte über den glimpflichen Ausgang der Affäre? Feierstimmung im Hause Gauß? Im Gegenteil. Mit Eugens Abmahnung vor Gericht hat er die Namen Gauß und Waldeck «entehrt» und Schande über die Familie gebracht. Es kommt zu einer schicksalhaften Auseinandersetzung zwischen den Eltern und Eugen, über deren Einzelheiten nichts nach außen dringt. Schumacher erhält kurze Zeit später einen konfusen Brief von Gauß und berichtet Bessel, Eugen sei «nach Sachen, die ihm jede Rückkunft unmöglich machen, weggelaufen, um nach Amerika zu gehen ... Der Brief ist in solcher heftigen Gemüthsbewegung geschrieben, dass ich nicht einmal herausbringen kann, was er will, das ich hier thun soll. Keine Spur von seiner gewöhnlichen Präcision und Ordnung» [Grd_3: 58]. Der Brief selbst ist verschollen. Vermutlich hat Schumacher ihn später auf Wunsch des Freundes vernichtet. Auch ein entsprechender Brief an Olbers ist spurlos verschwunden.

Ein paar Tage später taucht Eugen in Nienburg an der Weser

auf. Gauß bringt ihn in Bremen bei Olbers' Schwiegersohn, Dr. Christian Focke, unter und regelt die Formalitäten für die Auswanderung. Der bewunderungswürdig hilfreiche Focke verspricht, Eugen bei der ersten sich bietenden Gelegenheit auf ein Schiff nach Nordamerika zu bringen. Gauß selbst stellt später die Angelegenheit so dar, als sei es Eugens ureigenste Reaktion auf den Familienkrach gewesen, nach Amerika auswandern zu wollen. Aus eigenen Äußerungen und denen der Mutter geht allerdings hervor, dass sie ihm die Auswanderung – vorsichtig formuliert – nahegelegt haben. Gauß schreibt an Schumacher, nachdem er Eugen bei Focke abgeliefert hat: «Er ist nicht ganz so tief gesunken, wie Sie aus meinem Briefe schließen konnten; allein seine Existenz in Europa ist verscherzt» [GauXII: 264]. Und Tochter Minna schreibt dem Vater im Auftrag der Mutter, deren Gesundheitszustand sich nach der Aufregung verschlimmert hat, nach Bremen hinterher: «... [Sie bittet] Dich nochmals dringend, Eugen recht scharf einzuprägen, er dürfe nicht hierher zurückkehren, es möge ihm in Amerika glücken oder nicht. Mutter ängstigt sich mit den schrecklichsten Bildern; daß er in Amerika seine schlechte Lebensweise fortsetzte und wenn er alles durchgebracht, ehe wir uns versähen, hier erschiene» [Grd$_2$: 31].

Alles, was er durchbringen kann, sind 150 Mark in Gold, die ihm der Vater mit auf den Weg nach Amerika gibt. Nach diesen beiden eindeutigen Aussagen der Eltern *vor* der Abfahrt eines Schiffs aus dem Bremer Hafen hat Eugen ja gar keine andere Wahl. Der Vater will ihn auf dem ganzen *Kontinent* nicht mehr sehen, während die Mutter ihm ausdrücklich die Rückkehr nach Hause verbietet. Eugen ist von seinen Eltern glatt verstoßen worden. Alttestamentarisch. Gnadenlos. Ohne Hoffnung auf Heimkehr. Nicht einmal bei «tätiger Reue» und einem den Eltern gefälligen Lebenswandel. Und weswegen?

Wegen einer Verwarnung vor dem Universitätsgericht? Wegen ein paar Goldstücken Spielschulden? Wegen eines Festmahls, das er Freunden spendiert hat und die Rechnung an seinen Vater schicken ließ, wie ein amerikanischer Essayist zu wissen glaubt?

Am 29. September 1830 schifft Eugen Gauß sich ein. In Amerika kennt er niemanden. Und so dauert es natürlich nicht lange, bis das äußerst knapp bemessene Handgeld ausgegeben ist. Um zu überleben, lässt er sich als Soldat anwerben und verpflichtet sich auf fünf Jahre. Schon bald schreibt er einen verzweifelten Brief, in dem er seinen Vater inständig bittet, ihn aus der Armee freizukaufen und ihm ein Studium zu ermöglichen. Er sei nun geläutert und werde alles tun, was der Vater befehle. Olbers und Schumacher halten sich hier auffällig vornehm mit Ratschlägen zurück. Doch Gauß mag, wie stets in heiklen Situationen, allein keine Entscheidung treffen, hört auf den Rat von Gerling und bleibt hart. Gerling meint, Eugen solle «sich die Fähigkeiten und Handgriffe seines neuen Standes wohl und gründlich aneignen, seine anderweitigen Geschicklichkeiten im Schreiben, Rechnen und Sprechen zunutze machen, um sich seinen Offizieren nützlich zu machen, um bald möglichst zum Unteroffizier zu avancieren» [Grd_1: 25]. Gauß ist überzeugt, das Militär sei das einzig wirksame «Besserungsmittel» für den auf fremde Kosten lebenden «Tagedieb», dem er kein Vater mehr sein könne. Die Vorstellung, der «Taugenichts» käme zurück nach Europa, verursache ihm «Seelenangst». Es wäre sein sicherer «geistiger Tod» [Olb2: 578 f.].

Am 12. September 1831, gut ein Jahr nach dem Eklat mit Eugen, stirbt Wilhelmine Gauß nach achtjähriger schwerer Krankheit. Aus den Zeilen, die Gauß an Olbers schickt, spricht daher auch Erleichterung: «Ach wie lange und hart hat die arme Dulderin gedrückt werden müssen, bis ihr Herz brechen konnte. Endlich ist es gebrochen. Am 12. Abends ist sie von dem Jammer des Lebens geschieden» [Olb2: 573]. Gauß geht nicht so weit, Eugen als Sargnagel zu bezeichnen. Er drückt sich subtiler aus: «Seine Mutter, deren Leiden in dem letzten Jahre durch den Schmerz über einen so missrathenen Sohn so grausam und mehr, als ich hier sagen kann, geschärft sind, hat ihn ... enterbt» [Olb2: 576]. Mit der Option, frühestens ab 1838 die Zinsen seines mütterlichen Erbteils genießen zu können, aber nur, sofern es «Beweise seiner Besserung» gäbe. Fünf Jahre später dürfe er dann auch über das Kapital selbst verfügen. Aus Angst, der verlorene Sohn könne so «entartet» sein und das Testament anfechten, um wenigstens seinen Pflichtteil sofort zu erstreiten, verschweigt er ihm monatelang den Tod der Mutter. Seinem neuen Vertrauten Gerling schreibt er: «Unbeschreiblich niedergebeugt fühle ich mich durch all die Stürme, die mich seit eineinhalb Jahren getroffen und an meinem innersten Lebensmark gezehrt haben. Lebensfreudigkeit und Lebensmut waren schon lange von mir gewichen, und ich weiss nicht, ob sie je wiederkehren werden. Was mich so schwer drückt, ist das Verhältnis zu dem Taugenichts in Amerika, der meinen Namen entehrt» [Ger: 377].

11. Wissen vor Meinen, Sein vor Scheinen

Doch es gibt einen Lichtblick. Wilhelm Weber aus Halle, den er auf der Naturforschertagung 1828 in Berlin kennengelernt hat, ist auf den frei gewordenen Göttinger Lehrstuhl für Physik berufen worden. Gauß hat sich persönlich dafür eingesetzt. Weber wird Nachfolger des im November 1830 gestorbenen Physikers Tobias Mayer, des Jüngeren. Zufällig trifft Weber nach einem 250 Kilometer langen Fußmarsch am selben Tag in Göttingen ein, als Minna Gauß stirbt. Sogar Gauß selbst betrachtet diese merkwürdige Koinzidenz der Ereignisse offenbar als Zeichen für eine Wende. Seine leidgeprüfte Frau ist tot, und den in geistiger Hinsicht vielversprechendsten Sohn wird er nie wiedersehen. Die beiden Hauptfaktoren der Sorge und Betrübnis haben sich aus der Gleichung seines Lebens herausgekürzt. Eine besondere geistige Anziehungskraft, ein nicht messbarer zwischenmenschlicher Magnetismus scheint da plötzlich ins Spiel zu kommen. Denn mit Webers Ankunft setzt schon bald ein vielversprechender Neuanfang ein. Zunächst mit vergnüglichen Tanzstunden für Magnetnadeln. Der ideensprühende, tatkräftige Neuankömmling rückt Gauß die Physik stärker ins Blickfeld und steckt ihn mit seiner Begeisterung für die Erforschung des Magnetismus an. Ein Jahr später jubelt er als väterlicher Freund und seelenverwandter Kollege Wilhelm Webers: «Meine magnetischen Apparate habe ich erst ganz seit Kürze mit dem Galvanismus [Elektrizität] in Verbindung zu setzen angefangen, ein für mich noch fast ganz neues Feld, wo sich aber eine unabsehbare Aussicht zu neuen Versuchen öffnet. Sie können sich keine schönere Art zum Messen des galvanischen Stromes denken wie mit meinen Apparaten» [Ger: 402].

Spätestens seit 1820 wissen die Physiker, dass es Wechselwirkungen zwischen Elektrizität und Magnetismus gibt. In diesem Jahr nämlich entdeckt der dänische Physiker Hans Christian Ørsted während eines Experiments den Ausschlag einer Magnetnadel in der Nähe eines stromdurchflossenen Drahtes. Mit dieser einfachen Versuchsanordnung beweist er, dass elektrischer Strom ein Magnetfeld erzeugt. Bei genauerem Hinsehen stellt sich heraus, dass die Richtung des Stroms auch die Richtung bestimmt, in der die Magnetnadel ausschlägt. Nach dieser fundamentalen Einsicht in den Zusammenhang zwischen Elektrizität und Magnetismus liegt die nächste Frage auf der Hand: Lässt sich diese Wirkung umkehren und die magnetische Kraft auch in Elektrizität verwandeln? Erstaunlicherweise dauert es elf Jahre, bis der englische Physiker und Chemiker Michael Faraday, ein begnadeter Autodidakt und Popularisierer der Naturwissenschaften, den Durchbruch schafft. Vierzehn Tage vor Webers Ankunft in Göttingen gelingt ihm endlich der Nachweis, dass die elektromagnetische Wechselwirkung keine Einbahnstraße ist. Faraday wickelt Draht um ein Eisenrohr, verbindet die Drahtenden mit seinem Messgerät und schiebt einen Stabmagneten durch das Rohr. Solange er den Magneten in Bewegung hält, fließt auch tatsächlich ein elektrischer Strom. Als wesentliche Voraussetzung dafür gilt allerdings: Die Magnetquelle muss in Bewegung sein. Wenn das Magnetfeld ruht, fließt auch kein Strom. Faraday nennt dieses Naturgesetz «elektromagnetische Induktion», weil ein elektrischer Strom induziert, also hervorgerufen wird.

Und so rückt im Herbst 1831 das um eine faszinierende Facette erweiterte Phänomen des Elektromagnetismus in den Mittelpunkt des wissenschaftlichen Interesses. Die vereinte Kreativität von Gauß und Weber wird schon nach eineinhalb Jahren Zusammenarbeit einen spektakulären Apparat hervorbringen, mit dem das elektromagnetische Kommunikationszeitalter beginnen wird. Zunächst aber gilt es, dem Phänomen des Erdmagnetismus eine mathematische Struktur zu geben und Begriffe wie die Schwingungsdauer der Magnetnadel neu zu definieren. Unklarheiten, Halbwissen und Reste mesmerischer Missverständnisse müssen aus diesem Wissensbereich getilgt werden. In den Händen von Carl Friedrich Gauß verwandelt sich Erdmagnetismusforschung in eine ernstzunehmende Wissenschaft.

Wie lange sich Seefahrer aus allen Kontinenten schon auf die Kompassnadel als richtungsweisendes Navigationsinstrument verlassen, bleibt umstritten. Möglicherweise ist die Magnetsteinspitze in China schon seit viereinhalbtausend Jahren im Einsatz. Während Nordpol und Südpol am jeweiligen Ende der Erdrotationsachse liegen, sind die geomagnetischen Pole die Endpunkte einer anderen hypothetischen Achse, die man sich in einem Winkel von 11,5 Grad zur Erdachse vorstellen muss. An den Enden dieser Achse tauchen die Feldlinien des Erdmagnetfeldes senkrecht in die Erde ein. Der arktische Magnetpol ist also nicht mit dem geographischen Nordpol identisch. Entsprechend weicht also auch die Kompassnadel von der Nordrichtung ab. Außerdem beeinflussen die an jedem Punkt der Erde unterschiedlichen geologischen Verhältnisse die magnetischen Feldlinien. Über einer Eisenerzgrube in der Bergbaustadt Clausthal im Harz misst man eine andere Magnetfeldstärke als in der Sanddünenlandschaft auf der Insel Wangerooge. Auch durch diese unterschiedlichen örtlichen Umstände wird die Magnetnadel von der Nordrichtung abgelenkt.

«Vor Gauß konnte man zwar schon die Richtung des Feldes

bestimmen, seine Stärke jedoch nur relativ zu bestimmten Observatorien, wie dies auch Alexander Humboldt auf seiner großen Mittel- und Südamerikareise getan hat» [Sie: 42]. Humboldt hat dabei eine allmähliche Abnahme der Magnetfeldintensität vom magnetischen Äquator der Erde zu den Magnetpolen festgestellt. Bei der herkömmlichen Messmethode versteht es sich von selbst, dass das Verfahren nur dann zuverlässige Ergebnisse liefert, wenn immer dieselbe Nadel aus gutgehärtetem Stahl benutzt wird. Sie musss sorgfältig aufbewahrt werden und darf nicht zu lange im Einsatz sein. Anderenfalls könnte sich ihr magnetischer Zustand ändern.

Gauß entwickelt nun ein neues Messverfahren, das von diesen Unsicherheitsfaktoren unabhängig ist. Zuerst hat er eine neue Vorstellung von der Schwingungsdauer einer Magnetnadel. Bisher ist es üblich gewesen, den Beginn einer Schwingung von der Stelle des größten Ausschlags der Nadel zu zählen. Gauß definiert den Punkt der größten Geschwindigkeit als den Anfangspunkt einer Schwingung. Im Gegensatz zur bisherigen relativen Messung der Magnetfeldstärke entwirft er eine rechnerische Methode zur «Absolutmessung». Diese Bestimmung ist ortsunabhängig. Zu diesem Zweck führt er das kombinierte Einheitensystem Masse, Länge und Zeit ein. Wenn er daher nach vielen Messreihen von Mai bis Oktober 1832 erstmals die Magnetfeldintensität des Standortes Sternwarte Göttingen mit 10 verschiedenen Werten zwischen 1,7625 und 1,7965 angibt, dann ist diese Zahl zusammengesetzt aus den Maßen Milligramm, Sekunde und Millimeter. Mit diesem neuen mechanischen Absolutmessverfahren für eine nicht-mechanische Kraft lassen sich von nun an überall auf der Welt unter gleichen Bedingungen Werte erzielen, die man miteinander vergleichen kann. Das Verfahren setzt sich in der Physik des 19. und 20. Jahrhunderts – später um eine Zehnerpotenz auf Zentimeter, Gramm und Sekunde erhöht – als CGS-System (centimeters, grams, seconds) durch.

Die Intensität des Erdmagnetismus ist dem Quadrat der Schwingungsdauer ein und derselben Nadel umgekehrt proportional. Darüber hinaus ist sie erheblichen Schwankungen unterworfen. Das gilt für jeden Ort und für größere Zeiträume wie Jahre und Jahrhunderte. Aber auch schon zwischen einer Intensitätsmessung am Vormittag und Nachmittag desselben Tages können messbare Unterschiede auftreten. Diese kurz- und langfristigen Variationen sollen jetzt genauer beobachtet werden. Wie sieht nun das Magnetometer aus, von dem Gauß mit so kindlicher Begeisterung schwärmt, dass seine Freunde den Eindruck haben, ein gewaltiger Elektromagnet habe ihn buchstäblich aus dem Sumpf seiner Depression herausgezogen?

Einige dieser Nadeln sind inzwischen schon so groß und schwer, dass Gauß sie kaum noch mit diesem Begriff bezeichnen möchte. Mit ihrem Gewicht von mehreren Pfund und einer Länge von fünfzig Zentimetern sind es schon eher prismatische Stäbe. Und so eine Supernadel hängt also frei schwebend an dem sprichwörtlichen seidenen Faden von siebzig Zentimetern Länge unter der Decke in einem Saal der Sternwarte. Je schwerer die Magnetnadel ist, desto weniger störend wird sich der nie ganz zu vermeidende Luftzug im Gebäude auf die Masse auswirken.

Aus etwa fünf Metern Abstand peilt er über das Fernrohr eines Theodoliten einen Planspiegel an, der am Ende der Nadel befestigt ist. Bei zu großer körperlicher Nähe zur Magnetnadel fürchtet er den verzerrenden Einfluss von Körperwärme auf die Messungen. Nebenbei dürfte es kaum überraschen, dass es in dieser Messanordnung ein Wiedersehen mit den wichtigsten Elementen seines Heliotropen gibt. Eine horizontale Millimeterskala ist am Stativ des Theodoliten befestigt und bildet einen rechten Winkel zum magnetischen Meridian. Der mit einem Gewicht beschwerte und von der Mitte des Objektivs herabhängende Goldfaden markiert den Nullpunkt der Ablesevorrichtung in diesem sensibel arrangierten Nadel-und-Faden-System.

Ganz gewöhnlicher Bindfaden spielt im Frühjahr 1833 eine wichtige Rolle, als die magnetischen Experimente von Gauß und Weber in eine Phase eintreten, die Zeitgenossen anfangs wohl als «verrückt» bezeichnet haben mögen, die die Wissenschaftler selbst jedoch vermutlich nur konsequent finden. Die Göttinger Bürger staunen nicht schlecht, als sie an jedem einigermaßen schönen Apriltag zwei junge Männer auf den drei höchsten Dächern der Stadt mit allerfeinsten, kaum sichtbaren Drähten hantieren sehen, sodass die meisten Schaulustigen glauben, sie zögen nichts weiter als Göttinger Luft durch ihre Hände straff. Ein absurder Anblick von da unten. Auch scheinen sie in ihrem Geschäft nicht allzu geübt zu sein. Denn ständig reißen ihnen die feinen Silber- und Kupferdrähte entzwei, worauf sie wieder von vorn beginnen müssen und vermeintlich in die Luft greifen. Erst als die schwindelfreien Kletterer schließlich mit einer großen Bindfadenspule erneut in luftiger Höhe auftauchen und die feinen Kupferdrähte damit stabilisieren, wird die ein Kilometer lange doppelte Drahtverbindung zwischen Physikalischem Kabinett und Sternwarte für viele flüchtige Beobachter überhaupt erst sichtbar.

Inzwischen hat sich herumgesprochen, dass einer der beiden Balancekünstler der erst achtundzwanzigjährige, rührige Physikprofessor Wilhelm Weber sein soll, der andere ein namenloser Student. Weber ist, das wissen viele Göttinger, ein Freund des berühmten Gauß. Seit dessen Frau gestorben und der berüchtigte Sohn nach Amerika ausgewandert ist – die

Familienehre soll der schlimme Bube besudelt haben –, sind der junge Professor und der wortkarge Witwer offenbar unzertrennlich. Mancher besorgte Passant fragt sich allerdings, ob die gefährliche Turnerei auf den Dachfirsten überhaupt vom Stadtmagistrat genehmigt sei. Und ganz Schlaue stellen sich gar die Frage nach dem Sinn der ganzen Strippenzieherei, ob diese gelehrten Herren nichts Wichtigeres zu tun hätten und wie viel Geld dieser Schildbürgerstreich die Steuerzahler wohl kosten möge. Die Sorge ist nicht ganz unberechtigt, denn bei einem Jahresbudget von lediglich 150 Talern für die Sternwarte fehlt Gauß und Weber eigentlich das Geld, um genügend Draht zu kaufen. Deshalb springt Humboldt ein und schickt aus Berlin 800 Meter königlich preußischen Draht, der als Eigentum der Akademie jedoch nur als Leihgabe gedacht sein kann [Sei: 78].

Zur gleichen Zeit liegt dem Königlichen Universitäts-Kuratorium in Hannover der Antrag von Hofrat Gauß vor, «das Bedürfnis eines besonderen Lokals für magnetische Beobachtungen betreffend». Dieses «Lokal» wird im März 1833 genehmigt. Das zukünftige *Magnetische Observatorium* soll auf einem freien Platz hundert Schritt westlich der Sternwarte errichtet werden. Es wird zehn Meter lang, fünf Meter breit und drei Meter hoch sein, ein besserer Geräteschuppen. Doppeltüren und Doppelfenster sorgen allerdings dafür, dass kaum ein Luftzug entsteht. Und das Besondere: «Im ganzen Gebäude ist ohne Ausnahme alles, wozu sonst Eisen verwandt wird, Schlösser, Thürangeln, Fensterbeschläge, Nägel u.s.w. aus Kupfer» [GauV: 520].

Alexander von Humboldt hat sich in Berlin ein ähnliches Häuschen bauen lassen, allerdings auf eigene Kosten. Er ist entzückt vom Engagement seines verehrten Freundes und hat bereits die Gauß'sche Abhandlung über die Absolutmessung der

Magnetfeldintensität ins Französische übersetzt. Unter den neuen Idealbedingungen will Gauß künftig nicht nur die Intensität des Erdmagnetfeldes messen, sondern mit derselben Vollkommenheit selbstverständlich auch den Neigungswinkel des Magnetfeldes zur horizontal schwebenden Magnetnadel (Inklination) und die örtliche Abweichung der Nadel von der geographischen Nordrichtung (Deklination). Vor allem aber ist es ihm ein Anliegen, die Humboldt initiierten weltweiten Messungen unter seiner Regie fortzuführen und zentral in Göttingen auszuwerten. Seine absoluten Maßeinheiten und sein Magnetometer werden sich als neue Standards zur Messung des Erdmagnetismus international durchsetzen. Außerdem ist er seit Oktober 1832 gelegentlich mit elektromagnetischen Beobachtungen und Messungen beschäftigt, die er später auch hier, in seinem eisenfreien Observatorium, zur wahren Blüte bringen möchte. Der Magnetstab seines Magnetometers schwebt jetzt in einem Holzrahmen, um den ein paar Dutzend Meter Draht gewickelt sind. Mit diesem «Multiplikator» kann er die Stärke eines elektrischen Stroms aus einer Volta'schen Batterie messen. Nicht ohne den Stolz des Quereinsteigers, der im ersten Wettkampf den Weltmeister besiegt, berichtet er, dass diese ersten elektromagnetischen Versuche die Ergebnisse des Kollegen Gustav Theodor Fechner aus Leipzig, die Kompagnon Weber als die bisher «feinsten» Messungen betrachtete, weit übertroffen hätten, was Präzision und Anschaulichkeit betrifft [GauXI,2: 104].

Nach langem Geduldsspiel ist Anfang Juni die Leitung zwischen Webers Physikinstitut und der Sternwarte endlich stabil. Inzwischen sind die Strippenzieher auf stärkeren, gefirnissten Eisendraht umgestiegen, der sich da draußen, über den Dächern Göttingens, besser zu bewähren scheint. Als erster Stabilisierungspunkt für den Draht dient das Dach des Accouchierhauses. Es ist die Entbindungsklinik des mittlerweile verstorbenen Professors Friedrich Benjamin Osiander, dessen Konservierungsverfahren für menschliche Organe sich auch beim Präparieren des Gauß'schen Gehirns bewähren wird. Die Universitätsapotheke in der Nähe des Rathauses ist die nächste Station, und wer hoch oben, im Nordturm der St. Johanniskirche steht, ist im Stadtkern Göttingens dem Himmel am nächsten. Dort befindet sich auch die Wohnung des städtischen Turmwächters, durch die Weber zu den Dachluken des Kirchturms gelangt.

Im Briefwechsel mit dem Stadtmagistrat bittet er um eine nachträgliche Genehmigung für die Verdrahtung des Kirchendachs und bemüht sich, die in der Stadt kursierenden Gerüchte über die Gefährlichkeit des heißen Drahtes zu entkräften. Die Drähte führten viel zu schwachen Strom, schreibt Weber, um Bedenken hegen zu müssen: «Der Zweck der Sache ist darauf gerichtet, die Kräfte des Galvanismus und Magnetismus, so weit sie zu praktischen Zwecken irgend einmal dienen könnten, im großen näher zu untersuchen» [Fey: 161]. Selbstbewusst bittet er den Magistratsdirektor Ebell, der Drahtverbindung «tunlich Schutz angedeihen zu lassen» [Fey: 163]. Polizisten und Nachtwächter mögen doch bitte im Dienst der Wissenschaft ein Auge darauf haben. Webers Antrag beim Universitätskuratorium auf einen zusätzlichen Raum in seinem Institut für Experimente zur Überprüfung des Ohm'schen Gesetzes wird nicht genehmigt. Stattdessen muss er mit dem Flur des mittleren Stockwerkes vorliebnehmen, der aber «ziemlich geräumig, sehr hell und bedielt» sein soll.

Es ist erst sechs Jahre her, seit Georg Simon Ohm mit seinem mathematischen Scharfsinn Ordnung ins Chaos der falschen Vorstellungen über die elektrische Kraft gebracht hat. Und längst nicht alle deutschen Physiker haben von seinen

Erkenntnissen Notiz genommen, zumal er kein ordentlicher Universitätsprofessor ist, sondern ein Eigenbrötler, wie manche Akademiker finden, der der Elektrizität sein sinnloses Spiel mit mathematischen Symbolen aufzwinge. Er hat den Prozessen in der «galvanischen Kette» – im geschlossenen Stromkreis – die nackten Zahlen aus seinen weitreichenden Experimenten zugeordnet, hat also etwas getan, das Gauß unbedingt gefallen müsste. Ohm hat die drei dabei in Wechselwirkung tretenden physikalischen Größen elektrische Spannung, Stromstärke und Widerstand in die richtigen Verhältnisse zueinander gesetzt. Als elektrische Spannung wird das Potenzial ausgedrückt, einen elektrischen Ladungsträger in Bewegung zu bringen. Und diese bewegte Ladung ist der elektrische Strom. Er fließt, um die Spannungsdifferenz an den Polen auszugleichen. Erhöht man nun die Spannung, nimmt auch die Stromstärke zu. Das ist die erste eindeutige Beziehung: Die Stromstärke ist proportional zur angelegten Spannung. Fließt ein solcher Strom von Webers Physikalischem Kabinett zur Sternwarte, setzt ihm die spezifische Beschaffenheit des gut tausend Meter langen Drahtes einen Widerstand entgegen, der überwunden werden muss. Erhöht man nun diesen Widerstand, so fand Ohm heraus, verringert sich auch die Stromstärke. Diese einfachen Gesetzmäßigkeiten wollen Gauß und Weber jetzt mit ihrer langen Leitung überprüfen. Fast hat es den Anschein, als trauten auch sie dem Außenseiter nicht recht und müssten sich erst selbst im eigenen Experiment von der Gültigkeit des Ohm'schen Gesetzes überzeugen.

Aber der bedeutendste lebende Mathematiker weiß längst intuitiv, dass solche eindeutigen Beziehungen einfach viel zu schön sind, um nicht wahr zu sein. Er muss sich von diesen klassischen Proportionen geradezu elektromagnetisch angezogen fühlen. Mehrfach kommt er in seinen Abhandlungen auf «das schöne von Ohm aufgestellte Gesetz» [GauV: 533] zu sprechen, das natürlich auch der strengen Prüfung der Göttinger standhält. Die sind allerdings erst einmal verblüfft über die äußerst geringe Spannung, die sie an ihren Draht anlegen müssen. Immerhin summiert sich die Länge des Drahtes auf gut drei Kilometer. Denn das eine Drahtende wird ja zunächst hundertsiebzigmal um den Rahmen des einpfündigen Magnetstabs in der Sternwarte gewickelt, bevor er hinaus und über die Dächer geht. Und er endet erst mit der letzten von fünfzig Windungen um den ebenso schweren Magneten in Webers Physikalischem Kabinett. Erstaunlicherweise aber reicht ein einziges Kupfer-Zink-Plattenpaar von der Größe zweier preußischer Taler als Energiespender völlig aus. Und statt die zwischen den beiden Elementen liegende Papierscheibe mit Säure zu tränken, wie es die Lehrbücher vorschreiben, versucht Gauß es erfolgreich mit «frischem Brunnenwasser». Das sind Feiertage für den leidenschaftlichen Forscher, dem die Minimierung aller denkbaren Faktoren auf das kleinstmögliche Maß eine Herzensangelegenheit ist.

Und als er die Spannung erhöht, indem er mehrere Plattenpaare hintereinanderschaltet, wie es sich eigentlich für eine ordentliche Volta-Batterie gehört, da registriert er eine proportional anwachsende Stromstärke, sodass die Magnetnadel seines zum Elektrizitätsmessgerät umgebauten Magnetometers weit über die Skala hinausschießt, genau so, wie es das Ohm'sche Gesetz verlangt. Der Strom hat zwar auf ganzer Länge dieselbe Intensität, dennoch fällt dem Skeptiker eine mögliche Fehlerquelle ein. Diese Tatsache müsse unbedingt «auch unter eigenthümlichen Umständen, namentlich während starken Regens» [GauV: 532] noch einmal überprüft werden. Die augenblickliche Wirkung des Stroms fasziniert ihn aber noch aus einem anderen Grund. Der elektrische Strom durchläuft die gesamte Strecke so unmessbar schnell, «dass durch Beobachtung des Anfangs der Bewegung der Magnetnadeln die Uhren ... schärfer als durch irgendein anderes Mittel miteinander verglichen werden können» [GauV: 338].

Wenn kreative und erfindungsfreudige Wissenschaftler wie Gauß und Weber zusammenarbeiten und mit dem mathematischen Wissen um die Vorgänge im Stromkreis vertraut sind, sie also beliebig lenken können, lassen sich weitere Neuentdeckungen nicht mehr ausschließen.

Die nächste technische Anwendung des elektrischen Stroms betrachtet Gauß selbst nur als eine unbedeutende Spielerei und kaum der Rede wert, doch man kann sich vorstellen, mit welcher Begeisterung er und Weber an den Details arbeiten, da sie, auf Ohms und Faradays Schultern stehend, theoretisch längst wissen, dass ihre Idee funktionieren muss: Also gönnen sie sich den Spaß und konstruieren die erste elektromagnetische Fernklingel der Welt. In die galvanische Kette, also in den geschlossenen Stromkreis zwischen Sternwarte und Physikinstitut, baut Gauß auf der Sternwarte einen «Kommutator» ein. Das ist ein Schalthebel, mit dem er die Stromrichtung beliebig umschalten kann. Er synchronisiert diese Umschaltungen mit der Schwingungsdauer des einpfündigen Magnetstabes. Dadurch werden dessen Schwingungen verstärkt. Nach einigen Wiederholungen dieser Stromumkehrungen schlägt der Magnetstab in Webers Institut aus und stößt an eine «leichte Auslösung für einen Wecker oder eine Pendeluhr» [GauV: 532]. Angespornt vom Erfolg, bringen sie eine daneben gehängte Glasglocke zum Tönen und werden zu eifrigen Poltergeistern, als sie herausfinden, dass sie mit ihren elektromagnetischen Schwingern auch Gegenstände von einem schmalen Regalbrett fegen können. Diese gelungene Experimentreihe hat allerdings auf abstrahierter Ebene eine viel tiefgreifendere Bedeutung: Mit beherrschbaren Stromstößen lassen sich Signale in die Ferne schicken. Vereinbaren Sender und Empfänger nun einen Code, können diese Zeichen in Nachrichten umgewandelt werden.

Wer von beiden zuerst diesen Gedanken äußert, ist nicht mehr nachzuvollziehen, zumal Gauß und Weber stets betont haben, dass sie gleichberechtigt zusammengearbeitet haben. Wie bei der Fernklingel wissen die Partner auch bei ihrem nächsten Experiment im Voraus, dass es funktionieren wird. Entsprechend beflügelt nehmen sie ein paar kleine Veränderungen an ihren Magneten vor und einigen sich auf einen simplen Code. Und so steht, vermutlich an einem der ersten Junitage des Jahres 1833, Carl Friedrich Gauß wieder einmal vor den beiden talergroßen Zink- und Kupferplatten, zwischen denen eine mit reinem Wasser getränkte Papierscheibe steckt. Bei diesem Experiment von historischen Dimensionen geht es darum, mit möglichst kurzen Stromstößen aus dieser winzigen Energiequelle von der Sternwarte aus die Bewegungen des Magnetstabs in Webers Physikinstitut nach links oder rechts abzulenken – je nach der Richtung, in der der Strom durch den Multiplikator fließt. Und diese entscheidende Umkehrung der Stromrichtung hat Gauß mit seinem Kommutator vollkommen beherrschbar gemacht.

Zur verabredeten Stunde sitzt Wilhelm Weber erwartungsfroh in seinem improvisierten Flurlabor vor dem waagrecht aufgehängten Magnetstab. Plötzlich gerät er durch die von Gauß gesandten elektromagnetischen Schwingungen in heftige Zuckungen und stößt ein paar Augenblicke später mit einem Ende an eine kleine Glasglocke. In fünf Minuten wird Gauß mit der eigentlichen Übertragung beginnen. Weber registriert vier Ausschläge für das erste Zeichen: einmal nach links, dreimal nach rechts. Nach der vereinbarten Lesart notiert er ein Pluszeichen für die Ablenkung nach links und drei Minuszeichen für die drei Ausschläge nach rechts. Fünf Sekunden lang beobachtet Weber nichts weiter als die träge Reaktion des Stahlmagneten auf das Erdmagnetfeld. Doch sobald Gauß in der Sternwarte wieder den Kommutator bedient, durchzuckt es den Stab im Physikinstitut – ein unübersehbarer Unterschied zum Normalzustand des Magneten. Weber notiert eine Auslenkung nach links, eine nach rechts und wieder eine nach links: + – +. Das dritte Zeichen lautet + + – –. Knapp fünf Minuten später ist die Übertragung beendet, und auf Webers Notizblock steht:

+ – – –   + – +   + + – –   + + – –   – +   – – +   /
+ – – +   – – –   + + – +   /
– + –   – +   + – +   – – +   – +   – – +   /
+ + – –   – +   + – +   – – +   /
+ – – +   – – –   + + – +   /
+ + – –   + +   + + –   – +   + – +   – – +   – +   – – +   /

Jedes der zwei-, drei- oder vierwertigen Zeichen entspricht einem Buchstaben des Alphabets. Jetzt muss er seine Aufzeichnungen nur noch in der Tabelle nachschauen und die gefundenen Buchstaben zu Worten aneinanderreihen. Die Botschaft aus der Sternwarte Göttingen in dieser Geburtsstunde der elektromagnetischen Telegraphie lautet: «Wissen vor Meinen, Sein vor Scheinen». Den beiden Kommunikationspionieren ist sehr wohl bewusst, dass dies der historische Durchbruch gewesen ist. Sie haben die mathematisch-physikalische Grundlage für eine Telegraphie geschaffen, die von Witterungsbedingungen unabhängig ist. Alles Weitere ist eigentlich nur noch eine Frage der technischen Verfeinerung. Wer jetzt die richtigen unternehmerischen Entscheidungen trifft, kann steinreich werden. Und nun?

Es dauert ein halbes Jahr, bis Gauß sich überhaupt aufrafft, den epochalen Erfolg seinem alten Freund Olbers mitzuteilen. Er erklärt ihm die Drahtleitung über den Dächern Göttingens und schreibt dann: «Wir haben diese Vorrichtung bereits zu telegraphischen Versuchen gebraucht, die sehr gut mit ganzen Wörtern oder kleinen Phrasen gelungen sind. Diese Art zu telegraphieren hat das Angenehme, dass sie von Wetter und Tageszeit ganz unabhängig ist, jeder, der das Zeichen giebt und der dasselbe empfängt, bleibt in seinem Zimmer, wenn er will, bei verschlossenen Fensterläden. Ich bin überzeugt, dass unter Anwendung von hinlänglich starken Drähten auf diese Weise auf einen Schlag von Göttingen nach Hannover oder von Hannover nach Bremen telegraphiert werden könnte» [Olb2: 603]. Das klingt trotz der sensationell anmutenden Aussichten auffallend kühl und nüchtern im Vergleich zu der Begeisterung, mit der er dreizehn Jahre zuvor jedes neue Detail seiner Heliotrop-Erfindung gemeinsam mit Olbers geradezu zelebrierte. Der Heliotrop hat als überlegenes Triangulationsinstrument zweifellos Maßstäbe in der Höheren Geodäsie gesetzt. Aber es wird auf die Geodätengemeinde beschränkt bleiben. Und zum Telegraphieren taugt diese Erfindung auch nur bei Sonnenschein.

Gauß ist sich über die Bedeutung der Versuche zwar durchaus im Klaren, aber sein weiterer Umgang damit zeige eindeutig, «dass diese Anwendung seiner wissenschaftlichen Versuche für ihn lediglich etwas Akzidentelles war» [GauXI,2: 120], kommentiert Clemens Schaefer, der in den Gesammelten Werken von Carl Friedrich Gauß die elektromagnetischen Arbeiten referiert. Ein Zufallsprodukt also und längst nicht so wichtig wie die Suche nach der großen elektromagnetischen Theorie. Wilhelm Weber hat die Strippen nicht durch die Göttinger Luft gezogen, um vorrangig telegraphische Versuche anzustellen. Die haben sich ganz spielerisch einfach von selbst ergeben. Die steuerbare Auslenkung der Magnetnadel und die Kenntnis der Eigenschaften des elektrischen Stroms führten in wenigen Gedankengängen zwangsläufig zu der entscheidenden Idee. Die beiden Erfinder wider Willen nehmen ihren nicht systematisch geplanten Erfolg erstaunt zur Kenntnis und ... widmen sich wieder den Alltagsgeschäften. Schließlich müssen weltweite erdmagnetische Beobachtungen organisiert und die Zeichnungen für das Gauß'sche Magnetometer kopiert und verschickt werden, damit alle Observatorien unter gleichen Bedingungen arbeiten können.

Wichtiger als die Telegraphie, so scheint's, ist aber augenblicklich sein Ehrgeiz, Faradays elektromagnetische Induktion, nämlich die Erzeugung eines elektrischen Feldes durch einen bewegten Magneten, mathematisch widerspruchsfrei zu formulieren. «Die glänzenden Entdeckungen Ørsteds und Faradays haben der Naturforschung eine neue Welt geöffnet», schreibt er in Schumachers *Astronomischen Nachrichten*, «deren Zaubergärten uns mit Bewunderung erfüllen; unterwürfig machen können wir uns diese reichen Gebiete nur unter Führung der Messkunst» [GauV: 336]. Wie beim Erdmagnetismus möchte er auch auf diesem Gebiet absolute Maße einführen. Für ihre Messungen bauen Gauß und Weber eine verblüffend einfache Vorrichtung. Es ist ein schlichter, vierbeiniger Holzschemel. In der Mitte der Sitzfläche stecken zwei Stahlstäbe, die jeder 25 Pfund schwer sind. Mit ihrem Nordpol berühren sie die Erde, während das Südpolende frei nach oben ragt. Über die Stäbe ist eine Holzrolle gestülpt, die auf der Sitzfläche des Schemels ruht. Sie ist mit seideübersponnenem Kupferdraht umwickelt, dessen Enden zum Multiplikator führen.

Gauß nennt seinen Apparat «Induktor», weil er mit ihm

eine Induktion hervorrufen, also Strom erregen kann. Dafür fasst er nun mit beiden Händen an die Griffe der Spule und schiebt sie mit einer schnellen Bewegung nach oben, über den Südpol der Magnetstäbe hinaus, dreht die Spule in der Luft und lässt sie dann umgekehrt wieder über den Stab nach unten auf die Sitzfläche des Schemels sausen. Bei dieser Bewegungsfolge entstehen kurze Stromstöße, deren Richtungen umgelenkt werden. Dabei ist es egal, ob er die Drahtspule selbst bewegt und den Magnetstab ruhen lässt oder umgekehrt. Bei seinem selbstentworfenen Induktur jedenfalls scheint die Bewegung der Spule am zweckmäßigsten zu sein. «Gauß hat es indess in der Anstellung des angegebenen Experiments zu einer solchen Fertigkeit gebracht, dass der dadurch erzeugte elektrische Strom nicht bloß das Magnetometer in übergroße Schwankungen versetzt, sondern auch ganz eigentlich unerträglich auf die Nerven, namentlich des Gesichtes, wirkt» [Mun: 121], berichtet Augenzeuge Georg Wilhelm Muncke, Mathematiker und Physiker in Heidelberg.

Zwar sucht Gauß, wie man hier erfährt, sogar mit unerschrockenem körperlichen Einsatz, in erster Linie die Zahlenverhältnisse der elektromagnetischen Wirkungen. Doch ganz so eindeutig und heroisch, wie manche Interpreten es gern sähen, wird Gauß sich der reinen Theorie dann doch nicht verschrieben haben. Denn viel zu häufig stößt er bei seinen Untersuchungen auf neue Erkenntnisse, die sich auf die Telegraphie anwenden lassen. Das Thema liegt einfach in der Luft – im buchstäblichen wie im übertragenen Sinn. So wird ihm beispielsweise schnell klar, dass sich mit seinem zur Stromquelle umgebauten Holzschemel doppelt so schnell telegraphieren lässt als mit dem bisher eingesetzten und weniger konstant arbeitenden Kupfer-Zink-Element. Sieben Buchstaben in der Minute werden dadurch zur Norm. Denn da die Stromstöße nach dem Faraday'schen Gesetz nur so lange anhalten, wie das Magnetfeld in Bewegung ist, eignen sie sich hervorragend, um die fürs Telegraphieren nötigen kurzen Ausschläge der Magnetnadel nach links oder rechts auszulösen.

Gewissermaßen als Nebenprodukt seiner wissenschaftlichen Versuche und Überlegungen kann Gauß sogar die genauen Dimensionen von Drähten und Magneten angeben, die für längere Telegraphenstrecken benötigt werden. So sollte der Draht auf der Strecke von Leipzig nach Dresden eine Dicke von ¾ Linien (1,7 Millimeter) haben und unbedingt aus Kupfer sein, während für die Leitung zwischen Petersburg und Paris 3 Linien (6,8 Millimeter) erforderlich seien [Asc$_1$: 19]. Ähnlich wie er beim Heliotropen nur die Erdkrümmung als letztes Hindernis für die Signalübertragung angesehen hat, hält er es 1835 für selbstverständlich, dass jeder Punkt auf der Erde mit jedem anderen Standort telegraphisch verbunden werden kann: «Der Kaiser von Russland könnte seine Befehle ohne Zwischenstation in derselben Minute von Petersburg nach Odessa, ja vielleicht nach Kiachta geben ... Ich halte es nicht für unmöglich, eine Maschinerie anzugeben, wodurch eine Depesche fast so mechanisch abgespielt würde, wie ein Glockenspiel ein Musikstück abspielt, das einmal auf eine Walze gesetzt ist ... Um eine solche Kette [Stromkreis] in Einem Schlage bis zu den Antipoden zu haben, wäre für 100 Millionen Taler Kupferdraht vollkommen ausreichend, für eine halb so große Distanz nur ¼ so viel, und so [weiter] im Verhältniss des Quadrats der Strecke» [ShuI: 412].

Mit dem Jahresbudget von 150 Talern für seine Sternwarte kann Gauß jeden Traum von einem Großversuch begraben. Undenkbar auch, dass Gauß einen Kredit aufnähme und sich verschuldete. Zu solch verwegenen Eigeninitiativen lässt er sich nicht hinreißen. Sein zweifellos starker Unternehmungsgeist entfaltet sich am eindrucksvollsten, wenn Universitätsbehörden, Herzöge oder Könige die Rechnungen bezahlen. Lieber «leiht» er sich von Humboldt eine Rolle Draht, statt sie aus eigener Tasche zu bezahlen. Wer weiß, was Gauß und Weber auf die Beine gestellt hätten, wenn der König von England noch einmal – wie bei der Hannover'schen Gradmessung – seine Privatschatulle geöffnet hätte.

Immerhin steht Wilhelm Weber in Kontakt mit der Leipzig-Dresdner Eisenbahngesellschaft, die die Bedeutung dieser wegweisenden Erfindung offenbar erkannt hat. So kann er den Herren anhand der Gauß'schen Berechnungen konkrete Zahlen anbieten. Ganz Deutschland soll bald von einem Schienennetz überzogen werden. Die erste Eisenbahnlinie zwischen Nürnberg und Fürth wird gerade gebaut. Auf die Telegraphie hätten Weber und Gauß bei ihren elektromagnetischen Untersuchungen «wohl den geringsten Wert gelegt» [GauXI,2: 120], vermutet Clemens Schaefer. Deren konkrete Bemühung jedoch, sich von einem Privatunternehmen einen Großversuch finanzieren zu lassen, spricht eine andere Sprache. Einstweilen bleibt es bei Privatvorführungen. Am 28. August 1835 lässt Gauß Weber diese Notiz zukommen: «Eine Dame, die gerne unsere Fernwirkungen bewundern möchte und schon diesen Mittag wieder fortreist, kommt diesen Vormittag nach Abrede zur Sternwarte. Finden Sie, theuerster Weber, es nicht zu unbescheiden, wenn ich Sie bitte, um 10 Uhr einen Galvanischen Strom durch unsere Kette zu lassen? ... Ein paar Kommutatorwechsel in Zeitintervallen von 43″ würden die Bewunderung wohl noch erhöhen» [Tim: 178].

Die Klagen über den knappen Etat häufen sich. Gauß wird hier zum Opfer kleinstaatlichen Denkens und spartanischen Wirtschaftens. Eine auf den ersten Blick vermessen erscheinende Idee wie die elektromagnetische Telegraphie darf nicht über die Laborräume hinaus blühen. Einmal dringt sogar ein Gefühl durch, das er sich sonst nie erlaubt: ein Anflug von Neid auf finanziell besser ausgestattete Kollegen. Als der deutsche Physiker und Ingenieur Moritz Hermann von Jacobi sich um technische Anwendungen des Elektromagnetismus in Petersburg bemüht, wird er großzügig vom russischen Zaren unterstützt. Verbittert spricht Gauß von der «Mesquinität», der Dürftigkeit der Mittel, mit denen er in Göttingen auskommen muss. Mit einem Bruchteil der Summen, die Jacobi zur Verfügung stünden, könnte er bereits «gehöriges Licht» über die Telegraphie verbreiten, beschwert er sich bei Schumacher. Immerhin gelingt es Jacobi, den ersten Elektromotor zu bauen, der ein mit 14 Personen besetztes Boot auf der Newa antreibt und dabei vier Kilometer pro Stunde zurücklegt. Dennoch glaubt Jacobi selbst nicht so recht an die Zukunft des Elektromotors. Zu unergiebig scheinen ihm die 64 benutzten Platin-Zink-Elemente zu sein und zu umständlich das Procedere, um jemals alltagstauglich zu werden.

Inzwischen genehmigt sich Gauß in einer respektablen Selbstversuchsreihe ein paar exquisite Stromstöße aus seinem Induktionsschemel, den er draufgängerisch mit 3500 Drahtwindungen umwickelt hat. Erst lässt er den Strom durch seine angefeuchteten Hände gehen, ohne etwas Besonderes zu spüren. Durch Lippen und Zunge geleitet, macht er jedoch die prickelnde und «artige Entdeckung, dass man den *Sinn* (ob + oder –) eines galvanischen Induktionsimpulses ganz bestimmt mit den Lippen unterscheiden kann, so dass wir zum Spaß schon so telegraphiert haben, dass die Depesche aufgeschmeckt wurde» [Olb2: 629]. «Viele hunderthmal» hätten Weber und er den Strom in eine Lippe hinein- und aus der anderen Lippe herausströmen lassen. Nur der negative Strom lasse sich schmecken [GauXI,1: 104]. Da ist offenbar jemand von Kopf bis Fuß aufs Telegraphieren eingestellt. Vermutlich spürt er noch den sauren Geschmack auf der Zunge, als er Schumacher schreibt: «Man würde selbst diese Methode zum Telegraphieren brauchen können, und die Depeche, welche Seine Majestät aller Reussen in Petersburg abspielen lassen wollte, würde in demselben Augenblick in Odessa *geschmeckt* werden können». Stellte man am anderen Ende der Leitung ein paar «Schmecker» auf, ließe sich erstaunlich schnell telegraphieren. Er denkt an den Einsatz «blinder Invaliden ..., die nur jedesmal, wo Ihnen zu schmecken gegeben wird, die Hand in die Höhe zu heben hätten, während ein Sekretär die aufgehobenen Hände protocollierte» [ShuI: 417 f.]. Eine kühne Idee. So ließen sich Kriegsversehrte im Namen des Fortschritts noch zu Drei-Groschen-Jobbern rekrutieren.

Im Dezember 1835 hat er die Drahtmenge auf der Spule noch einmal verdoppelt. Jetzt gönnt er sich schon 7000 Umwindungen: «Es lassen sich Erschütterungen in den Armen und der Brust damit hervorbringen, die nicht bloß merklich, sondern unerträglich sind» [...].

Parallel zu den Gauß-Weber'schen Versuchen, im bescheidenen Rahmen der finanziellen Möglichkeiten die Telegraphie voranzubringen, finden tägliche Beobachtungen im «Magnetischen Häuschen» statt, wie die Göttinger den kuriosen eisenfreien Hüttenneubau auf dem Sternwartegelände nennen. Ein vierpfündiger Magnetstab hängt an einem zwei Meter langen Seidenfaden von der Decke herab. Nun gilt es, die Idee Alexander von Humboldts sogenannter «magnetischer Termine» in die Tat umzusetzen. An möglichst vielen Orten sollen nach genau gleichen Vorschriften 44 Stunden lang in kurzen Zeitintervallen die Veränderungen der Deklination beobachtet werden. Das sind die örtlichen Abweichungen der Magnetnadel vom geographischen Nordpol. Schon bei den ersten synchronisierten Messungen in Göttingen und auf dem Gut Waltershausen bei Schweinfurt im Mai 1834 zeigt sich beim Vergleich der Beobachtungsergebnisse «eine überaus merkwürdige Harmonie in dem vielfach hin und her springenden Gange der Variation» [Wor: 111]. Anfang Oktober hält sich Weber in Leipzig auf und beobachtet dort zum gleichen Zeitpunkt wie Gauß in Göttingen. Auch hier werden verblüffende Parallelen festgestellt. Bald nehmen auch Berlin, Braunschweig und Bonn an den Versuchen teil. Und im sächsischen Freiberg wird ein Magnetometer Gauß'schen Designs sogar zweihundert Meter unter der Erde in einem Bergwerk aufgehängt. Hans Christian Ørsted reist eigens nach Göttingen, um sich den Stand der magnetischen Messung anzusehen, wie Gauß sie neu definiert hat. In Uppsala, Dublin, Greenwich, München, Wien und im russischen Nertschinsk warten die Wissenschaftler auf die Apparate aus Göttingen.

1835 setzt sich in der Korrespondenz der Magnetismusforscher allmählich der Begiff «Magnetischer Verein» oder «Assoziation» durch, obwohl es keine wirkliche Vereinsgründung gibt. Zur Synchronisierung der Beobachtungen einigen sich alle Teilnehmer auf Göttinger Zeit und übernehmen die Verbesserungsvorschläge, die Gauß zu den bisherigen Anweisungen Humboldts gemacht hat. Der nimmt's gelassen und ist sogar stolz darauf, Gauß für sein Anliegen gewonnen zu haben. Inzwischen wundert sich kaum noch jemand über die prachtvoll übereinstimmenden Messresultate selbst bei so weit voneinander entfernten Städten wie Mailand und Kopenhagen. Und das gilt nicht nur für die großen Bewegungen der Magnetnadel, «sondern auch für ganz kleine mit allen ihren in den kürzesten Zeitfristen wechselnden Nuancen» [GauV: 336]. Ähnliches trifft auf die gemeinsamen Versuche in Altona, Leipzig und Rom zu. Zeichnet sich hier ein allgemeingültiges Gesetz für alle Orte der Erde ab? Für die südliche Hemisphäre des Planeten organisiert derweil Humboldt einige Beobachtungsstationen fast im Alleingang. Er lässt seine Beziehungen zur Royal Society in London spielen und erreicht, dass deren Präsident, der Herzog von Sussex, überall im britischen Imperium magnetische Observatorien einrichten lässt: am Kap der Guten Hoffnung, in Van-Diemens-Land, auf Mauritius, in Ceylon, Jamaika, Madras, Bombay und sogar im Himalaya.

Im Januar 1836 bringen die weltweit ausgewerteten Daten den Nachweis, dass Stürme und Gewitter keinerlei Einfluss auf die Magnetnadel haben. Denn trotz heftiger Stürme an einigen Orten gibt es keine wetterbedingten Abweichungen zu verzeichnen. Gauß und Weber gründen ein eigenes Journal, um künftig die weltweiten Messergebnisse zu veröffentlichen. Und im Sommer 1837 schreibt Alexander von Humboldt an Gauß: «Ihr grosser Name und die völlige Umgestaltung der Beobachtungen, welche Sie geschaffen und verbreitet haben, hat jetzt eine Assoziation zustande gebracht, deren Früchte allmählich die Entzifferung ‹jener geheimnisvollen Hieroglyphenschrift› sein wird. Auf mehr als 20 Punkten sind jetzt schon Ihre Instrumente aufgestellt ...» [GauXI,2: 48]. Insgesamt werden es 53 Beobachtungsstationen sein. Drei Jahre lang hat Funkstille zwischen den beiden geherrscht. Schuld daran ist ein allzu lässig formulierter Satz von Gauß gewesen, auf den Humboldt empfindlich reagiert hat. Mit Genugtuung hat Humboldt zuvor zur Kenntnis genommen, dass Gauß sich mit ganzer Kraft der Erforschung des Erdmagnetismus gewidmet hat, und spielt 1833 in einem Brief auf die schönen drei Wochen in seinem Berliner Haus an, wo er Gauß mit den Magnetmessungen vertraut gemacht habe. Natürlich betrachtet er diesen Besuch in Berlin als den entscheidenen Anstoß, den Gauß gebraucht habe, um sich ebenfalls damit zu befassen.

Gauß aber wertet diese Erfahrung ab, indem er die Experimente mit Humboldts Apparaten unnötig schroff als «unbedeutende Versuche» bezeichnet. Vielmehr beschäftige er sich bereits seit vier Jahrzehnten mit dem Phänomen des Magnetismus. Ein paar Zeilen später räumt er ihm immerhin das Verdienst ein, ihn mit Weber bekannt gemacht zu haben. Da liegt es nahe, dass sich der unermüdliche Verfechter der Erdmagnetismusforschung als Amateur abqualifiziert fühlen muss, der seine vermittelnde Schuldigkeit getan hat. Mit Sicherheit hat Gauß ihn nicht beleidigen wollen, aber wenn er sich mit etwas Neuem beschäftigt, dann mit der ganzen besitzergreifenden und gelegentlich etwas starr anmutenden Ernsthaftigkeit seines Charakters. Alexander von Humboldt ist verständlicherweise eingeschnappt. Pikiert über die vermeintliche Arroganz des Kollegen in Göttingen, bezeichnet er anschließend Gaußens telegraphische Versuche Bessel gegenüber als «sonderbare Nebenwege» [Bim$_2$: 49]. Er führt vor, dass er sich auskennt. Bereits im letzten Jahr des 18. Jahrhunderts habe er die optischen Telegraphierversuche eines Herrn Bétancourt in Madrid miterlebt. Natürlich weiß er auch von Napoleons Reaktion auf den kuriosen Blubberapparat von Soemmerring. Auch mit den elektromagnetischen Telegraphieexperimenten des in Petersburg forschenden Barons Paul Schilling von Cannstadt ist Humboldt vertraut. Cannstadt steht mit Gauß in kollegialer Korrespondenz. Man tauscht freundlich Gedanken aus, doch der Baron erkennt bald, dass sein auf sieben Drähten basierendes Modell dem Gauß'schen Apparat hoffnungslos unterlegen ist. Hier aber will Humboldt, offenbar aus gekränktem Stolz, die Vorzüge der Göttinger Kommunikationstechnik nicht erkennen. Auch gegenüber der innovativen Gauß'schen Herangehensweise an die Messungen des Erdmagnetismus zeigt er sich anfangs ganz und gar nicht aufgeschlossen. Während alle anderen sich mit Lobeshymnen überschlagen, hält er sich auffällig zurück.

Besondere Brisanz gewinnt diese Verstimmung vor dem Hintergrund, dass die Erforschung des Magnetismus noch Aussicht auf wissenschaftlichen Ruhm verspricht. Ist nicht gerade die kürzlich entdeckte, unauflösliche Verbindung von Elektrizität und Magnetismus der beste Hinweis auf mögliche weitere Abhängigkeiten physikalischer Phänomene vom Erdmagnetismus? So lenken doch beispielsweise die farbenprächtigen Polarlichter die Nadel eindeutig ab. Welche Naturerscheinungen können noch in Wechselwirkung mit der magnetischen Kraft treten? Es geht um Prioritätsansprüche und eigene Entdeckungen. Alexander von Humboldt ist tatsächlich seit mehr als *dreißig* Jahren auf diesem Gebiet aktiv. Da hilft schon mal ein Hinweis von Gauß auf seine angeblich *vier Jahrzehnte* währende Beschäftigung mit dem Phänomen, wenngleich er nie ernsthaft daran gearbeitet hat. Und schließlich sucht Gauß ja noch nach einer Möglichkeit, die anziehende Kraft des Magnetismus mit der Massenanziehung der universellen Gravitation gleichzusetzen. Hofft er hier womöglich auf einen neuen theoretischen Entwurf von Newton'schen Dimensionen? Wer, wenn nicht Gauß, hätte wohl das Potenzial, eine große Theorie zur Vereinheitlichung der Naturkräfte zu entwerfen? Das erkennt selbstverständlich auch Humboldt neidlos an. Am undiplomatischen Gauß selbst aber kann oder will er sich nicht reiben. Also bewältigt er seine Probleme drei Jahre später im schriftlichen Dialog mit Schumacher, der sich wieder einmal als Prellbock für den sich zunehmend verschlossener zeigenden Freund erweist und ihm die zwischenmenschlichen Unerfreulichkeiten vom Leib hält. Dass auch Schumacher sich abreagieren muss, zeigt eine Passage aus einem Brief an Bessel. Gauß sei «a queer sort of a fellow und etwas mehr

Egoist, als zum angenehmen Umgang nöthig ist, aber dabei streng rechtlich und aller niederen Kniffe und Winkelzüge unfähig» [Rep].

Im September 1837 begegnen sich Humboldt und Gauß während der Hundertjahrfeier der Universität Göttingen. Humboldt zeigt sich irritiert, dass der Leiter der Göttinger Sternwarte keinerlei Interesse mehr für die Astronomie aufbringt, und berichtet Bessel: «Gauß hat mich allerdings auf das Liebevollste behandelt, aber es war mir im Ganzen oft unheimlich, ihn so toto animo an den magnetischen Drähten verstrickt zu sehen ... und, was bei einem so großen Geiste sonderbar ist ... es ist in Gauß eine geflissentliche Isolierung auf einen Gegenstand, die das Feld der Ideen beengt, für alles andere erkältet ... Eine solche willkührliche Isolierung (gleichsam Verarmung) hat auch zur Folge, dass die Besitznahme eines kleinen Raumes ausschließlich legitim erscheint, dass alles von anderen früher Gefundene urplötzlich ein Theil des Besitzstandes wird» [AAW]. Doch trotz dieser kritischen Beobachtung, die eindeutig aus eigener Erfahrung mit Gauß herrührt, sind die freundschaftlichen Beziehungen zwischen den beiden wiederhergestellt. Humboldt gesteht später, er habe Gauß anfangs als «gletscherkalt» und als «illiberal reizbaren Charakter» empfunden. Dennoch entwickelt sich eine überaus herzliche Beziehung zwischen den beiden so unterschiedlichen Temperamenten.

Inzwischen setzt Gauß einen verbesserten Apparat ein, der empfindlicher ist als die zuvor eingesetzten Hilfsmittel. Jetzt kann die Intensität der Erdmagnetkraft «so scharf beobachtet werden wie die Sterne am Himmel» [GauXI,2: 53]. Der Magnetstab ist statt an einem Faden jetzt an zwei Fäden aufgehängt. Außerdem ist er von einer Dämpferspule aus 25 Pfund Kupfer umgeben, die für eine schnellere Beruhigung der

Schwingungen sorgt. Da das magnetische Drehmoment – Gauß nennt es «Direktionskraft» – der Länge der Fäden umgekehrt proportional und dem Quadrat ihres Abstands zueinander direkt proportional ist, lassen sich die einwirkenden Kräfte präziser messen. Bei der Drehung des Magneten wird die Bewegung auf die beiden Fäden übertragen. Die Schwankungen bei den Abweichungen der Magnetnadel vom geographischen Nordpol werden jetzt im zehnfach vergrößerten Maßstab angezeigt. Das neue, mit astronomischer Genauigkeit messende Gerät lässt sich auch als besseres Instrument zur Messung der Elektrizität benutzen. Und beim Telegraphieren erweist sich die Kupferdämpfung erst so richtig als Vorteil. Denn nun lassen sich die Pausen zwischen den Stromstößen noch kürzer gestalten. Die Ablenkungen des Stabs nach links oder rechts – die in Zweier-, Dreier- und Viererkombinationen je einen Buchstaben ergeben – werden also wesentlich deutlicher unterscheidbar. So erreichen Gauß und Weber mittlerweile eine Übertragungsgeschwindigkeit von neun Buchstaben pro Minute.

Das Empfangsgerät besteht aus einem horizontal aufgehängten Magnetstab, der von einem mit Draht umwickelten Holzrahmen, dem Multiplikator, umgeben ist. An einem Ende des Magneten ist mit Draht ein kleiner runder Spiegel vertikal ausgerichtet. Er bewegt sich mit den Zuckungen des Magneten nach links oder rechts. Über ein Fernrohr, das auf einem Holzstativ angebracht ist, beobachtet der Empfänger der Nachricht die Auslenkung der Magnetspitze. Das Sendegerät oder der «Zeichengeber» ist eine verbesserte Version des ursprünglichen Induktionsschemels mit den zwei fünfundzwanzigpfündigen Magnetstäben. Die Spule lässt sich jetzt über zwei Wippen mit kugelförmigen Handgriffen auf und ab bewegen und die Stromrichtung wesentlich bequemer als zuvor in Sekundenschnelle ändern. Und auf diesem Entwicklungsstand bleibt der Gauß-Weber-Telegraph dann auch stehen.

1839 veröffentlicht Gauß *Die allgemeine Theorie des Erdmagnetismus*. Er teilt die erdmagnetische Kraft in «drei partielle Intensitäten» ein: die ganze Kraft, die Neigung und die Abweichung. Dabei geht er von der Vorstellung aus, dass die Ursache des Erdmagnetismus im Inneren der Erde zu finden sei. Ob hingegen die beobachteten stündlichen Störungen und Abweichungen ebenfalls dort ihren Ursprung haben, hält er für zweifelhaft. Die erdmagnetische Kraft sei «die Resultante der Wirkung sämtlicher magnetischer Teile der Erde» [GauXI,2: 75]. Das magnetische Moment des gesamten Erdkörpers vergleicht er mit einer ungeheuren Menge einpfündiger Magnetstäbe, wie er sie gern für seine eigenen Experimente einsetzt: «Es wären daher 8464 Trillionen solcher Magnetstäbe ... erforderlich, um die magnetische Wirkung der Erde ... zu ersetzen, was bei einer gleichförmigen Verteilung durch den ganzen körperlichen Raum der Erde beinahe 8 Stäbe ... auf jeden Kubikmeter beträgt» [GauV: 165]. In seiner Abhandlung bedauert Gauß, «nur Bausteine ... und keine Gebäude» [GauV: 122] anbieten zu können. Die wirkliche Verteilung magnetischer Mengen im Erdinneren bleibe völlig unbestimmt. Und die wissenschaftliche Redlichkeit erfordere den Hinweis auf die ebenfalls ungeklärte Frage, ob ein gewisser Anteil des gesamten Erdmagnetismus nicht doch von äußeren Ursachen abhänge. Spätere wissenschaftliche Entwicklungen haben seine vorsichtigen Annahmen bestätigt. Etwa 6 Prozent des Erdmagnetfelds gehen auf das Konto äußerer Ursachen wie Sonnenwind und Polarlichter.

Gauß hat erreicht, dass für jeden Ort auf der Welt das magnetische Potenzial errechnet werden kann, selbst wenn dort noch keine einzige Messung vorgenommen worden ist. Und die mathematischen Ableitungen aus seiner Theorie erlauben es ihm, die geographische Lage des magnetischen Südpols und Nordpols hinreichend genau zu bestimmen. Als 1841 der amerikanische Marinekapitän Charles Wilkes den magnetischen Südpol festlegt, kommt er den theoretischen Vorausberechnungen viel näher, als Gauß selbst es erwartet hat [GauV: 580]. *Die allgemeine Theorie des Erdmagnetismus* ist das Äußerste, was 1839 die vereinte Wissenschaftlergemeinde unter Führung von Carl Friedrich Gauß zu leisten vermag. In weltweiter Kooperation mit seinen Kollegen hat Gauß das Erdmagnetfeld aufgezeichnet und einen Atlas mit Magnetlinien zusammengestellt. Dennoch bleibt seine Theorie eher eine *Beschreibung* des Phänomens als eine genaue ursächliche Bestimmung. Und da Gauß unreife Hypothesen nicht äußern mag, hält er sich zurück und lässt ausnahmsweise einmal das Gerüst vor diesem unvollendeten Gedankengebäude stehen.

Clemens Schaefer, Herausgeber der Gauß'schen Arbeiten über Magnetismus, kommentiert: «Seine Theorie liefert den großen Rahmen, in den sich jede spätere (im eigentlichen Sinn des Wortes physikalische) Theorie einspannen lässt. Sie beruht auf allgemein gültigen mathematischen Sätzen und hat deshalb Ewigkeitswert, weil sie in gewissem Sinne leer ist» [GauXI,2: 92]. Eine erstaunliche Aussage, die aus einer Not eine Tugend macht. Der Wissenschaftshistoriker Nicolaas Rupke ist da weniger zimperlich. Er spricht offen vom «tragischen Scheitern» [Rup: 199 f.] in einer ansonsten glänzenden Karriere. Gauß habe anfangs gehofft, einem großen Naturgesetz auf die Spur zu kommen, das an die Bedeutung der universellen Gravitation Newtons heranreicht. Mit Mitte fünfzig weiß Gauß, dass ihm nicht mehr viel Zeit bleibt, um mit seinem Vorbild Newton gleichzuziehen. Vielleicht rührt daher auch die magnetische Monomanie, diese buchstäbliche Verwicklung in seine Drähte, die Humboldt so irritiert hat. Die Anziehungskraft des Magnetismus mit der Gravitationsanziehung in Verbindung zu bringen, liegt auf der Hand. Womöglich ist dieses Bild deshalb für Gauß mehr als nur ein suggestives Gleichnis, nämlich ein Ansporn, dem Inneren des Planeten ein Geheimnis zu entlocken, das kosmologische Dimensionen haben könnte. Das wäre ihm dann aber tatsächlich nicht gelungen, denn im Gegensatz zur Vorhersagekraft der Gravitationstheorie lassen sich künftige Abweichungen und Schwankungen der Magnetnadeln mit seiner allgemeinen Theorie des Erdmagnetismus nicht vorhersagen. Gauß koordiniert weltweite Messungen und strukturiert die Daten. Und wenn sich daraus keine wiederkehrenden Zahlenverhältnisse und Muster ergeben, muss er sich mit dem Erreichten zufriedengeben. Aber daraus ein «tragisches Scheitern» ableiten zu wollen führte wohl zu weit. Herausgeber Schaefer spricht im Zusammenhang mit der Festlegung des magnetischen Südpols gar von einem «Triumph» der Gauß'schen Theorie.

Am 30. April 1837 hat Gauß seinen 60. Geburtstag gefeiert. Inzwischen lebt er mit der jüngsten Tochter Therese und der greisen, erblindeten Mutter allein in der Sternwarte. Sohn Joseph ist ein Jahr lang durch die nordamerikanischen Staaten gestreift, um den Bau der Eisenbahn zu studieren – das neue technische Wunderwerk. Er hofft, mit seinem Kenntnisvorsprung ins deutsche Eisenbahngeschäft einsteigen zu können. Noch ist er Adjutant bei einem Artillerie-Bataillon in Stade und hat sich gerade mit der Tochter eines Medizinalrats verlobt. Schwarzes Schaf Eugen ist mittlerweile ehrenhaft aus der Armee entlassen worden und hat seinen Glauben an Gott entdeckt. Jetzt will er Missionar werden. Dem Vater gefällt die «pietistische» Sprache Eugens ganz und gar nicht. Er wittert

Heuchelei und Falschheit in den bombastischen Heilsformeln der amerikanischen Spielart religiöser Begeisterung. Dennoch erkennt er «von ganzem Herzen das Geschäft eines Missionars [an], soweit es darauf geht, den noch halbwilden Theil der Erdbewohner der Humanität zuzuführen» [Olb2: 628].

Seine älteste Tochter Minna bereitet ihm Sorgen ganz anderer Art. Sie ist seit sieben Jahren mit dem Theologen und Orientalisten Georg Heinrich August Ewald verheiratet, der an der Göttinger Universität lehrt. Schon als Mädchen hat sie eine schwache Lunge gehabt, so dass sie weder tanzen noch anhaltend singen konnte. Der Vater befürchtet, sie könne sich bei der jahrelangen Pflege seiner zweiten Frau angesteckt haben, denn Minna zeigt dieselben Krankheitssymptome. Anfangs schwächelt sie, «ohne wirklich krank zu sein». Im Herbst 1831, unmittelbar nach dem Tod der Stiefmutter, hat sie die ersten Bluthustenanfälle gehabt. Auch sie schwindet nun – ein Bild des Jammers – ohne Hoffnung auf Heilung langsam dahin. Der jüngste Sohn Wilhelm hat nach seiner Internatszeit in Celle eine landwirtschaftliche Lehre absolviert. Er wird als umgänglich und mitteilsam geschildert, aber er ist wohl nicht weltklug genug, um, wie es ihm eigentlich vorschwebt, als Gutsverwalter hoch zu Ross Karriere zu machen. Während seiner letzten Anstellung bei einer Gräfin Itzenplitz in der Uckermark leidet er unter der öden Büroarbeit und unter der «superciliösen [hochmütigen] Behandlung». Er ist unglücklich, schmiedet Auswanderungspläne. Erst will er mit einem Freund in Griechenland sein Glück versuchen, dann aber entschließt er sich, dem Bruder nachzueifern und nach Amerika zu segeln. Der weltberühmte Gauß sieht sich nicht in der Lage, sein Renommee einzusetzen, um für seinen Jüngsten eine befriedigende Anstellung zu finden. Aber wozu hat er Freunde? Wieder einmal spannt er Gerling, Schumacher und Olbers ein. Wie nachdrücklich die sich bemühen, muss offenbleiben. Erfolglos sind sie allemal. Gauß selbst hasst das «Sollizitieren», das Katzbuckeln, will nicht als Bittsteller auftreten. Für diese Schwäche nimmt er sogar Wilhelms Auswanderung in Kauf. Im Juni schifft sich Wilhelm mit seiner jungen Verlobten Luise Fallenstein, einer Nichte Bessels, und dem mütterlichen Erbteil in der Tasche auf dem Segelschiff *Alexander* in Bremen ein. Olbers gegenüber schildert Gauß die Schwiegertochter als «ein zwar ganz mittelloses, aber sehr wackeres Mädchen» [Olb2: 644].

Trotz des Entsetzens über die napoleonische Herrschaft zwischen 1806 und 1813 hat sich mit dem französischen Zivilrecht doch ein Hauch von Revolution in deutschen Landen verbreitet und ein allmählicher Wandel zu mehr bürgerlichen Rechten und politischem Einfluss vollzogen. Und diese willkommene gesellschaftliche Entwicklung haben die Bürger in der Landschaft zwischen friesischem Watt und Harzer Klippen, Schumachers Sternwarte im Norden und Gaußens eisenfreiem Häuschen im Süden nicht ohne weiteres aufgeben wollen. Friedrich Christoph Dahlmann, Staatsrechtler, Historiker und Kollege von Gauß an der Universität Göttingen, hat am Entwurf eines liberalen Staatsgrundgesetzes mitgearbeitet, das 1833 endlich in Kraft getreten ist. In der konstitutionellen Monarchie hat der König jetzt nur noch begrenzte Macht. Im Juni 1837 stirbt Wilhelm IV. von Großbritannien und Hannover. Wilhelms Bruder Ernst August steigt auf den Thron in Hannover und erklärt am 1. November das liberale Staatsgrundgesetz für «erloschen». Verfassungsvater Dahlmann schreibt eine «Protestation» und versucht, seine 41 Professorenkollegen der Georg-August-Universität geschlossen zur Unterschrift zu bewegen. Außer ihm selbst sind es dann allerdings nur sechs weitere Professoren, die sich gegen den Verfassungsbruch des Königs auflehnen. Es sind die Germanisten Jacob und Wilhelm Grimm, der Historiker Georg Gottfried Gervinus, der Jurist Wilhelm Eduard Albrecht sowie zwei Männer, die eng mit Gauß verbunden sind: sein Schwiegersohn, der Theologe und Orientalist Georg Heinrich August Ewald, und ausgerechnet sein Freund und Kollege Wilhelm Weber. Am 14. Dezember entlässt der König alle sieben Unterzeichner, die den Treueeid auf das neue Staatsoberhaupt verweigern, aus dem Staatsdienst. Die vermeintlichen «Rädelsführer» Dahlmann, Gervinus und Jacob Grimm werden sogar des Landes verwiesen. Daraufhin schreiben mehrere hundert Studenten den Protestbrief ab und verbreiten viele tausend Kopien im ganzen Deutschen Bund. Der Mut der «Göttinger Sieben», der liberalen Verfassung die Treue zu halten und sich gegen ihren Landesherrn zu stellen, erregt großes Aufsehen im In- und Ausland und befeuert die liberale Bewegung in Deutschland.

Er habe zwar noch den Schlüssel zu seinem Institut in der Tasche, schreibt der konsternierte Weber an Gauß, sei aber plötzlich nicht mehr Herr im Haus. Gauß schätzt Weber als grundsätzlich unpolitischen Menschen ein, als Mitläufer, der zur Unterschrift überredet worden sei. Für Gauß selbst ist es undenkbar, sich der Obrigkeit zu widersetzen, sei es nun der Herzog von Braunschweig, ein französischer Besatzungsoffizier, Jérôme Bonaparte, Wilhelm IV. oder König Ernst August von Hannover. Die Brüder Grimm werfen ihm vor, er habe sich im Senat der Universität «am widerwärtigsten benommen» [Fol: 24]. Die beiden Germanisten sind maßlos enttäuscht. Im Aufruhr der Ereignisse werden sie ihn bedrängt, womöglich genötigt haben, sich der Protestation anzuschließen. Und, wer weiß, vielleicht hätte Ernst August ja tatsächlich vorsichtiger gehandelt, wenn der Namenszug des großen Gauß unter dem Schreiben gestanden hätte. Den «Fürsten der Mathematiker» hätte er nicht so ohne weiteres von seinem Amt suspendieren können, ohne einen großen Solidarisierungseffekt damit auszulösen. Aber zu einem solchen Affront ist Carl Friedrich Gauß nicht bereit. Hier zeigt sich seine durch und durch konservative Natur. Er bleibt seinem König gegenüber loyal. Letztlich bevorzugt Gauß einen aufgeklärten Absolutismus gegenüber einer Herrschaft des Volkes. Für seinen Schwiegersohn Heinrich Ewald glaubt Gauß sich nicht einsetzen zu müssen. Unmittelbar nach seiner Entlassung hat er ein Angebot aus Tübingen bekommen, und es sieht so aus, als wolle er es annehmen. Das todkranke Lieblingskind Minna wird ihrem Ehemann nach Tübingen folgen und ihrem geliebten Vater nicht mehr nahe sein können. Den Gedanken daran scheint er zu verdrängen. Selbst Olbers, der in dieser Angelegenheit den Freund am liebsten heftig schütteln möchte, wirft ihm zwischen den Zeilen Realitätsverlust vor. Olbers kann nicht verstehen, warum Gauß keinen Finger dafür rührt, dass Ewald und Minna – Olbers' Patentochter – in Göttingen bleiben können. Gauß bleibt kühl. Er wolle, selbst dem besten Freund gegenüber, sein Urteil über Ewald für sich behalten.

Für das Wohl von Wilhelm Weber aber wächst er, für seine Verhältnisse, über sich hinaus. Sechs Jahre glücklicher Zusammenarbeit können doch nicht wegen einer unüberlegten Unterschrift plötzlich vorbei sein. Drei Versuche startet er, um dessen Entlassung rückgängig zu machen. Selbstverständlich nicht persönlich in Wort und Tat und mit der ganzen Wucht seiner Erscheinung, sondern wieder nur indirekt über Vermittler, die Zugang zum königlichen Hof haben. Ernst August verlangt «Entsagung», «Reue», «Widerrufung», eine schriftliche Entschuldigung, was selbst Gauß als nicht akzeptable Demütigung betrachtet. Nach zwei gescheiterten Vorstößen bittet er Alexander von Humboldt um Unterstützung. Der schickt einen General und einen Grafen mit guten Beziehungen zum Hof vor. Auch diese Intervention scheitert. Was er für Weber empfindet, vertraut er Olbers an: «Weber, mein innigst geliebter Freund, ein kindlich reines, treues Gemüth, hat mir schon früher erklärt, dass er, selbst nicht wieder eingesetzt, in meiner Nähe bleiben werde, selbst Jahre lang ... in Beziehung auf den Götterfunken Genie ist keiner, der werth wäre, ihm die Schuhriemen aufzumachen, keiner, der zur Erhaltung und Vermehrung des Glanzes von Göttingen in der *wissenschaftlichen* Höhe von ferne mit ihm zu vergleichen wäre». Denselben Brief vom 29. April 1838 schließt er mit den Worten: «Ewald wird vermutlich in wenigen Tagen von London zurückkommen. In etwa 14 Tagen werde ich dann meine Tochter verlieren, vielleicht um sie in diesem Leben nicht wiederzusehen» [Olb2: 684]. Wilhelm Weber bleibt, wie er es Gauß versprochen hat, noch vier Jahre ohne Anstellung in Göttingen. Er wird, wie die anderen sechs Aufrechten ebenfalls, von einem in Leipzig spontan gegründeten Freundeskreis finanziell unterstützt. Er gibt zwar noch bis 1841 gemeinsam mit Gauß den letzten Jahresband des Magnetischen Vereins heraus, aber eine echte Zusammenarbeit wie in den glücklichen 1830er Jahren ist nicht mehr möglich.

Auf internationaler Ebene führen die Seemächte, vor allem die Engländer, die Beobachtungen des Magnetischen Vereins fort, weil eine bessere Kenntnis des Erdmagnetismus für die Schifffahrt von großer Bedeutung ist. 1842 siedelt Wilhelm Weber nach Leipzig über, wo er als Nachfolger Fechners das Physikordinariat übernimmt.

Im Mai 1839 beendet Dorothea Gauß ihr «dornenreiches Leben» im 96. Lebensjahr. Am 2. März 1840 stirbt Wilhelm Olbers. Eine vier Jahrzehnte währende epochale Freundschaft ist zu Ende. Bis zuletzt ist der Greis für den 63-Jährigen da gewesen. In seinem letzten Brief noch ist er der Bitte von Gauß nachgekommen und hat sich über die verschiedenen Möglichkeiten informiert, 4000 Reichstaler nach Amerika zu überweisen. Eugen soll nun doch drei Jahre früher als geplant sein mütterliches Erbe ausgezahlt bekommen. Wilhelm hat seinen Vater von Eugens «gesetztem Wesen» überzeugt.

Minna Ewald wird in Süddeutschland nie heimisch werden. Sie stirbt, fünf Monate nach dem Tod ihres Paten Wilhelm Olbers, am 12. August 1840 mit 32 Jahren in Tübingen an Tuberkulose, ohne ihren Vater wiedergesehen zu haben. Minnas Tod bricht ihm das Herz. Sie soll das Ebenbild seiner ersten Frau Johanna gewesen sein und ihn stets an sie erinnert haben. Gauß selbst ahnt immerhin, dass es ihm mit einer etwas sonnigeren «Gemüthsverfassung» womöglich leichter gefallen wäre, sein eigenes Schicksal freundlicher zu betrachten. Aber: «Der Schöpfer unserer Existenz hat sie uns mitgegeben und wir vermögen wenig daran zu ändern». Und so diktiert ihm wohl wieder die Schwermut ein Resümee, das er im Jahr der Märzrevolution als Siebzigjähriger seinem alten Freund nach Siebenbürgen schickt: «Es ist wahr, mein Leben ist mit Vielem geschmückt gewesen, was die Welt für beneidenswerth hält. Aber glaube mir, lieber Bolyai, die *herben* Seiten des Lebens, wenigstens die meinigen, die sich wie der rothe Faden dadurch ziehen, und denen man im höhern Alter immer wehrloser gegenüber steht, werden nicht zum hundertsten Theile aufgewogen von dem Erfreulichen» [Bol: 132].

12. Abschied von der Welt

Das neue Göttinger Bahnhofsgebäude besteht aus einer großen Eingangshalle, flankiert von zwei kleineren Pavillons, die durch niedrige Flügelbauten an das Hauptgebäude anschließen. Die weiße Außenwandfarbe riecht noch frisch. Von den Dächern wehen, weithin sichtbar, meterlange, bunte Wimpel. Ein prächtiges Eichenlaubgewinde ziert das Eingangsportal, während die Fensterrahmen mit Girlanden aus Tannengrün geschmückt sind. Auf dem Vorplatz drängen sich Hunderte von Menschen in ihrer Festtagsgarderobe. Die Damen tragen ihre Sonntagskleider mit Puffärmeln und Schulterkragen, die Herren sind vornehmlich in Frack oder Gehrock, mit Zylinder und Spazierstock unterwegs. Auch die meisten Kinder sind herausgeputzt und schwenken in gespannter Erwartung bunte Fähnchen. Auf beiden Seiten der zum Bahnhof führenden Allee stehen Abordnungen studentischer Verbindungen in festlicher Tracht und mit dreifarbigen Schärpen. Gemeinsam mit den Mitgliedern der Bürgerwehr bilden sie ein Spalier für die Ehrengäste, die in wenigen Minuten eintreffen müssten. An der Spitze und am Ende der organisierten Menschenansammlung wartet jeweils ein Spielmannszug in husarenroten und schützengrünen Uniformen in Reih und Glied auf ein Kommando zum Aufspielen mit Landsknechttrommeln und Fanfaren. Ein wenig abseits vom Bahnhof, in der Nähe der Festzelte, übt hinter einem Pferdefuhrwerk mit einer Ladung Bierfässern ein Männergesangsverein ein letztes Mal sotto voce das Lied

«Mein Lebenslauf ist Lieb und Lust», das heute erstmals vierstimmig vorgetragen werden soll. Zwei Soldaten in Paradeuniform bewachen den Eingang zum Hauptfestzelt, wo «die Büsten Ihrer Majestäten des Königs Georg V. und des Hochseligen Königs Ernst August aufgestellt sind» [Han].

In nördlicher Richtung, jenseits des letzten Eisenbahnschuppens, geht die gutbefestigte Straße in einen schmalen Feld- und Reitweg über, an dessen Flanke das Bahngleis verlegt worden ist. Aus dieser Richtung muss der Zug aus dem 65 Kilometer entfernten Alfeld bald eintreffen. Kurz bevor das Zischen und Pfeifen der Lokomotiven überhaupt ein menschliches Ohr erreichen kann, breitet sich unter den Pferden vor dem Bahnhof eine spürbare Nervosität aus. Wiehernd und hufscharrend reagieren sie auf das mechanische Schnaufen in der Ferne, dessen Frequenz ihnen offensichtlich nicht behagt. Als ahnten sie, dass mit dem Dampfross ein ernsthafter Konkurrent aufgetaucht ist, der ihre Existenz in Frage stellt.

Die Rechnung der Ökonomen ist simpel: Mit ein paar Schaufeln Kohle und ein paar Eimern Wasser lässt sich genügend verschwindend leichter, nicht greifbarer Wasserdampf erzeugen, der auf wundersame Weise eine kolossale Maschine in Gang setzt, mit der sich mehr Menschen und Güter bequemer, zuverlässiger und vor allem billiger transportieren lassen als mit Pferdekraft. Denn die muss mit teurem Futter und entsprechend aufwendiger Pflege der Tiere erkauft werden. Ein leistungsstarkes Postkutschenpferd vertilgt angeblich schon bei Sonnenaufgang so viel Hafer [Shi: 12], wie ihn acht dürftig bezahlte englische Bergarbeiter für ihren Frühstücksbrei brauchen, um anschließend billige Kohle fördern zu können. Vorbei sind die Zeiten, da nach starken Regengüssen die Pferdehufe im aufgequollenen Lehm einer Landstraße versanken, der Karren im wahrsten Sinne des Wortes in den Dreck gezogen wurde oder durch die Unachtsamkeit des Kutschers im Straßengraben landete und die von den Deichselschlägen geschundenen Tiere eine Ruhepause brauchten. Jetzt rollen die blanken Räder der Lokomotive, gleichmäßig beschleunigt von der Kraft des Wasserdampfes, unermüdlich auf einer schmalen, ungewohnt glatten, eisernen Fahrbahn voran. Vom Startpunkt bis zum Zielort kann die Maschine bei minimalem Reibungsverlust nicht einen Millimeter vom Weg abweichen, da ihre Route mit genormter Spurweite fest in die Landschaft hineinmontiert worden ist. Hier verschmelzen Transportstrecke und Transportmittel. Dampflokomotive und Schiene werden von nun an nicht mehr voneinander weichen. Mit dem wachsenden Netzwerk von Bahnlinien entsteht gerade eine einzige «über das ganze Land verteilte große Maschine» [Shi: 32].

Jetzt, da die Dampfwolken endlich sichtbar werden und das Schnauben der Lokomotive unüberhörbar ist, kommt auch Schwung in die Menschenmenge auf dem Bahnhofsvorplatz. Jeder sucht sich einen guten Aussichtspunkt, um den historischen Augenblick ja nicht zu verpassen. Mit der Einfahrt des Zuges aus Alfeld wird an diesem Montag, den 31. Juli 1854 um halb elf vormittags, die Eröffnung des Bahnhofs Göttingen gefeiert. Endlich ist die Eisenbahn auch in der südlichsten Provinz des Königreichs Hannover angekommen. Ein paar Meter vor dem Bahnsteig passiert der Zug, schrill pfeifend, die efeuumrankte Ehrenpforte. Von zwei bekränzten Lokomotiven gezogen, rollen 26 fabrikneue Eisenbahnwagen mit 800 Ehrengästen in den Bahnhof ein. Geschmückt sind die aneinandergekoppelten Wagen mit den Garanten für urdeutsche Festtagsstimmung – Laubgirlanden, Tannengrün, bunten Bändern und Hunderten von Fähnchen.

Viele der Honoratioren aus den Orten entlang der Strecke werden das neuartige Fahrvergnügen bereits erlebt haben.

Immerhin gibt es schon seit fast zwei Jahrzehnten überall in Deutschland Eisenbahnverbindungen. Doch der eine oder andere sesshafte Bürgermeister, Kommerzienrat oder Freiherr aus dem «lieblichen Leinetal» wird sich an diesem «heiteren aber nicht zu heißen Sommertag», wie die Hannoversche Zeitung vom 3. August 1854 berichtet, zum ersten Mal erstaunt und erschrocken auf diese qualmende Höllenmaschine eingelassen haben. Wenn die nämlich nach einem angemessenen Anlauf ihre halsbrecherische Spitzengeschwindigkeit von knapp 50 Stundenkilometern erreicht, gerät die draußen vorbeiziehende Landschaft ins Taumeln. Keine Chance für das unangepasste Auge, beim Blick aus dem Abteilfenster etwa einen Menschen am Bahndamm zu erkennen. Seine Konturen lösen sich auf, und er verwandelt sich in einen fliehenden Schatten. Bei der Fahrt entlang der Vorgärten blitzen Rittersporn, Königskerzen und Sonnenblumen wie flüchtiges buntes Feuerwerk am Abteilfenster auf. Die Illusion ist perfekt, da gleichzeitig aus Böllern am Ortseingang Freudenschüsse zur Begrüßung der Eisenbahn abgegeben werden.

Auf dem Bahnsteig werden die Ehrengäste von den «fröhlichen Fanfaren» des Göttinger Husaren-Musikcorps begrüßt. Inzwischen hat sich der harte Kern der Göttinger Eisenbahnenthusiasten dicht um die beiden zischelnden Lokomotiven versammelt und die sichtlich stolzen «Wagenlenker» in Fachsimpeleien verwickelt.

Etwas abseits dieser Traube aufgeregter junger Männer steht ein 45 Jahre alter Mann mit seinem zweieinhalbjährigen Sohn an der Hand auf dem Bahnsteig. Es ist Baron Wolfgang Sartorius von Waltershausen, Professor für Mineralogie und Geologie an der Georg-August-Universität Göttingen. Ihn lassen Feuergeruch und Dampfwolken der Eisenbahn ziemlich kalt, denn er beschäftigt sich beruflich mit ganz anderen Dimensionen von Feuer und Qualm. Seine große Leidenschaft gilt dem Ätna, dem größten europäischen Vulkan auf Sizilien. Vor zwanzig Jahren begann er vor Ort und auf eigene Kosten mit ersten topographischen Vermessungen und geologischen Untersuchungen.

Neben Sartorius von Waltershausen steht ein kurzatmiger älterer Herr im grauen Gehrock, leicht vornübergebeugt und mit einer Hand auf seinen Spazierstock gestützt. Er trägt ein helles, seidenes Halstuch und auf dem Kopf ein schlichtes Käppchen aus schwarzem Samt. Mit dem Baron und dessen Sohn hat er das Bahnhofsgelände, die Gleise und das Herannahen des Zuges aus verschiedenen Perspektiven beobachtet. Die Anstrengung des Gehens steht ihm ins blasse Gesicht geschrieben, dennoch sind ihm Neugier und Freude über das große Ereignis deutlich anzumerken. Er ist 77 Jahre alt und weiß seit einem halben Jahr, dass er an einer unheilbaren Herzerweiterung und Brustwassersucht leidet. Es wird sein letzter Sommer sein und dieser 31. Juli 1854 der letzte Tag, an dem die Göttinger Bürger ihren weltberühmten Professor und Hofrat in halbwegs stabiler körperlicher Verfassung in der Öffentlichkeit sehen können. Carl Friedrich Gauß nimmt heute Abschied von der Welt, doch weder er selbst weiß es, noch ahnen es die Menschen, die ihn erkennen und respektvoll grüßen. Er ist mit 72 internationalen Diplomen, Auszeichnungen, Orden und akademischen Ehrenmitgliedschaften überhäuft worden [Dun: 351]. Darunter sind der Orden «Pour le Mérite» und die goldene Copley-Medaille als höchste Auszeichnung der Royal Society London.

Sartorius von Waltershausen ist einer der wenigen engen Freunde von Gauß und weiß natürlich um dessen angegriffenen Gesundheitszustand. Doch das lebhafte Interesse des alten Mannes an der Entwicklung der Eisenbahn – schließlich ist Sohn Joseph Ingenieur und Oberbaurat bei der Königlich Hannöverschen Eisenbahndirektion – hat den Festverwurzelten, der vor zwanzig Jahren das letzte Mal nicht in Göttingen übernachtete, erst Mitte Juni zu einem anstrengenden Tagesausflug angeregt. Dabei sind er und seine Tochter Therese nur knapp einer schweren Verletzung entgangen. Bei dieser Kutschfahrt zu Bahngleisarbeiten zwischen Göttingen und Kassel haben beim Herannahen einer pfeifenden und zischenden Lokomotive die Pferde gescheut. Die Kutsche kippte um, wobei der Kutscher ernstlich verletzt wurde. Gauß und seine Tochter kamen mit dem Schrecken davon.

Mit dem verlorenen Sohn Eugen hat er sich doch noch ausgesöhnt. Der hat sich im Bundesstaat Missouri als Pelzhändler, Versicherungsangestellter und selbständiger Müller versucht, bevor er sein Zahlentalent doch noch praktisch umgesetzt hat und mit der Gründung der First National Bank ein wohlhabender und angesehener Bürger geworden ist. Auch Wilhelm bringt es nach einigen Umwegen später im Schuhwarengroßhandel zu beachtlichem Wohlstand. Als Farmer hat er schnell gelernt, dass er mit einer Handvoll Sklaven «auch ganz sorgenfrei leben kann und vielleicht etwas jährlich erübrige» [Mac: 115], wie er dem Vater schreibt. Eine siebenköpfige Sklavenfamilie arbeitet für ihn. Er selbst arbeitet jetzt «nur soweit es mir Vergnügen macht ... Im Anfange hatte das Leben mit den Negern etwas sehr Unangenehmes ... viele unter ihnen [sind] wirklich nur ein Übergang vom Thiere zum Menschen» [Mac: 117]. Offenbar hat der Moralist Carl Friedrich Gauß kein Problem mit dieser Einstellung seines Sohnes.

Sartorius versteht sich, wenn auch vielleicht nur unbewusst, als Sprecher des handverlesenen Göttinger Freundeskreises von Carl Friedrich Gauß und als Herold des verehrten Idols. Hier finden keine Gespräche auf Augenhöhe statt. Nicht mit einem Kollegen sitzt man zusammen und betreibt Konversation, sondern man nähert sich mit angemessener Ehrfurcht einem unvergleichlichen Heroen der Wissenschaft, denn «während alle andern» – wie Sartorius selbst versichert – «uns als unseres Gleichen erschienen, stand er zwischen uns wie eine überirdische Natur, wie ein Priester, der am Throne der Gottheit die Wache hält und auf der anderen Seite war er der schlichte einfache Mann, beseelt vom tiefsten Gefühle der Demuth vor jener alles durchdringenden Intelligenz, die von einem Sonnensystem zum anderen im Weltall widerklingt» [Wal: 102]. Der ebenfalls zur Göttinger Tafelrunde gehörende Physikprofessor Johann Benedikt Listing begleitete Sartorius auf einer seiner Sizilienreisen zum Ätna und bescheinigt dem Freund «ein argloses kindliches … aber auch poetisches Gemüth … wobei die Stärke seiner Zu- und Abneigungen zuweilen ans Excentrische grenzen konnte» [Lis: 24]. Auf Sizilien immer mit dabei: ein speziell angefertigtes, tragbares Gauß'sches Magnetometer, mit dem Sartorius regelmäßig die Intensität des Erdmagnetfelds rund um den Vulkan misst.

An diesem letzten Julitag des Jahres 1854 auf dem Bahnhofsgelände in Göttingen fühlt Sartorius sich in der dichtgedrängten Menschenmenge sowohl für seinen kleinen Sohn als auch für den Hofrat verantwortlich, der sich in der euphorischen Stimmung und aus eigener Begeisterung für die Eisenbahn heraus womöglich zu eigenwilligen Schritten hinreißen ließe, die seiner angegriffenen Gesundheit schaden könnten. Die Ehrengäste aus Sarstedt, Einbeck und Bad Gandersheim eilen jetzt an ihnen vorbei, weil der geordnete Abmarsch in die Stadt bevorsteht, flankiert von den seit einer Stunde strammstehenden Paramilitärs und angeführt vom Spielmannszug der Husaren und deren ewig fröhlichen Fanfaren. Sie möchten ihre fetzige Siegesgewissheit in die Welt hinauströten, kommen dabei aber nie über eine Handvoll Variationen ein und derselben schrillen Ankündigungsphrase hinaus. Diese primitiven Instrumente können einfach von Natur aus nichts Gedämpftes und passen daher auf lautmalerischer Ebene ausgezeichnet zum «satanischen Pfeifen» (Rossini), Stampfen und Zischen der Eisenbahn und ihrer rohen metallischen Gewalt, die Pferde scheuen und ungewarnte Kleinkinder schon mal in Tränen ausbrechen lässt.

Carl Friedrich Gauß hat Sartorius von Waltershausen Einblick in seine kuriosen Zahlenverzeichnisse gewährt: penibel über viele Jahre hinweg geführte Listen mit den Ergebnissen der Kartenspiele im vertrauten Freundeskreis. Die Herren spielen regelmäßig Whist in Göttingen, ein Vorläufer von Bridge. Gauß notiert bei jedem einzelnen Spiel die Verteilungen der Asse in den Händen der vier Spieler. Kein ausschließlich vergnüglicher Zeitvertreib, wie es scheint, sondern eher ein typischer Fall, das Angenehme mit dem Nützlichen zu verbinden. Es geht ihm darum, dem «sogenannten Gesetz der großen Zahlen in der Wahrscheinlichkeitsrechnung» [Ahr: 92] mit weichen Daten auf die Spur zu kommen, die mitten aus dem Leben gegriffen sind. Völlig zweckfrei aber und nur dem privaten Amüsement dienen seine Verzeichnisse der Lebenstage berühmter Persönlichkeiten und Freunde. Während alle anderen Kollegen sich gegenseitig artig zum Geburtstag gratulieren, schickt Gauß manchem Freund außer der Reihe schon mal einen ganz besonderen Glückwunsch. «Es ist übermorgen der Tag», hat er gerade vor einem halben Jahr an Alexander von Humboldt geschrieben, «wo Sie, mein hochverehrter Freund [...] dasselbe Alter erreichen, in welchem Newton seine durch 30766 Tage gemessene irdische Laufbahn geschlossen hat» [Ahr: 215]. Eine originelle Form der Wertschätzung, denn

Gauß verehrt Newton mehr als jeden anderen Wissenschaftler.

Gauß, der zwar Göttingen seit zwanzig Jahren nicht mehr verlassen hat, gleichwohl zeitgemäß in Wertpapiere der Königlich Hannöverschen Staatseisenbahnen investiert*, sieht und fühlt nun an diesem letzten Julitag des Jahres 1854 erstmals selbst mit allen Sinnen, dass die Eisenbahn nicht einfach nur ein weiterer technischer Fortschritt ist, sondern eine echte Zäsur in der Geschichte darstellt, weil sie das Raum- und Zeitempfinden einschneidend verändert hat. In diesem Jahr ist von Heinrich Heine, der in Göttingen studiert hat und jetzt in Paris lebt, ein Buch erschienen. Darin schreibt er: «Die Eisenbahnen sind wieder ein solch bestimmendes Element, das der Menschheit neuen Umschwung gibt ... Sogar die Elementarbegriffe von Zeit und Raum sind schwankend geworden. Durch die Eisenbahn wird der Raum getötet, und es bleibt uns nur noch die Zeit übrig. Hätten wir nur Geld genug, um die letztere anständig zu töten! ... Was wird das erst geben, wenn die Linien nach Belgien und Deutschland ausgeführt und mit den dortigen Bahnen verbunden sein werden! Mir ist, als kämen die Berge und Wälder aller Länder auf Paris angerückt. Ich rieche schon den Duft der deutschen Linden; vor meiner Tür brandet die Nordsee» [Hei: 478 f.].

Dem beschleunigten, vom allgegenwärtigen Wasserdampf umwölkten Fahrgast drängt sich in diesen jungen wilden Jahren der Bahn die Vorstellung der unbedingten Zusammengehörigkeit von geschrumpftem Raum und gewonnener Zeit auf. An diesem 28 214ten Tag seines Lebens steht der Eisenbahnfan Carl Friedrich Gauß – «Es war indess der letzte Tag, wo wir ihn in leidlichem Wohlsein erblickten» [Wal: 73] – direkt vor dem umjubelten Beschleunigungsmittel, das diese ungewohnten Raum- und Zeitwahrnehmungen auslöst. Albert Einstein wird sechzig Jahre später dieselben Komponenten, Raum und Zeit, zu einer vierdimensionalen Einheit verknüpfen. Daraus entwickelt er sein Konzept der Raumzeitkrümmung, den Inbegriff seiner Allgemeinen Relativitätstheorie. Als Vermesser der norddeutschen Tiefebene hat Gauß ebenfalls eine neuartige Geometrie gekrümmter Flächen entwickelt. Sie ist die Vorläuferin der vierdimensionalen Raumzeitkrümmung. Die sogenannte «Gauß'sche Krümmung» liefert das mathematische Fundament für Einsteins universelle Gravitationstheorie. Sodass wir, nach heutigem Wissen, Carl Friedrich Gauß als einen Urahn der Allgemeinen Relativitätstheorie betrachten können: Einstein preloaded.

Viele Jahre bevor es einen nennenswerten Streckenplan des deutschen Eisenbahnnetzes gibt, überzieht Gauß die Landschaften des Königreichs Hannover mit einem dichten Netzwerk aus Dreiecken, deren Seiten jeweils aneinanderstoßen. Er ist der erste Landvermesser, dem es gelingt, mit einem raffinierten System aus Fernrohr und Spiegeln die Sonne selbst als freie Mitarbeiterin zu verpflichten und die Zielpunkte über Dutzende Kilometer hinweg mit den eingefangenen Strahlen ihres Lichts anzuvisieren. So entsteht ein unsichtbares Gefüge aus virtuellen Lichtdreiecken, das zwar die abstrakte Fläche des Königreichs Hannover abbildet, aber die räumliche Wirklichkeit der friesischen Marschen und Moore, der Lüneburger Heide und der schroffen Harzlandschaft nur ungenügend widerspiegeln kann. Aus der Einsicht, dass die Regeln der Schulbuchgeometrie im Wald und auf der Heide nicht mehr anwendbar sind, entwickelt Gauß ein mathematisches Verfahren, mit dessen Hilfe er die flachen Lichtdreiecke seiner Landvermessungen in sogenannte sphärische Dreiecke auf der gekrümmten Erdoberfläche umrechnen kann und so der physikalischen Wirklichkeit gerechter wird. Diese neuartige mathematische Struktur weicht allerdings in entscheidender Hinsicht von den Lehrsätzen der euklidischen Geometrie ab, die seit mehr als 2300 Jahren wie in Granit gemeißelt sind. So muss beispielsweise die Winkelsumme eines normalen Dreiecks in der flachen Geometrie stets 180 Grad betragen. Dabei spielt es keine Rolle, ob es gleichschenklig, gleichseitig, rechtwinklig oder spitzwinklig ist. Die drei Winkel addieren sich immer zu 180 Grad. Bei einem sphärischen Dreieck trifft diese Regel aber nicht mehr zu.

Stellen wir uns das größte denkbare Exemplar eines solchen Dreiecks auf einer Kugel vor. Die größte Kugel ist der Planet selbst. Im ostafrikanischen Uganda verläuft der Äquator mitten durch den Viktoria-See. Auf gleicher Höhe gibt es eine namenlose, mondsichelförmige Insel. Sie ist unbewohnt und 33 Hektar groß. Nehmen wir an, wir könnten vom Mittelpunkt der Insel aus entlang eines halben Meridians bis zum 10 000 Kilometer entfernten Nordpol blicken. Von dort aus schauen wir anschließend bis tief in den nordbrasilianischen Dschungel hinein. Der Zielpunkt ist nicht weit von der Grenze zu Surinam entfernt und liegt exakt auf Äquatorhöhe in ebenfalls 10 000 Kilometern Entfernung zum Nordpol. Die dritte Strecke liefe nun von hier aus in östlicher Richtung auf dem Äquator dahin und über den Atlantik hinweg, bis der Ausgangspunkt auf der namenlosen Insel im Viktoria-See wieder erreicht ist. Dieses gleichseitige Dreieck auf der Erdkugel hat drei rechte Winkel, sodass ihre Summe 270 Grad beträgt. Diese Tatsache können Sie leicht auf einem Globus überprüfen. Stecken Sie jeweils eine Nadel in Nordpol, Dschungel und Insel und verbinden Sie die drei Punkte mit einem Bindfaden. Sollte es sich bei Ihrem Globus allerdings um ein aufblasbares

Exemplar handeln, empfiehlt es sich, auf die Nadeln zu verzichten. Selbstverständlich gibt es auch kleinere sphärische Dreiecke, deren Winkelsumme nicht an 270 Grad heranreicht – beispielsweise mit den Eckpunkten Stockholm, Casablanca, Kairo. Aber die Winkelsumme eines Dreiecks auf einer Kugel wird stets größer sein als 180 Grad.

Aber aus der Gauß'schen Krümmung ergibt sich noch eine andere Konsequenz. Denn es gibt nicht nur die positive Krümmung, die beim sphärischen Dreieck zu einer Winkelsumme führt, die den euklidischen Höchstwert von 180 Grad überschreitet, sondern auch Flächen, die negativ gekrümmt sind. Gauß und Waltershausen müssen in diesem Augenblick nur den Kopf ein wenig zur Seite drehen, so sehen und hören sie, wie sich der Fanfarenzug auf dem Bahnhofsvorplatz in Bewegung setzt und dahinter die Vertreter der studentischen Verbindungen auf ihren Pferden folgen.

Fanfare und Pferdesattel sind Beispiele für negativ gekrümmte Flächen. Zeichnet man dort, wo das Rohr der Fanfare in den Schalltrichter übergeht, ein Dreieck ein, so ist dessen Fläche negativ gekrümmt und die Winkelsumme stets geringer als 180 Grad. Und ein auf die negative Wölbung eines Pferdesattels gezeichneter Kreis wird in einer wichtigen geometrischen Eigenschaft ebenfalls von den Gesetzen der euklidischen Geometrie abweichen. In der Schule haben wir gelernt, dass der Umfang eines Kreises dem Produkt aus der Zahl Pi (π) und dem Durchmesser «d» entspricht. Der Umfang eines Kreises auf der Sattelwölbung wird aber immer größer sein als d mal π.

Offensichtlich stehen solche Gebilde in krassem Widerspruch zur Geometrie Euklids, die bis ins 19. Jahrhundert als die einzig wahre Beschreibung der Fläche und des Raumes galt. Ihrzufolge hätte die Winkelsumme unseres Dreiecks die vorgeschriebenen und unverrückbaren 180 Grad nicht überschreiten dürfen. Bereits als Student hat Gauß an der Allgemeingültigkeit der euklidischen Geometrie gezweifelt. Bei seinen jahrelangen Vermessungsarbeiten in der norddeutschen Landschaft ist er nun endgültig zu einer eigenen allgemeinen Geometrie der gekrümmten Fläche gelangt, die auch die Flächen auf der Erde sowie die Tatsache berücksichtigt, dass unser Planet keine perfekte Kugel, sondern ein unebenes Ellipsoid ist. Manche Gauß-Interpreten haben darüber spekuliert, Gauß könne bei seinem größten Dreieck Hoher Hagen – Brocken – Inselsberg mit den Seitenlängen 68, 105 und 84 Kilometern die Absicht gehabt haben, die Raumkrümmung direkt nachzuweisen. «Im Rahmen seiner Messgenauigkeit hätte er solch eine Abweichung jedoch überhaupt nicht finden können. Die Krümmung des Raumes nahe der Erdoberfläche ist derart gering, dass es selbst mit heutigen Messmethoden kaum möglich sein dürfte, diesen Effekt nachzuweisen» [Hab: 122].

Dass Gauß mit der mathematischen Struktur seiner Flächentheorie, wie die Göttinger Mathematikerin Katharina Habermann betont, «auch die Geometrie unserer Welt, also die Physik berührt» [Hab: 123], sollte weitreichende Konsequenzen haben. Denn damit liefert er Albert Einstein das Schlüsselelement für dessen revolutionäres Konzept der Schwerkraft. Zuvor bedarf die Gauß'sche Idee aber erst noch einer Weiterentwicklung durch den jungen Bernhard Riemann. Er verallgemeinert die Gauß'sche Krümmung auf mehr als zwei Dimensionen und spielt somit eine Vermittlerrolle zwischen Gauß und Einstein. Dessen Allgemeine Relativitätstheorie fügt Raum und Zeit untrennbar zusammen und beweist, dass die sogenannte Schwerkraft oder Gravitation gar keine Kraft ist, sondern eine geometrische Größe, nämlich die durch

Masse gekrümmte vierdimensionale Raumzeit. Riemann hat seine Habilitationsvorlesung über die Verallgemeinerung der Gauß'schen Flächentheorie nach Absprache mit Gauß persönlich gerade erst einige Wochen vor der Bahnhofseinweihung, nämlich am Samstag nach Pfingsten, an der Universität Göttingen gehalten. Und Gauß hat sich auf dem Heimweg «gegen Wilhelm Weber mit höchster Anerkennung und mit einer bei ihm seltenen Erregung über die Tiefe der von Riemann vorgetragenen Gedanken ausgesprochen» [Lau: 34]. Weber ist seit der Revolution von 1848 wieder ordentlicher Professor in Göttingen und Gauß in tiefer Freundschaft verbunden. Da es die letzte Vorlesung ist, die Gauß als Gutachter besucht, lässt sich eigentlich kaum ein würdigerer Abschluss seiner Universitätskarriere denken als die Begeisterung über die Veredelung seiner über Euklid hinausweisenden Idee.

Immer wenn in der ersten Hälfte des 19. Jahrhunderts einer der führenden oder aufstrebenden jungen Mathematiker Europas einen theoretischen Durchbruch – *die* Idee seines Lebens – verkünden will, muss er nach der Veröffentlichung fürchten, der große Gauß in Göttingen könne sich noch zu Wort melden. Womöglich lässt der dann en passant die Bemerkung fallen, er selbst habe sich auf der Schwelle zu Pubertät und Französischer Revolution, spätestens aber seit Mitte der 1790er Jahre ausgiebig mit dieser Angelegenheit befasst und es nicht für nötig erachtet, darüber zu schreiben, weil sie doch jedem, der nur einen Funken mathematischen Verstand besitze, sofort ins Auge springen müsse. Wendeten denn nicht alle seine Kollegen schon längst dieses «zierliche» Verfahren mit denselben ausgezeichneten Resultaten an, wie er selbst es bereits seit vielen Jahrzehnten ... nein ...? Was die Konkurrenz obendrein nervt: Gauß erhebt mit diesem Gestus zwar indirekt einen Prioritätsanspruch, scheint es aber überhaupt nicht nötig zu haben, seine Erstentdeckung durch Schriftliches nachzuweisen. Man hat ihn gefragt. Er hat Bescheid gewusst. Das muss doch genügen. Mit dieser Haltung hat er die Kritik derer auf sich gezogen, die ihn verdächtigen, die neuen Gedanken als seine eigenen auszugeben. Erst als fünfzig Jahre nach seinem Tod sein mathematisches Tagebuch gefunden wird, stellt sich heraus, dass seine Prioritätsansprüche gerechtfertigt gewesen sind.

In seinen Briefen gibt es vielerlei Hinweise und Andeutungen über die nichteuklidische Geometrie. So schreibt er beispielsweise 1824 – in diesem Sommer hat er im Großraum Bremen seine Lichtdreiecke gezogen – an den Mathematiker Franz Anton Taurinus in Köln: «Die Annahme, dass die Summe der 3 Winkel kleiner sei als 180 Grad, führt auf eine eigene von der unsrigen (Euclidischen) ganz verschiedene Geometrie, die in sich selbst durchaus konsequent ist, und die ich für mich selbst ganz befriedigend ausgebildet habe, so dass ich jede Aufgabe in derselben auflösen kann» [Hab: 121]. An eine Veröffentlichung seiner alternativen Geometrie denkt er jedoch nicht. Gauß fürchtet das Geschrei der Denkfaulen, wie er wiederholt vertrauten Menschen gegenüber bekennt. Er will vermeiden, mit einer Infragestellung der euklidischen Geometrie beim Wissenschaftsestablishment anzuecken. Das kann und will er sich offenbar nicht leisten. Was aber auch bedeutet, dass hoffnungsvolle junge Mathematiker nicht auf seine öffentliche Unterstützung für ihre eigenen unkonventionellen Abhandlungen hoffen dürfen. Selbst wenn Gauß ihre Grenzüberschreitungen für gelungen hält. Taurinus, der ein paar lobende Zeilen von Gauß erwartet und nicht bekommen hat, geht dann zwar mit seiner Arbeit tatsächlich unter. Nicht aber im Geschrei der Denkfaulen, wie Gauß befürchtet hat, sondern ganz profan wegen des Desinteresses der Mathematikergemeinde.

Dramatische Züge nimmt die Gauß'sche Rezensionspolitik im Fall von Johann Bolyai an, dem Sohn seines Jugendfreundes Wolfgang Bolyai. Der hat 1816 bei Gauß angefragt, ob er den fünfzehnjährigen Johann nicht für drei Jahre in sein Haus aufnehmen und unterrichten könne. Auf diese Zumutung hat Gauß nicht einmal geantwortet. 1816 ist sein zehnköpfiger Haushalt gerade in die neue Sternwarte umgezogen. Nach weiteren 16 Jahren beidseitigen Schweigens schickt der stolze Vater 1832 eine Arbeit seines Sohnes über nichteuklidische Geometrie nach Göttingen. Dieses Mal antwortet Gauß prompt. Zwar ist er angetan von den Ideen Johann Bolyais. Allerdings zieht er daraus völlig überraschende Konsequenzen: «Wenn ich damit anfange, ‹dass ich solche [nämlich die Arbeit Johanns] nicht loben darf›: so wirst Du wohl einen Augenblick stutzen: aber ich kann nicht anders; sie loben hiesse mich selbst loben: denn der ganze Inhalt der Schrift, der Weg, den Dein Sohn eingeschlagen hat, und die Resultate zu denen er geführt ist, kommen fast durchgehends mit meinen eigenen, zum Theile schon seit 30–35 Jahren angestellten Meditationen überein. In der That bin ich auf das Äußerste überrascht ... und höchst erfreulich ist es mir, dass gerade der Sohn meines alten Freundes es ist, der mir auf eine so merkwürdige Art zuvorgekommen ist» [Bol: 109]. Doch bei diesem privaten Lob, das man auch als freundlich formulierten Prioritätsanspruch deuten kann, bleibt es dann auch. Gauß äußert sich nicht öffentlich über Johann Bolyais Arbeit. Der Vater respektiert die Haltung des alten Freundes, sein Sohn aber, der Soldat ist und von einer Karriere als Mathematiker träumt, glaubt ohne eine Empfehlung von Gauß außerhalb Transsilvaniens keine Chance zur Entfaltung zu haben. Die

Enttäuschung über Gaußens Reaktion scheint er am Vater auszulassen. Wolfgang Bolyai macht drei Jahre später deswegen ein paar dunkle Andeutungen. Seine erste Frau und Mutter Johanns soll die letzten vier Jahre ihres Lebens im Wahnsinn verdämmert haben. Nun ist auch seine zweite Frau «nach einer langwierigen Krankheit gestorben... Der härteste Schlag aber, woran mein Herz zerbrach, ist der beynahe unglaubliche Undank meines Sohnes... am Ende war ich gezwungen... ihn aus dem väterlichen Zirkel zu verbannen» [Bol: 118]. Eine fast unheimliche Parallele zum Schicksal des alten Freundes in Göttingen. Heiraten will Bolyai jedenfalls nie wieder: «... eine einzige Xantippe erfordert einen Socrates: bewahre Gott mich vor einer 3ten!»

Wieder antwortet Gauß nicht. Er arbeitet gerade fieberhaft an einer verbesserten Methode, kurze Stromstöße durch einen Eisendraht über Göttingens Dächer zu jagen. Wahrscheinlich hofft Gauß, dass die Korrespondenz ganz von selbst wieder im Sand verläuft, wie damals, als der wunderlich gewordene Bolyai ihm seinen Sohn auf den Hals schicken wollte. Wolfgang Bolyais Charakter ist schwer zu fassen. Seine Briefe strahlen eine seltsam tragikomische Atmosphäre aus. Von tiefster Melancholie und Bitterkeit durchtränkt, sind diese Tiraden für empfindliche Gemüter nur schwer zu ertragen. Überall wittert er Krankheit, Leid und Zerfall. Von lyrischem Grandiositätswahn wechselt er zu religiös gefärbter Unterwürfigkeit gegenüber Gauß, die allerdings auch ironisch gemeint sein kann. Bolyai hat sich das Bild vom zweiundzwanzigjährigen Gauß bewahrt, dessen Busenfreund er einmal gewesen ist. Und an diese süße Erinnerung – das Beste, was ihm je im Leben passiert sei – klammert er sich nun.

Erfreulicher gestaltet sich der Umgang mit Nikolai Iwanowitsch Lobatschewski, dem dritten Mathematiker, der sich neben Gauß mit einer über Euklid hinausweisenden Geometrie beschäftigt. In den 1840er Jahren hat Gauß eifrig Russisch gelernt – sein Appetit auf neue Herausforderungen ist ungestillt – und kann nun die Arbeiten des Mathematikprofessors aus Kasan über dessen «imaginäre Geometrie» im Original lesen. Lobatschewski habe, schreibt er Schumacher im November 1846, «auf meisterhafte Art in ächt geometrischem Geiste» einen anderen Ansatz als er selbst gewählt. «Sie wissen, dass ich schon seit 54 Jahren (seit 1792) dieselbe Ueberzeugung habe ... Materiell für mich Neues habe ich nicht gefunden» [ShuIII: 247]. Aber weder ihn noch seine «imaginäre Geometrie» wird Gauß je offiziell erwähnen. Ein wenig rätselhaft ist diese Furcht des Arrivierten vor einem lautstarken Theoretikerstreit schon. Denn ist er nicht als Neunzehnjähriger mit seiner Konstruktion des Siebzehnecks schon einmal weit über einen Satz von Euklid hinausgepresche und damit berühmt geworden?

Carl Friedrich Gauß und Wolfgang Sartorius von Waltershausen wenden sich jetzt dem Ausgang des Bahnhofsgebäudes zu. Der jüngste Spross des Barons heißt August – womöglich eine Verbeugung des Vaters vor seinem Patenonkel Goethe und dessen gleichnamigem Sohn. Der Dichterfürst selbst hat die erste deutsche Eisenbahn zwischen Nürnberg und Fürth um drei Jahre verpasst, aber er war natürlich auf dem Laufenden und misstraute ihrem ungesunden Tempo. Sein Fazit: Unruhe und Ungeduld stürzten unsere Zivilisation ins Verderben. In einer Wortschöpfung verknüpfte er die Eile – *velocitas* – mit dem Höllenfürsten Lucifer zu einer unheiligen Allianz: «... alles veloziferisch ...», schrieb er 1825 an den preußischen Juristen Georg Heinrich Ludwig Nicolovius und brachte damit seine Meinung über das moderne Leben auf den Punkt.

In den 1850er Jahren wird jede neue Eisenbahnstrecke in

Kontrollabschnitte aufgeteilt, für deren Sicherheit jeweils eine elektrische Telegraphenstation verantwortlich ist. Sie übermittelt den Lokomotivführern die Signale für die Freigabe der Strecke, Informationen über Hindernisse oder über die Risiken einer Tunnelpassage. Die Übertragung erfolgt durch an Masten befestigte Kupferdrähte, die parallel zu den Gleisen durch die Luft schwingen. Auch Telegraphenstationen für den privaten Nachrichtenverkehr gibt es schon seit einigen Jahren. In Göttingen aber ist dieser revolutionäre Kommunikationsdienst erst vor einem Vierteljahr eingerichtet worden. Was eigentlich nur ein Treppenwitz der Technikgeschichte sein kann. Denn haben nicht Gauß und Weber ausgerechnet in diesem Provinzstädtchen mit seinen 10 000 Einwohnern und 1000 Studenten bereits zwanzig Jahre zuvor die erste funktionierende Telegraphenstrecke der Welt in Betrieb genommen? Sie sind – lange bevor Samuel Morse auf den Zug aufspringt – weltweit die Ersten gewesen, die mit Hilfe des elektrischen Stroms Informationen von einem Ort zu einem anderen übermittelt haben.

Nur scheitert die zündende Vermarktungsidee letztlich an der mangelnden finanziellen Risikobereitschaft der Leipzig-Dresdner Eisenbahngesellschaft, den Gauß-Weber-Telegraphen in großem Maßstab anzuwenden. Nun aber geschieht das Erstaunliche: Die beiden Freunde bieten ihren kommunizierenden Draht nicht etwa einer der vielen anderen deutschen Eisenbahngesellschaften an, die jetzt überall gegründet werden, sondern begnügen sich mit ihrer Privatkommunikation über den schlichten heißen Draht zwischen Physik-Institut und Sternwarte. «Gauß und Weber waren in ihren vornehm zurückhaltenden Naturen Prioritätsstreitigkeiten so sehr abgeneigt, dass sie sich ihre Ideen und Erfahrungen nicht schützen ließen, sie vielmehr bereitwillig zu allgemeinem Nutzen zur Verfügung stellten» [Fey: 57]. So fordern sie ihren Münchener Kollegen und Konkurrenten Carl August Steinheil ausdrücklich dazu auf, von ihren Erfahrungen Gebrauch zu machen.

Gauß scheint also mit dem Erreichten zufrieden zu sein. Man hat's probiert. Es funktioniert. Sollen nun doch andere für die Umsetzung der Idee in alltagstaugliche und profitträchtige Anwendungen ruhig das bisschen Gewinn einstreichen. «Die Wissenschaft soll die Freundin der Praxis sein, nicht ihre Sklavin. Sie soll ihr schenken, aber nicht ihr dienen», wird er in diesem Zusammenhang zitiert [Ahr: 214]. Bedenkt man aber, dass beispielsweise Samuel Morse mit seiner patentrechtlich heftig umstrittenen Weiterentwicklung des elektrischen Telegraphen einen sagenhaften Reichtum angehäuft hat, wird auch die finanzielle Dimension deutlich, auf die die Idealisten Gauß und Weber womöglich verzichtet haben. Und denkt der zahlensichere Greis an diesem Festtag der Einweihung des Göttinger Bahnhofs nicht vielleicht auch mit ein wenig Wehmut und Zweifel an die damalige Entscheidung zurück, wenn er die nicht enden wollenden Telegraphenmasten entlang der Geleise sieht?

Für Gauß ist es der letzte Auftritt in der Öffentlichkeit, sein Abschied von der Welt, denn in den 207 Tagen, die ihm noch bleiben, wird er nicht mehr die Kraft haben, seine Wohnung zu verlassen.

13. Magnetische Resonanzen

Als Gauß am 23. Februar 1855 stirbt, hinterlässt er rund fünfzig mathematische Verfahren, Begriffe und Theoreme, die seinen Namen tragen, wie die Gauß'sche Zahlenebene, das Gauß'sche Fehlerintegral oder das Gauß'sche Prinzip des kleinsten Zwangs. In jedem professionellen Computergraphikprogramm gibt es einen Filter namens «Gauß'scher Weichzeichner». Und immer, wenn Sie online Geld überweisen, werden Ihre persönlichen Daten nach einem Prinzip verschlüsselt, das auf den mathematischen Einsichten des neunzehnjährigen Studenten Carl Friedrich Gauß beruht. Über allem aber thront die «Gauß'sche Normalverteilung», die berühmte Glockenkurve. Sie stellt in allen denkbaren Lebensbereichen und Prozessen, die sich statistisch erfassen lassen, die Abweichungen vom Normalwert dar: von der Dosis-Wirkungs-Kurve eines Medikaments bis zur Intelligenzverteilung in einer Bevölkerung.

1864, neun Jahre nach seinem Tod, machte der schottische Physiker James Clerk Maxwell eine der wichtigsten Entdeckungen der Menschheitsgeschichte. Es ist eine Erleuchtung im wahrsten Sinne des Wortes, denn Maxwell erkennt als Erster, dass sowohl Licht als auch Elektrizität und Magnetismus elektromagnetische Wellen sind. Auf dieser Erkenntnis ist unsere heutige Zivilisation aufgebaut: elektrische Energie, Telefon, Radio, Fernsehen, Computer, Raumfahrt, Internet und die vielen im Windschatten dieser Erfindungen segelnden

Apparate und Maschinen. Die Mathematik für diesen elementaren Zusammenhang reduziert Maxwell von ursprünglich zwanzig auf vier weltverändernde Formeln. Die Hälfte davon hat zuvor bereits ein Experte aus Göttingen in strenger mathematischer Sprache formuliert: das «Gauß'sche Gesetz der Elektrizität» und das «Gauß'sche Gesetz für Magnetismus».

Göttingen, 24. Oktober 2007. Ich stehe in einer Abstellkammer im Keller des Universitätsinstituts für Ethik und Geschichte der Medizin. Die beiden Türen eines schlichten weißen Büroschranks öffnen sich. Ein vertikales Brett trennt ihn in zwei Abteile. Rechts liegen rund zwanzig weibliche Beckenknochen in unterschiedlich sandfarbenen Tönen übereinandergestapelt. Sie sind in transparente Luftpolsterfolien eingeschlagen. Im linken Teil des Schrankes sind vier Regalbretter eingezogen. Auf jedem Brett steht ein massives Glas von 22 Zentimetern Durchmesser und 23 Zentimetern Höhe. Jedes ist mit einem Glasdeckel verschlossen. In einer gelblich trüben Flüssigkeit liegt in jedem Behälter ein menschliches Gehirn. Auf dem zweiten Glas klebt ein rundes Stück Papier, das inzwischen eine ähnlich dunkle Sandfarbe angenommen hat wie die Beckenknochen nebenan. Die Aufschrift lässt sich nur noch mühsam entziffern: «Gehirn eines Mannes v. 78 Jahren. C. F. Gauss. gest. 1855. wog frisch mit den Häuten 1492 gr. ohne Häute 1415 gr. am 15. Mai 1856 wiedergew. 1016 gr.»

Knapp hundert Jahre lang stand Gauß' Gehirn unbeachtet im Institut für Physiologie, bis es um 1950 in einen Institutsneubau gelangte. Der Neuropathologe Hans Orthner nahm das Glas dann 1977 mit in die Pathologie des neuen Klinikums. Der Wissenschaftshistoriker Michael Hagner sorgte dafür, dass es 1995 in eine Ausstellungsvitrine im Institut für Ethik und Geschichte der Medizin kam. Später strandete es dann hier im Resopalschrank im Souterrain des Gebäudes. Nur noch die linke Hälfte des Gehirns von Carl Friedrich Gauß lässt sich erkennen. Sie «steht auf dem Kopf», das heißt, die Wölbung der Großhirnrinde berührt den Boden des Glasbehälters. Die rechte Hemisphäre ist völlig eingehüllt in die milchige Wolke eines sich auflösenden Gazestoffs. Beim Drehen des Glases wirbeln kleine Gewebeteilchen hoch. Sie sind von den überraschend hell gebliebenen Hirnwindungen abgeplatzt. Die Bruchstellen haben jetzt allerdings einen sandfarbenen Ton angenommen. Bei so vielen Ockernuancen schweift der Blick unwillkürlich wieder hinüber zu den weiblichen Beckenknochen in der rechten Schrankhälfte. Sie gehören zur geburtskundlichen Sammlung von Friedrich Benjamin Osiander und stammen von Frauen, die in seiner Entbindungsklinik bei der Geburt gestorben sind. Als Student wohnte Gauß in unmittelbarer Nachbarschaft zu dem sogenannten Accouchierhaus. Er hat die zumeist ungewollt schwanger gewordenen jungen Frauen täglich dort ein und aus gehen sehen.

Auch die anderen drei Gehirne in diesem Schrank hat der Physiologe Rudolph Wagner nach Osiander'schen Vorgaben in Weingeist eingelegt. 1855 waren die Konservierungsmethoden zwar ausgereift, aber nirgendwo gab es eine repräsentative Sammlung genialer Gehirne, die eine vergleichende Studie über den anatomischen Sitz überragender Intelligenz zugelassen hätte. Doch die Umstände schienen günstig für Wagner zu sein, was er selbst 1860 in seiner großen Hirnstudie etwas erstaunt zugibt: «Nachdem ich mit Gauss' Gehirn begonnen hatte, suchte ich weiter jede Gelegenheit zu benutzen, um die Gehirne anderer ausgezeichneter Männer zur näheren Untersuchung bei den Sektionen zu erhalten. Die innerhalb der letzten 5 Jahre vorgekommenen Todesfälle an unserer Universität haben mir leider wiederholt die schmerzliche Gelegenheit geboten, meine Wissbegierde zu befriedigen ...» [Wag$_1$: 61].

Die Gehirne dieser «Todesfälle an unserer Universität» schwimmen hier vor meinen Augen in ihren Glasbehältern. Seit 150 Jahren legen sie nun schon Zeugnis von Wagners handwerklichem Können ab. Sie gehörten drei weiteren Göttinger Gelehrten und gelten zusammen mit dem von Carl Friedrich Gauß als die älteste Elitehirnsammlung der Welt. Anatomieprofessor Conrad Fuchs war der Nächste. Er starb, nur ein halbes Jahr nachdem er selbst Säge und Skalpell in die Hand genommen und Gauß' Gehirn aus der Schädelhöhle geborgen hatte. Ebenfalls noch im Jahr 1855 lag der Philologe Carl Hermann auf Wagners Sektionstisch, während 1859 der berühmte Zahlentheoretiker Peter Gustav Lejeune Dirichlet und der angesehene Mineraloge Friedrich Hausmann starben. Dessen Gehirn kam allerding unter ungeklärten Umständen abhanden.

Wie es Rudolph Wagner überhaupt gelingen konnte, sich das Gehirn von Carl Friedrich Gauß anzueignen, bleibt bis heute ein Rätsel. Das Zeitfenster zwischen dem Eintritt des Todes und der Autopsie war mit etwa 30 Stunden äußerst schmal, zumal Joseph als männliche Entscheidungsinstanz der Gaußfamilie im 100 Kilometer entfernten Hannover wohnte. Für Überzeugungsarbeit unter vier Augen blieb da wenig Zeit. Fünf Jahre später bezieht Wagner in seiner ersten großen Publikation über Elitegehirne alle Messungen, Tabellen und Verhältniszahlen auf das Referenzgehirn von Carl Friedrich Gauß. Dabei beruft er sich ausdrücklich auf die Erlaubnis von Joseph Gauß, den «würdigen Sohn unseres großen Mathematikers», und weist jede «Verletzung einer Pietät» [Wag$_2$: 60] energisch zurück.

Wagner ist 1840 auf den Lehrstuhl für vergleichende Physiologie und Zoologie berufen worden. Ersten offiziellen Kontakt mit Gauß bekommt er auf der Ebene der Hochschulselbstverwaltung. Gauß schreibt ein Gutachten über die Reform der Universitäts-Witwen-und-Waisenkasse, das über Wagners Schreibtisch geht. Dabei kommen sie ins Gespräch über das Gleichnis vom ungerechten Haushälter im Lukas-Evangelium. Wagner gehört eher zur Peripherie des Gauß'schen Freundeskreises. Zu groß scheint die menschliche Distanz zwischen den beiden zu sein, zumal Wagners lutherisch orthodox geprägtes Demutsbedürfnis keine Begegnung auf Augenhöhe zulässt. Im November und Dezember 1854 kommt es dennoch zu fünf Gesprächen mit Gauß, die sich um die Grenzen des Wissens, die Tröstung des christlichen Glaubens und um metaphysische Spekulationen über ein Leben nach dem Tod drehen. «Erst im Angesicht des Todes hat Gauß Wagner gegenüber auf die Schranken förmlichen Respekts verzichtet» [Wag_2: 147], schreibt Heinrich Rubner, der Wagners Aufzeichnungen herausgegeben hat. Offiziell versteht Wagner seine Besuche in der Sternwarte zwei Monate vor Gaußens Tod als «ernste Absicht, einem schwerkranken Kollegen aus seinem Glauben heraus beizustehen» [Wag_2: 161]. Doch angesichts der Hirnentnahme wenige Wochen später liegt die Annahme nahe, dass Wagner den Coup bereits zu diesem Zeitpunkt geplant und die Besuche auch genutzt haben wird, um sich Therese und dem engeren Freundeskreis als bevorzugter Gesprächspartner und Vertrauter des Todgeweihten zu empfehlen.

Vermutlich hat Wagner erst während der Autopsie seine wahren Motive offengelegt. Auch Gauß' Leibarzt Wilhelm Baum ist in Wagners Plan eingeweiht gewesen, denn er wird in der Elitehirnstudie ausdrücklich als Sekundant des heiklen Unternehmens genannt. Möglicherweise hat die nichtsahnende Therese dann am Tag der Aufbahrung die Schnitt- und Sägespuren gesehen und wird trotz aller Selbstbeschwichtigungen entsetzt darüber gewesen sein, dass sie getäuscht wurde und das gefeierte Genie am Tag des öffentlichen Abschieds ausgerechnet ohne sein – wenn auch erloschenes – Geistesorgan auf der Bahre lag. Gewiss ließen die besonderen gesellschaftlichen Umstände, der herrschende nüchterne Zeitgeist und das spezielle Göttinger Eliteverständnis das Tabu einer Gehirnentnahme ins Wanken geraten. Im Namen der Wissenschaft galt nunmehr das «Gehirn als Bestandteil der Erinnerungskultur» [Hag: 150]. Aber musste denn ausgerechnet ihr Vater der Erste sein, dem diese zweifelhafte Ehre zuteilwerden sollte? Ob der spektakuläre Beutezug Wagners nun dreist, verwerflich, pietätlos oder wissenschaftlich legitim zu nennen ist, soll jedem anteilnehmenden Beobachter selbst überlassen bleiben.

Wagner selbst bedauert später ausdrücklich, dass ihm 1855 bei den Gehirnen von Gauß und Fuchs die vollständige Härtung und Erhaltung der Form noch nicht so gut gelungen sei wie später bei Hermann und Dirichlet. Ein Blick auf das dritte Regalbrett im Keller des Ethikinstituts gibt ihm recht. Das Gehirn von Dirichlet ist fast 150 Jahre nach seiner Entnahme noch makellos weiß. Im Gegensatz zum Glas mit dem Gauß'schen Gehirn schwimmen hier keine abgebröckelten Gewebereste herum. In den vier Jahren zwischen Gaußens und Dirichlets Tod vervollkommnete er offenbar sein Handwerk zur Perfektion.

Da Wagner mit den Gehirnen von Carl Friedrich Gauß und Peter Gustav Lejeune Dirichlet über zwei Exemplare mit prachtvoll entwickelten Windungen verfügte, konzentrierte er sich auf alle nur messbaren «Schlängelungen», was zu einer beispiellosen Fülle an neuen, nie zuvor untersuchten Verhältnissen zwischen unterschiedlichen Hirnregionen führte. So verleiteten ihn anfangs die Messergebnisse zu der Annahme,

Gedankenreichtum und Kreativität gehe im Geniegehirn mit einer größeren Nervenmasse einher. Doch solche direkten Relationen zwischen Geist und Anatomie wollten sich nicht so recht bestätigen.

Auf der Jagd nach zusätzlichen, in den tiefen Furchungen versteckten Quadratmillimetern Gehirnoberfläche kam er auf die Idee, kleine Quadrate von vier Millimetern Seitenlänge auf Pflanzenpapier zu zeichnen und sich daraus Messschablonen zurechtzuschneiden. Die konnte er dann über die Krümmungen und tiefer als zuvor in die Furchen hineingleiten lassen, um anschließend die Quadrate auszuzählen. Sein Sohn Hermann verfeinerte später die Methode und ging von Pflanzenpapier zu Blattgold über. Bei seinen Hirnvergoldungen erhielt er zwar weitaus günstigere Zahlen als sein Vater, aber auch sein Verfahren konnte den sich abzeichnenden Trend nicht stoppen: Einfache Göttinger Handwerker und Hausfrauen reichten mit der Größe ihrer konvexen Hirnoberfläche viel zu nahe an die Spitzenwerte des Elitequartetts Gauß-Fuchs-Dirichlet-Hermann heran, um Windungsreichtum und die daraus resultierende größere Oberfläche noch als hinreichenden Anhaltspunkt für überragende Intelligenz oder gar Genialität gelten lassen zu können.

Rudolph Wagner war als Wissenschaftler wahrhaftig und redlich genug, sich an diesem Punkt die Vergeblichkeit seiner Bemühungen einzugestehen. Mit dieser ersten wissenschaftlich seriösen Elitehirnuntersuchung hatte er sich trotz der dürftigen Resultate international einen Namen gemacht. Eine Zeit lang kursierte der Begriff «Gehirn vom Gauß-Typ» als allgemein akzeptierte Bezeichnung für windungsreiche Gehirne in Diskussionen, Aufsätzen und Büchern. Vor allem in Paris wurden die Forschungen nach Wagners Vorgaben fortgesetzt. Auf den Versammlungen der dortigen Anthropologischen Gesellschaft tobten Richtungskämpfe. Nicht alle Wissenschaftler wollten den vertrauten Windungsreichtum als Anhaltspunkt für Genialität aufgeben. Und so diente Carl Friedrich Gauß' Gehirn als Referenzexemplar gegen die als ungeheuer empfundenen Thesen, ansehnliche Windungen kämen «keineswegs selten beim amerikanischen Neger» vor [Bur: 258] oder sei «eine nicht selten angetroffene Anomalie bei Idiotengehirnen» [Oes: 149]. Später gründeten französische Akademiker sogar eine «Gesellschaft zur gegenseitigen Autopsie». Deren Mitglieder vermachten dem Club ihre Gehirne und sorgten zu Lebzeiten für Nachschub.

Im November 1998 hatte sich der Formalinspiegel im Glas mit dem Gauß'schen Gehirn bedenklich gesenkt, sodass eine Neupräparation fällig wurde. Jetzt, zwei Jahre vor der Jahrtausendwende, gab es mit der Magnetresonanz-Tomographie die Möglichkeit, das Hirn entlang aller denkbaren Achsen digital zu durchschneiden und die Daten zu speichern, ohne die «Reliquie» selbst zerstören zu müssen. «Um das Gauß'sche Gehirn – zumindest in Form dreidimensionaler Bilddaten – langfristig vor Verlust zu sichern» [Spe], legte ein Team Göttinger Wissenschaftler 1998 anlässlich der Neupräparation eine solche Sammlung von Schnittbildern an.

Als das Elitereferenzgehirn in den zylinderförmigen Magneten im Max-Planck-Institut für biophysikalische Chemie geschoben wurde, gab es erst einmal eine Panne. Die Software war anfällig für das damals virulente «Jahr-2000-Problem»: «Deshalb musste der Organspender vorübergehend um knapp 123 Jahre verjüngt werden: Denn erst mit dem fiktiven Geburtsdatum 1. 1. 1900 akzeptierte der Tomograph das Gauß'sche Hirnpräparat» [Spe]. Beim Einschalten des Magnetfeldes trat schließlich einer jener seltenen, kostbaren

Augenblicke ein, die im Gedächtnis haftenbleiben. Denn die magnetische Kraftflussdichte im Tomographen wird in «Gauss» gemessen.* Wenn also der Name des Hirnbesitzers in den Rang einer physikalischen Maßeinheit erhoben wird, muss das Gehirn zu Lebzeiten schon ein paar bis dahin unbekannte fundamentale Einsichten in die Natur des Magnetismus gehabt haben. Das Gehirn von Carl Friedrich Gauß wird von zwanzig Kilogauss durchströmt, damit es seine innere Struktur offenbart. Obendrein errechnet der Computer die dreidimensionale Oberfläche des Gehirns und macht sie als bewegtes Modell aus verschiedenen Blickwinkeln sichtbar. Dabei werden die gekrümmten Oberflächen «auf der Basis der von Gauß seinerzeit entwickelten Triangulierung» [Wit: 17] dargestellt. Dass bei diesen Rechenprozessen auch hin und wieder die Gauß'sche Glockenkurve ins Spiel kommt, versteht sich von selbst.

Glücklicherweise hat der von Rudolph Wagner zur Konservierung benutzte Alkohol dem Gehirn nicht das ganze Wasser entzogen. Bei den in Göttingen erzeugten Magnetresonanzbildern des Gehirns von Carl Friedrich Gauß sind aufgrund der unterschiedlichen Beweglichkeit des Wassers in den separaten Gewebsschichten sogar die Kontraste zwischen weißer und grauer Hirnsubstanz noch deutlich erkennbar. Professor Jens Frahm machte in acht Untersuchungen über 500 Aufnahmen in verschiedenen Schichten, Dimensionen und Richtungen. Bescheiden bleibt aus heutiger, nüchterner Sicht der Dinge der medizinische Erkenntniswert der Untersuchung. Gauß habe an keinerlei Gehirnverkalkung oder anderen altersbedingten krankhaften Veränderungen des Gehirns gelitten. Auch eine mechanische Schädigung des Gehirns sei als Todesursache auszuschließen. Carl Friedrich Gauß sei bis zuletzt geistig völlig gesund gewesen, lautet der Befund des Mediziners Andreas Frewer [Wit: 18]. Dem Wissenschaftlerteam konnte es selbstverständlich auch gar nicht darum gehen, Wagners Genie-Hypothese nun endlich mit Hightech-Verfahren zu verifizieren. Die Suche nach genau lokalisierbaren anatomischen Zeichen für überragende Intelligenz war im Grunde schon mit Wagners erster Hirnstudie vor 150 Jahren gescheitert. Immerhin offenbart das tote «Seelenorgan» unter dem Einfluss der unwiderstehlichen elektromagnetischen Wechselwirkung im Magnetresonanzgerät seine innere Architektur in hochauflösenden Bildern.

Am 28. November 1998 geben sich Neurologieprofessor Jens Frahm, Dr. Axel Wittmann als Vorsitzender der Gauß-Gesellschaft sowie vier weitere Kollegen bedeckt. Die Magnetresonanz-Tomographie findet unter Ausschluss der Öffentlichkeit statt. «Jegliche begleitende Publizität [wurde] von vornherein vermieden ... Wir denken, dass dies die Zustimmung des stets zurückhaltend auftretenden Carl Friedrich Gauß gefunden haben würde» [Wit: 12]. Berichtet wird später darüber nur im campuseigenen Nachrichtenmagazin der Göttinger Universität und in den *Mitteilungen* der Gauß-Gesellschaft. Die Fachleute im Max-Planck-Institut wissen, dass sie mit ihren elektromagnetischen Tricks nur die anatomische Struktur des Intelligenzorgans sichtbar machen können. Magnetresonanz bietet eben nur eine Durchleuchtung und keine Erleuchtung.

Auch Wagner und Gauß sprechen in der Adventszeit 1854 über magnetisiertes biologisches Gewebe. Ausgerechnet Gauß' Lieblingsdichter Jean Paul hat Wagners Großvater «heilmagnetisch behandelt» – offenbar ohne Erfolg, denn er stirbt kurze Zeit später. Trotz der Sympathie, die Gauß für die skurrilen Geschichten Jean Pauls hegt, fällt der Magnetismusexperte ein vernichtendes Urteil über den faulen Zauber des sogenannten tierischen Magnetismus. Allerdings ist Gauß davon überzeugt, dass die Seele nach dem Tod «umkleidet» und an einen anderen Ort im Sonnensystem transportiert wird, wo die irdische Beschäftigung fortgeführt werde. Denn: «Eine Geschichte der Menschheit ohne Fortsetzung und Vollendung auf einem andren Schauplatz, sey undenkbar und ein Widerspruch mit der unendlichen Harmonie und festen Gesetzmäßigkeit der physikalischen Erscheinungswelt» [Wag$_2$: 163], protokolliert Wagner die Gedanken seines Gesprächspartners. Gauß glaube an die Seelensubstanz und vergleiche die Fortbewegung der Seele mit dem Fluss des «galvanischen Stroms, da hier etwas ... Substantielles weiterbefördert werde» [Wag$_2$: 165]. Was Gauß tatsächlich gesagt hat und was Wagner ergänzt oder in seinem Sinn hingebogen hat, werden sich auch Therese Gauß, Wilhelm Weber und Wolfgang Sartorius von Waltershausen gefragt haben. Sie verhindern die Veröffentlichung der Wagner'schen Aufzeichnungen.

Angesichts der an einem geheimgehaltenen Ort vollzogenen Schädelöffnung von Carl Friedrich Gauß wirkt eine Passage der ersten Gauß-Biographie von Sartorius von Waltershausen schon fast wie eine Verschwörung des inneren Freundeskreises: «Nachdem ein einfacher schwarzer Sarg bereitet, übten nur die nächsten Freunde, – keine ungeweihte Hand hat ihn berührt, – die letzte fromme Pflicht. Wir betteten ihm sein stilles Lager, wir legten ihn selbst darauf und bekränzten mit frischem Lorbeer und den Blumen des Frühlings sein edeles Haupt ...» Indes sieht es so aus, als habe die priesterliche Anmaßung, «ungeweihte Hände» vom Körper des Toten ferngehalten zu haben, eher der Vertuschung der wahren Geschehnisse gedient.

Obduktionsleiter Fuchs und Leibarzt Baum müssen bei

der Hirnentnahme daran denken, dass am nächsten Tag der Leichnam in der Sternwarte feierlich aufgebahrt werden soll. Bei dieser Vorgabe wird das Routinehandwerk plötzlich zum Wagnis. Sartorius merkte an: «Es wollte uns scheinen, als ob zur Feier dieser ernsten Stunde die Gesichtsbildung des Todten einen andern Ausdruck angenommen hätte ... Die Großartigkeit seiner Züge hatte die frühere Milde verdrängt» [Wal: 75 f.]. Kein Wunder, dass die Physiognomie etwas aus den Fugen gerät, wenn die Kopfhaut bis über die Augen hintergeklappt, der Schädel aufgesägt und das Gehirn herausgeschnitten worden ist. So dient der Lorbeerkranz hier auch nicht in erster Linie der Ehrung des Toten. Im gedämpften Kerzenlicht soll er die Spuren von Skalpell und Knochensäge kaschieren.

Daguerreotypie Carl Friedrich Gauß auf dem Totenbett, 23. 2. 1855

Anmerkungen

Hier werden die mit einem * bezeichneten Textstellen erläutert

7 Was für ein seltsames Spiel.
Der Gauß-Kenner erwartet an dieser Stelle die Anekdote, wie der dreijährige Carl seinen Vater auf einen Fehler bei der Lohnabrechnung hinweist. Sie gehört zum Repertoire jeder Gauß-Biographie und soll die früh zum Ausdruck gekommene Genialität veranschaulichen. Generationen von Biographen, Festrednern und Mathematiklehrern haben die Geschichte nacherzählt, weil angeblich Gauß selbst sie in seinen letzten Lebensjahren immer wieder im Göttinger Freundeskreis zum Besten gegeben haben soll. So jedenfalls hat es Wolfgang Sartorius von Waltershausen in seiner Urbiographie *Gauss zum Gedächtnis* der Nachwelt überliefert. Der erste Schriftsteller, der – exakt 150 Jahre nach Gauß' Tod – mit dieser Tradition bricht, ist Daniel Kehlmann. Dass er kein Wissenschaftshistoriker oder Biograph, sondern ein Romanautor ist, dem die Neuinszenierung einer Legende oder Anekdote doch eigentlich keine Bauchschmerzen verursachen sollte, ist besonders pikant. «Leblos und zweitklassig» fühle sich diese Erinnerung an, lässt er Gauß sprechen. «Vielleicht hatte er sie zu oft erzählen hören; sie schien ihm zurechtgebogen und unwirklich» [Keh: 53]. Jeder moderne Neurologe wird bestätigen, dass späte Erinnerungen an die frühe Kindheit zumeist eine unentwirrbare Mischung aus ebensolchen eigenen Zurechtbiegungen, Schönfärbungen, Erzählungen anderer Menschen, Täuschungen und Traumfetzen sind.

Eine kritische Einstellung gegenüber dem raunenden Legendenton dieser und anderer Anekdoten aus der Kindheit von Carl Friedrich Gauß muss ja nicht bedeuten, dass man es einem ungewöhnlich talentierten Dreijährigen nicht grundsätzlich zutraute, einfache Additionen, die der Vater vor sich hin murmelt, parallel im Kopf mitzurechnen und bei einem Fehler laut dazwischenzukrähen. Schließlich haben wir es bei Gauß nicht mit einem «normalen» mathematisch Hochbegabten zu tun, sondern mit einem der größten Mathematiker aller Zeiten, der mit 14 Jahren bereits in einer eigenen Liga rechnen wird.

21 *nach dem Willen Herzog Ferdinands*
Wenn in diesem Buch von Herzog Ferdinand die Rede ist, handelt es sich immer um Carl Wilhelm Ferdinand, Herzog von Braunschweig und Lüneburg.

25 *denkbar einfache Rechnung, die jeder im Kopf lösen könne*
Die «5050»-Anekdote ist die wohl populärste Geschichte über Carl Friedrich Gauß und daher aus der Mathematik-Folklore nicht mehr wegzudenken. Doch entspricht sie auch den Begebenheiten? An welcher Stelle schlägt ein zunächst plausibel klingendes, scheinbar historisch verbürgtes Ereignis in ein konstruiertes Heldenepos um? Duktus und Stil werden vom Autor der ältesten Gauß-Biographie vorgegeben. Bemerkenswerterweise berichtet Sartorius 1856, ein Jahr nach Gaußens Tod, nicht explizit von der Aufgabe, die Zahlen zwischen 1 und 100 zu addieren, sondern spricht lediglich ganz allgemein von der «Summation einer arithmetischen Reihe» [Wal: 12]. Auch die nächste Biographie des Braunschweiger Stadtarchivars Ludwig Hänselmann von 1878 [Hän: 16 f.] geht nicht über diese knappe Version hinaus. Erst im 20. Jahrhundert scheint sich bei den Biographen allmählich der Wunsch durchzusetzen, an einem praktischen Beispiel zu erklären, welche Leistung der Knabe Gauß da vollbracht hat. So wird die inzwischen am weitesten verbreitete Version der Anekdote mit der Addition aller Zahlen von 1 bis 100 erstmals 1938 von dem deutschen Mathematiker Ludwig Bieberbach [Bib: 14 f.] erzählt.

26 *die Gauß'sche Summenformel*
Die Gauß'sche Summenformel lautet $1 + 2 + 3 + \ldots + n = \frac{n(n+1)}{2}$, wobei «n» die Zahl ist, bis zu der summiert werden soll. Der Wert jedes Zahlenpaares ist dann n + 1, während n/2 die Anzahl der Paare ist. Für die Büttner'sche Aufgabe hieße das 100(100 + 1)/2 = 10 100/2 = 5050. Was recht aufschlussreich ist: Euler selbst bietet unmittelbar nach der Formulierung seiner «leichte[n] Regul [... für] die Summa einer jeglichen Arithmetischen Progression ...» als erstes Beispiel genau diese Zahlenfolge von 1 bis 100 an [Eul: 266], was in den meisten Gauß-Biographien seit 1938 [Bib: 15] aufgegriffen wird.

33 als Knabe die Stelle des Lehrers ... spielen
Eine erstaunliche Aussage, denn bisher ging die Gaußforschung davon aus, dass Bartels lediglich niedere Dienste in der Schulstube zu verrichten hatte [Wal: 13]. Gauß-Forscher Kurt Biermann fand diese autobiographische Notiz nach dem Zusammenbruch der Sowjetunion in der Universitätsbibliothek Tartu in Estland. Sie steht in einem Band mathematischer Vorlesungen, die Bartels 1833 im russischen Dorpat veröffentlichte, wo er zuletzt als Mathematikprofessor gearbeitet hatte [Dik_2: 60].

33 Lichtjahre entfernt vom offiziellen Lehrplan
Bartels und der zehnjährige Gauß studierten regelmäßig nach der Schule Mathematik, sodass die spätere Bemerkung von Gauß, Bartels sei sein «erster Mathematiklehrer» gewesen [Bol: 94], selten wörtlich verstanden, sondern stets mit Bartels' Rolle des acht Jahre Älteren und Erfahreneren im gemeinsamen Privatstudium in Zusammenhang gebracht wurde. Diese erst 1993 neuentdeckte Aussage von Bartels, er habe in Büttners Schule auch «den Lehrer spielen» müssen, ließe sich nun so interpretieren, dass Büttner das mathematische Talent von Bartels nutzte und ihn als Hilfslehrer für Mathematik einsetzte. Sollte er tatsächlich Lehraufgaben übernommen haben, dann fiele Bartels womöglich der entscheidende Anteil an der Entdeckung des mathematischen Genies des jungen Gauß zu.

35 im zarten Alter von 8 Jahren
Der Gießener Mathematikprofessor Ludwig Schlesinger, der zu den Herausgebern und Kommentatoren von Gauß' Gesammelten Werken gehört, behauptet, es sei genau dieses Remer'sche Werk gewesen, das Lehrer Büttner «in Hamburg bestellt» habe. In seiner Gedenkschrift zum 150. Geburtstag von Gauß im Jahr 1927 schreibt Schlesinger, in Gauß' Exemplar von Remers *Arithmetica* finde sich der Eintrag:

Johann Friedrich Carl Gauß Braunschweig
16. Dezember Anno 1785

Wenn Carl aber erst im Frühjahr 1786 in die Rechenklasse eintrat, kann das im Dezember 1785 von Carl signierte Buch wohl kaum ein Geschenk von Büttner gewesen sein, der – zumindest den Überlieferungen zufolge – ja erst im Sommer 1786 das mathematische Talent des Drittklässlers entdeckte. Heute ist die Gauß'sche Privatbibliothek in der Universitätsbibliothek Göttingen untergebracht. Hier aber fehlt dieses vermutlich älteste Buch aus dem Besitz von Carl Friedrich Gauß.

42 *Gebäude des Lehnsystems ... umgestürzt und vernichtet*
Wie unermüdlich Campe auch für die Förderung der Muttersprache bei den in Latein absolvierten Schulprüfungen streitet und sich über die deutschen Salons lustig macht, in denen französisch parliert wird, so sehr ist er selbst noch von der eigenen klassischen Erziehung geprägt. In seinem ersten Brief aus Paris fragt er sich, ob die Menschen in den Straßen denn wirklich Franzosen seien und nicht etwa *die neuen Griechen und Römer* (S. 113). Die Steine schleppenden Frauen werden zu *neuen Spartanerinnen* (S. 182) geadelt. Offenbar liegt ihm der griechische Freiheitskämpfer Spartakus doch näher als jede andere historische Gestalt, die gegen eine Fremdherrschaft kämpfte. Diese beiden Seitenzahlen sowie die folgenden für *gesetzlose Willkürlichkeit* (S. 160) und für *umgestürzt und vernichtet* (S. 172) gelten für die Neuauflage der «Briefe aus Paris» von 1961 [Cam_2].

51 *Das sind rund 3500 Zahlen*
Im Alter von 20 Jahren soll er sämtliche Logarithmen der Schulze-Tafeln mit den ersten Dezimalstellen im Kopf gehabt haben. In den Tabellen sind die Logarithmen für rund 3500 Zahlen zwischen 1 und 10 007 aufgelistet und mit einer Genauigkeit von 48 Dezimalstellen wiedergegeben. Ein Beispiel soll die Gedächtnisleistung verdeutlichen. So wird der Logarithmus von 8111 mit 9,000976 ... angegeben. Es folgen noch 42 weitere Dezimalstellen in sieben Blöcken mit je sechs Ziffern. Der letzte Eintrag in der Tabelle ist der Logarithmus von 10 007 = 9,211239 ... (plus 42 Dezimalstellen). Zwischen 8111 und 10 007 werden die Logarithmen von 220 Zahlen angegeben. Wenn die Legende vom Auswendiglernen stimmt, wird er von jedem Wert mit Sicherheit die ersten sechs Stellen nach dem Komma im Kopf gespeichert haben müssen, um angesichts der 220 Zahlen zwischen 9,000976 und 9,211239 die Übersicht zu bewahren. Aber die logarithmischen Werte allein nutzen ihm nichts, wenn er sie nicht auch einer der 3500 Zahlen von 1 bis 10 007 zuordnen kann. Diese Verknüpfungsfähigkeit sowie das souveräne Überspringen der 6500 unregelmäßig klaffenden Lücken muss er zusätzlich beherrschen.

60 So baut er sich systematisch eine Privatbibliothek auf
Die Mathematikerin Martha Küssner [Küs$_1$] und Gauß-Forscher Horst Michling haben sich ausgiebig mit den Büchern befasst, die Gauß im Laufe seines Lebens angeschafft hat. Michling hat sich in seinem Aufsatz [Mic: 15] speziell auf die Bemühungen des jugendlichen Gauß konzentriert, seinen Wissensdurst mit dem systematischen Aufbau einer Privatbibliothek zu stillen. Heute befinden sich die Bücher aus dem Nachlass von Carl Friedrich Gauß in der Universitätsbibliothek Göttingen. Anhand der Signierungen in den erhalten gebliebenen Büchern lässt sich seine Lektüre in den drei Carolinum-Jahren zwischen 1792 und 1795 genauestens verfolgen. So schafft er sich 1793 mindestens 21 Bücher an, im Jahr darauf sogar 25. Da stellt sich natürlich die Frage, wie sich ein mittelloser Jüngling aus «einfachen Verhältnissen» zwei Bücher im Monat leisten kann. Reicht das Stipendium des Herzogs aus, um diese Anschaffungen zu ermöglichen? Oder gibt es noch andere Personen, die ihm regelmäßig ein paar Groschen für seinen Bücheretat zustecken? Womöglich der als Damastwebermeister erfolgreiche Onkel Fritz Benze aus Velpke oder im Verborgenen gebliebene Gönner, die Büttner dazu bewegen konnte, Carls Schulgeld für das Katharineum zu bezahlen.

67 kindliches Vertrauen besessen
Außerdem scheint er einen weiteren symbolischen Schritt auf dem Weg der Selbstfindung vollzogen zu haben: Er wandelt seine Vornamen ab. Im Taufregister der St. Katharinenkirche ist er als *Johann Friedrich Carl Gauß* eingetragen. Seit fast zehn Jahren signiert er nun schon seine Bücher mit den unterschiedlichsten Namenszügen. Auch hier geht er kindlich spielerisch vor und passt etwa seine Schreibweise der Sprache des Buches an. So steht beispielsweise in der Cicero-Ausgabe *Jo(h)annes Fridericus Carolus Gauß*, während sein französisches Wörterbuch der Namenszug *Jean Fréderic Charles Gauß* ziert und er seine englische Grammatik mit *John Frederick Charles Gauß, 1792 Brunswick* in Besitz nimmt [Mic: 15–38]. Bis 1795 benutzt er vorwiegend die Initialen aller drei Vornamen. Manchmal schwankt er noch zwischen Carl und Karl. Doch in seinem letzten Jahr am Collegium Carolinum verzichtet er auf Johann, stellt Carl an erste Stelle, zieht im Friderich das «e» vor das «d» und nennt sich bis an sein Lebensende nur noch Carl (Karl) Friedrich Gauß. Johann verschwindet 1795 für immer aus seinem Leben. Dafür bekommt er zehn Jahre später Johanna, seine erste Frau.

70 *als Newton seine neue Mathematik des Werdens «Fluxionsmethode» nannte*
Allerdings war das «Infinitesimalkalkül» von Gottfried Wilhelm Leibniz von größerer Bedeutung für den technischen Wandel. Sein 1684 entwickeltes Verfahren zur Berechnung kontinuierlicher Veränderung und zeitverschlingender Prozesse baute auf sogenannten infinitesimalen Mustern auf, also auf unendlich kleinen Annäherungsschritten an eine gesuchte Größe. Ohne diese Mathematik hätte James Watt die Dampfmaschine in ihrem variablen Zusammenspiel minimalen Energieeinsatzes und maximaler Wirkung wahrscheinlich nie so effizient konstruieren können. Das Infinitesimalkalkül war eine elegantere Version der Newton'schen Differenzialrechnung. Beide hatten ihre Methode unabhängig voneinander entwickelt. Wegen Newtons Geheimniskrämerei nach dem Ideensturm von 1666 aber konnte Leibniz sein Kalkül noch vor dem englischen Kollegen veröffentlichen, sodass es sich als bevorzugte Rechenmethode schnell durchsetzte.

78 *Nachwort zu Soemmerrings Essay*
Soemmerring dankte Kant überschwänglich für den «Beyfall», den der große Philosoph seinem Werk geschenkt habe. Mit seinem Kommentar habe er es verstanden, die Vorstellung vom Gehirnwasser als Seelenorgan «sogar noch zu erweitern und zu verfeinern und zu vervollkommnen.» [Soe$_1$: 243]. Soemmerrings Begeisterung über die Einlassung Kants hindert ihn offenbar daran, das Nachwort des Philosophen als das zu verstehen, was es eigentlich ist, nämlich ein freundlich formulierter Verriss. Kants tiefe Durchdringung der Soemmerring'schen Idee verwechselt der Autor mit Zustimmung und Verfeinerung. Zwischen den Zeilen aber liest der mit Kants Methodik vertraute Leser heraus, was der Neuherausgeber des Soemmerring'schen Textes, Manfred Wenzel, so formuliert: «Die Seele, verstanden als individuelle Subjektivität oder persönliches Bewusstsein, könne nicht Gegenstand einer anatomischen Untersuchung sein, da die Seele nicht in räumlichen Kategorien fassbar sei.» [Soe$_1$: 83]

85 *im Vortragssaal im zweiten Stock*
Dieser Rekonstruktionsversuch einer Lichtenberg'schen Physikvorlesung stützt sich auf die von ihm selbst beschriebenen Versuchsanordnungen mit dem Elektrophor. Sie sind in sechs Aufsätzen zu finden, die 1956 unter dem Titel *Über eine neue Methode, die Natur und die Bewegung der elektrischen Materie zu erforschen* neu herausgegeben wurden [Lic$_1$]. Der Versuch mit der Blattgoldfolie stammt aus Franklins *Briefe von der*

Elektrizität [Fra] und der rote Blitz und Donner am Schluss der Vorlesung aus Oliver Hochadels Buch *Öffentliche Wissenschaft* [Hoa].

87 in ganz Europa berühmt gemacht
1799, im Todesjahr Lichtenbergs, erwähnt der Dichter Friedrich von Hardenberg, besser bekannt unter dem Namen Novalis, bereits im Eröffnungssatz seines Romanfragments «Die Lehrlinge zu Sais» die Lichtenberg'schen Figuren. Nadelbaumharz und Pech waren damals übliche Synonyme:

«Mannigfache Wege gehen die Menschen. Wer sie verfolgt und vergleicht, wird wunderliche Figuren entstehen sehn; Figuren, die zu jener großen Chiffernschrift zu gehören scheinen, die man überall, auf Flügeln, Eierschalen, in Wolken, im Schnee, in Kristallen und in Steinbildungen, auf gefrierenden Wassern, im Innern und Äußern der Gebirge, der Pflanzen, der Tiere, der Menschen, in den Lichtern des Himmels, auf berührten und gestrichenen Scheiben von Pech und Glas, in den Feilspänen um den Magnet her, und sonderbaren Konjunkturen des Zufalls, erblickt».

87 Lichtenberg entwickelt den Elektrizitätsträger
Wilcke, Franklin, Volta und Lichtenberg sind mit ihrem Baumharzkuchen als ausgezeichneter Träger elektrischer Ladungen erstaunlicherweise genau zu dem Stoff zurückgekehrt, den Thales von Milet vor 2600 Jahren als elektrisch leicht erregbare Materie identifiziert hatte: Bernstein, ein fossiles Baumharz. Die griechische Bezeichnung für Bernstein lautet *elektron*.

92 seine eigenen zahlentheoretischen Überlegungen
Ich folge hier in verkürzter Form dem Aufsatz von Hans Vollmayr [Vol: 90–107] über die Konstruktion des Siebzehnecks. Wer sein Wissen über die Ausführung der vier Grundrechenarten und der Quadratwurzelberechnung mit Zirkel und Lineal auffrischen oder vertiefen möchte, sollte diese Arbeit unbedingt lesen.

93 des entscheidenden Zahlenwertes für sein Siebzehneck
Die entscheidende Zahl für das Gelingen der Konstruktion des regelmäßigen Siebzehnecks ist hier der Cosinus des Winkels α. Da der Kreis 360 Grad umfasst, ist der gesuchte Winkel $\alpha = 360°/17$.

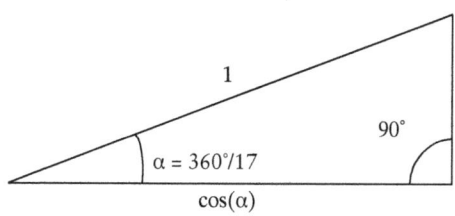

Abbildung in [Vol: 94]

Hans Vollmayr schreibt dazu: «Für einen Mathematiker liegt es nahe, es mit einem rechtwinkligen Dreieck, bei dem die lange Seite die Länge 1 hat, zu versuchen (siehe Abb.). Die untere Seite hat eine Länge, die man ‹Cosinus von α› nennt ... Gauß kam nun auf den Gedanken, dass man diese Zahl cos (α) für α = 360°/17 konstruieren kann. Damit konnte er das ganze Dreieck konstruieren und hatte so den Winkel α = 360°/17» [Vol: 94].

93 eine Formel gefunden
Die Zahl ihrer Seiten lässt sich aus Zweierpotenzen von 2 plus 1 bestimmen. So stellt sich etwa die 17 als $2^{(2 \times 2)} + 1$ dar. Das nächste wäre ein 257-Eck, weil $2^{(2 \times 2 \times 2)} + 1 = 257$ ist. Das dritte in dieser Reihe ist $2^{(2 \times 2 \times 2 \times 2)} + 1$, ein 65 537-Eck. Obendrein sind 17, 257 und 65 537 Primzahlen. Es gibt tatsächlich einen Mathematiker, der als Dissertation das 65 537-Eck konstruiert hat. Sein Name ist Johann Gustav Hermes. Es hat ihn zehn Jahre seines Lebens gekostet (1879–1889). Seine Berechnungen befinden sich in einem ominösen Koffer, der in der Bibliothek des Mathematischen Instituts der Universität Göttingen aufbewahrt wird. Es sind 219 Seiten im Kingsize-Format: 60 x 50 Zentimeter. Es hält sich das hartnäckige Gerücht, man habe Hermes den Doktortitel verliehen, ohne den Koffer jemals geöffnet zu haben.

108 als Summe von drei Dreieckszahlen darstellen
Eine Dreieckszahl Δ ist eine Reihe aufeinanderfolgender ganzer Zahlen, die mit 1 beginnt. Die 3 ist eine Δ, weil 1 + 2 = 3. Die 6 ist die nächste Δ, weil 1 + 2 + 3 = 6. Danach folgt die Δ 10, weil 1 + 2 + 3 + 4 = 10. Und weil 1 + 2 + 3 + 4 + 5 = 15, ist sie die vierte Δ. Als nächste zu addierende Zahl in der Reihe käme die 6 in Frage, sodass die 21 die folgende Δ ist, weil 15 + 6 = 21. Und so wird die Reihe immer weiter fortgeschrieben: 21 + 7 = 28; 28 + 8 = 36; 36 + 9 = 44 und so weiter. Die bisher

unbewiesene Behauptung lautete, jede beliebige ganze Zahl könne als Summe von höchstens drei Dreieckszahlen, $\Delta + \Delta + \Delta$, geschrieben werden. Gauß hat nun für diese Behauptung einen mathematisch strengen Beweis geliefert.

108 *Arithmetische Untersuchungen*
Die deutsche Übersetzung der *Disquisitiones Arithmeticae* erscheint erst hundert Jahre nach der Erstveröffentlichung unter dem Titel *Untersuchungen über höhere Arithmetik*. Ich verwende in diesem Buch die Kurzfassung *Arithmetische Untersuchungen*.

119 *Neubewertung mancher Beziehung zwischen den Zahlen*
So widmet Gauß einen Abschnitt seiner *Untersuchungen* der Beziehung zwischen Zahlen, die den gleichen Rest ergeben, wenn sie durch die gleiche Zahl geteilt werden. Die Zahlen 39 und 15 beispielsweise haben eine solche verborgene Beziehung. Teilt man die 39 durch 6, ergibt sich 6 x 6 = 36. Also bleibt der Rest 3 übrig. Teilt man 15 durch 6, ergibt sich 6 x 2 = 12, so dass der Rest hier ebenfalls 3 beträgt. Die Zahlen 39 und 15 haben also eine ähnliche Beziehung zur 6. Werden beide durch 6 geteilt, bleibt jedes Mal der Rest 3 übrig. Diese Beziehung zwischen zwei Zahlen in Bezug auf eine dritte Zahl nennt man Kongruenz.

126 *das erste Spiegelteleskop*
John Conduitt, der Mann von Newtons Nichte, erzählt dazu folgende Geschichte: «Ich fragte ihn [Newton], wo er es habe anfertigen lassen. Er sagte, er habe es selbst gemacht. Und als ich ihn fragte, wo er sein Werkzeug her habe, sagte er, er habe es selbst gemacht und fügte lachend hinzu: Wenn ich gewartet hätte, bis andere Leute mir Werkzeuge und andere Dinge herstellen, hätte ich nie etwas zustande gebracht» [Büh: 74].

132 *eines Weltkörpers von solch veränderlicher Bahn*
Nach Newtons Gravitationsgesetz «fühlt» jedes Teilchen im Universum die Anziehungskraft jedes anderen Teilchens. Große Massen, wie die der Sonne oder des Jupiters, lenken daher die Bahn kleinerer Himmelskörper vom Idealpfad ab.

149 *der weisse Schnee vergeht, und läst einen schwarzen Koth nach sich*
Dieses Zitat ist eine Zusammenfassung von drei Stellen aus zwei Briefen Bolyais an Gauß vom 9. September 1802 und vom 27. Februar 1803

[Bol: 43; 51]. In ihrer gemeinsamen Göttinger Zeit zitierte Bolyai gern Alexander Pope und übersetzte einige seiner Gedichte ins Deutsche. Diese drastische und illusionslose Sicht auf ein uraltes Problem scheint dem Pope'schen Stil nachempfunden zu sein.

153 *dann spricht er von seinem «herrlichen Mädchen ...»*
Ludwig Hänselmann hat seine Szenen aus dem Leben des Carl Friedrich Gauß 1876 veröffentlicht. Es ist gut möglich, dass er noch mit Verwandten, Nachbarn und Freunden der Familie Osthoff gesprochen hat, die eine lebhafte Erinnerung an Johanna hatten. Leider gibt es kein Porträt, nicht einmal eine kleine Zeichnung von ihr. Jedenfalls traut Hänselmann sich zu, sie so zu beschreiben: «Sie war keine blendende Schönheit, und die vorhandenen Briefe ihrer Hand lassen den Kammstrich höherer Töchterschulung bisweilen vermissen. Aber gemüthvoll, von unendlicher Herzensgüte, fröhlich wie ein Kind und von reizender Schalkhaftigkeit, dabei mit viel natürlichem Verstande begabt, trat sie Allen, die ihr nahten, wie eine Lichtgestalt entgegen» [Hän: 68].

172 *mit «unserem Burgunder auf meine Gesundheit» anstießen*
Seit einem halben Jahr ist der französische Intendanturbeamte und Schriftsteller Henri Beyle alias Stendhal mit der französischen Besatzungsarmee in Braunschweig stationiert und fühlt sich schon krank, wenn er nur an die Essgewohnheiten der Ureinwohner denkt: «... ein Mittagessen, das heißt eine Wein- und Biersuppe, gekochtes Fleisch, eine Riesenschüssel Sauerkraut (auch ein verdummendes Gericht), dann einen Braten mit Krautwurzelsalat, glaube ich, der widerlich riecht ... zu diesem Mahl, das man wütend verzehrt, gibt es gepanschten Wein, der nach Zucker schmeckt [und] Burgunder heißt ... Eine solche Lebensweise kann den lebhaftesten Menschen phlegmatisch machen. Mir raubt sie jeden Gedanken ... Das kalte Wesen der Deutschen findet seine Erklärung in ihrer Nahrung: Schwarzbrot, Butter, Milch und Bier ... sie müßten Wein haben, und zwar vom edelsten, um ihren schwerfälligen Muskeln Lebendigkeit zu verleihen» [Mod: 149 f.].

179 *Gauß vermutet den unbekannten Mäzen in Paris*
Es ist aber Carl Theodor von Dalberg, eine schillernde Persönlichkeit, Herzog von Frankfurt, Aschaffenburg und Wetzlar und Vorsitzender Fürst des Rheinbundes. Vor seiner politischen Karriere war er Erzbischof

von Mainz und Regensburg. Außerdem betätigte er sich als Schriftsteller und Popularphilosoph. Er war Mitglied des Illuminatenordens und pflegte freundschaftliche Beziehungen zu den Dichtern in Weimar.

190 *Du ... schauest nun schon die dunklen Zwecke ... in Klarheit an.*
Diese Vorstellung einer Entschleierung letzter Geheimnisse nach dem Tod scheint ein wichtiges Motiv seines Unsterblichkeitsglaubens zu sein. Dinge, die er hier auf Erden nicht durchschaut, werden in einem «höheren Leben» nach dem Tod klar vor ihm ausgebreitet liegen. Sein durchdringender Verstand mag nüchtern die Bahnen der kleinen Planeten am Himmel erkennen. Die Ursachen für die Zertrümmerung seines irdischen Glücks vermag er nicht zu durchschauen. Die geliebte Tote aber wird es jetzt bereits wissen.

205 *Ausgangspunkt für ihre Berechnungen zu haben*
Zur Zeit, als Gauß Direktor der Göttinger Universitätssternwarte ist, gilt noch der Längengrad von Paris als Nullmeridian.

207 *vom astronomischen Nullmeridian*
Wenn 360 Grad mit 24 Stunden gleichgesetzt sind, dann entspricht ein Grad vier Minuten. Wollte man also den 13 Grad östlich von Greenwich gelegenen Berliner Reichstag auf den entsprechenden Himmelsmeridian projizieren, wäre das neue Sternbild 13 x 4, also 52 Minuten östlich vom Nullmeridian oder Frühlingspunkt zu sehen.

214 *das selbst einem kritischen Kunden wie Gauß begeistert*
Ein Meridiankreis ist ein auf zwei Pfeilern fest montiertes Fernrohr, das in Nord-Süd-Richtung ausgerichtet und frei schwenkbar ist. Mit ihm lässt sich der höchste Stand eines Sterns und seine Bewegung durch den Meridian des Beobachters messen.

244 *einen Abort und dergleichen*
Der 1979 gestorbene Diplomingenieur Heinrich Hermann von der Ohe zur Ober-Ohe war der Ururenkel des Herrn von der Ohe zur Ober-Ohe. Er beschwört, es sei recht kultiviert im Haus seines Vorfahren zugegangen. Originalmöbel aus dem Celler Schloss hätten dort gestanden und sogar das von Gauß so schmerzlich vermisste «Cabinet d'aisance», das aber dem engsten Familienkreis vorbehalten blieb. Und schreiben konnte er selbstverständlich auch. Immerhin habe er die 1690 begonnene Familienchronik weitergeschrieben. Das Intermezzo mit dem

Hungerleider aus Göttingen – denn viel mehr konnte so ein Hofrat in Peter Hinrichs Augen ja kaum sein – hielt er wohl nicht für erwähnenswert, denn es ist nicht verzeichnet [Ohe: 31 f.].

313 *in Wertpapiere der Königlich Hannöverschen Staatseisenbahnen investiert*
Nach seinem Tod finden die Kinder fast 18 000 Taler in Schubladen und Schränken versteckt. Die Aktien haben einen Wert von 152 000 Talern, was ihn nach heutigen Maßstäben zum Millionär macht. Dabei hat er noch in seinem letzten Brief an Bolyai vom 20. April 1848 die Entwertung seiner österreichischen Staatspapiere, «worin der größte Teil meiner 40jährigen Ersparnisse angelegt ist» [Bol: 133], als unmittelbare Folge der Märzrevolution beklagt.

333 *wird in «Gauss» gemessen*
Inzwischen ist die Maßeinheit in «Tesla» umbenannt worden. Ein Tesla sind 10^4 Gauss. Vor allem in der theoretischen Physik wird parallel zu Tesla auch noch in Gauss gemessen.

Literaturverzeichnis

AAW Archiv der Deutschen Akademie der Wissenschaften zu Berlin (AAW), *Nachlass Bessel. Brief Nr. 27* (Humboldt–Bessel 1994, S. 110).
Ahr Wilhelm Ahrens, *Scherz und Ernst in der Mathematik. Geflügelte und ungeflügelte Worte.* Leipzig 1904. Nachdruck Hildesheim 2002.
Alg Heinz Wilhelm Alten (et al.), *4000 Jahre Algebra.* Berlin/Heidelberg 2003.
Asc_1 Volker Aschoff, *Paul Schilling von Canstatt und die Geschichte des elektromagnetischen Telegraphen.* München 1977.
Asc_2 Volker Aschoff, *Geschichte der Nachrichtentechnik. Band 2: Nachrichtentechnische Entwicklungen in der ersten Hälfte des 19. Jahrhunderts.* Berlin/Heidelberg 1984 und 1989.
Bel Eric Temple Bell, *Die großen Mathematiker.* Düsseldorf 1967.
BGB *Briefwechsel zwischen Gauß und Bessel.* Leipzig 1880.
Bib Ludwig Bieberbach, *Carl Friedrich Gauß. Ein deutsches Geistesleben.* Berlin 1938.
Bim_1 Kurt-R. Biermann, *Über die Beziehungen zwischen C. F. Gauß und F. W. Bessel* in «Gauß-Gesellschaft e. V. Göttingen. Mitteilungen Nr. 3». Göttingen 1966.
Bim_2 Kurt-R. Biermann, *Briefwechsel zwischen Alexander Humboldt und Carl Friedrich Gauß.* Berlin 1977.
Bim_3 Kurt-R. Biermann, *C. F. Gauß in Briefen und Gesprächen.* München 1990.
Bli Elmar Mittler, Hg., *Wie der Blitz einschlägt, hat sich das Räthsel gelöst – Carl Friedrich Gauß in Göttingen.* Ausstellungskatalog. Göttingen 2005.
Bod Johann Elert Bode, *Monument astronomique consacré à Frédéric II* in «Mémoires de l'Academie Royale des Sciences et Belles-Lettres». Berlin 1786–1787.
Bol F. Schmidt und P. Stäckel, Hg., *Briefwechsel zwischen Carl Friedrich Gauß und Wolfgang Bolyai.* Leipzig 1899.

Bre Martin Brendel, *Über die astronomischen Arbeiten von Gauß* in «Gauß Werke XI 2». Berlin 1924–1929.

Brü Stefan Brüdermann, *Göttinger Studenten und akademische Gerichtsbarkeit im 18. Jahrhundert*. Göttingen 1990.

Büh Thomas Bührke, *Sternstunden der Astronomie. Von Kopernikus bis Oppenheimer*. München 2001.

Bur Brian Burrell, *Im Museum der Gehirne. Die Suche nach Geist in den Köpfen berühmter Menschen*. Hamburg 2006.

Cam_1 Joachim Heinrich Campe, *Über einige verkannte wenigstens ungenützte Mittel zur Beförderung der Industrie, der Bevölkerung und des öffentlichen Wohlstandes. Erstes und Zweites Fragment*. Wolfenbüttel 1786 (Neudruck Frankfurt am Main 1969).

Cam_2 Joachim Heinrich Campe, *Briefe aus Paris*. Braunschweig 1789 (Neudruck Berlin 1961).

Dav Humphry Davy, *Merkwürdige Versuche mit einem Trogapparate aus 13zölligen Platten, die Kraft der Galvanischen Electricität, Wärme und andere Veränderungen in Flüssigkeiten hervorzubringen, betreffend; angestellt im Laboratorio der Royal Institution zu London* in «Annalen der Physik (Leipzig)» 1802, Band 12.

Dev Keith Devlin, *Muster der Mathematik*. Heidelberg 1998.

Dik_1 Wolfgang R. Dick, *Otto Struve über Carl Friedrich Gauß* in «Gauß-Gesellschaft e. V. Göttingen. Mitteilungen Nr. 29». Göttingen 1992.

Dik_2 Wolfgang R. Dick, *Martin Bartels als Lehrer von Carl Friedrich Gauß* in «Gauß-Gesellschaft e. V. Göttingen. Mitteilungen Nr. 30». Göttingen 1993.

Dro Hans Droysen, *Die Braunschweigischen Truppen im Nordamerikanischen Unabhängigkeitskriege. Aus den Briefen der Herzogin Philippine Charlotte von Braunschweig* in «Jahrbuch des Geschichtsvereins für das Herzogtum Braunschweig». Braunschweig 1914.

Dun Guy Waldo Dunnington, *Carl Friedrich Gauss: Titan of Science*. New York 1955. Neudruck 2004, The Mathematical Association of America.

Esh Johann Joachim Eschenburg, *Entwurf einer Geschichte des Collegii Carolini in Braunschweig 1745–1808*. Berlin 1812.

Eul Leonhard Euler, *Vollständige Anleitung zur Algebra. Erster Theil*. Petersburg 1802.

Fei Mordechai Feingold, *Newtonian Moments. Isaac Newton and the Making of Modern Culture*. Oxford 2004.

Fey Ernst Feyerabend, *Der Telegraph von Gauß und Weber im Werden der elektrischen Telegraphie*. Berlin 1933.

Fol₁ Menso Folkerts, *Die älteste mathematische Aufgabensammlung in lateinischer Sprache. Die Alkuin zugeschriebene PROPOSITIONES AD ACUENDOS IUVENES. Überlieferung, Inhalt, Kritische Edition.* Österreichische Akademie der Wissenschaften, Mathematisch-naturwissenschaftliche Klasse, Denkschrift 116 (1978).

Fol₂ Menso Folkerts, *C. F. Gauß und W. Weber. Eine lebenslange Freundschaft* in «Gauß-Gesellschaft e. V. Göttingen. Mitteilungen Nr. 42». Göttingen 2005.

Fra Benjamin Franklin, *Briefe von der Elektrizität (New experiments and observations on electricity)*. Leipzig 1758. Neudruck Braunschweig 1983.

Gal Andreas Galle, *Über die geodätischen Arbeiten von Gauß* in «Gauß Werke, Band XI, 2». Berlin 1924.

Gau Carl Friedrich Gauß, *Werke, Bände I–XII*. Göttingen/Berlin 1863–1929.

Ger Clemens Schaefer, Hg., *Briefwechsel zwischen Carl Friedrich Gauß und Christian Ludwig Gerling*. Berlin 1927.

Gle James Gleick, *Isaac Newton. Die Geburt des modernen Denkens*. Düsseldorf 2004.

Grd₁ Theo Gerardy, *Christian Ludwig Gerling an Carl Friedrich Gauß. Sechzig bisher unveröffentlichte Briefe*. Göttingen 1964.

Grd₂ Theo Gerardy, *C. F. Gauß und seine Söhne* in «Gauß-Gesellschaft e. V. Göttingen. Mitteilungen Nr. 3». Göttingen 1966.

Grd₃ Theo Gerardy, *Nachträge zum Briefwechsel zwischen Carl Friedrich Gauß und Heinrich Christian Schumacher*. Göttingen 1969.

Gre Wolfgang Gresky, *Aus Bernhard von Lindenaus Briefen an C. F. Gauß* in «Gauß-Gesellschaft e. V. Göttingen. Mitteilungen Nr. 5». Göttingen 1968.

Grk Barbara Gretenkord, Hg., *Reise zur Mitte der Welt. Die Geschichte von der Suche nach der wahren Gestalt der Erde*. Ostfildern 2003.

Hab Katharina Habermann, *Von Gauß über Riemann zu Einstein – die mathematischen Grundlagen der Allgemeinen Relativitätstheorie* in «Wie der Blitz einschlägt, hat sich das Räthsel gelöst – Carl Friedrich Gauß in Göttingen». Ausstellungskatalog herausgegeben von Elmar Mittler. Göttingen 2005.

Hag Michael Hagner, *Geniale Gehirne. Zur Geschichte der Elitehirnforschung*. Göttingen 2004.

Han Hannoversche Zeitung, 3. August 1854.

Hän Ludwig Hänselmann, *Karl Friedrich Gauß. Zwölf Kapitel aus seinem Leben*. Leipzig 1878.

Haw Stephen Hawking, *Eine kurze Geschichte der Zeit*. Reinbek 1988.
Hay Brian Hayes, *Gauss's Day of Reckoning* in «American Scientist» May/June 2006.
Hei Heinrich Heine, *Lutezia* in «Vermischte Schriften». 1854.
Hoa Oliver Hochadel, *Öffentliche Wissenschaft: Elektrizität in der deutschen Aufklärung*. Göttingen 2003.
Hoc Hochheimer, C. F. A., *Göttingen. Nach seiner eigentlichen Beschaffenheit zum Nutzen derer, die daselbst studieren wollen, dargestellt von einem Unpartheyischen*. Lausanne 1791.
Hum Alexander von Humboldt, *Reise auf dem Río Magdalena, durch die Anden und Mexico*. Teil I: Texte. Aus seinen Reisetagebüchern zusammengest. u. erläutert durch Margot Faak. Mit einer einleitenden Studie v. Kurt-R. Biermann. Berlin 1986 (Beiträge zur Alexander-von-Humboldt-Forschung, Bd. 8.).
Int Intelligenzblatt der Jenaischen Allgemeinen Literaturzeitung, April 1796. Jena 1796.
Kan Immanuel Kant, *Versuch, den Begriff der negativen Größen in die Weltweisheit einzuführen*. In: Cassirer, Ernst (Hg.): Immanuel Kants Werke. 11 Bände. Berlin 1912–1918, Band 2.
Keh Daniel Kehlmann, *Die Vermessung der Welt*. Reinbek 2005.
Koc Jürgen Koch, *Die Messung der Braaker Basis 1820 und 1821 im Rahmen der Landestriangulation Dänemarks und Hannovers* in «Gauß-Gesellschaft e. V. Göttingen. Mitteilungen Nr. 34». Göttingen 1997.
Küs$_1$ Martha Küssner, *Carl Friedrich Gauß und seine Welt der Bücher*. Göttingen 1979.
Küs$_2$ Martha Küssner, *Gauß' Umzug von Braunschweig nach Göttingen im Jahre 1807 und das erste Göttinger Halbjahr* in «Gauß-Gesellschaft e. V. Göttingen. Mitteilungen Nr. 14». Göttingen 1977.
Lam Johann Heinrich Lambert, *Beyträge zum Gebrauche der Mathematik und deren Anwendung*. Berlin 1765.
Lau Detlef Laugwitz, *Bernhard Riemann – ein Schüler von Gauß?* in «Gauß-Gesellschaft e. V. Göttingen. Mitteilungen Nr. 36». Göttingen 1999.
Lei Gerd Leibrock, *Meine Freundin Sophie. Carl Friedrich Gauß' Brieffreundschaft mit Sophie Germain* in «Gauß-Gesellschaft e. V. Göttingen. Mitteilungen Nr. 38». Göttingen 2001.
Lic$_1$ Georg Christoph Lichtenberg, *Über eine neue Methode, die Natur und die Bewegung der elektrischen Materie zu erforschen [Lichtenbergsche Figuren] 1777–1781*. Neu herausgegeben Leipzig 1956.

Lic₂ Georg Christoph Lichtenberg, *Briefwechsel*, hrsg. von Ulrich Joost und Albrecht Schöne. Bd. 2, München 1985, Nr. 922, S. 350.

Lis Johann Benedikt Listing, *Zur Erinnerung an Sartorius von Waltershausen* in «Gauß-Gesellschaft e. V. Göttingen. Mitteilungen Nr. 4». Göttingen 1967.

Mac Heinrich Mack, *Carl Friedrich Gauß und die Seinen. Festschrift zu seinem 150. Geburtstage*. Braunschweig 1927.

Mae₁ Philipp Maennchen, *Gauß als Zahlenrechner* in Gauß, Carl Friedrich: *Werke, Band 10, Abteilung 1*. Göttingen 1917, 6. Aufsatz.

Mae₂ Philipp Maennchen, *Methodik des mathematischen Unterrichts*. Frankfurt am Main 1928.

Mic Horst Michling, *Aus der Bibliothek des Gymnasiasten Johann Carl Friedrich Gauß* in «Gauß-Gesellschaft e. V. Göttingen. Mitteilungen Nr. 16». Göttingen 1979.

Mod Richard Moderhack, *Besucher im alten Braunschweig: 1438–1913*. Braunschweig 1992.

Mun Georg Wilhelm Muncke, *Telegraphie* in «Gehlers Physikalisches Wörtebuch Band IX». Leipzig 1838.

Nor John North, *Viewegs Geschichte der Astronomie und Kosmologie*. Braunschweig 1997.

Oes Erhard Oeser, *Geschichte der Gehirnforschung*. Darmstadt 2002.

Ohe Heinrich-Hermann von der Ohe zur Ohe, *Hier irrte Gauß* in «Gauß-Gesellschaft e. V. Göttingen. Mitteilungen Nr. 16». Göttingen 1979.

Olb Wilhelm Olbers, *Sein Leben und seine Werke 2. Band, 1. und 2. Abteilung*. Berlin 1900; 1909.

Pfa Christoph Heinrich Pfaff, *Grundzüge von Volta's electrischer Theorie der Erscheinungen seiner Säule* in «Annalen der Physik (Leipzig)». 1802, Band 10.

Rei Karin Reich, *Gauß: Übersicht der Gründe der Constructibilität des Siebenzehnecks (1801)* in «Gauß-Gesellschaft e. V. Göttingen. Mitteilungen Nr. 40». Göttingen 2003.

Rem Christian Stephan Remer, *Demonstrativische Anweisung zur Rechenkunst für diejenigen, so in derselben den rechten Grund legen wollen, und welche im gemeinen Leben unentbehrlich*. Braunschweig 1734.

Rep Johannes A. Repsold, *H. C. Schumacher* in «Astronomische Nachrichten» 208 (1918), Nr. 4970 bis 4971 v. Dez., Sp. 31.

Rup Nicolaas Rupke, *Carl Friedrich Gauß und der Erdmagnetismus* in «Wie der Blitz einschlägt, hat sich das Räthsel gelöst. – Carl

	Friedrich Gauß in Göttingen». Ausstellungskatalog herausgegeben von Elmar Mittler. Göttingen 2005.
SaB	Stadtarchiv Braunschweig, *G IX Familien- und Firmenarchive. 21: 1–52 Gauß (private Nachlassteile).*
Sei	Rita Seidel, *Verkehrsmittel Telegraph. Zur Geschichte der Telegraphie im 19. Jahrhundert bis 1866 unter besonderer Berücksichtigung des Raumes Hannover–Bremen.* Hannover 1980.
Shi	Wolfgang Schivelbusch, *Geschichte der Eisenbahnreise. Zur Industrialisierung von Raum und Zeit im 19. Jahrhundert.* Frankfurt am Main 2004.
Shu	C. A. F. Peters, Hg., *Briefwechsel zwischen C. F. Gauss und H. C. Schumacher.* Altona 1860/65. Neuausgabe Hildesheim 1975, 6 Bände in I, II, III.
Sie	Manfred Siebert, *Das Magnetfeld der Erde in historischer und erdgeschichtlicher Zeit* in «Gauß-Gesellschaft e. V. Göttingen. Mitteilungen Nr. 8». Göttingen 1971.
Sle	Ludwig Schlesinger, *Der junge Gauß* in «Nachrichten der Gießener Hochschulgesellschaft», Band 5, Heft 2, S. 29–39.
Smi	Arthur Schmidt, *Die Entwicklung des braunschweigischen Schulwesens im Zeitalter des Patrimonialstaates.* Hamburg 1969.
Soe_1	Samuel Thomas Soemmerring, *Über das Organ der Seele.* Berlin 1795. Neuauflage Basel 1999.
Soe_2	Samuel Thomas Soemmerring, *Über Sömmerings electrischen Telegraphen* in «Neues Journal für Chemie und Physik Band 2, Heft 1. 1811».
Spe	*Spektrum. Informationen aus Forschung und Lehre.* Göttingen 1999.
Ste	Selma Stern, *Karl Wilhelm Ferdinand, Herzog zu Braunschweig und Lüneburg.* Hildesheim und Leipzig 1921.
Ten	Margaret B. W. Tent, *The Prince of Mathematics: Carl Friedrich Gauss.* Wellesley (USA) 2006.
Tim	Arnulf Timm, *Der elektromagnetische Telegraph von Gauß und Weber* in «Wie der Blitz einschlägt, hat sich das Räthsel gelöst – Carl Friedrich Gauß in Göttingen». Ausstellungskatalog herausgegeben von Elmar Mittler. Göttingen 2005.
Ull	Peter Ullrich, *Herkunft, Schul- und Studienzeit von Carl Friedrich Gauß* in «Wie der Blitz einschlägt, hat sich das Räthsel gelöst – Carl Friedrich Gauß in Göttingen». Ausstellungskatalog herausgegeben von Elmar Mittler. Göttingen 2005.
Vol	Hans Vollmayr, *17 gleiche Ecken und Kanten mit Zirkel und Lineal* in «Wie der Blitz einschlägt, hat sich das Räthsel gelöst – Carl

	Friedrich Gauß in Göttingen». Ausstellungskatalog herausgegeben von Elmar Mittler. Göttingen 2005.
Wag₁	Rudolph Wagner, *Vorstudien zu einer künftigen wissenschaftlichen Morphologie und Physiologie des menschlichen Gehirns, als Seelenorgan, mit besonderer Rücksicht auf die Hirnbildung intelligenter Männer*. Göttingen 1860.
Wag₂	Rudolph Wagner, *Gespräche mit Carl Friedrich Gauß in den letzten Monaten seines Lebens*. Herausgegeben von Heinrich Rubner in «Nachrichten der Akademie der Wissenschaften in Göttingen I. Philologisch-Historische Klasse». Göttingen 1975.
Wal	Wolfgang Sartorius von Waltershausen, *Gauss zum Gedächtnis*. Leipzig 1856 (Neudruck Wiesbaden 1965).
Win	Adolph Winterfeld, *Über die Art und Weise Kinder ueber den Unterschied der Geschlechter zu belehren* in «Braunschweigisches Journal» Jahrgang 1788, Heft 1, S. 103–109.
Wit	Axel Wittmann, Jens Frahm, Wolfgang Hänicke, *Magnetresonanz-Tomografie des Gehirns von Carl Friedrich Gauß* in «Gauß-Gesellschaft e. V. Göttingen. Mitteilungen Nr. 36». Göttingen 1999.
Wor	Erich Worbs, *Carl Friedrich Gauß*. Leipzig 1955.
Zac	Franz Xaver Zach, *Astronomie der Goethezeit*. Textsammlung aus Zeitschriften und Briefen Franz Xaver Zachs. Ausgewählt und kommentiert von Peter Brosche. Thun, Frankfurt am Main 1998.
Zim₁	Hans Poser, Hg., *Briefwechsel zwischen C. F. Gauß und E. A. W. Zimmermann*. Göttingen 1987.
Zim₂	Paul Zimmermann, *Beiträge zum Verständnis des zwischen Braunschweig und England am 9. Januar 1776 geschlossenen Subsidienvertrages* in «Jahrbuch des Geschichtsvereins für das Herzogtum Braunschweig». Braunschweig 1914.

Weiterführende Literatur im Internet

www.gdz-cms.de/no_cache/de/dms/load/toc/?IDDOC=38910
Carl Friedrich Gauß *Werke, Bände I–XII.* Göttingen/Berlin 1863–1929.

www.math.uni-hamburg.de/spag/ign/gauss/gaussges.html
Die Website der Gauß-Gesellschaft e. V. Göttingen. Hier finden Sie reichhaltige Informationen über Carl Friedrich Gauß. Unter anderem alle Aufsatztitel der *Mitteilungen*, des Publikationsorgans der Gauß-Gesellschaft.

www.americanscientist.org/template/AssetDetail/assetid/50686
Dieser Aufsatz des amerikanischen Wissenschaftspublizisten Brian Hayes wurde 2006 in der Mai-Juni-Ausgabe der Zeitschrift *American Scientist* veröffentlicht. Es ist die meines Erachtens gründlichste Beschäftigung mit der «5050-Anekdote» und ihren Ungereimtheiten.

www.mathematik.uni-bielefeld.de/~sieben/Rechnen.html
Auf dieser Website des Mathematikers Christian Siebeneiner können Sie sich das Lehrbuch des Braunschweiger Rechenmeisters Christian Stephan Remer von 1737 herunterladen. Es ist das früheste nachweisbare Buch des achtjährigen Gauß. Hier finden Sie auch die Logarithmentabelle von Heinrich Lambert.

http://webdoc.sub.gwdg.de/ebook/e/2005/gausscd/html/hauptmenue.htm
Wie der Blitz einschlägt, hat sich das Räthsel gelöst – Carl Friedrich Gauß in Göttingen. Ausstellungskatalog herausgegeben von Elmar Mittler. Göttingen 2005. Auf dieser CD-ROM befinden sich viele lesenswerte Kurzabhandlungen über die Gauß'sche Forschung und Abbildungen. Außerdem ist der gesamte Ausstellungskatalog zum 150. Todestag von Carl Friedrich Gauß im Jahr 2005 mit 17 Aufsätzen renommierter Gaußforscher auf 320 Seiten abrufbar.

www.bbf.dipf.de/cgi-opac/catalog.pl?t_digishow=x&zid=ad1910
Braunschweigisches Journal, 1788–1791. Das Sprachrohr der philanthropischen Bewegung. Herausgegeben vom Jugendbuchautor und Pädagogen Joachim Heinrich Campe. Seine *Briefe aus Paris*, in denen er seine eigenen Erlebnisse in den ersten Wochen der Französischen Revolution hautnah schildert, lassen sich hier nachlesen. Den Aufsatz des Moritz Adolph von Winterfeld, *Ueber die Art und Weise Kinder ueber den Unterschied der Geschlechter zu belehren* finden Sie im Jahrgang 1788, Heft 1, Seite 103–109.

Personenregister

Ahrens, Wilhelm 350
Albrecht, Wilhelm Eduard 301
Alkuin 27
Alten, Heinz-Wilhelm 350
Anna Amalia, Herzogin von Sachsen-Weimar-Eisenach 46, 55
Anton Ulrich, Herzog von Braunschweig-Lüneburg 67f.
Aschoff, Volker 350
Augusta Friederike Luise, Herzogin von Braunschweig-Lüneburg 48, 166

Bartels, Martin 31–35, 38f., 43f., 172, 340
Bell, Eric Temple 28, 350
Benze, Christoph (Großvater) 13
Benze, Friedrich (Onkel) 19, 36, 342
Bernoulli, Jacob 68
Bernoulli, Johann 69, 127
Bessel, Wilhelm 197, 200, 207–209, 211f., 225, 236, 246, 264, 294, 300
Betancourt, Augustin de 292
Beyle, Henri (Stendhal) 347
Bieberbach, Ludwig 339, 350
Biermann, Kurt-R. 340, 350
Blüm (Vermieter) 79, 99

Bode, Johann Elert 129–131, 133, 175
Bolyai, Johann 320f.
Bolyai, Wolfgang 100f., 105–108, 110, 112f., 117, 149, 151, 153f., 304, 320–322, 346f., 349f.
Bonaparte, Jérôme 178, 183, 212, 240, 301
Bonaparte, Napoleon → Napoleon I.
Bonpland, Aimé 259
Borheck, Georg Heinrich 212
Bosse, Auguste 192
Brahe, Tycho 125
Brendel, Martin 210, 351
Brüdermann, Stefan 351
Bührke, Thomas 351
Burckhardt, Johann Karl 143
Burrell, Brian 351
Büttner, Jürgen 19f., 22, 24, 30f., 33–35, 38, 40, 262, 339f.

Campe, Joachim Heinrich 32, 40–42, 57, 227, 262, 341, 351, 358
Carl August, Herzog von Sachsen-Weimar-Eisenach 46
Carl I., Herzog von Braunschweig-Lüneburg 12, 15–19, 21f., 46, 55
Carl Wilhelm Ferdinand, Herzog

von Braunschweig-Lüneburg 15–19, 21, 31f., 43, 45–49, 51, 55, 58, 67, 72–74, 76, 83, 117–120, 138, 148, 158f., 163–168, 204, 261, 301, 339
Chantel (französischer Kommandant) 168
Chassot de Flourencourt, Carl 68
Condamine, Charles Marie de a 216, 240f.
Conduitt, John 346
Custine (französischer Gesandter) 73

Dalberg, Carl Theodor von 347
Davy, Humphry 139f., 201, 351
Descartes, René 67, 69, 92, 112
Devlin, Keith 116, 351
Dick, Wolfgang 351
Dieterich, Johann Christian 84f.
Dirichlet, Peter Gustav Lejeune 328, 330f.
Droysen, Hans 351
Dunnington, G. Waldo 351

Ebell (Göttinger Magistratsdirektor) 277
Edison, Thomas Alva 89
Einstein, Albert 139, 257, 314, 317f.
Elisabeth Christine, Königin von Preußen 16
Encke, Johann Franz 214, 230
Ende, Ferdinand Adolph Freiherr von 152
Epailly, Anatol François 240
Ernst August, König von Hannover 300–303, 306

Ernst II., Herzog von Sachsen-Gotha-Altenburg 130, 143, 148, 159
Eschenburg, Johann Joachim 64–67, 76, 81, 199, 351
Eschenburg, Wilhelm Arnold 65f., 98
Euklid 41, 44, 52, 66f., 91–94, 96, 315, 317, 319, 322
Euler, Leonhard 25–27, 37, 69, 82, 95f., 105, 108, 115, 119, 127, 339, 351
Ewald, Georg Heinrich August 299, 301–303
Ewald, Wilhelmine geb. Gauß 299, 302–304 (→ Gauß, Wilhelmine)

Fallenstein, Luise 300
Faraday, Michael 270, 280, 284, 286
Fechner, Gustav Theodor 276, 303
Feingold, Mordechai 351
Ferdinand IV., König von Neapel 133
Feronçe von Rotenkreutz, Jean-Baptiste 45, 51
Feyerabend, Ernst 351
Flaugergues, Honoré 197
Fleischer, Gerhard 109
Focke, Christian 265
Folkerts, Menso 351
Frahm, Jens 333f., 356
Franklin, Benjamin 87f., 343f., 351
Franz II., Kaiser des Heiligen Römischen Reiches 164
Frewer, Andreas 333

Friedrich II., König von Preußen
(Friedrich der Große) 16, 45,
175
Friedrich Ludwig von Hannover,
Prince of Wales 48
Friedrich VI., König von
Dänemark 217, 219
Friedrich Wilhelm II., König von
Preußen 73f.
Friedrich Wilhelm III., König von
Preußen 165f.
Fuchs, Conrad 328, 330f., 335
Galilei, Galileo 71, 125–127
Galle, Andreas 251, 352
Gauß, Dorothea geb. Benze
(Mutter) 8, 13–15, 19, 22, 36,
58, 67, 75, 106, 180, 190f., 193,
215, 258, 304
Gauß, Dorothea
geb. Warneken 13
Gauß, Eugen (Sohn) 197, 215,
258, 263–267, 269, 274, 299,
304, 310
Gauß, Gebhard Dietrich (Vater)
7–9, 13–15, 21–24, 30f.,
34f., 51, 58, 67, 75, 83, 180f.,
200
Gauß, Johann Georg Heinrich
(Stiefbruder) 8, 13, 18, 22, 58,
177
Gauß, Johanna geb. Osthoff (1.
Ehefrau) 162, 165, 172–174,
177–183, 185, 188–190,
192–194, 199, 230, 304, 342
(→ Osthoff, Johanna)
Gauß, Joseph (Sohn) 165, 173f.,
191f., 215, 232, 241, 253,
258f., 263, 298, 310
Gauß, Jürgen (Großvater) 12f.
Gauß, Louis (Sohn) 188, 191

Gauß, Therese (Tochter) 213,
215, 258, 298, 310, 329, 335
Gauß, Wilhelm (Sohn) 213, 215,
258, 300, 304, 310
Gauß, Wilhelmine (Tochter) 179,
191f., 215, 246, 258, 263, 265
(→ Ewald, Wilhelmine)
Gauß, Wilhelmine geb. Waldeck
(2. Ehefrau) 196–199, 213,
215, 234, 245–248, 254, 257f.,
263, 265 –267, 269, 299
(→ Waldeck, Wilhelmine)
Gentz, Friedrich von 165
Georg III., König von
England 16–18, 31, 133
Georg IV., König von England
und Hannover 221, 241, 244,
258
Georg V., König von
Hannover 306
Gerardy, Theo 352
Gerling, Christian Ludwig 197,
240, 249, 257, 263, 266f.,
300
Germain, Sophie 168–171
(→ Leblanc, Antoine-Auguste)
Germanns, Ilse 10
Gervinius, Georg Gottfried 301
Gleick, James 352
Goethe, Johann Wolfgang
von 46, 55, 77, 203
Gooß, Hinrich (Urgroßvater)
9f.
Gooß, Jürgen (Großvater) 10f.
(→ Gauß, Jürgen)
Gooß, Katharina
(Großmutter) 10f.
Gresky, Wolfgang 352
Gretenkord, Barbara 352
Grimm, Jacob 301

Grimm, Wilhelm 301
Groven, Anna 9f.

Habermann, Katharina 317
Hagner, Michael 326, 352
Hänicke, Wolfgang 356
Hänselmann, Ludwig 49, 146, 151, 157, 160
Harborth (Mechanikus) 49
Hardenberg, Friedrich von (Novalis) 344
Harding, Carl Ludwig 146, 159, 177–179, 184f., 188, 215, 225, 234f.
Hartmann, Friedrich 224, 229, 241, 258
Hausmann, Friedrich 328
Hawking, Stephen 123, 353
Hayes, Brian 26, 353, 357
Heeren, Arnold Hermann Ludwig 81, 100, 147, 158
Hegel, Georg Wilhelm Friedrich 117
Heine, Heinrich 313, 353
Heins, Valentinus 29
Hellwig, Johann 40, 43, 193
Hermann, Carl 328, 330
Hermes, Johann Gustav 345
Herschel, Friedrich Wilhelm 117, 128f., 133–135, 142, 144f., 160, 163, 182
Heusinger, Conrad 40, 42
Heyne, Christian Gottlob 81, 100, 109, 147, 158
Hochadel, Oliver 344, 353
Hochheimer, Carl Friedrich August 83, 353
Hoyer, Peter 11f.
Hubble, Edwin 128
Humboldt, Alexander von 32, 259–263, 272, 275, 287, 289–294, 303, 312, 353
Humboldt, Wilhelm von 32, 41f., 77, 195, 233, 235, 260
Hypsikles 27

Ide, Johann 66, 98, 107
Itzenplitz (Gräfin) 299

Jacobi, Moritz Hermann von 288
Jefferson, Thomas 18
Jerusalem, Carl Wilhelm 55
Jerusalem, Johann Friedrich Wilhelm 55

Kant, Immanuel 77f., 116, 127f., 199, 343, 353
Karl der Große, Kaiser des Heiligen Römischen Reiches 26f., 42, 244
Kästner, Abraham Gotthelf 81f., 97f., 108
Kehlmann, Daniel 338, 353
Kepler, Johannes 124f., 127, 129, 135, 141, 145, 185, 189, 201
Kircher (Buchdrucker) 109f.
Klindworth, Johann Andreas 106
Klindworth, Line 106
Koch, Jürgen 353
Köcher, Johann Christoph 56
Kopernikus, Nikolaus 67, 124, 126
Köppe, Dorothea 150f., 178, 180, 182f., 188–190, 192
Köppe, Karl 150f., 190
Krahe, Peter Joseph 163
Küssner, Martha 81, 110, 342, 353

Lagrange, Joseph-Louis 82, 98, 105, 108, 127, 169
Lambert, Johann Heinrich 52, 54, 61, 63, 353, 357
Laplace, Pierre Simon de 118, 127, 138, 179, 201, 203f., 211, 260
Laugwitz, Detlef 353
Lavoisier, Antoine Laurent 77–79
Leblanc, Antoine-Auguste 161, 168f.
Legendre, Adrien Marie 90, 95f., 98, 105, 108, 187f., 260
Leibniz, Gottfried Wilhelm 45, 67, 112, 116, 119, 343
Leibrock, Gerd 353
Leiste, Christian 104
Lessing, Gotthold Ephraim 65
Lichtenberg, Georg Christoph 79f., 84–90, 106, 110, 139, 232, 343f., 353
Lichtenberg, Margarete 90
Lindenau, Bernhard August von 198, 213, 257
Linné, Carl von 119
Listing, Johann Benedikt 311
Lobatschewski, Nikolai Iwanowitsch 322
Ludwig XVI., König von Frankreich 73, 166
Luetken, Katharina 10
Lukian von Samosta 106

Mack, Heinrich 354
Maennchen, Philipp 104
Maupertuis, Pierre-Louis Moreau de 216
Maxwell, James Clerk 326f.
Mayer, Tobias 269

Meyerhoff, Johann Heinrich Jacob 109
Michling, Horst 342, 354
Mirabeau, Honoré Gabriel Victor 42, 45
Mittler, Elmar 350, 357
Moderhack, Richard 350
Morse, Samuel 323f.
Müller, Georg Wilhelm 224, 239, 241f., 258
Müller, Johann Christian Andreas 151
Muncke, Georg Wilhelm 285, 354
Murawieff (russischer Graf) 111

Napoleon I. (Napoleon Bonaparte), Kaiser von Frankreich 164, 166, 174, 178f., 183, 201, 203f., 207, 219
Newton, Isaac 39, 45, 67–71, 83, 112, 115, 119, 126f., 135, 141, 189, 201, 251, 297, 312f., 346
Nicolai, Bernhard 197, 214
Nicolovius, Georg Heinrich Ludwig 323
North, John

Ørsted, Hans Christian 270, 284, 290
Oeser, Erhard 354
Oest (Autor) 57
Oesterley, Georg Heinrich 264
Ohe zur Ober-Ohe, Heinrich Hermann von der 348, 354
Ohe zur Ober-Ohe, Peter Hinrich von der 243, 348f.

Ohm, Georg Simon 277–280
Olbers, Wilhelm 134, 136, 140f., 143, 146–148, 153, 157–162, 167, 170, 172f., 176, 179, 183f., 188f., 193, 197, 201, 204, 207–209, 213, 219, 235, 242, 247f., 254f., 264–266, 283, 300, 302–304, 354
Orthner, Hans 326
Osiander, Friedrich Benjamin 79, 99, 107, 277, 327
Osthoff, Christian Ernst 151
Osthoff, Johanna Elisabeth Rosina 151–154, 157, 160, 259, 347 (→ Gauß, Johanna)
Osthoff, Johanna Maria Christine (Schwiegermutter) 181, 189, 191f.

Paul, Jean 334
Pernety (französischer General) 168
Perthes, Friedrich Christoph 171, 175
Peters, Christian August Friedrich 355
Pfaff, C. H. 140, 354
Pfaff, Johann Friedrich 111, 114f., 117f., 152, 169
Phillippine Charlotte, Herzogin von Braunschweig-Lüneburg 16, 18
Piazzi, Giuseppe 130–134, 136, 165, 208
Platon 66, 199
Pope, Alexander 106, 347
Poser, Hans 357
Ptolemäus 123f.
Pythagoras 41

Reich, Karin 354
Reichenbach, Georg von 209, 220, 225, 231
Remer, Christian Stephan 35f., 38, 103, 340, 354, 357
Repsold, Johann Georg 209, 213, 354
Riemann, Bernhard 318
Ritter, Georg Karl 36, 150f., 162
Rubner, Heinrich 329
Rüchel, Ernst von 164
Rumpff, Philipp 229
Rupke, Nicolaas 297, 354

Sartorius von Waltershausen, August 308, 322
Sartorius von Waltershausen, Wolfgang 22, 27, 48, 101, 106, 308–312, 322, 335f., 338f., 356
Schaefer, Clemens 283, 287, 297, 352
Scharnhorst, Gerhard 164
Schiller, Friedrich 77
Schivelbusch, Wolfgang 355
Schlesinger, Ludwig 340, 355
Schmidt, Arthur 355
Schmidt, Franz 350
Schröder (Vermieter) 111, 134, 151
Schröter, Johann Hieronymus 134, 142, 184, 212
Schulze (Hofrat) 117
Schulze, Johann Carl 50f., 341
Schumacher, Heinrich Christian 184, 192, 195, 207, 217–223, 232, 235, 244, 248f., 252, 255, 264–266, 284, 294, 300, 322

Seidel, Rita 355
Seyffer, Carl Felix 100, 107, 132
Shakespeare, William 65
Siebeneiner, Christian 357
Siebert, Manfred 355
Smidt, Johann 247
Soemmerring, Samuel Thomas 77–79, 116, 201–203, 231
Sokrates 66, 154, 321
Stäckel, Paul
Stein, Charlotte von 46
Steinheil, Carl August 325
Stern, Selma
Sybille (Kinderfrau von Joseph Gauß) 177

Thales von Milet 344
Taurinus, Franz Anton 319f.
Tent, Margaret 63, 355
Thibaut, Friedrich 224
Timm, Arnulf 355

Ullrich, Peter 27

Vollbaum (Vermieterin) 99
Vollmayr, Hans 344f., 355
Volta, Alessandro 87, 89, 139f., 201, 231, 344
Voltaire (François Marie Arouet) 40, 46

Wagner, Hermann 331
Wagner, Rudolph 327–331, 333, 335, 355
Waldeck, Charlotte (Schwiegermutter) 194, 234
Waldeck, Peter (Schwiegervater) 188, 191, 234
Waldeck, Wilhelmine 188f., 191–196, 233 (→ Gauß, Wilhelmine)
Wallenstein, Albrecht Wenzel Eusebius von 124
Wallis, John 67
Waltershausen → Sartorius
Washington, George 18
Weber, Wilhelm 262, 269–271, 274f., 277–281, 283, 287–289, 291f., 295f., 301–303, 318, 323f., 335
Wenzel, Manfred 343
Wieland, Christoph Martin 46, 65
Wilcke, Carl 87f., 344
Wilhelm IV., König von England und Hannover 300f.
Wilkes, Charles 297
Wilmerding (Braunschweiger Bürgermeister) 12
Winterfeld, Moritz Adolph von 57, 356, 358
Witmütz (Wilhelmine Waldecks Ex-Verlobter) 193
Wittmann, Axel 334, 356
Wolffrath, Anton von 167
Worbs, Erich 356
Wright, Thomas 127

Zach, Franz Xaver von 130–133, 136, 141–143, 145–148, 150f., 158f., 162f., 198, 212, 217–219, 236, 356
Zamboni, Giuseppe 231
Zimmermann, Eberhard August Wilhelm (von) 43–45, 47–50, 54, 64, 67, 80, 93, 98, 106, 108–110, 117, 132f., 138, 158, 193, 356
Zimmermann, Paul 356

Dank

Die Gauß-Gesellschaft e. V. Göttingen hat mit ihrem Publikationsorgan *Mitteilungen* eine erstrangige Quelle für ein besseres Verständnis des Menschen und Wissenschaftlers Carl Friedrich Gauß geschaffen. Ich danke insbesondere dem Geschäftsführer Dr. Axel Wittmann, der mir schwer auffindbare Hefte besorgte und sich großzügig bei der Beschaffung der Abbildungen für dieses Buch zeigte. Wer einmal alte Bücher ausgeliehen hat, die nur im Lesesaal angesehen werden dürfen, wird nachvollziehen können, welche Erleichterung unbürokratische Hilfe in dieser Hinsicht bedeutet. Hier gilt mein Dank Professor Dietmar Brandes, dem Direktor der Universitätsbibliothek Braunschweig.

Frau Professor Claudia Wiesemann vom Göttinger Universitätinstitut für Ethik und Geschichte der Medizin danke ich für die Erlaubnis, mir das präparierte Gehirn von Carl Friedrich Gauß ansehen zu dürfen. Kornelia Drost-Siemon war so freundlich, mir den Schrank zu öffnen. Bedanken möchte ich mich auch bei Oliver Schröer im Stadtarchiv Göttingen, der mir den lange vergeblich gesuchten Zeitungsbericht von der Einweihungsfeier des Göttinger Bahnhofs besorgte. Gerd Salten hat aus seinem letzten Zehnmarkschein ein Gauß-Origami gefaltet. Seit den ersten Entwürfen zu diesem Buch steht es auf meinem Schreibtisch. Aus Valentin Silvestrovs *Bagatellen*, King Crimsons *Coda Marine 475* und Wilhelm Killmayers *Études transcendentales* schöpfte ich immer wieder Mut und Energie für meine Arbeit.

Meinen ersten Lesern Christoph Müller und Heidi Oelschlegel danke ich für ihr frühes Feedback. Erfreulich war die Korrespondenz mit Diplomingenieur Alfred Müller über jedes neue Kapitel. Seine anregenden Kommentare brachten neuen Schwung in den Arbeitsprozess. Mein besonderer Dank gilt auch Professor Thomas Sonar vom Lehrstuhl für Computational Mathematics an der Technischen Universität Braunschweig und Professor em. Dr. Ulrich Krengel aus Göttingen für ihre kritischen Anmerkungen zu mathematischen Ausführungen. Sollten noch Ungenauigkeiten vorhanden sein, so liegt die Verantwortung dafür beim Autor.

Uwe Naumann vom Rowohlt Verlag hat mein Konzept einer modernen Gauß-Biographie von Anfang an maßgeblich unterstützt. Mein Lektor Heiner Höfener beherrscht souverän die Kunst, einen Barockschlosspark in einen Zengarten umzugestalten. So ist es ihm gelungen, mich von Nebenschauplätzen weitgehend fernzuhalten. Seinem Sprachgefühl und Scharfsinn verdanke ich die jetzige Form des Buches.

Schließlich danke ich meiner Lebensgefährtin Anna Pfeifer, die eineinhalb Jahre lang mit bewundernswerter Geduld nicht nur mich, sondern auch einen virtuellen Mitbewohner aus vergangenen Zeiten ausgehalten hat. Sie hat mir immer wieder Impulse für neue Ideen gegeben und meine Arbeit ohne Einschränkung unterstützt.